근대 러시아 문학사

떠오르는 태양

김 문 황 저

Moonhwang Kim

A History of Modern Russian Literature

The Rising Sun from the Darkness

To the memory of Munir Petrovich Sendich
who inspired in me for a true scholar

머리말

러시아 문학을 시대별로 분류할 때 '고대문학'(11-17세기), '18세기 문학', '19세기 문학', '20세기 초 문학', '구 소비에트문학'(1917-1991년), 그리고 1992년 이후 '현대 러시아 문학'으로 나눈다. 러시아 문학이 세계 문학사에서 명성을 획득한 것은 19세기 문학이었다. 그러나 세계적으로 명성을 얻은 19세기 문학은 돌발적으로 출현한 것이 아니라 18세기 문학으로부터 영향을 받고 출현한 것이다.

2002년에「고대 러시아 문학사」를 출간하고, 6년이 지나서「근대 러시아 문학사」가 완성되었다. 18세기와 19세기 러시아 문학을 다루고 있는「근대 러시아 문학사」는 러시아 문학을 전공하는 학생과 연구자들뿐 아니라, 유럽 문학을 전공하는 사람들과 일반 독자까지도 쉽게 접근할 수 있도록 집필되었다.

이 책은 러시아와 서방에서 출판된 '근대 러시아 문학사'와는 차별되는 특징이 있다. 먼저 그 구성에 있어 18세기, 19세기 전반기, 19세기 문학평론가와 사상가, 그리고 19세기 후반기로 나누고, 1장과 2장의 서두에 18세기와 19세기의 간략한 러시아 역사를 소개하였다. 외국 문학을 접하려는 학생들이나 일반인들은 작품을 읽기 전에 먼저 그 나라의 역사에 대한 이해가 선행되어야 한다. 그렇지 않을 경우 외국작품 속에 등장하는 인물, 시대적 배경, 풍속, 의복 등은 우리의 대뇌에 전달되는 순간에 우리의 것들로 둔갑하기 때문에 작가의 의도와는 전혀 다르게 변질되고 만다. 따라서 외국문학을 읽고자할 때 그 문학이 태동한 나라의 간략한 역사와 문화, 문학사에 관한 서적을 참고로 읽을 필요가 있다.

일반적으로 러시아와 서구에서 출간된 문학사는 작가의 생애와 작품세계를 분리하여 포괄적으로 소개하고 있으며, 주요 작품의 상세한 분석은 제공하지 않고 있다. 그러나 본 「근대 러시아 문학사」는 작가의 생애와 작품 세계를 하나로 엮어서 개인의 생애 속에서 시간의 흐름에 따라 순차적으로 나타난 주요 작품의 특징과 분석을 동시에 다루고 있다. 따라서 생애를 바탕으로 하고 있기에 작가의 작품 생성과정과 흐름을 명확하게 이해할 수 있는 장점이 있다. 지면 할애에 대한 제약으로 좀 더 많은 작가와 작품을 다루지 못한 점은 다소 아쉬움으로 남는다. 일반적으로 작가를 사조별로 나누는 것은 비평가들의 몫인데, 비평가들 사이에는 다양한 이견이 존재한다. 이는 하나의 사조가 아닌 여러 사조를 통섭하는 작가들이 존재하기 때문이다. 따라서 문학사 저자들은 자신들 방식대로 사조와 작가를 혼합하여 분류하는 방식을 취하고 있다. 필자는 전형적인 사조별 분류를 배제하고, 작가의 탄생연도를 기준으로 작가를 배열하였다.

이 책에서는 원문에서 인용한 중요한 단어와 문장들을 각각 ' '와 " "으로 묶었으며, 문학잡지의 명칭은 《 》, 작품명은 「 」, 작품집은 『 』 안에 넣어 한글과 러시아어를 병행하였고, 러시아 인명과 지명을 우리말로 옮길 때는 가능한 원음에 가깝게 표기하였다. 그리고 작가의 출생과 사망일은 구력을 배제하고 1918년 이후부터 러시아에서 사용하는 율리우스력으로 통일하여 표기하였다.

끝으로 러시아 문학에 관심이 있는 학생과 연구자들, 그리고 일반 문학 애호가들이 이 책을 통해 러시아와 러시아 문학에 관한 보다 깊은 이해와 애정을 갖게 되기를 바라며 머리말을 맺는다.

2008년 여름에

저 자

추천의 글

어둠속에서 「떠오르는 태양」을 반기며

권철근(한국외국어대학교 노어과 교수)

러시아 소설가의 이름이 우리나라에 처음으로 소개된 지 한 세기가 지나고 있다. 우리의 문학, 사상, 철학, 종교 발전에 커다란 기여를 해 온 러시아 문학이 이 땅에 뿌리를 내린지 백년 되었다는 것은 커다란 감회와 함께 아쉬움을 느끼게 한다. 감회라면 그동안의 열악한 환경 속에서도 제 자리를 지키며 굳건히 성장해왔다는 것이고, 아쉬움이라면 더 큰 발전을 이루지 못했다는 것이다. 그러나 이제는 이런 저런 소회를 잠시 접어둬도 좋을 듯하다. 요원한 것처럼 여겨졌던 일들이 하나씩 실현되어 가는 것을 통해 미래의 희망을 볼 수 있기 때문이다.

이 책은 불완전했던 번역으로 처음 출발한 우리나라 러시아 문학이 본격적인 소개의 시기를 거쳐, 이젠 완전히 전문적인 연구기로 접어들었다는 신호탄이다. 또한 이를 통해 일세를 풍미한 문호들에 대한 일반이해와 작품별 깊이 읽기를 함께 할 수 있는 노작을 추천하는 것은 가슴 벅찬 일이다. 문학에 대한 진정한 이해를 위해서는 그 나라의 역사 이해가 선행되어야 한다는 필자의 관점은 매우 옳은 것이다.

이 책은 또 다른 중요한 의미를 지닌다. 그것은 우리가 결코 극복할 수 없을 것이라고 속단할 수밖에 없던 분야에 대한 상실감을 메워

주기 때문이다. 19세기 러시아 문학과 이에 영향을 끼친 18세기 러시아 문학. 현대도 아니고 고대·중세도 아닌 여명기. 많은 이의 관심에서 멀어져 있는 시기. 러시아에서도 충분치 못한 이 분야에 대한 연구, 우리나라에서는 불가능한 것으로 단정하고 있었다. 어쩌면 불가능이라는 생각조차 하지 않았다는 것이 더 적절한 표현일 것이다. 멋진 영화에는 주연보다 더 빛나는 조연이 있고, 덕분에 더욱 풍성해진다. 이 책의 제목은 이런 점을 강조하려는 필자의 의도를 충분히 반영하고 있다. 근대 러시아 문학 일반에서는 조연일지 모르나, 어둠을 뚫고 나오는 햇살 같은 이 시기에 대한 충분한 조명이 시도되고 있기에 우리는 더 큰 따뜻함을 느끼게 된다.

「근대 러시아 문학사 : 떠오르는 태양」은 필자의 「고대 러시아 문학사 : 어둠을 밝히는 횃불」을 잇는 또 다른 하나의 시작이자 원대한 구상의 일부분으로 여겨진다. 러시아 문학에 관심을 가진 일반인이나 연구자들의 이정표가 되는 알찬 과실로서 제 기능을 다하리라 본다. 또한 이를 통해 러시아 문학이 더욱 흥미롭고 풍요로운 것으로 발전된다면, 떠오르는 태양은 중천의 태양보다 더 빛나고 더 필요한 존재가 아니겠는가.

러시아 대공과 황제의 계보

(괄호 안은 통치연도를 지칭함)

끼예프 러시아

류릭(Рюрик, 862~879) — 올레그(Oleg, 879~912) — 이고리(Игорь, 912~945) — 올가(Ольга, 945~957 : 섭정) — 스뱌또슬라프(Святослав, 957~972) — 야로뽈끄 I세(Ярополк I Святославич, 972~980) — 블라지미르 대공(Владимир Святославич Святой, 980~1015) — 스뱌또뽈끄 I세(Святополк I Владимирович Окаянный, 1015~1019) — 야로슬라프 현공(Ярослав Владимирович Мудрый, 1019~1054) — 이쟈슬라프(Изяслав Ярославич, 1054~ 1078) — 프세볼로드 I세(Всеволод I Ярославич, 1078~1093) — 스뱌또뽈끄 II세(Святополк II Изяславич, 1093~1113) — 블라지미르 모노마흐(Владимир Всеволодович Мономах, 1113~1125) — 므스찌슬라프(Мстислав Владимирович Великий, 1125~1132) — {끼예프 러시아의 분열 : 1132~1238} — 야로뽈끄 II세(Ярополк II Владимирович, 1132~1139) — 뱌체슬라프(Вячеслав Владимирович, 1139~1146) — 이쟈슬라프 II세(Изяслав II Мстиславич, 1146~ 1154) — 로스찌슬라프(Ростислав Мстиславич, 1154~1167) — {끼예프 러시아의 몰락과 블라지미르-수즈달 러시아의 부상}

블라지미르-수즈달 러시아

유리 돌고루끼(Юрий Владимирович Долгорукий, 1149~1157 : 수즈달 공후) — 안드레이 보고륩스끼(Андрей Юрьевич Боголюбский, 1157~1174 : 블라지미르 공후) — 프세볼로드 III세(Всеволод II Юрьевич Большое Гнездо, 1176~1212 : 수즈달 공후) — 유리 II세(Юрий II Всеволодович, 1212~1238) — 야로슬라프 II세(Ярослав Всеволодович, 1238~1246) — {따따르의 굴레(татарское иго), 1240~1480} — 스뱌또슬라프(Святослав Всеволодович, 1247~1248) — 안드레이 II세(Андрей II Ярославич, 1249~1252) — 알렉산드르 넵스끼(Александр Ярославич Невский, 1252~1263) — {모스끄바-뜨베리 러시아의 부상}

모스끄바-뜨베리 러시아

야로슬라프(Ярослав Ярославич, 1263~1272 : 뜨베리 공후) — 바실리(Василий Ярославич, 1272~1276 : 꼬스뜨롬스끄 공후) — 드미뜨리(Дмитрий Александрович, 1276~1281 : 뻬레야스블 공후, 1283~1294 : 블라지미르 공후) — 안드레이 III세(Андрей III Александрович, 1281~1283 : 고로제쯔끄 공후, 1294~1304 : 블라지미르 공후) — 미하일(Михаил Ярославич, 1304~1319 : 뜨베리 공후) — 유리 III세(Юрий III Данилович, 1303~1325 : 모스끄바 공후) — 알렉산드르(Александр Михаилович, 1326~ 1328 : 뜨베리 공후) — {모스끄바 러시아의 부상}

모스끄바 러시아

이반 I세(Иван I Данилович Калита, 1328~1340) — 시메온 (Симеон Иванович Гордый, 1340~1353) — 이반 II세(Иван II Иванович Красный, 1353~1359) — 드미뜨리 돈스꼬이(Дмитрий Иванович Донской, 1359~1389) — 바실리 I세(Василий I Дмитрьевич, 1389~1425) — 바실리 II세(Василий II Васильевич Тёмный, 1425~1462) — 이반 III세(Иван III Васильевич, 1462~ 1505) — 바실리 III세(Василий III Иванович, 1505~1533) — 이반 IV세(Иван IV Васильевич Грозный, 1533~1584) — 표도르 I세(Фёдор I Иванович, 1584~1598 : 류릭 왕조의 마지막 황제) — {혼돈의 시기(сумутное время), 1598~1613} — 보리스 고두노프 (Борис Годунов, 1584~1598 : 섭정, 1598~1605 : 재위) — 표도르 II세(Фёдор II Борисович, 1605) — 가짜 드미뜨리 I세 (Лжедмитрий I, 1605~1606) — 바실리 IV세(Василий IV Шуйский, 1606~1610) — 가짜 드미뜨리 II세 (Лжедмитрий II, 1607~1610) — 블라지슬로프(Владислов, 1610~1612 : 폴란드 왕자)

로마노프 왕조

미하일 로마노프(Михаил Романов, 1613~1645) — 알렉세이 로마노프(Алексей Михаилович, 1645~1676) — 표도르 III세(Фёдор III Алексеевич, 1676~1682) — 이반 V세(Иван Алексеевич, 1682~1689 : 공동재위) — 소피야(Софья Алексеевна, 1682~1689 : 섭정) — 뾰뜨르 대제(Пётр I Алексеевич, 1682~1689 : 공동재위, 1689~1725 : 단독통치) — 예까쩨리나 I세(Екатерина I, 1725~ 1727 : 뾰뜨르 대제의 둘째 부인) — 뾰뜨르 II세(Пётр II Алексеевич, 1727~1730) — 안나(Анна Ивановна, 1730~1740 : 이반 V세의 딸) — 이반 VI세(Иван VI, 1740~1741 : 이반 V세의 증손자) — 옐리자베따(Елизавета Петровна, 1741~1762 : 뾰뜨르 대제의 딸) — 뾰뜨르 III세(Пётр III, 1762 : 뾰뜨르 대제의 손자) — 예까쩨리나 II세(Екатерина II, 1762~1796 : 뾰뜨르 III세의 부인) — 빠벨(Павел Петрович, 1796~1801 : 뾰뜨르 III세의 아들) — 알렉산드르 I세(Александр I Павлович, 1801~1825) — 니꼴라이 I세(Николай I Павлович, 1825~1855) — 알렉산드르 II세(Александр II Николаевич, 1855~1881) — 알렉산드르 III세 (Александр III Александрович, 1881~1894) — 니꼴라이 II세 (Николай II Александрович, 1894~1917 : 로마노프 왕조의 마지막 황제)

차 례

제1장 18세기 러시아 문학

제2장 19세기 전반기 러시아 문학

제3장 19세기 문학평론가와 사상가

제4장 19세기 후반기 러시아 문학

제1장 18세기 러시아 문학

1 18세기 러시아

1682년에 권좌에 오른 당시 10살 난 뾰뜨르 대제(Пётр I, 1682-1725)는 이복누이 소피야(София, 1662-1689)가 수도원으로 추방되고 이복형 이반 IV세(Иван IV, 1682-1696)가 사망하자 단독으로 국가를 통치하게 되었다. 1696년 터키와 크림한국에 대항하여 전투를 벌이면서 아조프(Азов)해를 점령한 뾰뜨르 대제는 1697년 선진문물을 습득하기 위해 '대사절단'(великое посольство)을 결성하여 서유럽으로 파견하였다. 러시아의 근대화를 위해 탁월한 지도력, 강인한 의지, 명확한 목적의식을 소유한 뾰뜨르 대제는 신분을 감추고 대사절단에 직접 참가하였다.

1700년 터키와 강화조약을 체결하고 발트해로 진출하기 위해 뾰뜨르 대제는 스웨덴에게 북방전쟁(1700-1721)을 선포하고 나르바(Нарва)요새로 진군하였다. 그러나 나르바 전투에서 참패를 당하자 뾰뜨르 대제는 정규군을 창설하고 아르한겔스끄(Архангельск)에 함대를 건설하기 시작하였다. 1703년 네바(Нева)강 하류에 뻬뜨로빠블롭스끄(Петропавловск) 요새를 구축하였고, 유럽을 향한 발판으로 그해 5월부터 뻬쩨르부르그 도시를 건설하기 시작하였다. 스웨덴은 러시아의 북방진출을 저지하기 위해 지속적으로 전투를 벌였으며, 1705년에는 모스끄바로의 진격을 계획했다. 그러나 러시아의 저항에 부딪히자 스웨덴은 우끄라이나로 방향을 전환하였다. 1708년 쁘로뽀이스끄(Пропойск) 전투에서 러시아군에 패배한 스웨덴군은 우끄라이나 뽈따바(Полтава)로 방향을 틀었으나, 1709년 6월 뽈따바에서 다시 러시아군에게 참패를 당했다.

이 와중에 남쪽의 터키는 아조프해를 획득하기 위해 러시아에 선전포고를 하였다. 터키와 전쟁을 치르기에 역부족이라고 판단한 러시아는 1711년 강화조약을 체결하고 아조프해를 그들에게 내주고 따간로그(Таганрог)에서 철수하였다. 그리고 발트해에 강력한 함대를 보유한 스웨덴과의 전쟁에만 몰입하기 위해 뾰뜨르는 발틱함대를 창설하였다. 3년 후 러시아는 간구뜨므이스(Гангутмыс)만에서 승리를 거두었고, 마침내 1720년 초 스웨덴 본토에 상륙하여 그렌감(Грентам) 섬 근처에서 스웨덴 함대를 격파하였다. 21년간 지속되었던 북방전쟁은 이듬해 8월 종결되었고 승리의 대가로 러시아는 에스뜰란지야(Эстляндия), 리플랸지야(Лифляндия), 인그리야(Ингрия), 까렐리야(Карелия) 지역, 그리고 발트해의 출구를 확보하고 해상강국으로 급부상하게 되었다.

부국강병을 꿈꾸던 뾰뜨르 대제는 대내적으로 강력한 사회개혁을 실시하였다. 그는 과거 대귀족(боярин)의 세습영지(вотчина)처럼 궁중귀족(дворянин)의 봉토(поместье)도 장자에게 물려줄 수 있도록 1714년에 장자상속(единонаследие) 법령을 제정하였다. 1722년에는 문관과 무관을 각각 14등급으로 분류하는 관등표(Табель о рангах)를 공포하였다. 북방 전쟁을 수행하는 과정에서 세수를 늘리기 위해 참나무 관, 목욕탕, 벌집, 낚시, 하천용 짐배, 턱수염 등에 조세를 부여하였다. 1718년에는 호세(подворное налогообложение)를 폐지하고 인두세(подушный налог)를 도입하였다. 인두세는 귀족과 성직자를 제외한 모든 주민들에게, 그리고 심지어 인구 조사표(ревизская сказка)에 기록된 사망한 사람들에게도 부과되었다. 인구조사는 10년을 주기로 실시되었다.

뾰뜨르가 실시한 사회개혁의 핵심은 중앙 집권화와 절대 군주제 확립이었다. 이를 위해 그는 1708-1710년에 대대적인 지방 행정개혁을 실시하였다. 전 국토를 8개의 현(губерния)으로 분류하였다: 모스끄바, 인게르만란지야(Ингерманландия, 현재의 뻬쩨르부르그 지역), 아르한겔로고로드스까야(Архангелогородская), 끼예프, 스몰렌스끄, 까잔, 아조프, 시베리아. 그리고 황제가 직접 임명한 현 지사(губернатор)는 재판, 행정, 경찰, 재정의 권한을 소유하였고, 도주 농민의 수색, 신병 징집, 군량미 조달, 그리고 세금 징수를 관장하였다. 현 체제가 확립됨에 따라 과거 50개로 이루어진 성(приказ) 체제가 무너지면서 성의 업무는 현으로 이관되었다. 대귀족을 견제하기 위해 뾰뜨르 대제는 1711년 대귀족 회의를 해체하고 짜르에게 충성하는 신하로만 구성된 원로원(Правительствующий сенат)을 창설했다. 국무를 관장하는 최고 행정 · 사법기관으로 9명으로 구성된 원로원은 짜르 부재 시 그를 대행하고, 군대의 결원 보충과 무역과 산업, 그리고 국가재정을 총괄하였다. 1717년 뾰뜨르 대제는 기존 성(приказ)을 새로운 12개의 성(коллегия)으로 대치하면서 각 성의 영역을 분명하게 규정하였다. 즉, 외무성은 대외정책, 육군성은 육군업무, 해군성은 해군업무, 산업성은 산업, 법무성은 법률, 그리고 세습영지 성(Вотчинная коллегия)은 세습영지만을 담당하도록 만들었다.

뾰뜨르 대제는 1721년에 러시아 정교회의 총주교제(патриаршество)를 폐지하고 황제가 직접 통제할 수 있는 신성 종무원(Святейший синод)을 신설하여 교회를 국가에 예속시켰다. 1722년에는 '군주의 눈'(государевое око)이라고 불리는 검찰총장(генерал-прокурор)제를 신설하여 짜르가 그를 통해 원로원을 감독 지시하도록 만들었다. 대대적인 개혁을 통해 확고부동한 절대군주로 자리매김을 한 뾰뜨르 대제는 러시아의 근대화와 서구화에 박차를 가했다. 1721년 8월 스웨덴과의 북방전쟁이 끝나면서 원로원은 뾰뜨르 대제에게 '황제'(император) 칭호를 부여했고, 국호를 '러시아 제국'(Российская империя)으로 바꾸었다.

후계자에 대한 언급이 없는 상태에서 뾰뜨르 대제가 1725년에 사망하자 궁정귀족 간에 권력 쟁탈전이 벌어졌다. 뾰뜨르 대제의 전우였던 멘쉬꼬프(Александр Д. Меньшиков, 1673-1729)는 뾰뜨르 대제의 둘째 부인 예까쩨리나 I세(Екатерина I, 1725-1727)를 여제로 추대하고 뾰뜨르 대제의 개혁을 지속적으로 추진하였다. 이에 멘쉬꼬프의 개혁에 불만을 품은 귀족들은 그를 견제하기 위해 황제를 보좌하는 '추밀원'(Верховный тайный совет)을 구성하였다. 1727년 예까쩨리나 I세가 사망하고 황태자 알렉세이의 아들인 뾰뜨르 II세(Пётр II Алексеевич, 1727-1730)가 황제로 선포되자, 실질적 권력은 멘쉬꼬프에게서 추밀원을 장악한 돌고루꼬프(Василий Л. Долгоруков, 1670-1739) 공작에게 넘어갔다. 1730년 뾰뜨르 II세가 사망하자 추밀원은 뾰뜨르 대제의 이복형인 이반 V세(Иван V, 1682-1689)의 딸 안나 이바노브나(Анна Ивановна, 1730-1740)를 여제로 임명했다. 그리고 안나 여제는 즉위하기 전에 추밀원과의 계약에 따라 반드시 추밀원의 동의를 얻고 모든 국사를 결정해야 하는 의무가 부여되었다. 궁정귀족과 친위대 장교 사이에서 추밀원에 대한 불만이 고조되자, 안나 여제는 1730년 2월 귀족들 앞에서 계약서를 찢어버리고 추밀원을 강제 해산하였다. 그리고 여제는 자신이 총애하는 독일계 비론(Эрнст И. Бирон, 1690-1772)에게 통치권을 부여하였다. 탐욕스럽고 무능한 비론은 독일계 관료들을 내각의 요직에 임명하고 국가를 통치하였다. 안나 여제는 1740년 10월 사망하기 직전에 생후 2개월 된 이반 V세의 증손자인 이반 VI세(Иван VI, 1740-1741)를 후계자로 결정하고 비론을 섭정으로 지목하였다. 그러나 비론을 중심으로 한 독일계 내각에 불만을 품은 러시아의 '쁘레오브라췐스끼'(Преображенский) 친위대 장교들은 1741년 궁중반란을 일으켜 비론을 몰아내고 뾰뜨르 대제의 딸 옐리자베따(Елизавета Петровна, 1741-1762)를 여제로 추대하였다. 안나 여제처럼 옐리자베따 여제 역시 국사에는 관심이 없는 인물이었다. 그녀는 자신을 제위에 추대했던 친위대 장교들에게 포상과 높은 관직을 수여하고 국가정책에는 신경을 쓰지 않았다.

옐리자베따 여제가 사망하고 뾰뜨르 대제의 손자인 뾰뜨르 III세(Пётр III, 1762)가 즉위하였는데, 어린 시절부터 프러시아의 프리드리히 II세(Friedrich II, 1740-1786) 궁중에서 교육을 받으며 성장한 뾰뜨르 III세는 러시아 생활에 적응하지 못하는 인물이었다. 프리드리히 II세의 열렬한 숭배자인 그는 독일을 숭배하고 러시아적인 모든 것들을 경멸하였다. 특히 옐리자베따 여제의 통치 시기인 1757년부터 시작된 7년 전쟁에서 프랑스, 오스트리아와 맺은 대(對)프러시아 동맹을 파기하고, 오스트리아를 공격하라는 명령을 내리고 프리드리히 II세와 강화조약 및 동맹을 체결하였다. 이에 분노한 귀족과 쁘레오브라췐스끼(Преображенский) 친위대 장교들은 뾰뜨르 III세의 부인과 음모를 꾸미고 그를 살해하였다. 당시 쁘레오브라췐스끼 연대와 이즈마일롭스끼(Измайловский) 수비연대에서 사병으로 근무하던 제르좌빈(Гаврила Романович Державин, 1743-1816)과 노비꼬프(Николай Иванович Новиков, 1744-1818)도 거사에 참여하였다.

1762년 6월 궁정 혁명으로 권좌에 오른 예까쩨리나 II세(Екатерина II, 1762-1796)는 남편 뾰뜨르 III세가 프러시아와 결성한 동맹을 파기하였고, 자신을 도운 귀족들과 친위대 장교들에게 특권을 부여했으며, 원로원의 기능과 권한을 대폭 축소하였다. 입법권과 통치권을 장악한 그녀는 검찰총장과 사무국(канцелярия)을 통해 황제의 권한을 극대화하였다. 뾰뜨르 대제처럼 강력한 절대군주를 표방한 그녀는 1764년에 교회의 토지를 국유화하고, 수도원의 농민을 경제 성으로 이동시키고 이들로 부터 얻는 소득을 국고로 환수하였다. 여제는 스스로를 계몽 군주로 자처하면서 국가를 개혁한다는 명목으로 통치초기 5년 동안 매달 약 20여개의 법령을 공포하였다. 1767년에는 새 법전을 제작하기 위해 '법전 개편위원회'(Уложенная комиссия)를 구성하고, '국민회의'(Земский собор)에 계몽주의 이념을 담고 있는 '훈령'(Наказ)을 제출하였다. 그러나 훈령의 통과를 원치 않는 국민회의는 이듬해 2월까지 휴회를 선언하였다. 1768년에 터키와의 전쟁(1768-1774)이 발발하자 여제는 국민회의를 무기한 연기하고 12월에 법전 개편위원회도 해산하였다.

가신들의 절대적인 복종을 요구했던 여제는 1769년에 정부에서 주관하는 문학잡지 《잡동사니 Всякая Всячина》를 발행하여 자신에게 유리한 사회적 여론을 형성하려 노력하였다. 이 과정에서 노비꼬프(Николай И. Новиков, 1744-1818)는 예까쩨리나 여제와 논쟁을 벌이면서 자신이 발행한 잡지 《수펄 Трутень》과 《화가 Живописец》를 통해 농민의 열악한 상황, 지주의 탐욕, 농노제의 비도덕성을 지적하였다. 지주들의 농민착취로 인해 농민들의 생활고가 심각한 상황에 봉착하자 러시아 전역에는 농민들의 봉기가 빈번하게 발생하였다. 농민들 사이에 뽀뜨르 III세가 농민들에게 자유를 부여하려 했기 때문에 축출당했다는 소문이 나돌기 시작했다. 1773년 여름 우랄(Урал)지역에서 뾰뜨르 III세라고 자칭하는 까자끄인 뿌가쵸프(Емельян И. Пугачёв, 1740-1775)가 반란을 일으켰다. 반란군이 세력을 확장하자 예까쩨리나 II세는 터키와의 전쟁을 중단하고 정부군을 파견하여 반란군을 진압하고 뿌가쵸프를 처형했다. 이 사건으로 인해 예까쩨리나 II세는 절대군주제와 농노제를 더욱 강화하는 일련의 조치를 취하게 되었다. 여제는 1775년 11월에 전국을 30-40만 명의 주민들이 거주하는 50개의 현으로 나누고, 각 현은 3만 명 정도의 주민들이 거주하는 군(уезд)으로 다시 나누었다. 그리고 황제는 현 지사를 직접 임명했으며, 현 지사와 군수에게 봉기 진압을 위한 군과 경찰통수권을 부여했다. 1789년 프랑스 혁명이 발생하여 루이 XVI세가 물러나면서 공화정이 선포되자, 이에 충격을 받은 예까쩨리나 여제는 프랑스와의 외교와 무역을 단절하고 프랑스 계몽주의자들의 서적을 몰수하여 소각하고 절대군주제를 강화하였다.

1796년 11월 예까쩨리나 II세가 사망하고 즉위한 아들 빠벨 I세(Павел I, 1796-1801)는 모친보다 더욱 강력한 절대군주제를 실시하면서 농민들에 대한 탄압도 강화하였다. 그러나 집권 1년 동안 전국 50개 현 가운데 32개 현에서 농민 봉기가 발생할 정도로 농민들의 저항은 극심하였다. 1797년에 황제는 귀족들의 권한을 대폭 축소하기 시작했다. 현에서의 귀족 회의 개최를 금지시키고, 군 기관에서 궁정귀족을 고위인사로 선출하는 제도도 폐지하였다. 그 결과 귀족들의 불만도 차츰 고조되었다. 1798년 프랑스에 대항하는 유럽 동맹에 가담하던 러시아는 영국이 말타 섬을 점령한 것에 분개하며 동맹국인 영국과의 외교를 단절하고 대신 프랑스와 동맹을 결성하였다. 이 같은 국내외 정치의 급작스런 변화는 귀족들과 친위대 장교들로 하여금 황제로부터 등을 돌리게 만들었다. 마침내 1801년 3월, 빠벨 I세는 자신의 장남 알렉산드르(Александр I, 1801-1825)와 친위대 장교들과 영국 외교관들에 의해 암살되었다. 부친 암살에 가담한 알렉산드르 I세는 즉위하자마자 영국과의 동맹을 부활하였다.

2 뜨레지아꼽스끼

(Василий Кириллович Тредиаковский, 1703-1769)

바실리 뜨레지아꼽스끼는 1703년 3월 5일 카스피 해 근처 볼가강 연안에 위치한 아스뜨라한(Астрахан)의 가난한 러시아 정교회 성직자 집안에서 출생했다. 그는 어린 시절 가톨릭 계통의 카푸친(Capuchin, капуцин, 성 프란체스코의 한 분파) 수도회 소속인 이탈리아 수도사가 운영하는 학교에서 이탈리아어, 그리스어, 라틴어를 배우고 서구 문화를 습득하였다. 향학열로 가득찬 그는 학교를 졸업한 후 더 많은 것을 배우기 위해 부인 페도시바를 아스뜨라한에 홀로 남겨둔 채 1723년 모스끄바로 향했다. 모스끄바에 도착한 그는 당시 뾰뜨르 대제(Пётр I, 1682-1725)에 의해 1687년에 고등교육기관으로 바뀐 '슬라브-그리스-라틴 아카데미'(Славяно-греко-латинская академия)에 입학하여 2년간 수학하였다. 공부를 마친 후 1726년 초 무일푼으로 네덜란드 헤이그로 가 2년 동안 생활하면서 프랑스어를 배웠고, 1728년에 헤이그에서 도보로 프랑스 파리로 가 당시 파리주재 러시아 대사의 도움을 받아 어렵게 소르본 대학에 입학하여 2년 동안 신학, 수학, 철학, 역사, 언어학 등을 배웠다. 소르본 대학에서 보낸 2년은 그에게 장차 언어학자와 작가로서의 길을 걷는데 상당히 중요한 시기로 평가되고 있다. 그는 파리에서 1720년대 말 프랑스 문학사조의 흐름을 몸소 체험하였으며, 당시 유행하던 자유사상을 주제로 한 시를 프랑스어로 직접 쓰기도 하였다. 주로 헤이그와 파리에서의 체험을 바탕으로 하여 집필한 그의 초기 작품들은 당시 러시아에서 다루기에는 비교적 이른 '자유로운 사랑'을 주제로 하고 있다. 그의 작품과 문학이론 대부분은 프랑스의 영향 하에서 탄생하였다.

1730년 독일을 거쳐 러시아로 귀국하자마자 서구의 발달된 선진문물을 동경했던 뾰뜨르 대제에 의해 1725년에 뻬쩨르부르그에 설립된 '과학 아카데미'(Академия наук)에서 번역가로서 활동하면서 러시아 문학계에서 지도자적 역할을 감당하게 된다. 그는 1730년에 프랑스 작가 탈레망(Paul Tallemant, 1642-1712)의 우화 소설 「사랑의 섬으로의 여행 Voyage de l'isle d'amour」(1663)을 번역하였다. '교회 슬라브어'(церковнославянский язык)의 사용을 가급적 억제하고 대중들이 즐겨쓰는 일상 러시아어를 상당히 많이 사용하였으며, 「사랑의 섬으로의 여행 Езда в остров любви」이라는 동일한 제목으로 출판하였다. 아울러 그 동안 외국에서 프랑스어, 라틴어, 러시아어로 썼던 시를 책 뒤편에 부록으로 첨부하였다. 주인공 티르시스(Tirsis)가 주위사람들의 만류와 아이슬(Isle)의 유혹을 극복하고 종말에 아민타(Aminta)와의 사랑에 성공한다는 이야기를 담고 있는 이 작품은 당시 보수적인 러시아 사회에 서유럽인들의 사랑과 연애에 대한 자유로운 선택이라는 파격적인 내용을 다루고 있다. "두 연인의 순수하고 아름다운 사랑은 어떤 형태로도 제지할 수 없다."라는 진보적 성향의 주제를 다루는 이 작품이 발표되자 대부분 성직자들과 보수인사들은 이를 비난하며 혹평하였다. 그러나 젊은이들과 일부 지식층들은 계몽주의 성향의 새로운 러시아 문학으로 간주하며 적극 환영하였다. 또한 당시 도서관원 이었던 독일인 슈마허(Johann Daniel Schmacher: 1737년 '러시아과학아카데미' 총장)도 이 작품에 대한 찬사를 아끼지 않았다.

1732년에 뜨레지아꼽스끼의 문학적 재능을 인정한 과학 아카데미는 그에게 프랑스 작가 드 생-레미(Pierre Surirey de Saint-Remy, 1650-1716)의 작품 「포병대의 기록 Memoires d'artillerie」을 번역하도록 의뢰하였다. 얼마 후 과학 아카데미는 25년간 그와 장기 계약을 맺고 그를 서기관으로 임명하였다. 그들이 맺은 계약의 내용은 다음과 같다. 첫째, 러시아 산문과 운문을 집필하는데 있어 완벽하고 아름다운 러시아어를 창출해 낼 것, 둘째, 러시아 문법을 체계적으로 정리하여 완성할 것, 셋째, 다른 학자들과 함께 러시아어 사전을 집필할 것, 넷째, 부여된 프랑스와 라틴 시를 러시아어로 번역할 것 등이었다. 이를 계기로 뜨레지아꼽스끼는 안나 여제(Анна, 1730-1740)의 유일한 궁중 시인, 언어학자 그리고 번역가로서 명성을 떨치게 되었다.

3년 후 그는 최초의 러시아 작시법에 대한 이론서「러시아 시 구성에 관한 새롭고 간결한 방법 Новый и краткий способ к сложению российских стихов」(1735)을 발표하였다. 이 책에서 뜨레지아꼽스끼는 당시 주로 사용하던 '음절 작시법'(силлабойческое стихосложение) 대신 '음절수 뿐 아니라 규칙적인 강세의 위치에 의한 작시법'(силлабо-тоническое стихосложение) 이론을 제시하였다. 러시아 시의 기본 운각(стопа)으로 약강격(ямб) 대신 강약격(хорей)을 사용하고, 주로 강약 6보격(хорейческий гексаметр)을 사용해야 한다는 주장을 펼쳤다. 그리고 시행의 마지막 단어의 강세가 맨 마지막에서 두 번째 음절에 떨어지며 동일한 음을 내는 여성운(женская рифма)을 고집하였다. 그러나 이 책에서 실험적으로 선택하여 사용한 시어들은 너무나 엄숙하고 난해한 것들이 대부분이었기 때문에 그의 주장을 실제로 적용하기에는 적지 않은 문제점을 안고 있었다. 그럼에도 불구하고 이 작품은 러시아 작시법의 이론을 최초로 전개했다는 점에서 높이 평가되고 있다.

책이 발행된 이듬해 그에게 예기치 않은 불행이 닥쳐왔다. 1736년 원인을 알 수 없는 화재로 인해 집과 재산을 송두리째 날리게 되었던 것이다. 화재로 빈털터리가 되어 많은 빚을 지게된 그는 빚쟁이들의 성화를 이겨내지 못하고 마침내 1738년 빼쩨르부르그를 떠나 외딴 시골로 도피생활을 떠났다. 이곳에서 그는 프랑스 작가 롤랑(Charles Rollin, 1661-1741)의 문학전집 번역작업에 몰두하였다. 2년 후 다시 빼쩨르부르그로 돌아온 그는 1740년 볼르인스끼(Артемий Волынский) 총리로부터 궁중 연회석상에서 안나 여제를 위한 송시를 써서 낭송할 것을 부탁 받았다. 그러나 뜨레지아꼽스끼가 낭송한 시에 불만을 품은 볼르인스끼는 그를 무지막지할 정도로 구타하고 감옥에 가두었다. 며칠 후 초죽음이 된 채 출옥한 그는 자신이 당한 수치와 불명예 때문에 한 때 자살을 기도하기도 하였다. 그러나 얼마 후 볼르인스끼 총리가 권력 다툼에서 밀려나 궁중에서 쫓겨남으로써 명예를 회복하게 되었고, 러시아 정부는 볼린스끼에게 당한 육체적 정신적 고통에 대한 보상금을 그에게 지급하였다.

몸과 마음의 안정을 되찾은 뜨레지아꼽스끼는 1742년 마리야 시빌리바와 재혼하였다(그의 첫 부인 페도시바 파도예비치는 1728년 아스뜨라한에서 콜레라로 사망하였다). 새로운 가정을 꾸려나가면서 다시 재정난이 가속되자, 그는 러시아 학계에서 최고의 인물이 되어 이를 극복하겠다는 야망을 품었다. 당시 빼쩨르부르그의 과학 아카데미는 독일인 학자들에 의해 운영되고 있던 상황이었기에 러시아 학자가 교수로 발탁된다는 것은 하늘의 별 따기나 다름없었다. 이런 상황에서 1745년 마침내 뜨레지아꼽스끼는 로모노소프와 함께 최초의 러시아인 교수로 임명되었다. 뜨레지아꼽스끼는 라틴어와 러시아어 수사학 교수로, 로모노소프는 화학 교수로 임명되었다. 과학 아카데미 교수로 활동하면서 뜨레지아꼽스끼는 문학이론, 수사학, 작시법, 언어학, 역사, 운문, 번역 등 문학과 관련된 거의 모든 분야를 다루면서 많은 흔적을 남겼다. 그러나 시간이 흐르면서 그가 주장한 문학이론의 모순과 불완전함을 지적하는 목소리가 여기저기서 나타나기 시작했다.

1739년에 로모노소프는 뜨레지아꼽스끼가 제안한 강약격보다 약강격이 러시아 시에 더 잘 어울린다는 주장과 2음절 운율(двухсложный размер)외에 3음절 운율(трёхсложный размер)인 약약강격(анапест), 약강약격(амфибрахий), 강약약격(дактиль) 등 다양한 운율을 사용할 수 있다는 주장을 제기하였다. 또한 뜨레지아꼽스끼가 주장하는 여성운 외에 시행의 마지막 단어의 강세가 마지막 모음에 떨어지며 동일한 음을 내는 남성운(мужская рифма)도 사용될 수 있고, 심지어 교차압운(перекрёстная рифма)도 사용 가능하다는 주장을 하였다. 비록 1739년에 로모노소프가 뜨레지아꼽스끼의 작시법 이론에 대해 문제점을 제기함으로써 이후로 서로의 관계가 소원해지게 되었지만, 1740년대 중반까지만 해도 이 두 사람의 관계는 극한상황으로까지는 치닫지 않았다.

1740년대 후반에 접어들면서 옐리자베따 I세(Елизавета I, 1741-1761)로부터 인정받고 급부상한 로모노소프는 뜨레지아꼽스끼의 문학적 무능함을 공개적으로 질타하기 시작하였다. 동시에 1730년대부터 뜨레지아꼽스끼의 작시법을 받아들이고 그를 추종했던 수마로꼬프 마저 뜨레지아꼽스끼의 이론을 거부하면서 대신 로모노소프의 주장을 수용하기 시작하였다. 1750대 이후에 뜨레지아꼽스끼와 러시아 어문학계의 영향력 있는 인물로 부상한 로모노소프와 수마로꼬프 사이에서 벌어진 문학적 논쟁은 지속되었다. 이러한 논쟁들은 뜨레지아꼽스끼의 경력에 부정적인 영향을 끼치게 되었고, 그 결과 그가 발표하는 이론들은 인정받지 못하고 무시되기가 일수였다. 마침내 1750년대 초반에는 그가 완성한 작품들이 과학 아카데미에서 출판을 거부당하는 사태로까지 발전하였다. 과학 아카데미는 뜨레지아꼽스끼의 창작물의 인쇄를 금지시켰고, 그의 번역물 서문에는 반드시 과학 아카데미의 견해를 기록하도록 지시하였다. 이런 굴욕적인 지시를 결코 받아들일 수 없었던 그는 과학 아카데미와 지속적인 논쟁을 벌이게 되었고, 결국 1757년 8월 과학 아카데미를 떠나게 되었다. 그리고 이듬해부터 과학 아카데미는 그에게 더 이상 월급을 지급하지 않았다.

1759년에 과학 아카데미로부터 공식적인 퇴출을 통보 받은 후 그는 번역에만 몰두하였다. 1730년대 말부터 번역하기 시작하였던 롤랑(Charles Rollin, 1661-1741)의 「로마사 Histoire romaine」와 「고대사 Histoire ancienne」를 각각 1761년과 1767년에 완역하여 발표하였다. 1765년에는 프랑스 작가 페늘롱(François de Salignac de La Mothe Fenelon, 1651-1751)의 서사시 「텔레마크의 모험 Les Aventures de Télémaque」을 자신이 주장했던 강약 6보격을 사용하여 「찔레마히다 Тилемахида」라는 제목으로 발표하였다. 말년에 고독과 가난 속에서 생활하던 그는 1769년 8월 17일 뻬쩨르부르그에서 사망하였다. 사후 뜨레지아꼽스끼의 대부분의 번역물들은 러시아 시 구성과 러시아 문어의 발달에 새로운 장을 열었다는 점에서 긍정적으로 평가되고 있다.

3 깐쩨미르

(Антиох Дмитриевич Кантемир, 1708-1744)

풍자작가이며 번역가였던 안찌오흐 깐쩨미르는 1708년 9월 21일 오스만 터키의 수도 콘스탄티노플에서 드미뜨리 깐쩨미르의 막내아들로 태어났다. 당시 러시아 정교를 신봉하던 몰다비아는 이슬람교 국가인 오스만 제국에 복속되어 있는 상황이었기 때문에 몰다비아 왕자인 드미뜨리 깐쩨미르는 볼모로 잡혀와 콘스탄티노플에서 생활하고 있었다. 철학, 수학, 음악, 건축학, 외국어 등 다양한 교육을 받으며 성장한 드미뜨리는 1710년 몰다비아를 통치하던 부친 꼰스딴찐 깐쩨미르가 사망하자 몰다비아의 새 군주로 임명되었다. 1709년 뽈따바 전투에서 스웨덴을 격파한 뾰뜨르 대제(Пёрт I, 1682-1725)는 연이어 터키와 전쟁을 벌이게 되었는데, 이때 드미뜨리는 터키로부터 독립하려는 생각을 품고 뾰뜨르 대제 편을 들었다. 그러나 전쟁은 예상과 달리 터키의 승리로 막을 내리게 되었다. 전쟁이 끝난 직후 드미뜨리는 터키의 술탄과 협상해서 자신을 포함해 전쟁 중 러시아를 지원한 몰다비아 귀족들의 러시아 영구이주 허락을 얻어냈다. 안찌오흐가 3살 되던 1711년에 아버지 드미뜨리는 가족들을 데리고 몰다비아를 떠나 러시아에 도착하여 뾰뜨르 대제로부터 환영을 받았다.

1713년 모스끄바에 정착한 깐쩨미르 가족은 집에서 이탈리아어를 사용하였다. 그리스 여인인 모친 카산드라 칸타쿠제나(Kassandra

Kantakuzena)로부터 그리스어를 배웠고, 가정교사로부터 프랑스어와 러시아어를 교육받으며 성장한 안찌오흐는 모스끄바의 '슬라브-그리스-라틴 아카데미'(Слявяно-греко-латинская академия)에 입학하여 공부하였다. 1719년 아카데미를 졸업하고 그는 가족들과 함께 뻬쩨르부르그로 이주하였다. 그 곳에서 부친 드미뜨리가 뾰뜨르 대제의 궁중에서 일하게 되면서 안찌오흐 역시 궁중생활에 익숙하게 되었다. 1722년 러시아와 페르시아 사이에 전쟁이 발발하자 드미뜨리는 안찌오흐를 데리고 직접 전투에 참가하였다. 1723년 전투를 마치고 돌아오던 중 드미뜨리가 사망하면서 자녀들을 뾰뜨르 대제에게 의탁하였다. 안찌오흐는 1724년부터 1725년까지 뾰뜨르 대제의 배려로 외국인 학자들로부터 수학, 물리, 역사, 철학 등을 교육받았다.

1726년에 깐쩨미르는 프랑스 비평가인 부알로-데스프로오(Nicolas Boileau-Des preaux, 1636-1711)가 쓴 4편의 풍자와 퐁뜨넬(Bernard de Fontenelle, 1657-1757)의 작품을 러시아어로 번역하였다. 이 번역들을 통해 선진 유럽문학이 최초로 러시아에 소개되었다. 비록 깐쩨미르는 몰다비아인이었지만 스스로를 러시아인이라고 부르며 자긍심을 갖고 생활하였다. 그는 1729년에 뾰뜨르 대제의 고문을 역임했던 시인이자 계몽가인 쁘로꼬뽀비치(Феофан Прокопович, 1681-1736: 노브고로드의 대주교)의 써클에 가입하였고, 동년 「제1풍자: 배움을 거부하는 비방자들에게 Первая сатира: на хулящих учения」를 발표하면서 본격적인 작가활동을 시작하였다. 이 작품은 뾰뜨르 대제에 의해 서구로부터 수용한 과학문명과 서구 계몽사상을 거부하는 집단들을 통렬하게 비난하는 내용을 담고 있다. 서구의 발달된 지식을 이단의 근본으로 간주하며 이를 그 동안 자신들이 누려온 부와 권위에 대항하는 위협적인 존재로 간주한 교회와, 물리, 화학, 수학, 의학, 천문학, 철학 등 새로운 서구지식들은 영지를 관리하고 운영하는데 전혀 쓸모없다고 주장하는 구태의연한 귀족들, 그리고 러시아 사회에는 학문적으로 뛰어난 지식인들이 필요 없다고 주장하는 무리들이 바로 그 집단들이었다. 그는 이 작품에서 오랜 세월을 통해 정착된 교회의 보수적인 전통과 현세에 안주하려는 러시아인들의 관습 등을 신랄하게 비꼬고 있다. 그러나 그의 대표작인 「제1풍자」는 러시아 사회의 총체적인 흐름에 대한 강한 비판을 담고 있었기 때문에 당시로서는 출판할 엄두를 내지 못했다. 당시 이 작품은 필사본 형태로 유포되어 읽혀졌고, 깐쩨미르가 사망하고도 18년이 지난 후에야 출판되었다.

1727년에 즉위했던 뾰뜨르 II세가 1730년에 사망하자 왕위계승을 둘러싸고 궁중 귀족들 사이에 음모가 벌어졌고, 당시 권력을 쥐고 있던 '고위층 귀족들'(верховники)은 로마노프가의 혈통을 이어받은 안나(Анна, 1730-1740: 당시 외국에서 생활하고 있던 이반 V세의 딸)의 계승권을 인정하였지만 자신들이 국가를 통치하겠다는 계산 하에 안나에게 형식상의 황제 즉, 통치권을 제한하는 조건부 계승을 제시하려 하였다. 18세기 초에 뾰뜨르 대제의 계몽정책을 적극 지지했었던 쁘로꼬뽀비치는 이러한 음모를 알아차리고 안나에게 이 사실을 통보하고, 고위층 귀족들의 의도와는 달리 대부분의 귀족, 성직자, 지식인들은 여제를 적극 옹호할 것이라고 귀뜸하였다. 비록 안나는 러시아의 개혁과 계몽에는 별 관심이 없는 인물이었으나, 자신이 입회한 상태에서 열린 뻬쩨르부르그의 귀족회의에서 "러시아의 발전과 개혁을 위해 황제가 전권을 가져야한다"는 역사가 따찌쉐프(Василий Н. Татищев, 1686-1750)와 젊은 깐쩨미르의 연설에 매료되어 자신을 지지하는 세력을 확인한 후 고위층 귀족들이 제시한 조건부 계승증서를 찢어버리고 즉위하였다.

이후 깐쩨미르는 「제1풍자」를 포함해서 총 5편의 풍자를 집필하여 완성하였다. 두 번째 작품인 「제2풍자: 부도덕한 귀족의 질투와 거만에 대하여 Вторая сатира: на зависть и гордость дворян злонравных」는 '덕을 사랑하는 인물'인 필라레뜨(Филарет)와 '부유한 인물'인 예브게니(Евгений) 사이에 오고가는 대화체 형식으로 구성되어 있다. 깐쩨미르는 이 작품에서 능력위주의 사회를 만들겠다는 뾰뜨르 대제의 정책을 옹호하면서 귀족의 신분은 오랜 전통과 관습에 의해 조상으로부터 물려받는 특권이 아니라, 진실로 조국을 위해 봉사해서 얻은 특별한 은혜라는 주장을 펼쳤다. 세 번째 작품인 「제3풍자」는 쁘로꼬뽀비치에게 바치는 글로 '인간 욕망의 다양성'을 주제로 다루고 있다. 이 작품에는 욕망의 노예가 된 부정적 형상의 인간들 — 도에 넘치는 부를 추구하다 빚을 진 수전노, 다른 사람을 헐뜯는 비방가, 독실한 기독교신자인 척하는 위선자, 자신의 이익만을 추구하는 아첨꾼 등 — 이 등장한다. 네 번째 작품인 「제4풍자: 풍자작품의 위험성에 관하여 Четвёртая сатира: о опасности сатирических сочинений」에서 풍자작가들은 조롱의 대상이 되는 인물들로부터 환심을 사려는 행위를 경계해야 되며, 비록 작품 속에서 대상을 풍자하며 조소하고 있지만 작가의 마음속에서는 뼈저린 눈물을 흘리는 고결한 성품을 소유해야 한다고 주장하고 있다. 가장 긴 분량의 「제5풍자」는 대화체 형식으로 구성되어 있는데, 러시아인의 부도덕성에 대한 이야기를 다루고 있다.

1732년에 깐쩨미르는 런던 주재 러시아 대사로 파견되어 1738년까지 근무하였고, 1738년부터 1744년까지 파리에서 대사로 근무하였다. 외국에서 대사로 근무하면서 깐쩨미르는 영국과 프랑스의 여러 계몽주의 작가들과 친분관계를 형성하였다. 그가 외국에서 쓴 「제6풍자: 진실한 축복에 대하여 Шестая сатира: о истинном блаженстве」는 로마의 서정시인인 호라티우스(Horace, B.C. 65-8)의 이상, 즉 삶의 평안함을 갈망하면서, 마음을 가다듬고, 덕을 추구하는 작가의 마음이 묘사되어 있다. 일곱 번째 작품인 「제7풍자: 교육에 관하여 Седьмая сатира:

о воспитании」에서 그는 인간의 성격을 결정짓는 가장 중요한 요소는 부모로부터 물려받은 타고난 성품이 아니라, 주위 환경의 영향이라 주장한다. 그러므로 부모가 자녀에게 어렸을 때부터 훌륭한 본을 보여야 된다고 강조하고 있다. 교육의 목적은 실용지식과 기술을 발전시키는 것 뿐 아니라, 올바른 도덕성을 가르쳐주는 것이라고 말하고 있다. 나머지 두 작품 「제8풍자」와 「제9풍자」 역시 인간의 삶에 필요한 도덕적이고 교훈적인 내용을 담고 있다. 이처럼 깐쩨미르의 풍자 속에는 러시아 민족의 계몽에 필요한 주제가 일색이며, 문학의 역할을 국가의 도덕성 회복을 위한 것으로 보았고, 작가는 '애국심을 바탕으로 한 의무감을 가진 자'로 정의 내리고 있다.

파리 주재 러시아 대사로 탁월한 외교수완을 발휘하던 깐쩨미르는 1744년 4월 11일 프랑스 파리에서 사망하였다.

4 로모노소프
(Михаил Васильевич Ломоносов, 1711-1765)

시인이며 과학자인 미하일 로모노소프는 1711년 11월 19일 백해 근처에 자리잡고 있는 홀모고르이(Холмогоры)에서 탄생하였다. 이 마을은 백해로 흘러들어가는 드비나(Двина) 강의 지류인 홀모고르까(Холмогорка) 강가에 자리잡고 있었다. 홀모고르이는 모스끄바나 뻬쩨르부르그와 멀리 떨어져 있어 과거 몽고족이 러시아를 침입했을 때도 아무런 피해나 영향을 받지 않았던 지역이었다. 이 곳 주민들은 농노제와 무관하였으며, 귀족, 성직자, 평민 모두가 자유로운 생활을 영위하며 살아가고 있었다. 미하일의 부친인 바실리 도로페예비치(Василий Дорофеевич)는 전형적인 상인으로 몇 척의 배를 갖고 무역을 하였으며, 그의 모친인 예레나 이바노브나(Елена Ивановна)는 교회집사의 딸이었다. 미하일은 10세 때까지 아무런 교육을 받지 않고 생활하다가, 10세 때부터 19세 때까지 상인이 되기 위해 부친과 함께 배를 타고 무역을 하였다. 이 기간에 그는 많은 것을 경험하게 되었다.

북구 지역의 긴 겨울은 미하일에게 또 다른 기회를 제공하여 주었다. 긴 겨울동안 그는 이웃인 이반 슈브니(Иван Шубний)와 교회 집사인 사벨니꼬프(С. Н. Сабелников)로부터 글을 읽고 쓰는 것을 배울 수 있었다. 1720년대에 그는 교회에서 시편, 성서, 성자전 등을 포함한 다양한 종교서적을 접하게 되었는데 그의 뛰어난 기억력은 주위사람들을 감탄하게 만들었다. 당시 북부 드비나강가에는 '구교도'(старовер:

17세기에 니꼰 부주교의 러시아정교 개혁에 반대했던 무리)들이 상당히 많이 거주하고 있었고, 한 때 그는 구교도에 가입하기도 하였다. 1725년에 그는 종교적인 서적이 아닌 두 권의 일반 서적 — 당시 유명한 수학자 마그니쯔끼(Леонтий Ф. Магницкий, 1669-1739)가 1703년에 발행한 「산술 Арифметика」과 언어학자 스모뜨리쯔끼(Мелетий Смотрицкий, 1578-1633)가 1619년에 쓴 「교회 슬라브 문법 Грамматики славенския правильное синтагма」 — 을 접하게 되었다. 마그니쯔끼의 「산술」은 수학 외에 지리, 화학, 물리, 천문학 등 다양한 자연과학의 기초지식을 담고 있었다. 이 두 권의 책은 미하일의 장래를 바꾸어 놓는데 결정적인 역할을 하게 되었다.

1725년 미하일의 부친이 세 번째 부인과 결혼하였는데, 미하일을 미워했던 계모는 그를 못마땅하게 생각하고 거칠게 대하였다. 「산술」을 읽으며 과학에 흥미를 갖게된 미하일은 주위로부터 과학을 공부하기 위해서는 라틴어를 반드시 배워야한다는 말을 듣고, 1723년에 홀모고르이에 설립된 '슬라브-라틴 신학교'에 입학하려 하였다. 그러나 1723년 7월 7일 러시아 정교 종교회의에서 공포한 "우둔한 자와 사악한 자를 포함하여 평민의 자제와 영지에 귀속된 농노들은 입학할 수 없다"라는 규정에 의하여 거부되었다. 불타는 향학열, 그리고 계모와의 갈등은 마침내 그로 하여금 가출을 결심하게 만들어 1730년 12월 말 그는 고향을 떠나 이듬해 1월 모스끄바에 도착하였다.

1731년 모스끄바에서 그는 홀모고르이 성직자의 자제라고 자신의 신분을 속이고 마침내 '슬라브-그리스-라틴 아카데미'(Слявяно-греко-латинская академия)에 입학하였다. 이 아카데미는 1684년에 자이꼬노스빠스끼 수도원(Заиконоспасский монастырь) 부설로 설립된 학교로 초급(문법, 구문론) 2년, 중급(시, 수사학) 1년, 고급(철학, 종교학) 1년 과정으로 구성되어 있었다. 학교에서 "나이 스무 살에 라틴어를 배우는 멍청이"라는 어린 학생들의 조롱을 견디어내며, 미하일은 당시 하루 일당인 3 꼬뻬이까로 빵과 음료수를 사먹으며 고통스런 생활을 하였다. 그는 라틴어에서 두각을 나타내어 단 1년만에 라틴어로 시를 쓸 수준이 되었다. 1734년 여름 정부는 신도시(현재의 오렌부르그)를 건설한다는 계획을 세우고 이 도시에 필요한 다양한 지식인들 중 성직자 1명을 '슬라브-그리스-라틴 아카데미'에서 선발한다고 발표하였다. 이에 로모노소프는 서류를 제출하였다. 아카데미 위원회에서는 그를 적극 추천하였고, 엄격한 심사과정을 거쳐 미하일을 최종 추천자로 결정하였다. 그러나 곧이어 그는 최후 증언하는 자리에서 자신이 성직자의 아들이 아니라 인두세를 내는 평민의 아들이라는 출신 배경을 고백하였다. 그 결과 그는 오렌부르그(Оренбург) 신도시 건설에 참여하는 기회를 박탈당했지만, 그의 솔직한 용기와 학교생활에서 드러난 성실성과 우수한 성적 등은 선생들과 수도원장을 감동시켰고, 수도원장은 로모노소프를 그해 12월 당시 러시아 교육기관 중 가장 뛰어난 신학교로 평가되었던 '끼예프 성직자 아카데미'로 전학시켜 주었다. 끼예프에서 1년을 보낸 후 이듬해 말 그는 다시 모스끄바의 '슬라브-그리스-라틴 아카데미'로 복학하였다.

18세기 초 원대한 포부를 갖고 러시아의 개혁을 주도했던 뾰뜨르 대제(Пётр I, 1682-1725)는 1724년 2월부터 뻬쩨르부르그에 러시아 최초 고등교육기관의 설립을 추진하기 시작하였다. 러시아 출신 학자들이 전무한 상황에서 뾰뜨르 대제는 독일의 할레(Halle) 대학과 마르부르그(Marburg) 대학에서 수학, 물리, 화학, 철학을 강의했던 볼프(Christian von Wolf, 1679-1754)교수의 도움을 받아 외국과학자들을 초빙하기 시작하였다. 1725년 뻬쩨르부르그에는 과학 아카데미(Академия наук)와 아카데미 대학(Академический университет: 아카데미 대학은 1747년부터 과학 아카데미의 산하에 소속되었고, 1758년부터 1765년까지 로모노소프가 주도했던 아카데미 대학은 1766년 폐교되었다)이 동시에 설립되었다. 1734년부터 과학 아카데미의 총장을 역임한 꼬르프(И. А. Корфф) 남작은 이듬해 장차 교수가 될 자질이 있는 우수한 학생 20명을 추천하도록 전국에 있는 신학교와 모스끄바의 '슬라브-그리스-라틴 아카데미'에 요청하였다. 그 결과 12명의 학생들이 추천되었고, 그 중 로모노소프는 최우수 학생으로 선발되었다. 미하일은 1735년 12월 모스끄바를 떠나 이듬해 1월 뻬쩨르부르그에 도착하여 '아카데미 대학'에 편입하였다.

당시 러시아에는 야금술과 광산학을 전공으로 하는 외국인 화학교수가 없는 상황이었다. 정부는 이 분야의 전문가를 양성하기 위하여 로모노소프를 포함하여 세 명의 학생을 1736년 독일로 유학 보냈다. 당시 문학에도 상당한 관심을 갖고있던 그는 독일유학 길에 뜨레지아꼽스끼(Василий К. Тредиаковский, 1703-1769)의 「러시아 시 구성에 관한 새롭고 간결한 방법 Новый и краткий способ к сложению российских стихов」(1735)을 갖고 떠났다. 독일에서 이 책을 정독한 로모노소프는 뜨레지아꼽스끼와 상반된 의견을 갖게 되었다. 이 책에서 뜨레지아꼽스끼는 러시아 시의 기본 운각으로 약강격을 금지하였고, 대신 강약격을 사용해야된다고 주장하면서 강약 6보격(хорейческий гексаметр)을 주로 사용하였고 여성운을 고집하였다. 또한 뜨레지아꼽스끼가 사용한 시어들은 상당히 엄숙하고 난해한 것이 대부분이었으며, 전반적으로 실용적으로 적용하기에 많은 문제점들을 내포하고 있었다. 4년 후 독일 작시법을 습득한 로모노소프는 1739년에 러시아로 보낸 「러시아 작시법에 관한 서한 Письмо о правилах российского стихотворства」에서 뜨레지아꼽스끼가 제안한 운율과 작시법을 반박하면서 강약격보다 약강격이 러시아 시에 더 잘 어울린다고 강조하였고, 2음절 운율(двухсложный размер)외에 3음절 운율(трёхсложный размер)인 약약강격(анапест), 약강약격(амфибрахий), 강약약격(дактиль) 등 다양한 운율을 사용할 수 있다는 주장을 제시하였다. 또한 압운으로 여성운 외에 남성운도 사용할 수 있고, 심지어 교차압운(перекрёстная рифма)도 사용 가능하다는 주장을 하였다. 그는 이 서한과 함께 자신의 주장을 적용한「호찐 점령에 바치는 송시 Ода на взятие Хотина」를 동봉하여 보냈다. 이 사건은 훗날 이 두 사람의 관계가 소원해지는 계기가 되었다. 이후 로모노소프는 옐리자베따 I세(Елизавета I, 1741-62)부터 예까쩨리나 II세(Екатерина II, 1762-1796)에 이르기까지 황제의 업적을 찬양하고 기리는 내용을 담은 17편의 송시를 자신이 주장했던 작시법에 의해 썼고, 그 결과 당시 송시는 18세기 러시아 고전주의 문학의 주요한 장르로 부상하였다.

마르부르그 대학에서 물리와 철학을 공부한 후 로모노소프는 1739년부터 1년간 프라이부르그(Freiburg) 광산에서 화학과 야금술을 배웠다. 이듬해 6월 마르부르그 대학에서 사귀던 엘리자베스 크리스티나 질히(Elizabeth Christina Zilch)와 결혼하였다. 그는 1741년 부인과 함께 뻬쩨르부르그의 '과학 아카데미'로 귀환하여 물리와 화학에 관한 논문을 아카데미 위원회에 제출하였다. 위원회로부터 좋은 평을 받은 그는 1742년 1월에 '과학 아카데미'의 물리학과의 강사로 임명되었고, 마침내 1745년에는 '과학 아카데미'의 화학교수로 임명되었다. 3년 후 그는 '과학 아카데미'에 러시아 최초 화학 실험실을 설치하였고, 슈바로프(И. И. Шуваров) 백작의 후원에 힘입어 1752년에는 색유리 공장 건설에 직접 참여하기도 하였다.

로모노소프는 황제를 찬미하는 송시 외에 신의 섭리와 자신의 전공인 화학에 대한 송시도 발표하였다. 1743년에 쓴「하나님의 위대함에 대한 저녁의 명상 Вечернее размышление о божьем величестве」에서는 북극하늘에서 펼쳐지는 오로라의 경이로운 장관과 신비스런 자연현상에 대한 탄복을 묘사하였다. 그는 또한 고대 로마 시인이며 철학자인 루크레티우스(Titus Lucretius, B.C. 96-55)의 문체를 모방하여 쓴

「유리의 유용함에 대한 서한 Письмо о пользе стекла」(1752)이라는 작품에서 코페르니쿠스의 지동설을 거부한 반계몽적인 교회의 행태를 비난하면서 동시에 과학의 발전을 극찬하였다. 1748년에 쓴 「수사학 Риторика」에서 로모노소프는 문체에 관한 자신의 이론을 전개하기 시작하였고, 훗날 이 책은 모스끄바 대학의 필수교재로 사용되었다. 그는 수년간에 걸친 노력 끝에 완성한 최초의 러시아 문법책인「러시아 문법 Российская грамматика」(1755)에서 러시아어 철자법과 정서규칙을 정립해 놓았다. 18세기 중엽까지만 해도 러시아어는 교회 슬라브어와는 달리 저급한 언어로 취급받았고 체계적으로 공부하는 사람들이 없는 상황이었는데, 그는 이 책에서 최초로 일반인들이 흔히 사용하는 대중언어들을 예문으로 들면서 러시아어 규칙을 제시하고 있다. 총 6장으로 구성되어 있는 이 책의 제1장은 '일반적인 인간의 회화', 제2장은 '러시아어 읽기와 쓰기', 제3장은 '명사', 제4장은 '동사', 제5장은 '그 밖의 품사들', 제6장은 '구문론'을 각각 다루고 있다.

1754년부터 러시아에 대학을 설립하려 애쓰던 로모노소프는 후원자 슈바로프 백작에게 모스끄바 대학을 설립하려는 계획 — 처음에 교수진으로 법률학 교수 3인, 철학 교수 6인, 의학 교수 3인 등 12명을 계획하였다 — 을 제출하였고, 슈바로프는 이를 적극 수용하며 법적 절차를 추진하여 마침내 1755년 1월 12일 러시아 최초 대학인 모스끄바 대학이 탄생하였다. 비록 문서상 설립자는 슈바로프이지만 실질적인 설립자는 로모노소프였다. 1755년부터 모스끄바 대학에서는 위대한 과학자이자 작가이며 교육자인 로모노소프의 저술들이 출판되기 시작하였다.

로모노소프는 1757년에 쓴 '삼문체'(три стиля)에 관한 유명한 에세이 「러시아어에 있어서 교회서적의 유용함에 관한 서언 Предисловие о пользе книг церковных в российском языке」에서 러시아어와 교회

슬라브어와의 상호관계에 대한 자신의 주장과 이론을 상세히 설명하고 있다. 그는 이 책에서 교회 슬라브어를 러시아어의 근본으로 간주하면서 교회 슬라브어는 새로운 러시아어 단어의 근원을 제공할 뿐 아니라 러시아어 문법의 뼈대를 제공한다고 주장하였다. 그는 이처럼 교회 슬라브어의 중요성을 강조하면서 이것을 자세히 공부한 사람만이 러시아어를 정확하게 쓸 수 있다고 주장하였다. 즉 교회 슬라브어를 모르는 사람은 일반 대중이 흔히 사용하는 러시아 구어와 교회 슬라브어 혹은 러시아어에서 일상적으로 사용되는 고상한 단어와의 차이점을 감지할 수 없다는 것이다. 그리고 그는 문체를 '상문체'(высокий стиль), '중문체'(посредственный стиль), '하문체'(низкий стиль)로 구분하였다. 즉, 그는 이 책에서 교회 슬라브어를 러시아어와 동일한 위상으로 취급하고 있으며, 교회 슬라브어를 사용하여 지어진 좀더 고상하고 수사학적으로 과장된 의미와 구문을 요구하는 장엄한 송시, 영웅서사시, 기념 경축사 등을 상문체의 범주에 넣었다. 중문체에는 형식에 구애되지 않으며 그리 고결하거나 장엄한 표현을 하지 않아도 되는 주제에 적합한 공손한 서간문, 애가(элегия), 전원시, 비극 등을 포함시켰다. 마지막으로 일상적인 내용에 대중적 구어를 많이 사용하는 희극, 풍자, 민요 등을 하문체로 분류하였다. 로모노소프의 삼문체 이론은 18세기 말 까람진의 감상주의 문학이 등장하기 이전까지 상당히 엄격하게 지켜졌다.

과학 분야에서 뛰어난 명성을 획득한 그는 1757년에 '과학 아카데미'의 총장으로 임명되었고, 1760년에는 '스웨덴 과학 아카데미'의 명예위원, 그리고 1764년에는 북부이탈리아의 '볼로냐(Bologna) 과학 아카데미'의 명예위원으로 위촉되었다. 1765년 4월 15일 그는 뻬쩨르부르그에서 사망하였고 '알렉산드르-넵스끼 수도원'(Александро-Невская лавра)에 묻혔다.

5 수마로꼬프

(Александр Петрович Сумароков, 1717-1777)

알렉산드르 수마로꼬프는 1717년 11월 25일 모스끄바에서 가난한 귀족 가정의 여덟 자녀 가운데 셋째로 태어났다. 그는 가정에서 부친과 가정교사 밑에서 교육을 받으며 성장하다가, 1732년부터 모스끄바에 귀족의 자제들을 위해 설립된 '육군 귀족 사관학교'(Сухопутный шляхетский корпус)에 입학하였다. 그는 학창시절 독일어, 프랑스어, 이탈리아어 등 외국어와 문학 분야에서 두각을 나타내었으며, 학내 문학동아리인 '우정 문학회'에서 적극적인 활동을 하면서 다수의 송시와 서정시를 집필하기도 하였다. 그 중 두 편의 송시는 졸업하던 해인 1740년에 발표되었다. 사관학교를 졸업한 후 그는 골로브낀(Г. И. Головкин) 백작의 부관으로 임명되었고, 몇 년 후 당시 옐리자베따 I세(Елизавета I, 1741-1761)의 신임을 받고있던 라주몹스끼(А. Г. Разумовский) 백작의 부관으로 일하게 되는 행운을 얻었다. 수마로꼬프는 자신의 사명은 유럽의 새롭고 현대적인 사조를 받아들여 뒤떨어진 러시아 문학의 기반을 다지는 것이라고 믿고 있었다. 그리고 자신을 당시 러시아 문학계에 팽배한 교회슬라브적 전통으로부터 벗어나 프랑스 고전주의 경향을 러시아 문학에 접목시킨 최초의 러시아 세속 작가로 간주하였다.

이러한 목적을 달성하기 위하여 그는 당시 유럽에 등장한 다양한 시 장르들 — 송시(ода), 전원시, 목가시, 소네트(сонет: 10음절 약강격으로 된 14행시), 발라드(баллада: '담시'라고도 불리는 발라드는 서정시의 형식을 갖추고 있으며, 내용은 전설이나 설화적 이야기를 담고 있는 영웅의 모험 혹은 민족의 역사 등을 다루고 있다), 애가(элегия: 슬픈 명상과 사색을 담은 서정시로 우울한 색조와 죽음의 사색, 인생의 무상 등을 주제로 다루고 있다), 마드리갈(мадригал: 남자가 여인에게 사랑을 고백하는 짧은 연가시), 풍자시, 합창(хор: 연극에서 사용하는 합창), 우화, 뻬스냐(песня: 단순히 노래라는 의미가 아니라, 형식에 구애받지 않고, 공상이나 모험을 담고 있는 시적인 작품을 뜻한다) — 을 소개하기 시작하였다. 그는 러시아 문학어와 러시아 작시법의 발달에도 일정한 공헌을 하였다. 운율(рифма) 분야에서 수마로꼬프는 뜨레지아꼽스끼가 주장하는 강약격 보다는 로모노소프가 주장하는 약강격을 선호하였고, 좀 더 자연스러운 통사론과 어법을 사용하였다. 그는 뜨레지아꼽스끼와 로모노소프의 작품에서는 볼 수 없던 새로운 5보격(пентаметр) 시행을 시도하였다.

연극에 특히 관심이 많았던 수마로꼬프는 1756년 궁중에 새로이 문을 연 러시아 극장(Российский театр)의 총감독으로 임명되었다. 그는 이곳에서 극장의 관리와 운영 뿐 아니라, 배우들에게 대사를 낭송하는 것을 가르쳤으며, 심지어 무대장치와 연극 내용을 직접 감독 점검하기도 하였다. 그가 총감독직을 맡고 있는 동안 그와 연극배우들과의 갈등과 다툼은 끊임없이 발생하였고, 마침내 옐리자베따 I세(Елизавета I, 1741-1761)는 1761년에 그를 총감독직에서 물러나도록 하였다. 당시 그는 배우들뿐만 아니라 동시대 대부분 문학가들과도 크고 작은 마찰과 언쟁을 벌이곤 하였다. 상당히 과민하고 개인주의 성향이 강한 그는 성급하고 즉흥적이며 괴팍한 성격 때문에 주변 사람들과 조화를 이루지 못하는 인물이었다. 그러나 이런 그의 성품에도 불구하고 당시 희곡을 상당히 애호했던 예까쩨리나 II세(Екатерина II, 1762-1796)는 그에게 궁중의 고위직을 맡기고 가끔 궁중 문학야회에 그를 초대하여 그가 쓴 작품을 낭독하도록 지시하곤 하였다.

수마로꼬프는 생애 총 9편의 고전주의 형식의 비극을 썼다: 「호레프 Хорев」(1747), 「햄릿 Гамлет」(1748), 「시나프와 뜨루보르 Синав и Трувор」(1750), 「아르찌스또나 Артистона」(1751), 「세미라 Семира」(1751), 「지미자 Димиза」(1756), 「브이쉐슬라프 Вышеслав」(1770), 「참칭자 드미뜨리 Дмитрий самозванец」(1771), 「므스찌슬라프 Мстислав」(1774). 그의 비극들은 코르네이(Pierre Corneille, 1606-1684: 프랑스 시인이며 극작가)와 라신(Jean Baptiste Racine, 1639-1699: 프랑스 시인이며 극작가)의 작품들을 모방한 것이 대부분인데, 이들과는 조금 다른 특징을 갖고 있다. 즉, 그는 고전주의 풍의 주제를 다루지 않고 대신 당시 러시아의 역사적 주제를 채택하여 관객으로 하여금 쉽게 작품을 이해하도록 배려하였다. 그리고 작품 속에 러시아의 황제들과 귀족들을 등장시켜 이들을 부정적인 인물과 긍정적인 인물로 분류하였다. 가장 대표적인 비극으로는 17세기초 '혼돈의 시대'(смутное время)를 배경으로 한 「참칭자 드미뜨리」를 꼽을 수 있는데, 이 작품에서 악의 화신으로 묘사된 참칭자 오뜨레삐예프(Отрепьев)는 권력욕에 눈이 멀어 조국 러시아를 가톨릭 국가인 폴란드에게 헌납하려는 시도를 하게 되나, 러시아의 애국지사들의 강력한 저항에 부딪혀 결국 실패한다는 내용을 담고 있다. 그의 비극에 반한 18세기 러시아의 풍자작가인 노비꼬프(Николай И. Новиков, 1744-1818)는 자신이 발행한 「러시아 작가에 관한 역사사전의 시작(試作) Опыт исторического словаря о российских писателях」(1772)에 수마로꼬프를 '러시아의 라신'이라고 소개하면서 그를 극찬하였다.

수마로꼬프는 비극 외에 몰리에르(Molière, 1622-1673: Jean Baptiste Poquelin의 필명, 프랑스 희극작가)의 희극을 모방한 12편의 희극을 썼는데, 그 중 8편은 단막극이고 나머지 4편은 3막으로 구성되어있다.

그것들은 뜨레지아꼽스끼의 무능하고 어리석음을 풍자한 「뜨레쏘찌니우스 Тресотиниус」(1750), 「남편과 아내의 언쟁 Ссора мужа с женой」(1750), 「괴물들 Чудовищи」(1750), 「후견인 Опекун」(1765), 「고리대금업자 Лихоимец」(1768), 「독설 Ядовитый」(1768), 「경쟁자 삼형제 Три брата совместники」(1768), 「나르시소스 Нарцисс」(1772), 「거짓 지참금 Приданое обманом」(1772), 「어머니-딸의 경쟁자 Мать-совместница дочери」(1772), 「다투기를 좋아하는 여자 Вздорщица」(1772), 「상상 속의 부정한 아내의 남편 Рогоносец по воображению」(1772) 이다. 수마로꼬프의 희극은 17세기 유럽 최고의 희극작가였던 몰리에르의 작품보다는 문학성이 다소 떨어지나, 당시 러시아에서는 획기적으로 평이한 구어체적 문체를 사용했다는 점에서 높게 평가된다. 총 12편 중에 최고의 희극으로 꼽히는 마지막 작품은 당시 만연했던 귀족계급의 성적, 도덕적 부패상을 비판적인 시각에서 묘사하고 있다. 수마로꼬프는 자신만의 독특한 풍자를 이용하여 당시 사회상을 비판하면서 타락한 도덕상을 회복하려는 시도를 하였다.

1760년대 말부터 러시아 문단에 고전주의 사조를 대치하는 새로운 문학사조인 감상주의가 등장하기 시작하였다. 지나치게 경직된 성향을 소유한 수마로꼬프가 이러한 변화를 수용한다는 것은 거의 불가능하였고 이러한 흐름에 대해 자신이 이룩한 예술관을 음해하는 음모라고까지 여겼다. 그는 1769년에 뻬쩨르부르그를 떠나 모스끄바에 정착하여 자신이 추구하는 문학 활동에만 몰두하며 생활하였다. 빚쟁이로부터 시달리고, 친구와 주위사람으로부터 조롱 받고, 사회로부터 배척당하며 생활하던 그는 알콜중독자가 되었다. 고독과 가난 속에서 1777년 병에 걸려 드러눕게 되었고, 그해 10월 12일 모스끄바에서 아무도 거들떠보지 않은 채 외롭게 세상을 떠났다. 장례식은 몇몇 연극배우들에 의해 치러졌다.

6 헤라스꼬프

(Михаил Матвеевич Херасков, 1733-1807)

몰다비아의 귀족인 헤라스꼬프의 부친은 18세기 초 뾰뜨르 대제(Пёрт I, 1682-1725)가 터키와 전쟁을 치를 때 깐쩨미르의 부친처럼 터키로부터 독립하려는 생각을 품고 뾰뜨르 대제 편에 섰다. 그러나 예상과 달리 터키의 승리로 전쟁이 막을 내리자 헤라스꼬프의 부친은 몰다비아를 떠나 러시아에 영구 이주하였다. 미하일 헤라스꼬프는 1733년 11월 5일 우끄라이나 뽈따바(Полтава) 현의 뻬레야슬라프(Переяслав)에서 태어났고, 그의 부친은 몇 년 후 사망하였다. 얼마 후 모친은 재혼하였고 어린 헤라스꼬프는 계부 니끼따 뜨루베쯔꼬이(Никита Юриевич Трубецкой: 깐쩨미르, 수마로꼬프 그리고 로모노소프의 친구)와 배다른 형제들과 함께 생활하며 지냈다. 얼마 후 그의 가족들은 뻬쩨르부르그로 상경하였고, 어린 헤라스꼬프는 수마로꼬프가 다녔던 모스끄바의 육군 귀족사관학교(Сухопутный шляхетский корпус)에 입학하였다. 졸업 후 장교로 임관하였지만, 그는 군대에서 근무하는 것 보다 문학에 보다 많은 관심을 갖고 있었다.

1755년에 모스끄바 대학이 설립되자 그는 계부의 친구인 로모노소프의 배려로 모스끄바 대학과 깊은 인연을 맺게된다. 그는 1755년부터 1763년까지 모스끄바 대학 출판소에서 편집인과 활판기술자로 근무하였다. 1760년대에 접어들면서 당시 계몽주의 사상을 품고 사회개혁을 주장하는 프리메이슨(Масонство: Freemason)운동에 가담하여 1760년 1월부터 프리메이슨 사상을 담은 대학 저널 《유익한 오락 Полезное увеселение》(1760-62)을 발행하기 시작하였다. 1761년 옐리자베따 I세(Елизавета I, 1741-1761)가 사망하고 권좌에 오른 뾰뜨르 III세(Пётр III, 1761-1762)가 부인 예까쩨리나 II세(Екатерина II, 1762-1796)와 젊은 귀족들의 음모로 살해되는 정치적으로 불안한 상황이 조성되자, 헤라스꼬프는 자신이 발행하던 저널을 1762년 6월에 스스로 폐간 조치하였다. 당시 저널 《유익한 오락》에는 헤라스꼬프를 포함하여 폰비진(Денис И. Фонвизин, 1744-1792), 보그다노비치(Ипполит Ф. Богданович, 1743-1803), 마이꼬프(Василий И. Маиков, 1728-1778) 등이 작품을 기고하였다. 그는 이듬해 1월부터 12월까지 두 번째 저널인 《자유시간 Свободные часы》 (1763)을 발행하였고, 대학에서 상연하는 연극에 관심을 갖고 적극적으로 참여하였다. 1770년부터 그는 노비꼬프와 보다 적극적으로 프리메이슨 운동에 가담하기 시작하였고, 1772년에는 헤라스꼬프와 부인인 여류시인 옐리자베따(Елизавета Хераскова)가 함께 운영하던 문학살롱에서 낭독된 작품들을 싣기 위해 세 번째 저널 《야회 Вечер》(1772-73)를 발행하였다. 이후 예까쩨리나 II세가 프리메이슨 운동을 불법으로 규정하자 그들은 비밀리에 집회를 열곤 하였다.

헤라스꼬프는 1761년부터 1805년까지 10편의 서사시를 발표하였다. 그 가운데 1761년에 쓴 「학문의 열매 Плоды наук」는 문명과 과학의 중요성을 강조하는 내용을 담고 있다. 1779년에 발표한 「로시야다 Россияда」는 그의 최고 걸작으로 평가되는 작품인데, 1552년에 까잔 한국의 따따르족과의 전투에서 승리한 이반 IV세(Иван IV Грозный, 1533-1584)의 업적을 다루고 있다. 고상한 문체로 쓰여진 이 작품은 이교도에 대항하는 기독교의 승리와 시대를 초월한 통치자의 자세와 위대한 러시아의 부흥을 묘사하고 있다. 이 작품은 당시 예까쩨리나 II세(Екатерина II, 1762-1796)가 크림(Крым) 반도를 장악하고 있던 터키를 몰아내려 애쓰던 때에 발표되었다. 헤라스꼬프는 이 작품에서 이반 IV세 주위에서 조국을 위해 성실하고 부단한 노력을 하던 귀족들을 높게 평가하면서 자신의 사리사욕을 채우기에 급급한 일부 귀족들의 행동을 질타하고 비난하고 있다. 헤라스꼬프는 이 작품에서 따따르(татар)족의 황후로 등장하는 숨베까(Сумбека)의 복합적인 애정행각을 묘사하는데, 이는 예까쩨리나 II세의 복잡한 사생활을 암시하는 것이며, 궁극적으로는 이반 IV세와 같은 훌륭한 지도력을 본받을 것을 요구하고 있다. 1785년에 발표한 서사시 「갱생한 블라지미르 Владимир возрождённый」는 주인공 블라지미르가 합리적이고 이성적인 프리메이슨 사상을 서서히 수용하면서 새로운 인간으로 탄생하는 이야기를 담고 있다.

헤라스꼬프가 쓴 3편의 소설 가운데 1768년에 발표된 「누마 혹은 번영하는 로마 Нума или процветающий Рим」는 플루타르크 영웅전에 나오는 슬기로운 로마 황제 누마 폼필리우스(Numa Pompilius, B.C. 715-673)에 관한 이야기를 다루고 있다. 이 작품을 통해 그는 예까쩨리나 II세에게 유럽의 계몽주의 사상을 수용하고 러시아의 부흥을 위하여 지혜롭고 착한 누마처럼 선의의 독재정치를 해 줄 것을 요구하는 일부 교육받은 귀족들의 희망을 표현하고 있다. 1789년에 발표된 「카드무스와 하모니 Кадм и Гармония」(Cadmus: 그리스 신화에 등장하는 인물로 용과 싸워 이를 퇴치하고 테베를 건설하고 그리스에 알파벳을 전한 페니키아의 왕자) 역시 알레고리 양식으로 쓰여진 작품인데, 초기에 자만심에 가득찬 주인공 카드무스가 어려운 역경 — 심리적 의기소침, 방황, 시련과 고통 — 을 겪은 후 깨우침과 지혜를 얻게 된다는 내용을 담고 있다. 이 작품에서 작가는 가난한 백성들에게 먹을 것과 입을 것, 그리고 교육을 제공하기 이전에 군주에게 먼저 필요한 것은 시련과 고통을 통해 스스로를 성찰하는 노력이라는 메시지를 전달하고 있다.

헤라스꼬프는 서사시와 소설 이외에도 다양한 장르의 많은 작품들 — 송시, 서정시, 비극, 희극, 드라마, 풍자, 우화, 소네트, 서간문 — 을 발표하였다. 18세기 최고의 계몽주의 작가로 평가되는 헤라스꼬프는 19세기 초 러시아의 호머(Homer)로 불리기도 하였다. 그는 1807년 10월 9일 모스끄바에서 사망하였다.

7 끄냐쥐닌

(Яков Борисович Княжнин, 1740-1791)

1742년 10월 14일 쁘스꼬프(Псков)에서 쁘스꼬프의 부지사 아들로 탄생한 야꼬프 끄냐쥐닌은 어린 시절 가정교사로부터 교육을 받으며 성장하였다. 1750년에 뻬쩨르부르그의 과학 아카데미(Академия наук)부설 중등학교 김나지야(гимназия)를 다녔고 1762년에 입대하였다가 2년 후인 1764년부터는 외무성에서 근무하였다. 당대 최고의 희곡 작가였던 수마로꼬프의 딸과 결혼하여 생활하던 그는 도박에 빠져 많은 빚을 지게 되었고, 마침내 1773년에 공금 6,000루블을 유용하여 도박판에서 몽땅 날리고 말았다. 그는 이 사건으로 처음에 사형을 언도 받았으나, 예까쩨리나 II세(Екатерина II, 1762-1796)에 의해 사면되었다. 그 대신 그가 소유한 주택과 땅이 국가에 몰수되었고, 대위 계급장과 귀족의 신분을 박탈당하게 되었다. 직장과 영지로부터 발생하는 모든 수입을 국가가 빼앗아 가는 바람에 그는 볼테르(Voltaire, 1694-1778)와 코르네유(Pierre Corneille, 1606-1684)의 작품을 번역하면서 어렵게 생활하였다. 또한 이 사건으로 인해 그는 18세기 러시아 문학사에서 가장 불명예스런 작가로 인식되고 있다. 그러나 다행히 1778년부터 당시 교육성 장관을 맡고 있던 베뜨쯔끼(И. И. Бетцкий) 밑에서 서기로 일하게 되는 행운을 얻었고, 1783년에는 과학 아카데미의 회원으로 위촉되었다.

끄냐쥐닌은 자신의 장인인 수마로꼬프가 주장하는 희곡 기법을 따르면서 8편의 희가극, 4편의 희극, 8편의 비극을 썼다. 4편의 희극 중 최고의 걸작으로 알려진 「허풍쟁이 Хвастун」(1785)는 프랑스 극작가 브류에이(David Augustin de Brueys, 1640-1723)의 희극 「중요점 L'Important」을 모방한 작품이다. 러시아 최초로 시도된 5막 희극인 이 작품은 완성된 해에 뻬쩨르부르그에서 상연되었고, 이듬해 책으로 출판되었으며, 끄냐쥐닌의 희곡 가운데 가장 많이 상연된 작품이다. 고골(Николай В. Гоголь, 1809-1852)의 「검찰관 Ревизор」(1836)을 상기시키기도 하는 이 작품은 등장인물의 이름에 그 인물의 성격과 극중 역할을 부여하고 있다: 쁘로스또둠(Простодум) — '단순한 사람', 자미르(Замир) — '성급한 사람', 츠반끼나(Чванкина) — '거드럼피는 사람', 뽈리스뜨(Полист) — '파렴치한 책략가', 베르홀레뜨(Верхолет) — '허공에 떠 있는 사람'. 희극 「허풍쟁이」의 줄거리는 다음과 같다.

가난한 소귀족 출신인 주인공 베르홀레뜨는 얼마 되지 않는 재산을 뻬쩨르부르그에서 탕진한 후, 시골 출신으로 부유하나 우둔한 부인 츠반끼나의 재산을 노리고 그녀의 딸 밀레나(Милена)와 결혼하려는 음모를 꾸민다. 그러나 귀족 청년 자미르와 사랑에 빠져있던 밀레나는 어머니로부터 약혼 승낙을 이미 받아놓은 상황이었다. 어느 날 베르홀레뜨의 삼촌인 귀족 쁘로스또둠이 조카를 만나러 시골에서 와 조카의 하인인 뽈리스뜨를 만났다. 교활한 성품의 뽈리스뜨는 쁘로스또둠에게 조카가 이곳 수도에서 유명인사가 되었고 자신은 그의 비서가 되었다고 거짓말하였다. 단순한 성격의 소유자인 쁘로스또둠은 이 말을 곧이듣고 믿어버린다. 두 사람이 대화하는 가운데 등장한 베르홀레뜨는 삼촌에게 자신이 얼마 전에 백작이 되었다고 속이고, 삼촌을 자신의 행정부관직으로 임명하고 얼마 있다가 그를 상원위원으로 임명하겠다고 속인다. 이후 행정부관이 된 삼촌은 자신의 돈으로 조카의 빚을 대신 갚아주었다. 당시 뽈리스뜨는 비록 하녀이지만 귀족과 결혼하려는 생각을 품고 있는 밀레나의 몸종 마리나(Марина)를 일방적으로 사랑하고 있었다. 두 사람의 결혼을 위하여 베르홀레뜨는 삼촌에게 뾜리스뜨의 삼촌 역할을 해 줄 것을 부탁하였다. 결국 마리나는 귀족인 쁘로스또둠의 조카로 착각하고 뾜리스뜨의 구혼을 받아들이게 된다. 베르홀레뜨는 자신이 계획했던 밀레나와의 결혼을 성사시키기 위하여 이 두 사람(하인과 하녀)을 이용한다. 이들은 츠반끼나에게 접근하여 '백작' 베르홀레뜨를 뻬쩨르부르그에서 높은 지위를 가진 인물이라고 소개하였고, 상류사회로의 진출을 갈망하던 밀레나의 모친 츠반끼나는 딸과 '백작'의 결혼을 승낙하게 된다. 이들이 결혼한다는 소문(뾜리스뜨와 마리나가 고의로 흘린)을 들은 자미르는 흥분하여 밀레나를 찾아가 배신자라며 화를 내고 돌아온다. 얼마 후 아들의 결혼식에 참석하기 위하여 상경한 자미르의 부친 체스똔(Честон)은 아들로부터 자초지종을 듣고 변덕스런 여자와는 결혼을 하지 않는 것이 좋다고 타이르고, 아들에게 입대할 것을 권유하였다. 며칠 후 우연히 베르홀레뜨를 만난 상황에서 체스똔은 자신이 자미르의 부친이라는 것을 숨기고 그와 대화를 나눈다. 그와 대화하는 가운데 체스똔은 베르홀레뜨가 백작이 아니고 허풍쟁이라는 사실을 눈치채고 분개하며 그를 뻔뻔스런 사기꾼이라고 소리친다. 베르홀레뜨가 황급히 자리를 떠난 후 체스똔은 당국에 베르홀레뜨가 츠반끼나의 재산을 노리고 그녀의 딸과 결혼하려한 사기꾼이라고 고발하였다. 체스똔은 쁘로스또둠을 만나 그의 조카가 사기꾼이라는 사실을 알려주었고, 자미르와 밀레나는 다시 만나 오해를 풀고 화해하고 결혼을 약속한다. 빚쟁이들과 경찰관들이 베르홀레뜨에게 들이 닥쳤고 그가 협잡꾼임이 밝혀진다. 마리나 역시 뾜리스뜨가 귀족이 아니라는 사실을 확인하고 그를 차버린다. 그리고 조카에게 속아 돈을 다 탕진하고 상원의원이 될 것이라는 환상에서 깨어난 쁘로스또둠은 시골로 돌아간다. 이 작품은

19세기 작가인 고골과 그리보예도프(Александр Сергеевич Грибоедов, 1795-1892)에게 큰 영향을 끼진 작품으로 알려져 있다.

1769년에 쓰여진 「디도 Дидо」는 5막으로 된 비극인데, 이탈리아 극작가인 메타스타시오(Pietro Metastasio, 1698-1782)의 「버림받은 디도 Didone abbandonata」(1724)와 프랑스 극작가 르프랑(Jean-Jacqes Lefranc, 1709-1784)의 「디돈 Didon」(1734)의 영향을 받은 작품이다. 고대 로마 신화에 등장하는 트로이 왕 에네아스(Aeneas)와 카르타고의 여왕 디도(Dido)의 사랑 이야기를 주제로 다루고 있다. 끄냐쥐닌은 이 작품에서 두 주인공의 심리적 갈등을 잘 묘사하고 있다. 에네아스는 꿈속에서 카르타고를 떠나 조국 트로이로 돌아가야만 한다는 신의 메시지를 받고 사랑하는 여인 디도에게 이를 설명하나, 그녀는 그에게 경멸로 가득찬 애증을 토로한다. 사랑과 조국애라는 내적 갈등에 고민하던 에네아스는 마음을 돌이켜 그녀를 떠나지 않겠다고 맹세한다. 끄냐쥐닌은 에네아스를 결코 이성적인 인물로 묘사하지 않고 사랑에 갈등하는 좀더 인간적이고 감동적인 인물로 그리고 있다. 상황이 이렇게 변하자 안테노르는 친구 에네아스의 결정을 책망하고 그에게 이성적이고 합리적인 충고를 하면서 카르타고를 떠나는 것이 운명이라고 그를 설득한다. 결국 에네아스는 친구의 충고를 받아들이고 카르타고를 떠날 것을 결심한다. 다시 떠나기로 결심한 에네아스에게 디도는 자신의 애절한 탄원과 더불어 애증에 찬 위협을 하고 있다: "떠나세요. 나 더 이상 당신에게 애원하지 않으리. 나는 당신으로 인해 충분히 고통을 받았습니다. 당신이 택한 영웅심에 만족하면서 살아가세요. 나를 떠나가세요. 야생동물 같은 성격을 가진 방랑자여. 사람들은 당신 몸속에 불사신의 피가 흐른다고 합니다. 잔인한 호랑이가 당신에게 빛을 바라보는 눈을 주었다고 합니다. 그러나 그것은 거짓입니다. 다만 당신은 탐욕스런 암사자의 자궁에서 태어난 인물에 불과합니다." 사랑하는 이가 떠나간 후 상처받은 디도는 마지막 제5막에서 에네아스를 향한 처절한 사랑의 독백을 한다: "오, 그대 에네아스. 비록 당신이 나를 불행한 여인으로 만들었고, 내게 비애와 고뇌의 원인을 제공한 사람이지만, 아직도 당신은 내 사랑입니다. 당신을 사랑합니다. 죽도록 당신을 사랑합니다. 지금 이 시간 당신은 애수에 젖은 이 땅을 바라보면서 저처럼 고통받고 있다는 것을 잘 알고 있습니다. 오, 잔인한 사람이여! 돌아와 주세요, 그러면 디도가 다시 소생할 것입니다." 이 작품은 풍자 혹은 정치적인 메시지가 전혀 담겨져 있지 않은 순수한 비극으로 당시 일반 관객들로부터 상당히 좋은 반응을 얻었다.

끄냐쥐닌은 비극 「로슬라프 Росслав」(1784) 와 「노브고로드의 바짐 Вадим Новгородский」(1789)으로 당대 위대한 비극작가로서의 문학적 명성을 획득하였다. 스웨덴을 배경으로 한 비극 「로슬라프」에서 주인공 러시아 귀족 로슬라프는 스웨덴과의 전쟁에서 패배한 후 포로로 잡혀갔는데, 그 곳에서 스웨덴 공주와 사랑에 빠지게 된다. 조국에 대한 충성심과 적국 공주와의 사랑이라는 갈등 속에 고민하는 모습이 그려지고 있으며, 종말에 악은 패배하고 선이 승리하는 해피 엔딩으로 끝나는 전형적인 고전주의 작품으로 평가되고 있다. 「노브고로드의 바짐」은 러시아 최초의 공후인 류릭(Рюрик, 862-879)이 노브고로드를 함락했던 시대 상황을 다루고 있다. 당시 공화정 체제를 유지하고 있던 노브고로드의 지도자 바짐은 조국의 명예를 지키기 위하여 자신의 목숨을 버리든지 아니면 침입자인 군주 류릭에게 굴복하든지 두 가지 중 하나를 선택해야하는 기로에 서 있었다. 후자 대신 전자를 택한 바짐은 스스로 목숨을 끊는다. 그리고 침입자 류릭과 사랑에 빠진 바짐의 딸 역시 아버지의 뒤를 이어 자살한다. 끄냐쥐닌은 이 작품을 통해 군주제를 반대하고 공화정 체제에 의한 통치를 간접적으로 찬양하고 있다. 또한 우연히 이 작품이 완성되고 한 달이 지난 후 프랑스 혁명이 발생하였다. 이때까지 계몽사상을 옹호했던 예까쩨리나 II세는 프랑스 혁명을 보면서 심각한 위기의식을 느끼게 되었다. 이러한 상황에서 그녀는 「노브고로드의 바짐」을 불온한 작품으로 간주하였고 출판을 금지하였다. 끄냐쥐닌이 사망하고 2년이 지난 후인 1793년에 이 작품이 출판되었는데, 뒤늦게 이를 알아차린 예까쩨리나 II세는 작품을 수거해 불태워버렸다. 그리고 출판과 관련된 끄냐쥐닌의 자손들, 출판업자 그리고 이 책을 구입해 읽은 사람들을 엄벌에 처하였다. 결국 이 작품은 1914년이 되어서야 다시 출판되었다.

18세기 작가 중에 가장 비극적인 비극작가 끄냐쥐닌은 1791년 1월 25일 뻬쩨르부르그에서 폐렴으로 사망하였다. 몇 년이 지난 후 그의 아들은 자신이 쓴 아버지의 전기에서 그는 폐렴으로 사망한 것이 아니라는 주장을 하고 있다. 1789년 이후 예까쩨라나 II세의 분노를 사게 된 끄냐쥐닌은 궁정의 교수형 집행인인 쉐슈꼽스끼(С. И. Шешковский)에게 끌려가 모진 고문을 당했고 이로 인해 사망했다는 것이다.

8 제르좌빈

(Гаврила Романович Державин, 1743-1816)

가브리일 제르좌빈은 1743년 7월 14일 까잔(Казан) 근교에서 따따르(татар) 공후의 후예인 가난한 수비대 장교의 장남으로 출생하였다. 외국인 가정교사를 둘 형편이 되지 못하는 어려운 상황에서 그는 동네 교회집사 혹은 인근부대에 근무하는 군인들로부터 교육을 받았으며, 주로 그의 모친 펠까 안드레예바(Фелка Андреева)로부터 성경, 러시아어 쓰기와 읽기 등을 배웠다. 장남 제르좌빈을 장차 군인으로 키우려는 생각을 품고 있던 부친 로만(Роман Николаевич)은 1754년에 사망하였고, 이후 모친과 형제들과 함께 경제적으로 힘든 생활을 하던 제르좌빈은 1759년에 까잔의 김나지야에 입학하여 공식적인 학업을 시작하였다. 그는 학창시절 문학 방면에는 재능을 나타내지 못했고, 오히려 과학 쪽에 큰 관심을 보였다. 입학한지 3년이 지난 1762년 초 그는 뻬쩨르부르그에 위치한 친위대 소속 '쁘레오브라줸스끼'(Преображенский) 연대에서 사병으로 근무하라는 통보를 받고 학업을 중단하게 되었다. 결국 3년간 김나지야에서 배운 것이 제르좌빈의 공식적인 교육과정의 전부였다.

1762년 초부터 쁘레오브라줸스끼 연대에서 사병으로 근무하던 제르좌빈은 노비꼬프(Новиков, 1744-1818)처럼 그해 6월 28일에 뾰뜨르 III세(Пётр III, 1761-1762)를 살해하려는 예까쩨리나 II세(Екатерина II, 1762-1796)의 거사에 적극적으로 참여하였다. 철저한 군주제 옹호자이며 애국주의자였던 청년 제르좌빈에게 이 사건은 장차 위대한 시인이며 정치가가 되는데 대단히 중요한 역할을 하게된다. 이 사건 이후 그는 10년간 뻬쩨르부르그에서 사병생활을 하면서 시간이 날 때마다 뜨레지아꼽스끼와 로모노소프의 작시법에 관한 이론들과 수마로꼬프의 작품을 읽으면서 문학에 관심을 갖기 시작했다. 1772년 사병생활 10년만에 장교로 임관한 제르좌빈은 시인이 되겠다고 마음먹었다.

이듬해 '뿌가쵸프(Емельян И. Пугачёв)의 난'(1773-1774)이 발생하자, 그는 정보장교로 발탁되어 까잔에 주둔하고 있는 비비꼬프(А И Бибиков) 장군 휘하에 들어가 반란군 토벌에 참여하였다. 1774년 자신이 존경하던 비비꼬프 장군의 갑작스런 죽음은 그에게 죽음의 의미를 깊이 상고하는 계기가 되었다. 천부적으로 곧은 성품과 애국주의 사상이 투철했던 그는 볼가강 하류에 위치한 사라또프(Саратов) 지역 수비대의 문제점들을 지적하는 보고서를 상부에 올렸으며, 이로 인해 그는 당시 예까쩨리나 II세의 두터운 신임을 받고 군 최고사령관직을 맡고 있던 뽀쫌낀(Г. А. Потёмкин, 1739-1791) 총사령관으로부터 칭찬과 신임을 받게 되었다. 그러나 비비꼬프 장군의 후임으로 내려온 뾰뜨르 빤닌(Пётр Паннин: 당시 예까쩨리나 II세 내각의 수반이었던 니끼따 빤닌 백작의 동생)백작으로부터는 심한 질타와 분노를 사게되어 상관 불복종 죄로 군법회의에 부쳐졌고, 우여곡절 끝에 형벌은 면하게 되었다. 1762년 당시 니끼따 빤닌은 여제의 등극을 반대하는 입장이었으며, 그녀와 그녀 주위에 있는 고관들의 정책을 내심 못마땅해하고 있었다. 제르좌빈은 이 사건으로 인해 음모와 술책으로 뒤범벅이 된 궁중 관료정치를 처음으로 경험하게 된다. 뿌가쵸프 난이 평정된 이듬해인 1775년에 제르좌빈은 자신이 소속했던 쁘레오브라줸스끼 연대로 복귀하라는 명령을 받고 뻬쩨르부르그로 돌아왔다.

그는 뻬쩨르부르그에서 1776년에 시집 『치딸라가이 산악지방에서 쓴 번역과 창작 송시 Оды переводенные и сочиненные при горе Читалагае』를 발표하였다. 이 시집은 그가 뿌가쵸프 반란군을 토벌하기 위해 사라또프 근교의 볼가강 유역에 주둔하면서 1774년에 썼던 글을 모아 출판한 작품집이다. 그는 이 시집에 자신이 쓴 4편의 송시와 프러시아 대왕 프레데릭 II세(Frederick Wilhelm II, 1744-1797)가 쓴 송시 4편을 러시아어로 번역하여 실었다. 이 작품집에 들어있는 송시 가운데 「비비꼬프 장군의 죽음에 대한 송시 Ода на смерть генерал аншефа Бибикова」에서 작가는 자신이 존경했던 고인을 애도하며 그의 덕을 감상적 어조로 기리고 있으며 동시에 시인의 정의와 사명을 암시하고 있다. 이 작품은 10행으로 구성된 각 절에 약강 4보격을 사용하고 있으나, 압운(рифма)은 적용하지 않고 있다. 이 점에 대해 제르좌빈은 북받쳐 오르는 슬픈 감정을 표현할 때 장식적인 요소를 담고있는 압운의 적용은 부적합하다는 주장을 하고 있다. 이처럼 그는 기본적으로 로모노소프가 주장하는 전통적인 고전주의 형식의 송시 기법을 사용하고 있으나, 고인의 죽음을 생각하면서 죽음을 통해 느끼는 슬픔과 비애를 단순하게 표현하지 않고 개인적 감정을 섞어 표현하고 있다. 이러한 기법은 감상주의 혹은 초기 낭만주의 작품에 나타나는 경향으로도 간주할 수 있다. 또한 그는 이 송시에서 비비꼬프는 '덕을 사랑하는 사람들'에 의해 기억될 것이라는 표현을 통해 '시인의 정의'를 암시하고 있으며, 칭송할 가치가 있는 업적을 남긴 인물들이 없으면 시인은 존재할 수 없다고 말한다. 그는 4편의 번역 송시를 통해 자신을 포함한 많은 시인들이 프레데릭 II세가 이성적이고 합리적인 계몽군주이기에 그의 즉위가 환영받았을 것이라는 내용과 궁중에서 고위직 업무를 관장하는 사람들이 행하는 악과 덕을 암시하고 있다. 제르좌빈이 프레데릭 II세의 작품을 택한 이유는 정확히 알 수 없지만, 당시 프러시아 귀족 출신인 예까쩨리나 II세에게서 좋은 반응을 얻었다는 사실은 분명하다.

제르좌빈은 지속적인 뾰뜨르 빤닌 백작의 적대감 때문에 진급에 탈락하는 등 많은 어려움을 당하였다. 1777년 그가 여제에게 직접 제출한 대령 승진과 영지 하사를 청원한 탄원서는 받아들여지지 않았지만, 대신 참사관 직책과 백러시아에 조그만 영지를 하사 받았다. 그 결과 15년 만에 군에서 제대하면서 정치인으로서 새 출발을 시작하게 되었다. 이를 계기로 그는 뻬쩨르부르그에서 당시 작가였던 리보프(Николай И. Львов, 1751-1804), 까쁘니스뜨(Василий В. Капнист, 1758-1823), 헴니쩨르(Иван И. Хемницер, 1745-1784) 등과 교류하는 기회를 얻게 되었고, 이들을 통해 문학적 발전을 도모하게 되었다. 그는 1778년부터 문학잡지 《쌍뜨 뻬쩨르부르그 통보 Санкт-Петербургский вестник》에 일련의 작품들을 발표하였다. 그 중 「메쉐르스끼 공작의 죽음에 대한 송시 Ода на смерть князя Мещерского」(1779)는 1774년에 쓴 「비비꼬프 장군의 죽음에 대한 송시」에서 나타난 감상주의적 특징이 더 강하게 드러나고 있다. 고인의 죽음을 애도하면서 모든 인간에게 반드시 찾아오는 죽음을 관조하는 모습이 인간적이고 솔직하게 표현되고 있다. 또한 이 송시에서 제르좌빈은 상문체와 하문체를 적절히 혼용하여 사용함으로써 장엄한 송시는 상문체로만 써야 된다는 로모노소프가 주장에서 서서히 벗어나기 시작했다.

1779년부터 1794년 사이에 그는 다수의 송시들을 발표하였다: 「북방에서 탄생한 어린 왕자에게 바치는 시 Стихи на рождение в Севере порфирородного отрока」(1779), 「나의 첫 이웃에게 К первому соседу」(1780), 「펠리짜 Фелица」(1782), 「무즈라의 환영 Видение Музры」(1783), 「하나님 Бог」(1784), 「펠리짜의 초상화 Портрет Фелицы」(1789), 「폭포 Водопад」(1794). 이들 송시에서 사용한 제르좌빈의 언어는 상문체만을 사용해야 된다는 로모노소프의 주장을 완전히 무시하는 것이었다. 그는 상문체과 하문체를 자연스럽게 병용하면서 다양한 어휘를 완벽하게 구사하고 있으며, 러시아어와 교회슬라브어 문법을 무리 없이 혼용하고 있다. 또한 그가 사용한 어순도치와 복잡하게 얽힌 구문들은 바로크 경향을 일부 보여주고 있다고도 볼 수 있다. 지나친 어순 도치는 독자로 하여금 문장의 주어 혹은 보어를 기대하는 효과를 얻었고, 다양한 언어, 문체, 구문은 풍부하고 다채로운 이미지와 청각적 효과를 창출해 냈다. 이들 작품에는 다음과 같은 몇 가지 특징이 있다. 첫째, 고전주의의 제약을 탈피하려 애쓰며 감정을 진솔하게 표현하고 있고, 둘째, 덕과 선을 베푸는 군주(Фелица)의 능력과 인격을 높이 찬양하고 있으며 그 측근들(Музра)의 부정부패와 무능을 신랄하게 풍자하거나 직설적으로 지적하고 있으며, 셋째, 죽음과 운명에 관한 주제를 다룰 때 조물주 하나님의 무한한 능력을 인정하면서 인간과 자연에 대하여 철학적으로 관조하고 있다.

상기 작품들 가운데 「펠리짜」와 연관된 일련의 작품들이 발표되면서 제르좌빈은 비록 고관들로부터 질시와 반목을 받게되었지만 여제로부터 기대이상의 상당한 환심을 얻게되었다. 그는 1778년에 바스찌돈(Екатерина Бастидон)과 결혼하고 그해부터 6년간 상원 비서직을 수행하게 되었다. 1784년에는 올로네쯔끄(Олонецк) 현의 지사로, 1785년에는 땀보프(Тамбов) 현의 지사로 임명되어 공직을 수행하게 되었다. 1791년에는 여제의 비서가 되었으며, 1793년에는 상원(сенат)의원으로 임명되어 1794년까지 직책을 수행하였다. 그는 1795년에 까쁘니스뜨(Капнист) 부인의 여동생과 재혼하여 까쁘니스뜨와 동서관계를 맺었다. 1796년 여제가 사망하고 등극한 빠벨 황제(Павел, 1796-1801) 시절인 1797년에 상업성 장관을 역임하였고, 알렉산드르 I세(Александр I, 1801-1825) 시절인 1802년에는 법무성 장관으로 발탁되면서 정치적 역량을 과시하기도 하였다. 이듬해 모든 공직에서 물러난 그는 노브고로드(Новгород)의 즈반까(Званка) 영지로 돌아와 노년의 마지막 생을 보냈다. 평소부터 고전음악을 좋아했던 그는 은퇴 후 아이들을 대상으로 한 오페라와 애국주의의 색채를 띈 오페라를 집필하였고, 아나크레온(Anacreon, 563-478 B.C.: 여인, 술, 사랑을 주제로 한 시를 썼던 그리스 서정시인)풍의 서정시를 쓰기도 하였다. 1811년에 쉬쉬꼬프(Александр С. Шишков, 1754-1841)가 조직한 '러시아어 애호가 모임'(Беседа любителей русского слова)에 가입한 그는 자신의 문학관을 담고 있는 「서정시 또는 송시에 관한 고찰 Рассуждение о лирической поэзии или об оде」을 발표하였다. 당시 이 모임은 고전주의 사조를 따르는 보수적인 작가들의 모임이었다. 제르좌빈은 상기작품에서 고전주의 풍의 수사학적인 전통을 잇고, 인간의 감정과 개성을 표현하는 서정적 경향을 조화롭게 혼용할 것을 주장하였다. 비록 그가 전통적인 경건한 송시의 주제와 철학적이며 명상적인 흐름을 완전히 거부하지 않았지만, 시인의 감정을 분출하거나 토로하지 못했던 고전주의 송시에서 벗어나 감상주의 혹은 초기 낭만주의 경향을 수용하는 변화된 시인의 모습을 보여주고 있다. 그는 19세기 초 등장한 낭만주의 시인 주꼽스끼(Василий Андреевич Жуковский, 1783-1852)의 작품을 인정하며 높이 평가하였다.

1814년에는 뻬쩨르부르그의 짜르스꼬예 셀로(Царское Село)에 설립된 리쩨이(Царскоселский Лицей: 1811년 알렉산드르 I세가 귀족자제의 교육을 위해 설립한 6년제 학교)에서 거행된 졸업식에 참석하여 당시 졸업생이던 뿌쉬낀(Александр Сергеевич Пушкин, 1799-1837)이 식장에서 발표한 「짜르스꼬예 셀로에서의 추억 Вспоминания в Царском Селе」을 듣고 그의 문학적 재능을 높이 사며 그를 극찬하였던 제르좌빈은 1816년 7월 20일에 자신의 영지인 즈반까에서 사망하였다.

9 노비꼬프
(Николай Иванович Новиков, 1744-1818)

니꼴라이 노비꼬프는 1744년 5월 8일 모스끄바에서 동쪽으로 60km 떨어진 아브도찌노(Авдотьино) 영지에서 부유한 귀족의 다섯 자녀 중 셋째 아들로 태어났다. 그의 부친 이반 바실리예비치(Иван Васильевич)는 뾰뜨르 대제의 개혁정책에 적극적으로 참여했던 학식을 갖춘 신실한 귀족이었으며, 1776년에는 영지 부근의 교회 설립을 위해 필요한 모든 재정을 아끼지 않았던 인물이었다. 700명의 농노를 소유한 지주로 비교적 부유한 생활을 영위하고 있던 그는 뾰뜨르 대제가 통치하던 시절에 해군으로 근무하였고, 대위로 제대한 후 귀족의 딸인 안나 빠블로브나(Анна Павловна)와 결혼하였다. 어린 시절 니꼴라이는 가정교사를 통해 교육을 받았고, 1755년에 모스끄바 대학이 창설되면서 이와 함께 장차 모스끄바 대학에 진학할 학생들을 위한 중등학교인 모스끄바 대학 부설 김나지야(гимназия при Московском университете)에 입학하였다(당시 두 종류의 김나지야가 설립되었는데, 하나는 귀족자제를 위한 것이었고 나머지는 평민자제를 위한 김나지야였다). 노비꼬프는 김나지야에서 프랑스어를 비롯한 외국어와 문학을 배우고 졸업하자마자 1757년에 모스끄바 대학에 입학하여 프랑스 어문학을 중점적으로 수학하였다. 1758년에 학업에 두각을 나타낸 그는 우수학생으로 표창장을 받기도 했으나, 게으르고 성실하지 못하고 무단결석이 잦다는 이유로 1760년

4월 대학으로부터 제적당했다.

제적당한 후 2년간 모스끄바에 머물던 노비꼬프는 1762년 초 군에 입대하기 위하여 뻬쩨르부르그로 상경하였다. 1730년 8월 안나 여제(Анна, 1730-1740)에 의해 창설된 궁중 친위대 성격을 띤 이즈마일롭스끼(Измайловский) 수비연대에서 근무하게 된 노비꼬프는 1762년 6월 28일 뾰뜨르 III세(Пётр III, 1761-1762)를 살해하고 권좌에 오르려는 예까쩨리나 II세(Екатерина II, 1762-1796)의 음모에 참여하였다. 거사가 성공한 후 그해 9월 예까쩨리나 II세는 이즈마일롭스끼 연대를 대동하고 모스끄바에 가서 대관식을 치르고 1763년 8월 이즈마일롭스끼 부대원들과 함께 수도로 돌아왔다. 이후 노비꼬프를 포함하여 당시 이 거사에 참여하였던 청년장교들은 그녀로부터 적지 않은 포상을 받았다.

뻬쩨르부르그에서 근무하면서 문학을 사랑했던 노비꼬프는 다른 사람들과 달리 출판과 인쇄에 많은 관심을 갖고 있었다. 그는 뻬쩨르부르그에서 1766년 모스끄바 대학의 도서 판매업자인 독일인 베버(Christian-Ludwig Weber)로부터 재정적 지원을 받아 도서 출판업을 시작하였다. 군복무를 하면서 짬짬이 시간을 내어 출판업에 몰두했던 그는 1767년에 예까쩨리나 II세에 의해 구성된 법전 개편위원회(Уложенная комиссия)의 회의록 서기로 임명되어 모스끄바로 떠나게 되었다. 신성종무원(Святейший синод)위원들과 상원(сенат)위원들을 대동하여 모스끄바에 도착한 여제는 고위 성직자, 대귀족, 귀족 대표단, 상인과 예술인 대표 등으로 구성된 국민회의(Земский собор)에서 프랑스 사상가 몽테스키외(Charles Montesquieu, 1689-1755)가 주장하는 계몽주의 이념을 담고 있는 훈령(Наказ)을 제출하였다. 여제가 제출한 훈령은 국민의회에서 많은 저항을 받으며 통과가 미루어지고 있는 상황이었고, 이 중 '러시아 중산계층에 대한 법안'을 작성하는 소위원회의 서기직을 맡고 있던 노비꼬프는 그해 10월 이즈마일롭스끼 연대 출신 위원들과 함께 이 법안에 서명하였다. 그러나 훈령의 통과가 어려운 상황으로 치닫자, 국민회의는 1768년 2월까지 휴회를 선언하였다. 1768년에 접어들면서 터키와의 전쟁(1768-1774)이 발발하자 여제는 국민회의를 무기한 연기하였고, 결국 그 해 12월에 법전 개편위원회는 해산되었다.

1768년부터 위원회의 서기직을 맡았던 노비꼬프는 자신들의 권익만을 주장하는 일부 귀족들로부터 여제를 등에 업고 서구 계몽주의에 편향한 인물이라는 비난을 받게 되었다. 그러나 노비꼬프는 범유럽적인 계몽주의를 찬양한 것이 아니라, 조국 러시아의 진정한 계몽과 도덕성 회복을 주장하는 인물이었다. 법률을 통해 계몽하려던 자신의 계획이 무산되자 1769년부터 예까쩨리나 II세는 러시아의 계몽을 위해 문학잡지 발행을 적극 지원하면서 자신의 비서 꼬지쯔끼(Г. В. Козицкий)를 내세워 최초의 정부발행 문학잡지 《잡동사니 Всякая Всячина》를 발행하였다. 이후 여러 문학가들에 의해 15종류의 문학잡지들이 발행되었다. 당시 노비꼬프는 예까쩨리나 II세의 신임을 받으며 정치적 역량을 충분히 쌓은 인물로 문학잡지 발행에 뛰어들 충분한 여건을 갖추고 있었다. 1769년 5월에 제대한 직후 노비꼬프는 문학잡지 《수펄 Трутень》(1769-1770)을 발행했고 이후 일련의 잡지들을 연이어 발행하였다: 《허풍장이 Пустомеля》(1770), 《화가 Живописец》(1772-1773), 《가발망 Кошелёк》(1774). 첫 잡지의 명칭 '수펄'은 아무 일도 하지 않으며 농노들을 착취하며 계몽을 반대하는 지주 계급을 빗대어 붙인 제목이었다. 초창기 《잡동사니》와 《수펄》에서 예까쩨리나 II세와 노비꼬프 사이에 부패상과 도덕성 회복에 관한 서로 다른 시각의 논쟁이 있었지만, 이 논쟁은 당시 두 사람의 관계에 어떠한 부정적 영향을 끼치지 않았고 오히려 서로를 격려하는 역할을 하였다. 그 당시 발행된 많은 잡지들 가운데 《수펄》과 《화가》는 각각 1,400부와 750부로 당시 최고의 발행부수를 자랑하게 되었고 이로 인해 노비꼬프는 많은 수입을 얻었고 재정적인 여유를 누리게 되었다. 당시 대부분 잡지들이 도덕성 회복에 관한 풍자를 담고 있었는데 반해 노비꼬프의 잡지는 도덕성에만 초점을 맞춘 글을 배제하면서 독자들에게 흥미롭고 다양한 내용들 — 사랑과 결혼, 의복과 예절방식, 아첨, 뇌물, 부정부패, 농노제 등 — 을 실었다.

노비꼬프의 《화가》에 실린 두 편의 글 —「팔라레이에게 쓴 편지 Письмо к Фалалею」와 「I. T.에 의한 ***로의 기행문 단편(斷篇) Отрывок путешествия в *** И*** Т***」— 은 농노제도의 문제점을 고발하는 작품으로 평가되는데, 비록 발행인인 노비꼬프가 이 글을 쓴 작가들과 전적으로 동일한 견해를 갖고있다고는 간주할 수 없지만 그들의 주장을 최소한 수용하였다는 점은 받아들일 수 있다. 그리고 이것은 노비꼬프의 잡지에 실린 대부분의 글들이 사회의 구조적 부패상을 고발하며 급진적이고 혁명적인 사회개혁 성향을 담고있다는 구 소비에트 비평가들의 주장과는 다르다. 노비꼬프는 인간의 타락과 부패를 사회 구조적인 문제로 접근하지 않았으며, 크고 작은 범죄를 저지른 범법자들을 깨우치게 만들어 이들이 긍정적인 방향으로 개선되고 혁신되는 것을 주장하였다.

잡지 발행인으로 일하던 노비꼬프는 작가들에게 유용한 정보를 제공해 줄 수 있는 흥미로운 작품을 집필하기도 하였다. 1772년에 노비꼬프는 당시 러시아 최초로 300 여명의 러시아 작가와 그들의 활동을 소개하는 「러시아 작가에 관한 역사 사전의 시작(試作) Опыт исторического словаря о российских писателях」을 발행하였다. 그리고 1773년부터 1775년까지 《고대 러시아 문고 Древняя российская библиотека》를 정기간행물로 발행하였다. 이 간행물은 역사적으로 중요한 고대 러시아 문학에 관한 많은 자료를 제공하고 있다. 그는 1777년에 문학잡지 《쌍뜨 뻬쩨르부르그 학술 통보 Санкт-Петербургские учёные ведомости》를 발행하였다. 이 잡지에다 노비꼬프는 자신이 발행했던 《고대 러시아 문고》에 실렸던 자료에 대한 설명과 새로 발행되는 도서에 대한 서평을 실었다.

노비꼬프는 1775년부터 프리메이슨 운동에 적극적으로 가담하기 시작하였다. 이로 인해 그는 훗날 예까쩨리나 II세로부터 미움을 받게된다. 1770년대 중엽부터 노비꼬프는 종교적, 도덕적인 완성을 추구하면서 내면에 민족주의 성향이 싹트기 시작하였다. 1777년에 발행한 월간잡지 《아침의 빛 Утренний свет》(1777-80)에서 그는 기독교의 영성과 영생을 다루는 고전적 글을 싣기 시작하였다. 그가 소크라테스와 플라톤 등 고전작가의 글을 선호했던 까닭은 이들이 당시 러시아의 사회상에 대하여 풍자와 조롱을 일삼는 러시아 사회철학자들보다 더 뛰어난 인물이라는 것이었다. 러시아 정교와 어긋나는 자연과학을 토대로 하는 철학사상에 반대했던 그는 기독교 신앙을 수용하면서 계몽을 추진했던 인물이었다. 시간이 지나가면서 《아침의 빛》은 지식인들로부터 외면당했고, 초기에 700부이던 발행 부수가 1780년에는 300부로 떨어지면서 결국 폐간되었다. 그러나 1779년에 발행한 신문 《모스끄바 소식 Московские ведомости》(1779-1789) 은 발행 부수 600부에서 4,000부로 급성장 했고, 이로 인해 벌어들인 많은 돈을 프리메이슨 운동을 포함한 다양한 사회 계몽활동에 투자하였다. 그는 1782년에 대학생들을 회원으로 하는 '우정 지식인 사회'라는 프리메이슨 운동과 연관된 써클을 만들어 강사를 초빙하여 서구 지식과 윤리와 도덕을 강의하도록 하였고, 매년 40-50명의 대학생들에게 장학금을 수여하였다. 그는 자신의 출판사에서 일하는 직공들을 위해 진료소를 운영하였으며, 1787년 러시아에 흉작과 기근이 닥쳤을 때 50,000루블을 구제비용으로 기부하였다.

1784년부터 예까쩨리나 II세는 프리메이슨 운동을 적극적으로 주도하는 노비꼬프를 황제에 대항하는 위험인물로 낙인찍고 압박을 가해왔다. 1784년 《모스끄바 소식》에 당시 여제의 보호를 받고 있던 예수회(Jesuits: 1534년에 로욜라(Ignatius Loyola, 1491-1556)에 의해 분리된 가톨릭 종파)를 비판하는 글을 실은 것이 문제가 되어 노비꼬프는 궁중에 소환되어 여제로부터 심한 질책을 받았다. 얼마 후 여제는 부(府)주교 쁠라똔에게 노비꼬프가 발행한 글과 그의 신앙심을 점검하라는 지시를 내렸고, 비록 노비꼬프에게 우호적이었던 부주교가 그를 보호하려 애썼으나, 여제는 그가 발행한 종교철학에 관한 글 6편을 불온한 사상을 담고 있다는 이유로 전면 회수하여 소각하였다. 1787년에 여제는 노비꼬프에게 기독교에 관련된 모든 서적의 발행을 금지하도록 명령하였고, 이로 인해 그는 재정적 압박을 받기 시작하였다. 마침내 1789년에는 노비꼬프가 발행하는 모든 출판물에 대한 금지령이 선포되었다. 1792년에 노비꼬프는 여제의 아들 빠벨(Павел I, 1796-1801)에게 프리메이슨 운동을 주입하려 했다는 이유로 체포 구금되어 사형언도를 받았고, 이후 15년 징역으로 감형되었다. 1796년 여제가 서거한 직후 감옥에서 건강상태가 악화된 노비꼬프는 새 황제인 빠벨의 사면으로 출옥하였으나 문학활동은 전면 금지되었다. 건강이 악화되고 감당하기 어려운 엄청난 빚을 진 노비꼬프는 이에 낙망하지 않고 둘도 없는 친구 가말레야(Гамалея)와 함께 독일 작가 뵈메(Jacob Boehme, 1575-1624)의 작품을 번역하며 다시 재기하려 애썼다. 그러나 1792년 이후 문단의 어느 누구도 그를 거들떠보지 않았다. 1812년 나폴레옹과의 전쟁에서 부상당한 프랑스 군인들을 치료하며 박애주의 정신을 발휘했던 노비꼬프는 가난과 고독 속에서 1818년 8월 12일 아브도찌노 영지에서 사망하였다.

10 폰비진

(Денис Иванович Фонвизин, 1745-1792)

데니스 폰비진은 1745년 4월 14일 모스끄바의 부유한 귀족가문에서 태어났다. 그의 조상은 16세기에 이반 IV세(Иван IV Васильевич Грозный, 1533-1584)가 이끄는 러시아와 리보니아(Ливония) 사이에 벌어진 전쟁에서 포로로 붙잡혔던 폰 비젠(Von Wiesen)이라는 발틱계 독일인이었는데, 전쟁이 끝난 후 석방되어 자신의 성을 폰비진(Фонвизин)으로 바꾸고 러시아로 귀화하였다. 그의 부친 이반은 도덕과 윤리의 중요성을 자식들에게 강조하며 그들을 정성스레 교육한 인물이었는데, 데니스 폰비진은 부친을 자신이 쓴 희곡 「미성년 Недоросль」(1782) 에 등장하는 스따로둠(Стародум)과 같은 인물이었다고 회고하고 있다. 자녀 교육에 많은 관심을 가지고 있던 부친은 1755년에 설립된 모스끄바 대학 부설 김나지야에 어린 데니스를 입학시켰다. 김나지야에서 학업성적이 뛰어난 데니스는 1758년에 장학생으로 선발되어 뻬쩨르부르그 황궁을 방문하는 영예를 얻기도 하였다. 1760년에 김나지야를 졸업하면서 모스끄바 대학에 진학하여 수학하였고, 특히 외국어 과목(라틴어, 프랑스어, 독일어)에서 두각을 나타내었다. 문학에 관심이 많았던 그는 학창시절인 1761년에 덴마크의 유명한 작가 홀베르크(Ludvig Holberg, 1684-1754)의 우화를 러시아어로 번역하여 출판하였다. 「해설을 담은 윤리우화 Басни нравоучительные с изъяснениями」라는 제목의 이 책은 홀베르크의 225편의 우화에 짧은 해설을 첨가한 폰비진의 첫 작품이었다.

그는 1762년 모스끄바 대학을 졸업하고 그 해 10월부터 외무성에서 번역사로 근무하기 시작하였다. 번역에 뛰어난 재능을 발휘하던 폰비진은 1763년 초 예까쩨리나 여제(Екатерина II, 1762-1796)의 두터운 신임을 받고 있던 각료 옐리긴(Иван Перфилевич Елигин, 1725-1796: 당시 작가와 번역가들을 통괄하는 업무를 맡고 있던 인물)의 비서로 발탁되어 다양한 외국 작품들을 러시아에 필요한 윤리와 도덕성에 맞게 각색하여 번역 출판하기 시작하였다. 이에 속하는 것으로 프랑스 작가 바르텔레미(Abbe Jean Jacques Barthelemy, 1716-1795)의 소설「카르트와 폴리도르의 사랑 Les Amours de Carte et de Polydore」을 번안한「까르따와 뽈리도르의 사랑 Любовь Карты и Полидора」(1763), 그레셋(Jean Baptise Louis Gresset, 1709-1777)의 감상적 성향의 운문 희극「시드니 Sidney」를 번안한「꼴리온 Колион」(1764)이 있다.

1763년 여름 여제와 함께 뻬쩨르부르그로 이주하여 궁중에서 근무하게 된 폰비진은 당시 정치권의 실세였던 옐리긴의 후원에 힘입어 위대한 번역가로서의 장래를 보장받은 청년으로 성장하는 것 같이 보였다. 그러나 궁중에서 근무하는 시간이 늘어갈수록 그와 루낀(Владимир Лукин, 1737-1794)을 포함한 궁중 작가들과의 관계는 원만치 못한 방향으로 흘러갔고, 루낀과 마찰이 발생할 때마다 옐리긴은 루낀을 지지하였다. 문학적 재능이 뛰어난 폰비진의 눈에 비친 이들의 모습은 단지 여제와 정치권에 아부하는 무리에 불과하였다. 또한 새로 정착한 뻬쩨르부르그 상류사회에 쉽게 적응하지 못했던 그는 스스로를 '이방인'(чужестранец)이라 여기며 고립된 생활을 영위하였다. 이런 과정에서 그는 1763년부터 집필하기 시작한 서간문「나의 종 쉬밀로프, 반까 그리고 뻬뜨루쉬까에게 보내는 편지 Послание к слугам моим Шумилову, Ванке и Петрушке」를 1766년에 완성하여 발표하였다. 강한 풍자의 성격을 띠고 있는 이 작품은 한 지주와 그의 세 하인 사이에 오고가는 철학적인 대화로 구성된 작품인데, 당시 러시아 농노들의 모습이 생생하게 묘사되고 있으며, 인격을 가진 개인으로서의 각 농노가 그들의 주인인 지주보다 뛰어난 사고력을 소유하고 있다는 메시지를 담고 있다.

계몽군주로 자처했던 예까쩨리나 II세의 태도와 생활, 그리고 자신의 궁중생활에 회의와 환멸을 느낀 폰비진은 1768년 말 옐리긴 내각에서 하던 일을 그만 두고 외무성에 복귀하겠다는 의사를 표명하였다. 그리고 폰비진은 1768년부터 집필하기 시작하였던 희극 「준장 Бригадир」(1769)을 이듬해 완성하여 상연하였고, 관객으로부터 상당히 큰 호응을 받으면서 위대한 희극 작가의 명성을 얻게 되었다. 이 작품은 젊은 두 사람의 결혼에 관한 이야기를 중심 테마로 하여 사랑의 삼각관계를 코믹하게 다루고 있다. 서로 우연히 알게 된 두 귀족, 준장(бригадир)과 참사관(советник)은 자신들의 아들과 딸인 이바누쉬까(Иванушка)와 소냐(Соня)를 약혼시키려는 과정에서 엉뚱하게 상대방의 부인을 사모하게 되면서 그들에게 사랑을 고백한다. 참사관은 준장의 부인(бригадирша)을 감언이설로 유혹하는데, 그녀는 결혼할 때 굳게 맹세한 언약을 파기할 의사가 없는 여인이었으며 나아가 참사관이 요구하는 것을 받아들이기에는 너무나도 우둔한 여인이었다. 반면에 세상물정을 잘 알고있고 당시 타락한 귀족 풍습을 충분히 받아들일 수 있는 영악한 인물인 참사관 부인(советница)은 준장의 아들 이바누쉬까가 자신에게 푹 빠진 모습을 보면서 준장의 구혼보다는 이바누쉬까의 열정에 관심을 갖는다. 이바누쉬까와 장차 자신의 장모가 될 속물근성의 참사관 부인이 나누는 프랑스어 대화에서 이 두 인물의 특징이 잘 나타나고 있다. 이바누쉬까는 아버지인 준장이 참사관

부인을 사랑한다는 사실을 눈치 챈 후 아버지에게 결투를 신청하는 얼띤 인물이다. 소냐(Соня: 그리스어로 '지혜'라는 의미)는 약혼자인 멍청한 바람둥이인 이바누쉬까에게 전혀 마음이 없고, 대신 도브롤류보프(Добролюбов: '선을 사랑하는 자'라는 의미)를 진심으로 사랑한다. 결국 이 두 사람이 결혼함으로써 작가는 "악에 대항한 선이 승리한다"는 메시지를 전달한다. 폰비진은 이 작품에서 남편과 아내간의 진실한 사랑, 부모와 자식 간의 존경이 실종된 당시 귀족사회의 부패상을 풍자하고 있다.

이 작품에 들어있는 윤리와 도덕성 회복이라는 메시지에 매료된 빤닌(Никита Иванович Паннин, 1718-1783: 예까쩨리나 II세의 내각의 수반이며 그녀의 아들 빠벨의 가정교사)백작은 1769년 12월 폰비진을 자신의 비서로 임명하며 새로운 후원자로 등장하였다. 빤닌은 군주의 독단적인 권력을 제한해야 된다는 자유주의 성향을 가진 귀족으로 여제의 즉위과정과 그녀의 통치방법과 사생활에 내심 불만을 품고 있던 인물이었다. 그는 여제의 아들 빠벨이 18세가 되는 1772년에 그녀를 하야시킬 계획을 품고 있었다. 이전부터 귀족과 제3계급은 군주의 독선과 독재로부터 해방되어야하고 농노들에게도 제한된 자유를 허용해야 된다는 사상을 갖고 있던 폰비진은 빤닌에게 충성을 맹세하고 궁중에서 새로운 생활을 하게 되었다. 1773년 빤닌으로부터 영지를 하사받은 폰비진은 이듬해 흘로뽀바(Екатерина Ивановна Хлопова, 1746-1796)와 결혼하였다. 행복한 결혼 생활을 하던 두 사람은 요양차 1777년 9월에 뻬쩨르부르그를 떠나 폴란드, 독일, 프랑스의 주요 도시를 거쳐 프랑스 휴양지인 몽뻴리에(Montpellier)에 도착하여 1년간 머물고 1778년 가을 러시아로 돌아왔다.

그 해 가을부터 그는 자신의 최고의 걸작인 「미성년 Недоросль」(1782)과 정치논설 「필수적인 국법에 관한 고찰 Рассуждение о непременных государственных законах」(1782)의 집필에 착수하였다. 1782년 2월에 완성되어 9월에 상연된 5막으로 구성된 「미성년」은 관객과 작가들로부터 큰 호평을 받았다. 지방의 영지를 배경으로 한 이 작품에서 폰비진은 당시 귀족 사회상을 잘 풍자하고 있다. 남편과 농노들을 자기 멋대로 다루는 무식하고 단순하고 이기적인 인물 쁘로스따꼬바(Простакова)는 남편 쁘로스따꼬프(Простаков), 남동생 스꼬찌닌(Скотинин), 아들 미뜨로판(Митрофан), 남편의 친척인 고아 소피야(София)와 영지에서 함께 살고 있다. 쁘로스따꼬바는 소피야의 동의도 없이 강압적으로 무식하고 거친 성격의 남동생 스꼬찌닌과 소피야를 결혼시키려는 계획을 한다. 약혼식을 하기 직전 어느 날 소피야는 죽은 줄 알고 있던 그녀의 삼촌 스따로둠(Стародум)이 모스끄바에 살고 있으며, 조카를 만나러 급히 영지를 방문하겠다는 소식과 자신이 축적한 많은 재산을 그녀에게 물려주겠다는 편지를 받게 된다. 이 편지를 통해 소피야가 장차 부자가 될 것이라는 사실을 알게 된 쁘로스따또바는 남동생 대신 게으르고 욕심 많은 아들 미뜨로판을 소피야에게 결혼시키려는 음모를 짠다. 한편 소피야는 영지 근처 인근 부대에서 파견근무하고 있는 부유한 청년장교 밀론(Милон)과 서로 깊은 사랑에 빠져 그와 결혼하기를 원한다. 쁘로스따꼬바는 자신이 계획한 바가 이루어지기 어렵다는 판단을 하고 소피야를 유괴하여 강제로 미뜨로판과 결혼시키려 하였다. 이 계략을 저지시키고 쁘로스따꼬바를 응징하기 위해 밀론이 영지를 방문했을 때 쁘로스따꼬바는 소피야를 유괴하는데 실패한 자신의 농노들을 벌하고 있었다. 결국 계몽적인 성향을 가진 정의로운 주지사 쁘라브딘(Правдин)은 쁘로스따꼬바가 자신의 농노들에게 가한 가혹한 행위를 근거로 하여 그녀의 영지를 압류한다. 미뜨로판은 이러한 결과를 초래한 어머니와 하나님을 원망하며 집을 떠난다.

폰비진은 이 작품에서 농노를 소유한 귀족가정이 교육을 통해 계몽되지 않으면 윤리와 도덕이 상실되고 동시에 부패와 악의 구렁텅이로 빠지게 되며 결국 파멸로 치닫게 된다는 메시지를 전해주고 있다. 그는 등장인물의 이름을 통해 그들의 부정적 혹은 긍정적인 형상을 잘 상징하고 있다. 쁘로스따꼬바는 '바보, 얼뜨기'라는 의미의 'простак'에서, 스꼬찌닌은 '개새끼'라는 욕설을 의미하는 'скот'에서, 쁘라브딘은 '정의'라는 뜻의 'правда'에서, 스따로둠은 '고풍을 존중하는 사람'이라는 뜻의 'стародум'에서, 소피야는 그리스어로 '지혜'라는 단어에서, 밀론은 '은총과 사랑'이라는 뜻의 'милость'에서 유래된 것이다. 이 작품을 통해 폰비진은 18세기 최고의 희곡작가라는 명성을 획득하였다.

정치논설 「필수적인 국법에 관한 고찰 Рассуждение о непременных государственных законах」(1782) 은 당시 정치적 논란을 야기한 문제작으로 평가되고 있다. 서론과 더불어 국가에 필요한 기본적인 법률들을 나열하고 있는 이 논설에서 빠닌의 정치사상과 맥을 같이한 폰비진은 정부기관의 각 부처를 제 맘대로 주무르는 전제정치의 횡포를 날카롭게 지적하고 있는데, 아쉽게도 이 논설은 폰비진이 사망한 이후에야 출판될 수 있었다. 1782년 초 예까제리나 II세는 빠닌을 해임하고 폰비진도 그해 3월 공직에서 쫓아냈다. 1782년부터 여제에 의해 고안된 문학잡지 《러시아어 애호가들의 대담자 Собеседник любителей российского слова》가 이듬해 5월부터 발행되기 시작하였다. 여제는 이 잡지를 통해 자신에게 우호적인 문학작가 그룹을 형성하려 애쓰며 자신이 추구하는 정치목표에 호감을 가진 문학작품을 발표하는 장으로 삼으려 하였다. 그러나 이 잡지의 기고자로 미리 선정되었던 폰비진은 여제의 주위에 있는 고관들의 부패와 무능을 고발하는 글을 실었고, 이로 인해 폰비진은 여제의 미움을 사게 되었다. 1783년 3월 빤닌이 사망하자 폰비진은 이듬해 빤닌의 자서전을 집필하여 발표하였다. 그 해 10월에 설립된 러시아 아카데미(Российская Академия: 1783-1841)의 창립회원으로 선정된 폰비진은 이듬해 여제로부터 자신이 쓴 글의 출판을 일체 금지하는 조치를 통보 받았다. 낙담한 폰비진은 1784년 7월 부인과 함께 이탈리아로 1년 간 여행을 떠났으나 그곳에서 몇 차례의 마비 증세를 보였고 1785년 가을 모스끄바로 돌아온 후 중풍에 걸려 몸이 일부 마비되었다. 이를 치료하기 위해 이듬해 6월 오스트리아로 떠나 그 곳에 머물면서 자신과 여제와의 관계를 다루는 풍자소설 「깔리스펜 Каллисфен」(1786)을 집필하였다. 이 작품은 마케도니아의 알렉산더 대왕(Alexander the Great, B.C.356-323)이 권력과 측근들의 아첨에 도취되어 이성과 덕행을 무시하고 칼리스텐(Callisthenes, B.C.360-327: 그리스 역사가)을 핍박하는 이야기를 그리고 있다. 이 작품에서 그는 자신을 칼리스텐에 그리고 여제를 알렉산더 대왕에 비유하고 있다. 1787년 귀국하여 건강을 회복하기 위해 요양하면서 번역과 여제의 독선적 정책으로 인해 타락하고 부패한 귀족들의 실상을 고발하는 작품을 집필하며 대부분의 시간을 보내던 그는 1792년 12월 12일 뻬쩨르부르그에서 사망하였다. 「준장」과 「미성년」을 통해 18세기 위대한 희곡작가로 평가되는 폰비진은 러시아 희곡의 체계적인 초석을 마련했을 뿐 아니라, 그가 사용한 주제, 기법, 인물설정, 문학장치 등은 19세기 희곡작가인 그리보예도프(Александр Сергеевич Грибоедов, 1795-1829), 오스뜨롭스끼(Александр Николаевич Островский, 1823-1886), 그리고 「검찰관 Ревизор」(1836)을 쓴 고골(Николай Васильевич Гоголь, 1809-1852) 등에게 커다란 영향을 끼쳤다.

11 라지쉐프

(Александр Николаевич Радищев, 1749-1802)

알렉산드르 라지쉐프는 1749년 8월 31일 부유한 귀족의 장남으로 사라또프(Саратов)에 위치한 아블랴조보(Аблязово)에서 태어났다. 그의 선조인 따따르 왕자 드루지나(Дружина)는 1552년에 까잔 한국을 침략한 이반 IV세(Иван IV, 1533-1584)의 러시아군에게 패한 후 그에게 항복하고 세례를 받고 러시아로 귀화한 인물이다. 알렉산드르의 조부 아파나시(Афанасий Прокофиевич, 1684-1746)는 뾰뜨르 대제(Пётр I, 1682-1725)의 영토확장 정책에 참여하여 크고 작은 여러 전투에서 혁혁한 공을 세웠던 군장성이었고, 부친 니꼴라이(Николай Афанасьевич, 1728-1803)는 외국어, 역사, 신학 등 학문을 두루 섭렵한 박식한 귀족이었다. 자녀 교육에 많은 관심을 보였던 부친은 알렉산드르에게 직접 성서와 기도서를 읽히고 암송시켰으며, 이로 인해 어린 시절의 라지쉐프는 일반서적을 접할 기회를 거의 갖지 못했다. 부친은 알렉산드르가 7살이 되던 1756년에 아들의 교육을 위해 그를 모스끄바에 있는 친척 아르가마꼬프(Михаил Аргамаков) 집으로 보내 그 곳에서 생활하게 하였다. 당시 아르가마꼬프의 삼촌(А. М. Аргамаков)은 1755년에 설립된 모스끄바 대학 부설 김나지야(гимназия при Московском университете)의 교장직을 맡고 있었기에 어린 라지쉐프는 1764년까지 모스끄바 대학 부설 김나지야의 교사와 모스끄바 대학의 교수들로부터 많은 지식을 습득할 수 있었다.

예까쩨리나 II세(Екатерина II, 1762-1796)는 1762년에 궁중친위대 예비수습생으로 40명의 귀족자제를 선발하였는데, 이때 예비수습생으로 선발된 라지쉐프는 1764년에 뻬쩨르부르그로 가서 2년간 교육을 받는 기회를 얻게 되었다. 1766년 말 여제는 독일유학을 보낼 우수한 청년 12명을 선발하였는데, 이에 발탁된 라지쉐프는 이듬해 1월부터 1771년 10월까지 독일 라이프찌히(Leipzig) 대학에서 법학, 인문학, 의학 등을 수학하였다. 당시 인솔자인 보꿈 소령은 학생들의 책과 의복을 구입하는데 사용해야되는 돈을 갈취하면서 그들을 가혹하게 대했다. 학생들 가운데 우샤꼬프(Т. М. Ушаков)는 보꿈의 비인간적인 행위에 대항하면서 자신들에게 필요한 것은 지식뿐 아니라 용기라는 것을 동료들에게 주지시켰다. 결국 보꿈이 행한 비리가 밝혀지고 러시아 당국은 그의 체포령을 내렸으나 그는 도주해 버렸다. 이런 상황 속에서도 라지쉐프는 법학, 철학, 무신론, 프랑스 계몽주의 사상 그리고 '최대 다수의 최대 행복'을 인간 행위의 규범으로 규정하는 공리주의 사상 등 많은 서구지식을 습득하였다.

1771년 라지쉐프가 독일에서 돌아왔을 때 예까쩨리나 II세는 몽테스키외(Charles Montesquieu, 1689-1755)의 계몽주의 사상으로 무장한 군주로 자처하면서 대내적으로 계몽정책을 실시하고 있었고, 대외적으로는 터키와 전쟁(1768-1774)을 치르고 있었다. 귀국 후 기대와는 달리 라지쉐프는 러시아 상원에서 의전을 담당하는 9등관 관리로 임명되었다. 이 직책을 맡고 있던 중 그는 최초의 창작인 「일주일의 일기 Дневник одной недели」(1773)를 발표하였다. 이 작품에는 친구들이 떠난 후 홀로 남아 신경과민을 겪으며 괴로움을 당하고 있는 한 남자의 감정이 잘 묘사되고 있다: "월요일. 어떻게 이 고통으로부터 잠시라도 벗어날 수 있을까? 어디서? 그의 이성(理性)이 말한다: '내 자신 안에서' 아니다, 그곳에서 난 파멸과 고뇌와 지옥만을 발견할 뿐이다. 밖으로 나가자. 많은 사람들이 산책하는 공원으로. 서둘러라, 서둘러라, 불행한 자여, 그들은 너의 얼굴에 비친 모든 고뇌를 볼 것이다. 내버려 두라. 그러나 대체 어찌된 일인가? 그들은 너를 동정하지 않을 것이다. 네 마음을 가슴으로 이해하는 사람들은 존재하지 않는다.” 인파를 헤치고 나온 주인공은 볼꼬프(Волков) 공동묘지에 도착한다. “이곳은 영원한 침묵의 안식처, 이곳에서 이성은 더 이상 내면의 욕망과 열망을 품지 못한다. 우리 삶이 끝나는 날을 조용히 바라보자. 묘지 위에 앉은 나는 완전한 평온 속에서 소박한 식사를 했다. 부패와 파멸을 바라보는데 익숙해져 보자, 그리고 죽음을 바라보는데도”. “일요일. 만일 그들이 친구인 나를 잊어버린다면, 오 죽음이여, 내 그대를 환영한다네! 자연 속에서 고독한 인간이 어찌 홀로 살아갈 수 있겠는가?” 이 작품의 문학성이 그리 뛰어나지는 않지만, 감상주의 색채를 농후하게 띠고 있고, 감수성이 예민하고 풍부한 주인공이 품고 있는 내면세계의 감정을 잘 묘사하고 있다.

1773년 5월에 라지쉐프는 당시 총사령관직을 맡고 있던 브류스(Яков А. Брюс)백작의 군사 법률가로 임명되었다. 이 업무를 맡으면서 그는 군인들의 가혹한 육체적 형벌을 자주 목격하게 되었고 폭력을 혐오했던 그는 2년 만에 사직서를 제출하고 자신의 영지로 내려가 그 곳에서 몇 년을 보냈다. 영지에서 생활하던 라지쉐프는 1777년에 상업성에서 일하라는 공문을 받고 상경하여 근무하였고, 1780년에는 상업성 산하 세무국 부소장으로 승진하였다. 세무국에서 근무하면서 그는 1789년에 라이프찌히 대학에서 보낸 유학시절(1767-1771)을 다룬 「우샤꼬프의 삶 Житие Ушакова」(1789) 을 발표하였다. 이 작품은 유학을 가게된 배경과 유학시절 겪은 일 그리고 그가 가장 존경했던 우샤꼬프의 용감한 삶을 고대 러시아 문학의 성자전(житие) 양식으로 쓴 에세이다. 같은 해 그는 최고의 걸작인 「뻬쩨르부르그에서 모스끄바까지의 여행 Путешествие из Петербурга в Москву」(1789)을 익명으로 발표하였다. 비록 이 작품은 영국작가 스턴(Laurence Sterne, 1713-1768)의 「감상여행 A Sentimental Journey」을 모방한 작품이지만, 날카로운 통찰력과 풍자적 시각을 갖고 계몽주의 사상으로 무장한 라지쉐프가 감상주의적 기법을 사용하여 전반적인 러시아 사회구조의 모순점을 파헤친 작품이다. 이 작품은 소제목을 가진 여러 장으로 구성되어 있다. '또스나 Тосна' 장은 봉건계급에 관한 내용, '류바니 Любани' 장은 농노가 겪는 강제노역, '추도보 Чудово' 장은 비인간적인 지방 관리들의 부패상, '스빠스까야 뽈레스찌 Спаская Полесть' 장은 지주의 독선과 무능함을 묘사하는 내용, '예드로보 Едрово' 장은 지주로부터 억압당하는 농노들의 비참한 삶과 그들과 지주와의 상호 이해부족을 다룬 내용, '브론니쯔이 Бронницы' 장은 종교에 관한 내용, '끄레스쯔이 Кресцы' 장은 교육에 관한 내용, '야젤비쯔이 Яжелбицы' 장은 국민의 건강과 위생에 관한 내용, '발다이 Валдай' 장은 매춘에 관한 내용, '뻬쉬끼 Пешки' 장은 가난에 관한 내용, '또르족 Торжок' 장은 검열제도에 관한 내용, '끌린 Клин' 장은 윤리와 미학에 관한 내용을 다루고 있다. 예까쩨리나 II세가 이 작품을 읽다가 가장 경악을 금치 못했던 곳은 '뜨베리 Тверь'장인데, 라지쉐프는 이 장에서 시인을 등장시켜 시적인 대화 형태로 가장하여 여제의 전제정치를 강도 높게 비난하고 있다. 시인은 자신을 노예라고 소개하고, 러시아 군주를 거만하고 불법을 자행하는 경멸적인 인물이라고 묘사하면서, 언젠가 군주에게 복수의 칼을 갈고 있는 사람이 나타나 군주로부터 온 국민을 해방시킬 것이라고 언급하고 있다. 당시 러시아 사회의 독자들은 농노제도의 문제점을 폭로한 이 작품을 상당히 부정적인 시각으로 바라보면서 지주들의 권한뿐 아니라 국가존립 자체를 뒤흔드는 문제작으로 평가하였다. 그러나 라지쉐프는 구 소비에트 비평가들이 주장하는 '혁명가'가 아니라 단지 공리주의 사상을 가진 '개혁가'였던 것이다. 그는 이 작품 구석구석에서 지주들의 양심에 호소하면서 훗날 커다란 재앙을 피하기 위하여 이제까지 저질러온 부정과 부패를 치유해야만 한다고 강조하고 있다. 이 작품의 내용 가운데 다음 구절들은 이를 잘 반영하고 있다: "내 사랑하는 자들아, 가거라. 너희들의 형제들(농노들)이 살고 있는 거처로 가보아라. 깊은 감동을 선포하여라. 너희 형제들에게 연민의 정을 베풀고, 그들을 끌어안아라. 과거에 저지른 너희들의 불법과 부정을 잊어버려라. 그리고 서로가 서로를 진실하게 사랑하자."

비록 라지쉐프는 혁명가 혹은 무정부주의자가 아니라 국가의 장래를 염려하고 사회 전반적인 문제점을 개혁하려는 인물이었지만, 이 작품에 분노하고 경악한 예까쩨리나 II세는 작가를 색출하여 잡아들이라는 명령을 내렸고 얼마 후 라지쉐프는 체포되어 귀족의 권리와 상업성의 직책을 박탈당했다. "뿌가쵸프보다 더 사악한 인물이다"라고 그를 표현했던 여제는 국가전복 음모죄를 적용하여 그에게 사형을 언도하였다. 그러나 그는 상업성에 근무하던 친구들과 궁중 고관인 보론쪼프(Александр Р. Воронцов, 1741-1805)백작의 도움으로 무기징역으로 감형되어 시베리아의 오지 일림스끄(Илимск)요새에서 유형생활을 하게 되었다. 그 곳에서 그는 가족들과 함께 지내면서 겸손한 마음으로 지역사회에 봉사하며 생활하였다. 1796년 여제가 사망하고 등극한 빠벨(Павел, 1796-1801) 황제는 1797년 그에게 관용을 베풀어 모스끄바 근교에 위치한 넴쪼보(Немцово) 영지에서 유형생활을 계속하도록 허락했다. 폐허가 된 영지로 돌아온 그는 부친과 갈등하며 유형생활을 하던 중 1801년에 알렉산드르 I세(Александр I, 1801-1825)에 의해 완전히 사면되어 귀족의 권리와 명예가 회복되었다. 계몽군주로 자처하고 새로 즉위한 알렉산드르 I세는 검열제도를 폐지하고, 입헌

정부를 조만간 구성하겠다는 선언을 하고 스뻬란스끼(Михаил М. Сперанский, 1772-1839) 수상에게 많은 권한을 주어 부패 척결과 개혁을 시도하였다. 그 해 8월 황제는 스뻬란스끼 수상의 요청을 받아들여 라지쉐프를 법률 편찬위원회 위원으로 발탁하였다. 그러나 날이 갈수록 황제의 의지는 약해지고 옛 선조들이 누렸던 전제정치를 고수하려는 기미를 보이기 시작하였다. 1802년에 빚쟁이의 독촉, 부친과의 불화, 황제의 정책에 대한 실망 등이 그를 궁지로 몰아넣었고, 마침내 1802년 9월 24일 그는 넴쪼보 영지에서 황산을 마시고 자살하였다.

12 까쁘니스뜨

(Василий Васильевич Капнист, 1758-1823)

바실리 까쁘니스뜨는 1758년 2월 23일 우끄라이나의 뽈따바(Полтава)에 위치한 오부호브까(Обуховка) 영지에서 출생했다. 그의 조부 뾰뜨르(Пётр Каписи)는 그리스 사람인데 1711년 조국을 떠나 우끄라이나에 정착하여 러시아로 귀화한 인물이다. 프러시아와의 전쟁에 장교로 참가했던 부친 바실리(Василий Петрович)는 까쁘니스뜨가 태어나기 몇 개월 전에 그로스-애거스도르프(Gross-Jägersdorf) 전투에서 전사하였고, 어린 까쁘니스뜨는 터키 포로출신인 모친 슬하에서 성장하였다. 어린 시절 비교적 부유한 환경에서 가정교사로부터 독일어와 프랑스어를 배우며 자란 그는 1770년에 뻬쩨르부르그로 상경하여 이즈마일롭스끼(Измайловский) 수비연대에서 군복무를 하기 시작하였고, 1773년에는 제르좌빈(Гавриил Романович Державин, 1743-1816)이 근무하고 있던 예까쩨리나 II세(Екатерина II, 1762-1796)의 친위대 소속 쁘레오브라줸스끼(Преображенский) 연대로 전근하였다. 이곳에서 까쁘니스뜨는 제르좌빈과 친분관계를 맺게 된다. 연대에서 근무하면서 문학에 관심을 가졌던 그는 1774년에 프랑스어로 쓴 최초의 송시를 발표하면서 작가의 길로 들어서게 되었다. 문학에 전념하겠다는 뜻을 품고 이듬해 군에서 제대한 그는 제르좌빈으로부터 많은 영향을 받으면서 송시를 쓰기 시작하였다. 1770년대 중엽부터 그는 고전주의 작가인 제르좌빈 문학

서클의 일원인 리보프(Николай И. Львов, 1751-1804), 헴니쩨르(Иван И. Хемницер, 1745-1784) 등과 활발히 교류하였고, 1780년 초 사회에 대한 비난을 담은 「풍자 I Сатира I」을 완성하였다. 분량이 6쪽에 불과한 이 작품에서 그는 교육과 문학의 발전에도 불구하고 부패와 악이 만연한 러시아 사회를 질타하고 있다. 특히 그는 작품에서 자신의 동료들의 이름을 언급하였는데, 이로 인해 그들로부터 심한 반발과 비판을 받았다. 주위로부터의 냉담한 반응에 크게 낙심한 까쁘니스뜨는 얼마 후 친구 헴니쩨르와 함께 오부호브까 영지로 낙향하여 우끄라이나에서 전원생활을 하며 지냈다(그는 이 작품의 일부 내용을 수정하고 제목을 「처음이자 마지막인 풍자 Сатира первая и последняя」로 바꿔 1783년에 발표하였다).

1780년 말 뻬쩨르부르그로 돌아온 그는 이듬해 지야꼬바(Александра А. Дьякова)와 결혼하였다. 1782년부터 우편성 검열관직을 맡아 일하던 까쁘니스뜨는 1783년에 예까쩨리나 II세가 우끄라이나 자유농민을 농노로 전환하는 포고령을 내리자 이에 크게 반발하였다. 이에 대한 저항으로 검열관직을 사임하고 우끄라이나로 다시 돌아간 그는 지방의원으로 선출되어 지역민을 위해 헌신하며 생활하였다. 여제와 불편한 관계를 유지하고 있던 까쁘니스뜨는 1791년부터 자신의 최고 걸작으로 평가되는 희극 「참소 Ябеда」(1789)를 집필하기 시작하여 1796년에 완성하였지만 발표하지는 않았다. 이 작품은 여제가 사망하고 2년이 지난 후에 발표되었고, 그 해 8월에 뻬쩨르부르그의 까멘느이 극장(Каменный театр)에서 상연되었다. 러시아의 지방도시를 배경으로 한 이 작품은 사법재판소의 부패상을 적나라하게 파헤치며 고발하는 희극작품이다. 당시 러시아 사법부에서 흔히 발생하는 뿌리깊은 독선과 불법행위를 주제로 한 이 작품에 등장하는 부정적 형상의 주인공들은 약자의 재산을 강탈하는 도적과 같은 인물들로 묘사되고 있다.

작가는 등장인물들에게 그들의 성격을 반영하는 의미를 담은 이름을 부여하였고, 무대장치를 적절히 사용하면서 심각한 풍자에다 폭소를 자아내는 익살을 가미하였다. 제르좌빈이 주장하는 고전주의 형식에 맞추어 쓴 이 작품은 5막으로 구성되어 있으며, '알렉산드르 시형'(Александрийский стих)인 12음절을 준수하려 애쓰고 있으며, 약강(ямб) 6보격을 사용하고 있다. 이 작품은 관객으로부터 상당히 좋은 반응을 얻었으나, 분노한 일부 사법부 고위인사들은 까쁘니스뜨를 시베리아로 유형을 보내려하였다. 그러나 이 작품을 높게 평가한 빠벨 황제(Павел, 1796-1801)는 까쁘니스뜨의 재능을 인정하고, 1798년에 그를 뻬쩨르부르그의 궁중극장 단장으로 임명하였다. 그러나 1801년에 빠벨 황제가 살해된 직후 그는 공직에서 쫓겨났고, 영지 오부호브까로 내려가 1823년까지 그 곳에서 생활하였다. 폰비진(Денис Иванович Фонвизин, 1745-1792)의 「미성년 Недоросль」(1782)과 「준장 Бригадир」(1769)에 비견되는 18세기 최고의 희극 중 하나인 「참소」를 발표한 까쁘니스뜨는 1823년 11월 9일 폐결핵으로 뽈따바에서 사망하였고, 시신은 프셀(Псел)강가 언덕에 매장되었다.

13 드미뜨리예프
(Иван Иванович Дмитриев, 1760-1837)

이반 드미뜨리예프는 1760년 9월 21일 심비르스끄(Симбирск)의 보고로드스꼬예(Богородское) 영지에서 귀족의 자제로 태어났다. 어린 시절 가정교사와 사립기숙학교에서 교육을 받으며 성장한 그는 1774년에 상경하여 뻬쩨르부르그에 있는 수비대에 입대하여 사병으로 근무하였다. 그는 군대에서 근무하는 동안 문학작품을 탐독하면서 문학에 깊은 관심을 갖게되었고, 1783년에는 노비꼬프(Николай Иванович Новиков, 1744-1818)를 만나 친분관계를 맺게 되었다. 드미뜨리예프는 자신이 쓴 초기 작품들을 1777년부터 노비꼬프가 발행하는 문학잡지 《쌍뜨 뻬쩨르부르그 학술통보 Санкт-Петербургские учёные ведомости》(1777)와 월간잡지 《아침 Утро》(1777-1780)에 실었다. 노비꼬프를 통해 1789년에 까람진(1782년부터 뻬쩨르부르그에서 군복무를 하던 까람진은 부친이 사망한 1784년에 퇴역하고 이듬해 노비꼬프 서클의 일원이 되었다)을 알게 된 드미뜨리예프는 까람진으로부터 문학에 관한 많은 이론들을 접하게 되었다. 당시 드미뜨리예프와 까람진 사이에는 많은 편지들이 오갔는데, 이 편지들은 18세기 말 러시아 문학사에 관한 소중한 정보와 내용들을 담고 있는 것으로 평가된다. 까람진의 감상주의 경향에 편승한 드미뜨리예프는 1791년부터 까람진이 발행한 《모스끄바 잡지 Московский журнал》(1791-1792)에 작품을 기고하기 시작하였다. 까람진의 감상주의 시집 『나의 사소한 일 Мои безделки』이 1794년에 발표되자 까람진을 추종하던 드미뜨리예프도 이듬해 『그리고 나의 사소한 일 И мои безделки』이라는 거의 동일한 제목의 시집을 발표하였다. 이 시집에 실린 작품 가운데 「세련된 부인 модная жена」(1791), 「회청색 비둘기가 한숨짓네 Стонет сизый голубочек」(1792), 「환희의 찬가 Гимн Восторгу」(1792), 「예르막 Ермак」(1794), 「뜬소문 Чужой толки」(1794) 등은 고전주의 송시와는 전혀 다른 형식의 작품들로 감상주의 색채를 확연히 드러내고 있다. 특히 「뜬소문」은 종교적인 혹은 군주를 찬양하는 송시를 겨냥하며 비아냥대는 풍자시로, 동시대에 쓰여진 대부분의 고전주의 송시는 내용 면에서 형편없을 뿐 아니라 시대에 뒤떨어지는 장르에 불과하다고 조롱하고 있다. 초기 풍자시인 「세련된 부인」에서 작가는 유머러스한 필치로 상류 귀족사회의 천박함과 허위에 가득 찬 실태를 조롱하며 풍자하고 있다. 「예르막」은 어떠한 운문 장르에도 귀속시킬 수 없는 특이한 작품인데 일부 비평가들은 이 작품을 '드라마 성격을 띤 서정시'로 분류하기도 한다. 16세기 말 역사적 인물인 까짜끄 예르막(Тимофеевич Ермак, ? -1585)의 시베리아 원정에 대한 내용을 다루고 있는 이 작품은 두 명의 시베리아인 무당이 등장하여 이르뜨이쉬 강가에서 번갈아 가며 대화하는 형식으로 구성되어 있다. 늙은 무당이 시베리아 유목민의 칸(хан)인 꾸춤(Кучум)의 군대가 예르막에게 패배당한 것을 애도하면서 결국 시베리아의 모든 땅은 예르막에게 복속될 것이고 이는 하늘의 계시였다면서 슬피 예언한다. 두 무당은 자리에서 일어나 짙은 안개 속으로 사라진다. 두 사람의 대화내용과 이들 주변의 황량한 묘사는 시종 암울한 분위기로 뒤덮여 있다.

드미뜨리예프가 사용한 언어는 당시 고전주의 작가들이 사용하였던 언어와는 상당한 차이가 있었다. 그는 상류사회에서 사용하는 고상한 언어 대신 일반인들에게 부담 없는 언어와 일반사회(하층계급이 아닌)에서 흔히 사용되고 있는 구어체를 문학어로 활용하였다. 언어의 명료함과 단순함을 특징으로 하는 그의 문체는 지나친 수식과 화려함을 억제하고 있다. 동시에 그는 언어 상호간의 조화를 이루며 논리적인 문장 구조를 만들려 애를 쓴 작가였다. 드미뜨리예프가 사용한 작시법은 주로 약강 4보격인데 고전주의 작가의 작품에 비해 상당히 불규칙하게 사용되고 있다.

드미뜨리예프는 까람진이 두 차례에 걸쳐 발행한 모음집 『아글라야 Аглая』(1794-1795)와 연감 《아오니드이 Аониды》(1796-1799)에 일련의 작품들을 기고하였다. 그는 1796년에 자신의 두 번째 시집인 『포켓용 노래집 혹은 최고의 세속 민중노래 모음집 Карманный песенник, или Собрание лучших светских и простонародных песен』을 발표하였다. 1796년 예까쩨리나 II세(Екатерина II, 1762-1796)가 사망했을 당시 대령이었던 드미뜨리예프는 빠벨 황제(Павел, 1796-1801)가 즉위하자 제대하고, 빠벨 황제와 알렉산드르 I세(Александр I, 1801-1825)로부터 신임을 얻어 의회와 관청에서 고위직으로 근무하였다. 1797년부터 1799년까지 상원의 부의장을 역임하였던 드미뜨리예프는 1799년 돌연 공직에서 은퇴하였고, 약 7년간 재야에 파묻혀 생활을 하다가, 1806년 복직하면서 상원의원으로 임명되었다. 1810년에 국무회의 의원이 되었고, 법무부 장관까지 역임하였다. 1814년에 드미뜨리예프는 모든 공직에서 물러나고 뻬쩨르부르그를 떠나 모스끄바에 기거하였다.

그는 1823년부터 자신의 회고록 「내 삶에 대한 견해 Взгляд на мою жизнь」(1866)를 집필하기 시작하여 이듬해 완성하였다. 그러나 이 회고록은 드미뜨리예프가 사망하고 29년이 지난 후에야 출판되었다. 이 작품은 18세기 후반기부터 19세기 초에 걸친 당시 뻬쩨르부르그와 모스끄바의 상류 귀족사회의 생활상을 상세히 다루고 있다. 알렉산드르

I세, 스뻬란스끼(Михаил М. Сперанский, 1772-1839) 수상, 그리고 드미뜨리예프와 친분이 있는 인사들의 행위와 업적들이 소상히 기록되었다. 까람진과 더불어 18세기 말 러시아 감상주의 작가로 평가되는 드미뜨리예프는 1837년 10월 15일 모스끄바에서 사망하였다.

14 까람진

(Николай Михаилович Карамзин, 1766-1826)

니꼴라이 까람진은 크림한국의 따따르 출신 부친인 퇴역대위 미하일 에고로비치 까람진의 둘째아들로 1766년 12월 12일 심비르스끄(Симбирск)의 미하일로브까(Михайловка)에서 출생했다. 3살이 채 되기 전에 모친이 사망하였고, 까람진까(Карамзинка)라고도 불렸던 즈나멘스꼬예(Знаменское) 영지에서 생활하며 독일인 의사로부터 독일어를 배웠고, 인근 지주의 부인으로부터 프랑스어를 배웠다. 그는 유럽을 동경하였고, 어린 시절부터 감성적이고 풍부한 상상력을 키우며 성장하였다. 그는 1776년에 심비르스끄에서 프랑스인이 운영하는 사립기숙학교에 입학했으나, 이듬해 모스끄바 대학 철학과 교수인 독일인 요한 샤덴(Johann Matthias Shaden, 1731-1797)이 설립한 사립기숙학교(частный пансион)에 입학하여 희랍어, 라틴어, 독일어, 프랑스어, 영어 등을 수학하였다. 까람진은 가끔 모스끄바 대학에서 샤덴의 강의를 청강하면서 그의 사회, 종교관과 계몽주의 사상에 적지 않은 영향을 받았다. 1781년 사립기숙학교를 졸업하고 독일 라이프찌흐(Leipzig) 대학에 입학하려 하였으나, 뻬쩨르부르그로 이주하여 이듬해 예까쩨리나 II세(Екатерина II, 1762-1796)의 친위대 소속 쁘레오브라졘스끼(Преображенский) 연대에 입대하였다. 군복무 시절에 그는 시인 드미뜨리예프(Иван Иванович Дмитриев, 1760-1837)를 만났고 그들의 우정은 평생 동안 지속되었다.

까람진은 1783년에 스위스 작가 게스너(Salomon Gessner, 1730-1788)의

전원시집 『의족 Das hölzerne Bein』을 번역하여 『나무다리 Деревянная нога』라는 제목으로 출판하였다. 부친이 사망한 해인 1784년에 퇴역하고 고향 심비르스끄로 돌아와 노비꼬프(Николай Иванович Новиков, 1744-1818) 서클에 가입하며 활동하였고, 여기서 프리메이슨(Масонство, Freemason) 운동가였던 이반 뻬뜨로비치 뚜르게네프(Иван Петрович Тургенев, 1752-1807), 꾸뜨조프(Алесей М. Кутузов, 1749-1797) 등을 통해 프리메이슨 영향을 강하게 받으며, 인류의 도덕적 부활이라는 유토피아적 사상에 깊은 관심을 갖게 되었다. 1785년에 모스끄바로 이주한 그는 노비꼬프와 И.П. 뚜르게네프의 영향으로 프리메이슨 운동에 적극적으로 동참하였다. 그는 영국 작가 스턴(Laurence Sterne, 1713-1768), 프랑스 계몽주의 작가 볼테르(Voltaire, 1694-1778), 루소(Jean Jacques Rousseau, 1712-1778), 독일 낭만주의 작가 레싱(Gotthold Ephraim Lessing, 1729-1781), 실러(Friedrich von Schiller, 1759-1805) 등의 작품을 번역하여, 1787년에 노비꼬프가 발행한 잡지 《마음과 이성을 위한 어린이 독본 Детское чтение для сердца и разума》 (1785-1789)에 익명으로 기고하며 문학 활동을 전개하였다.

그러나 1788년부터 까람진은 프리메이슨 운동에 대해 차츰 회의를 느꼈고, "인간의 도덕적 완성은 어떤 교리에 의해서가 아니라, 숭고한 예술을 통해서 이루어진다."라는 새로운 신념을 갖게 되었다. 1789년에 발표한 첫 단편 「예브게니와 율리야 Евгений и Юлия」는 프랑스 작가 장리(Madame de Genlis, 1746-1830)의 「외젠과 레옹스 Eugenie et Leonce」를 모방한 작품으로 사랑하는 두 연인 예브게니와 율리야 사이에서 벌어지는 슬픈 이야기를 다루고 있다. 두 사람은 행복한 사랑을 추구하였지만 결혼식 전날 예브게니가 치명적인 병에 걸리고, 결국 죽음을 맞이하는 비극적 작품이다. 그는 이 비애를 인간의 피할 수 없는 운명으로 간주하고 있다.

까람진은 1789년 5월부터 13개월에 걸쳐 유럽(독일, 프랑스, 스위스, 영국)으로의 여행을 통해 많은 지식을 습득했으며, 특히 파리에서 발생한 프랑스 혁명에 강렬한 인상을 받았다. 프랑스 혁명을 직접 목격한 그는 프랑스 혁명정부를 '타락한 가슴을 가지고 설립한 공화정체제' 혹은 '무정부상태의 정부'라고 비난하며, 과거 자신이 가담했던 프리메이슨 운동에 대해 보다 회의적이고 부정적인 태도를 표출하기 시작하였다. 이의 반대급부로 프리메이슨 회원들은 그를 비애국자, 배신자라고 부르며 맹렬히 비난하였다. 이후 그는 사회 정치적 색채를 일체 배제하고 순수한 문학 활동에만 전념하기 시작하였다. 그는 1791년에 문학잡지 《모스끄바 잡지 Московский журнал》(1791-1792)를 발행하면서 잡지에 실리는 글 종류를 다섯 가지로 제한하였다. 1) 러시아 창작 운문과 산문, 2) 최근에 발행된 독일, 프랑스, 영국 잡지에 실린 외국작품, 3) 러시아 작품에 대한 평론, 4) 모스끄바에서 상연된 연극에 대한 비평, 5) 저명한 현대작가들의 활동과 일화 소개. 까람진은 이 5가지 항목 외에 정치적 성향을 띤 글, 종교적인 글, 신비스럽거나 지나치게 교훈적이고 학문적인 글 등은 일체 게재하지 않을 것을 공표하였다. 즉, 프리메이슨 회원들의 정치성과 도덕성을 띤 글이나 신비적이고 교훈적인 작품들은 일체 게재하지 않을 것을 미리 선언한 것이다. "예술로 사람들을 교육시킬 수 있다"는 신념을 갖고 그는 고전주의의 장엄한 송가나 프리메이슨 회원들의 교훈적 설교가 아니라, 순수한 문학작품을 통해서 러시아인의 이성과 감정을 고양시킬 수 있다고 판단하였던 것이다. 당시 이 잡지는 러시아에 감상주의 사조를 소개하는 교두보 역할을 담당한 것으로 평가되고 있다.

까람진은 《모스끄바 잡지》에 「프롤 실린, 은혜로운 사람 Фрол Силин, благодетельный человек」(1791), 「가련한 리자 Бедная Лиза」(1792), 「나딸리야, 귀족의 딸 Наталья, боярская дочь」(1792), 「리오도르 Лиодор」

(1792) 등 감상주의 풍의 작품을 발표하였고, 이를 통해 문학적 명성을 획득하게 된다. 또한 유럽 여행에서 보고 느낀 것을 기록한 서간문 형식의 작품 「러시아 여행자의 편지 Письма русского путешественника」(1791-1801)를 《모스끄바 잡지》에 연재 발표하였다. 영국작가 스턴이 쓴 「감상여행 A Sentimental Journey」의 영향을 받은 것으로 알려진 이 작품은 유럽의 4개국의 전반적인 문화에 대한 정보를 제공하는 까람진의 감상주의 경향의 대표작으로도 평가된다. 이 작품에서 까람진은 유럽에서 보고 느낀 문화, 사회, 철학적인 면을 기록했을 뿐 아니라, 그의 감상주의 문학관을 유럽의 감상주의 전통을 통해 잘 반영하고 있다. 작품에서 그는 독일의 유수한 작가와 학자를 중심으로 독일문화를 소개하고 있으며, 스위스 목동의 이미지를 묘사하면서 목가적인 순박함을 강조하고 있다. 프랑스를 유럽에서 가장 아름다운 국가로, 수도 파리를 고상하고 우아한 문화의 중심지로 묘사하고 있으며, 영국을 공중도덕이 발달하고 많은 사람들이 계몽된 예절바른 나라라고 평가하고 있다.

이 작품에서 까람진은 풍부하고 다양한 감상주의 경향의 문체와 과거 고전주의에서는 찾아보기 힘든 인간의 내면세계와 연관된 어휘들을 사용하여 여행지에서 느낀 감정을 잘 표현하고 있다: серце(가슴), чувство(감정), слёза(눈물), трогательный(감동시키는), вострог(환희), мечта(꿈), воображение(공상), изливаться(내심을 토로하다), осиротеть(고독해지다), прощаться(용서하다), расстаться(이별하다), онеметь(감각이 마비되다), привязать(애착을 느끼다), радость(기쁨), удовольствие(만족), припадок(발작), меланхолия(고독), ужас(비참함), грусть(비애감), утешение(기쁨), милый(사랑스런), желаемый(갈망하는), любезный(사랑하는), приятнейшие(가장 유쾌한), любезнейшие(가장 사랑하는), нежнейшие(가장 상냥한). 또한 문장에서 형용사 최상급을 사용함으로써 감상주의의 특성을 더욱 고조시키고 있다. 그리고 까람진은 문구나 문장에서 모든 단어를 최적의 상태로 사용해야한다는 '조화의 완전성'(гармоническое целое)을 강조하면서, 문학장치인 반복(повтор)과 대구법(параллелизм)을 빈번하게 사용함으로써 작가의 내적 감정을 독자에게 명확하게 전달하고 있다. "Расстался я с вами, милые, расстался!" (난 당신과 이별하였네, 이별하였네!), "Друг ваш осиротел в мире, осиротел в душе своей!"(당신의 친구는 이 세상에서 고아가 되었다, 자신의 영혼 속에서 고아가 되었다!), "а я беспрестанно от вас удаляюсь и буду удаляться!"(그런데 나는 끊임없이 당신에게서 멀어질 것이다, 나는 멀어질 것이다!), "О серце, серце!"(오 내 가슴이여, 내 가슴이여!) 까람진의 이러한 시도는 당시 러시아 문단에서는 과히 획기적인 사건이었다. 감상주의 문학의 대표작으로도 불리는 「러시아 여행자의 편지」는 1801년에 완결되었고, 독일작가 리히터(J. G. Richter, 1763-1808)에 의해 1802년에 독일어로, 영국작가 펠드보르그(Andreas Andersen Feldborg, 1782-1838)에 의해 1803년에 영어로 번역 출판되었다.

1792년에 출판한 감상주의 소설「가련한 리자」에서 까람진은 도덕성이 실종되고 신분의 불평등을 극복할 수 없는 당시 사회상의 고발 뿐 아니라, 순수하고 아름다운 가련한 리자(Лиза)를 통해 인간의 섬세한 내면의 감성을 잘 표현하고 있다. 인간의 감정에 호소하는 언어를 정선하여 집필한 이 작품은 까람진 특유의 서정적이며 시적인 소설로 평가되고 있다. 까람진은 가난한 농민 출신 주인공 리자의 내면세계를 목가적 배경을 통해 잘 묘사하고 있다. 두 사람이 만나는 연못은 현실세계와는 동떨어진 이상적인 목가적 공간이고, 대화를 나누고 각자 돌아가는 공간 — 리자는 어머니와 함께 사는 농가로, 에라스뜨(Эраст)는 모스끄바 상류사회로 — 은 전자와 대조되는 각각의 현실세계인 것이다. 그녀는 젊은 귀족 에라스뜨에게 마음을 빼앗기고 사랑의 포로가 된다. 실현 불가능한 사랑이라는 것을 알면서도 헤어나지 못하는 그녀는 결국 자신이 꿈꾸던 목가적인 공간인 연못에 몸을 던지게 된다. 그녀의 순수함, 순박함, 그리고 사랑을 향해 목숨을 버리는 행위는 당시 유럽 감상주의 문학의 전형이었다. 비극과 불행의 씨앗으로 등장하는 에라스뜨는 합리와 이성, 그리고 선한 마음을 소유한 인물이지만 현실을 극복하기에는 너무도 나약했다. 작가는 이야기 종말에서 리자의 사랑을 받아들이지 못하고 고통 받고 있는 에라스뜨를 묘사하면서 두 사람은 천국에서 결합할 것이라는 것을 언급하고 있다.

1794년과 1795년에 까람진은 모스끄바에서 모음집 『아글라야 Аглая』(1794, 1795) 1권과 2권을 각각 발행하였고, 1796년에는 연감 《아오니드이 Аониды》(1796-1799)를 발행하였다. 이 모음집과 연감에 발표한 시는 리듬과 음성이 중시되고 있으며, 산문은 서정성과 운문적 성향을 띠고 있다. 그는 운문에서의 '함축적 간결함과 단순함'을 서정적 산문에 적용하려 노력하였다. 그리고 언어발달 측면에서 문어체와 교육받은 상류사회의 구어체를 결합하려는 그의 노력은 18세기 말 언어개혁에 큰 역할을 하였다고 평가된다.

까람진은 1796년 예까쩨리나 여제가 사망하고 즉위한 빠벨 황제(Павел, 1796-1801)에게 검열의 완화와 점진적 계몽을 요구하기 시작하였다. 1801년 옐리자베따 쁘로따소바(Елизавета Протасова)와 결혼한 까람진은 이듬해 《유럽통보 Вестник Европы》 잡지를 발행하였는데, 문학뿐 아니라 사회와 정치에 관한 글도 게재되었던 이 잡지를 통해 사회 평론가로서의 명성을 획득하게 된다. 1802년에 발표된 시집 『바보 찬가 Гимн Глупцам』에서 그는 국가를 '모든 횡포를 저지를 수 있는 곳', '인간의 행복과 이성을 빼앗을 수 있는 곳', 그리고 '바보들이 지배하고 바보들만이 행복해 질 수 있는 곳'으로 묘사하고 있다. 이 외에도 자전적 미완성 소설 「우리 시대의 기사 Рыцарь нашего времени」(1802), 「나의 고백 Моя исповедь」(1802), 「민감하고 냉혹한 두 가지 성격 Чувствительный и холодный, два характера」(1803), 「마르파 뽀사드니짜, 혹은 노브고로드의 정복 Марфа Посадница, или Покорение Новгорода」(1803) 등을 연이어 발표하였다. 이들은 문학을 통해 독자들을 계몽하려는 작가의 의도가 담긴 작품이다.

1803년에 알렉산드르 I세(Александр I, 1801-25)에 의해 역사편찬위원으로 임명된 까람진은 역사를 재정립하는데 헌신적인 노력을 기울인다. 1804년에 뱌젬스끼(А. И. Вяземский)공작의 혼외 딸 예까쩨리나 꼴리바노바(Екатерина А. Кольванова)와 재혼한 까람진은 1804년부터 문학작품 대신 『러시아 국가의 역사 История государства Российского』집필에 매진하기 시작하였다. 역사를 대중교육에 중요한 수단으로 간주한 그는 10여 년에 걸친 각고의 노력 끝에 대작 『러시아 국가의 역사』를 완성하였다. 나폴레옹이 모스끄바를 침공하던 1812년에 니즈니 노브고로드(Нижний Новгород)로 피신하여 생활하던 까람진은 1816년에 뻬쩨르부르그로 이주하였고, 1818년에는 러시아 아카데미(Российская Академия: 1783-1841) 회원으로 선출되었다. 『러시아 국가의 역사』 가운데 이반 뇌제를 다루고 있는 제9권은 1821년 발행되었으며, 제10권과 제11권은 1824년에, 그리고 마지막 제12권은 까람진 사후에 발행되었다. 특히 그는 말년에 제11권, 제12권을 집필하면서 초기와는 다른 역사관을 갖게 되었다. 집필 초기에 하나로 통일된 러시아와 강력한 군주를 지지하던 까람진이 말기에는 부도덕과 부정부패가 난무하는 독선적 정부의 범죄행위를 비난하는 역사가로 변모했던 것이다.

산문작가, 시인, 사회 평론가, 역사가 등 다양한 영역에서 활동을 했던 까람진은 1826년 6월 3일 뻬쩨르부르그에서 사망했고, 그의 시신은 알렉산드르-넵스끼 수도원(Александро-Невская лавра)에 안장되었다.

15 끄르일로프

(Иван Андреевич Крылов, 1769-1844)

러시아의 위대한 우화작가인 이반 끄르일로프는 1769년 2월 13일 모스끄바에서 가난한 대위의 아들로 태어났다. 1775년에 오렌부르그(Оренбург) 연대에서 제대한 부친 안드레이(Андрей Крылов)는 비록 귀족 출신은 아니었지만 뜨베리(Тверь)의 하급 치안판사로 임명되어 가족들을 데리고 뜨베리로 이주하였다. 집안이 가난하여 가정교사를 둘 형편이 되지 못했던 그는 모친으로부터 러시아어를 읽고 쓰는 것을 배우며 성장하였다. 그의 모친은 소박한 여인이었으나 유머감각과 위트가 넘치는 인물이었다. 1778년에 부친이 사망하자 어린 끄르일로프는 부친이 근무하던 관청에서 말단 사무원으로 일하면서 뜨베리 지방판사들의 도덕성과 행정조직의 부패상을 경험하였다. 모친은 1782년에 연금을 타서 생활하기 위해 가족들을 이끌고 뻬쩨르부르그로 이주하였다. 뻬쩨르부르그 관청의 말단 사무원으로 일하며 생활고에 시달리면서도 끄르일로프는 작가의 꿈을 키워나갔다. 어린 시절부터 바이올린을 연주하며 음악에 남다른 관심을 가졌던 그는 1783년에 최초의 작품인 희가극 「커피로 점치는 여자 Кофейница」의 대본을 집필하여 발표하였다. 이 작품의 대가로 60루블을 받은 끄르일로프는 희극과 희가극을 집필하여 위대한 희극작가가 되려는 꿈을 품었다.

당시 뻬쩨르부르그 문단은 1782년에 폰비진(Денис Иванович Фонвизин,

1745-1792)의 희극 「미성년 Недоросль」(1782)이 상연되어 커다란 성공을 거두면서 희극에 대한 관심이 한층 고조된 상황이었다. 끄르일로프는 고전주의 양식의 문학작품을 조롱하며, 프랑스 풍에 푹 빠져있는 러시아 상류사회의 부패상을 풍자, 고발하는 작품들(희극, 희가극, 비극 등)을 집필하기 시작하였다. 그는 1786년에 뻬쩨르부르그 상류사회의 도덕적 부패상을 묘사한 희곡 「이상한 가족 Бешеная семья」을 발표하였고, 이어 당시 프랑스 작가를 단순히 모방하는 작가와 귀족들에게 아첨하는 송시를 쓰는 시인들을 신랄하게 풍자한 희극 「문간방의 작가 Сочинитель в прихожей」(1788)와 「장난꾸러기들 Проказники」(1788)을 발표하였다. 비록 이 작품들은 문학성이 다소 떨어지는 것으로 평가되고 있지만, 풍부한 감정을 표현하는 문어체와 고전주의의 엄격한 격식을 파괴한 해학적이고 생기 넘치는 대화체는 높이 평가되고 있다.

끄르일로프는 1789년에 월간 문학잡지 《영혼의 편지 Почта духов》(1789)를 발간하였다. 그는 이 잡지에다 귀족사회와 관료사회의 위선과 도덕적 부패상을 직설적이고 거친 용어를 사용하여 비난하는 풍자성 강한 편지 형식의 글을 실었다. 상류사회의 반발로 인해 이 잡지는 재정난을 겪게 되었고 결국 발행된 지 6개월 만에 폐간되었다. 2년 후 끄르일로프는 출판사를 직접 운영하면서 두 번째 잡지 《관찰자 Зритель》(1792)를 발행하였으나 이 역시 수개월 후 폐간되었다. 문학잡지에 대한 애착을 버리지 못한 그는 1793년에 문학잡지 《뻬쩨르부르그의 머큐리 신 Санкт Петербургский Меркурий》(1793)을 발행하여 서간문 형태로 쓴 서정시를 발표하였다. 얼마 후 정부는 이 잡지에 실린 글들이 농노제도와 사회제도를 지나치게 비판한다는 이유를 들어 강제로 폐간 조치하였다. 실의에 빠진 그는 1793년부터 수 년 동안 작가활동을 접고 지방을 떠돌면서 방랑자 생활을 영위하였다.

그러다 1798년 끼예프에서 골리쯔인(Сергей Ф. Голицын) 공작을 우연히 알게 되었고, 그의 재능을 인정한 골리쯔인은 그를 비서로 임명하여 자신의 영지에서 자녀들을 가르치며 생활하도록 배려하였다.

1801년에 빠벨 황제(Павел, 1796-1801)가 사망하고 즉위한 알렉산드르 I세(Александр I, 1801-1825)는 낙향하여 전원생활을 하고 있던 골리쯔인을 리보프 지사로 임명하였다. 골리쯔인의 도움으로 상원의 인준을 받아 그의 공식비서로 임명된 끄르일로프는 리보프에 머물면서 지방귀족들과 행정 관료들의 삶을 체험하는 동시에 평범한 주민들과 함께 어울리며 그들로부터 진솔한 농민생활상을 전해 듣게 된다. 이곳에서의 생활은 훗날 끄르일로프가 위대한 우화작가로 성장하는데 커다란 밑거름을 제공하였다.

1802년 골리쯔인의 비서직을 그만두고 이듬해 말 모스끄바로 돌아온 끄르일로프는 감상주의 작가 드미뜨리예프(Иван Иванович Дмитриев, 1760-1837)와 사귀면서 문학에 전념하였다. 끄르일로프는 프랑스 우화작가 라 퐁텐느(Jean de La Fontaine, 1621-1695)의 「도토리나무와 갈대 Дуб и Трость」와 「괴팍스런 신부 Разборчивая Невеста」를 러시아어로 번역하였다. 드미뜨리예프로부터 찬사를 받은 후 이 작품들을 1806년 1월 《모스끄바 관객 Московский зритель》에 게재하였다. 드미뜨리예프가 지적했듯 끄르일로프의 번역은 단순한 번역이 아니라 작품에 담긴 메시지를 러시아 사회에 맞게 각색한 훌륭한 의역이었다. 독자들로부터 좋은 반응을 얻은 끄르일로프는 우화에 보다 많은 관심을 갖게 되었고, 이솝(Aesop, B.C.525-450 ; 그리스 우화작가) 우화에 사용된 교훈적인 내용과 알레고리 원칙에 따르면서 러시아 특유의 유머를 가미하여 자신만의 독특한 우화를 창조하기 시작하였다. 1806년 봄에 뻬쩨르부르그로 이주한 끄르일로프는 예전과는 다른 인물로 문단에 나타났다. 30대 중반에 접어든 그는 예전과 달리 자신의 속내를 드러내지 않고, 괴팍한 행동과 게으른 태도로 포장한 채 사람들을 대했다. 이런 행동은 주위로부터 쓸데없는 오해를 받지 않으려는 심산에서 비롯된 것이었다. 뻬쩨르부르그에서 발표한 두 편의 희극 — 「양장점 Модная лавка」(1806), 「딸들을 위한 수업 Урок дочкам」(1807) — 은 당시 뻬쩨르부르그 상류사회에서 유행하는 러시아 풍은 멸시하고 프랑스 풍을 숭상하는 귀족들의 실태를 조롱하는 내용을 담고 있다.

1807년 초부터 끄르일로프는 고전주의자 쉬쉬꼬프(Александр С. Шишков, 1754-1841)가 주관하는 모임에 참석하기 시작했고, 1811년에는 '러시아어 애호가 모임'(Беседа любителей русского слова)에 가담하였다. 이 모임은 고전주의 문학을 기조로 한 보수적인 문학 서클인데 까람진의 감상주의 사조와 19세기 초 새롭게 등장하는 낭만주의 사조에 반대하는 입장이었다. 비록 끄르일로프가 이 모임의 회원이었지만, 보수적 성향을 띠고 새로운 사조에 무조건 반대하는 사회 정치적 성향의 인물들과는 달리, 그는 애국적 차원에서 사회의 부조리를 문학을 통해 고발하고자 하는 성향을 갖고 있었다. 창작 우화에 전념하던 끄르일로프는 1809년에 자신의 독창적인 우화 23편을 담은 두 번째 우화집을 출판하여 커다란 성공을 거두었다. 그는 우화에 등장하는 동물들(곰, 사자, 코끼리, 여우, 당나귀, 양, 원숭이, 늑대, 뱀 등)에게 추상적인 알레고리를 부여해 실제 삶에 존재하는 러시아인들의 개성과 특징에 맞추어 묘사하였다. 그 결과 독자는 우화에 등장하는 전통적인 이 동물들이 당시 러시아 사회의 귀족 혹은 관료를 의미한다는 사실을 쉽게 깨달을 수 있었다. 그의 우화는 러시아적인 특징의 핵심을 다루며 정곡을 찌르는 메시지를 담고 있기에 러시아인들에게 폭소와 감동을 쉽게 자아내었다. 끄르일로프는 자신의 우화에다 일반 국민들 사이에 흔히 통용되는 회화체 단어를 주로 사용하였는데, 이것은 끄르일로프를 종전의 러시아 문학에서는 찾아볼 수 없었던 구어를 문어로 끌어올린 작가로 평가하게 만드는 요소가 되었다. 그는 우화의 주제 혹은 등장인물의 사회적 지위나 직업에 따라 각 인물들이 사용하는 어휘, 문장, 문체 등을 차별하였다. 전형적인 일상 언어의 사용, 속담과 같은 표현, 간결성, 명료성, 리듬감 넘치는 억양 등은 우화작가 끄르일로프 문학의 탁월한 특징으로 평가된다. 그는 우화를 통해 러시아 사회에 만연한 부정적인 면들 — 검열제도, 부정, 부패, 불법, 뇌물, 아부 등 — 을 표출시켰고, 예전과는 달리 정치적 색채가 강한 풍자를 자제하면서 고위당국자의 심기를 건드리지 않으려 노력하였다.

우화작가로 커다란 명성을 얻은 그는 올레닌(А. Н. Оленин: 뻬쩨르부르그 궁중 도서관장)의 도움을 받아 1812년에 뻬쩨르부르그 궁중 도서관의 사서로 임명되었고 1841년 공직에서 은퇴할 때까지 이곳에서 근무하였다. 1819년에 세 번째 우화집이 출판되었고 1825년에 네 번째 우화집이 출판되었다. 감상주의 시대에서부터 초기 낭만주의 시절에 걸쳐 쓴 끄르일로프의 우화는 크게 4범주로 나눌 수 있다; 1) 애국적 주제, 2) 윤리 도덕성, 3) 민중적 주제, 4) 전통적인 민속적 주제. 우화작가의 명성과 도서관에서의 공로로 인해 끄르일로프는 1841년에 과학 아카데미(Академия наук)의 회원으로 위촉되었다. 1843년에 그는 자신이 그 동안 쓴 197편의 우화들을 한데 모아 9권의 책으로 출판하였다. 끄르일로프는 1844년 11월 21일 뻬쩨르부르그에서 사망하였고, 그의 시신은 알렉산드르-넵스끼 수도원(Александро-Невская лавра)에 안장되었다.

제2장 19세기 전반기 러시아 문학

1 19세기 러시아

18세기에 러시아 근대화의 초석을 마련한 뾰뜨르 대제(Пётр I, 1689-1725)의 과업과 예까쩨리나 여제(Екатерина II, 1762-1796)의 강력한 정책으로 러시아는 19세기 초 유럽열강에 합류하였다. 그러나 절대군주제를 바탕으로 봉건제와 농노제를 실시하고 있는 러시아는 유럽열강을 주도하는 국가로 발전하기에는 많은 문제점을 안고 있었다. 특히 농노제는 산업발전과 자본주의 체제로의 성장에 상당한 저해요소였다. 집권초기 알렉산드르 I세(Александр I, 1801-1825)는 뾰뜨르 대제처럼 러시아 제국의 개혁을 주도하겠다고 선언하였으나, 시간이 흐를수록 개혁보다는 봉건제와 농노제를 존속시키려는 쪽으로 선회하였다.

19세기 초 유럽을 지배하기 시작한 프랑스의 나폴레옹(Napoleon Bonaparte, 1769-1821)은 러시아를 점령하여 그 자원과 군사력을 이용하여 영국마저 지배하려는 야심을 품고 있었다. 마침내 1812년 6월 나폴레옹은 60만 대군을 이끌고 러시아를 침략하였다. 알렉산드르 I세는 꾸뚜조프(Михаил И. Кутузов, 1745-1813) 장군을 사령관으로 임명하고 나폴레옹과 전쟁을 벌였다. 9월 7일 모스끄바에서 120km 떨어진 보로지노(Бородино) 들판에서 벌어진 격전에서 6만 명의 프랑스군과 4만의 러시아군이 사망하였다. 꾸뚜조프 장군은 모스끄바 근교에서 열린 군사회의에서 모스끄바를 포기하고 소개하는 결정을 내렸고, 얼마 후 나폴레옹은 텅 빈 도시를 점령하였지만 곧이어 화재가 발생하여 도시 전체가 불타버렸다. 나폴레옹의 항복 제안에 러시아는 묵묵부답했고, 시간이 흐르면서 애국심에 불타는 국민들이 자발적으로 국민군에 지원하였다. 불탄 모스끄바에서 35일을 지낸 나폴레옹은 추위와 굶주림을 염려하며 10월 19일 퇴각 명령을 내렸다. 꾸뚜조프 장군과 러시아 국민군은 퇴각하는 프랑스군을 공격하여 그들을 섬멸하였다. 살아서 국경을 넘어간 프랑스군은 고작 3만 명에 불과했다. 1812년 전쟁은 러시아 국민들의 애국심과 용기를 보여준 위대한 '조국전쟁'(Отечественная война)이었다. 훗날 레프 똘스또이(Лев Н. Толстой, 1828-1910)는 이 전쟁을 소재로 한 「전쟁과 평화 Война и мир」(1869)를 집필하였고, 차이꼽스끼(Пётр И. Чайковский, 1840-1893)는 「1812년 서곡 Увертюра 1812 года」(1880)을 작곡하였다.

나폴레옹에 대항한 전쟁은 여기서 끝나지 않았다. 1813년 10월 러시아, 오스트리아, 프러시아, 스웨덴, 그리고 영국을 포함한 연합군은 라이프찌히(Leipzig) 전투에서 나폴레옹에게 승리를 거두었고, 이듬해 3월 파리에 입성하였다. 조국전쟁을 통해 러시아 장교들은 온 국민의 애국심을 확인하였고, 파리에 입성했던 일부 장교들은 계몽주의 사상을 몸소 체험하고 러시아로 귀환했다. 그리고 러시아 농민들은 조국을 위해 헌신한 대가로 황제가 농노제를 폐지할 것으로 기대하였다. 그러나 알렉산드르 I세는 러시아의 국방력을 강화하기 위해 국민의 병영화를 실시하면서 농민과 농노들을 비인간적으로 다루었고, 절대군주제를 더욱 강화하였다. 이에 불만을 품은 친위대 장교들은 1816년 비밀단체를 결성하고 절대왕정을 폐하고 공화국을 수립하려는 계획을 품었다. 그 결과 그들은 뻬쩨르부르그에 북부협회(Северное общество), 우끄라이나에 남부협회(Южное общество)를 결성하였다. 친위대 장교들은 1826년에 쿠데타를 일으킬 계획을 세웠으나 1825년 11월 알렉산드르 I세가 따간로그(Таганрог)로 여행하던 중 사망하자 거사 일을 1825년 12월로 변경하였다. 그리고 거사 당일인 12월 14일에 짜르정부의 전제정치와 농노제의 폐지를 선언하려 하였다. 그러나 새 황제로 즉위한 알렉산드르 I세의 동생 니꼴라이 I세(Николай I, 1825-1855)는 '12월 당원'이라고도 불리는 '제까브리스뜨'(декабрист)들을 제압하고 이들을 극형에 처했다. 주모자에 대한 사형집행은 1826년 여름 뻬뜨로빠블롭스끄 요새(Петропавловская крепость)에서 거행되었고, 120명의 관련자들은 시베리아로 유배당했으며 나머지 군인들은 까프까즈로 전보 발령되었다.

제까브리스뜨 난을 평정한 니꼴라이 I세는 황제에 도전하며 전제정치와 농노제를 반대하는 사람들을 무자비하게 징벌하였다. 그리고 대외적으로 형의 과업을 계승하여 유럽의 절대군주제를 방어하는 유럽헌병의 역할을 적극적으로 수행하였다. 그는 폴란드에서 발생한 민족해방운동을 가혹하게 진압하였고, 헝가리에서의 혁명운동을 분쇄하기 위해 군대를 파견하였다. 이런 상황에서 1840년대에 작가와 귀족을 포함한 인쩰리겐찌야들은 '슬라브주의자'(славянофил)와 '서구주의자'(западник)로 나누어졌다. 전자는 뾰뜨르 대제의 개혁 이전상태로 돌아갈 것과 러시아 고유의 농촌공동체인 '미르'(мир)가 존속했던 본연의 모습으로 복귀해야만 한다고 주장했다. 반면에 후자는 서구의 일부인 러시아는 서구문화를 적극적으로 수용해서 근대화를 이룩해야한다고 주장하였다. 주요 슬라브주의자 작가로 악사꼬프(Сергей Т. Аксаков, 1791-1859), 호먀꼬프(Алексей С. Хомяков, 1804-1860), 고골(Николай В. Гоголь, 1809-1852), 도스또옙스끼(Фёдор М. Достоевский, 1821-1881), 그리고 서구주의자 비평가로 벨린스끼(Виссарион Г. Белинский, 1811-1848), 게르쩬(Александр И. Герцен, 1812-1870), 체르느이솁스끼(Николай

Г. Чернышевский, 1828-1889), 도브롤류보프(Николай А. Добролюбов, 1836-1861), 삐사레프(Дмитрий И. Писарев, 1840-1869) 등을 꼽을 수 있다. 그런데 이들은 모두 농노제 폐지를 주장하였다.

비록 니꼴라이 I세 정부는 강력한 절대군주제를 지향하고 농노제 폐지를 거부하는 반동정책을 실시하였지만, 개인적으로 황제는 농노제를 반대했었다. 그러나 그는 농노제를 폐지함으로 발생할 황제와 귀족간의 관계, 그리고 지주와 농노간의 미묘한 관계를 염려하였다. 농노제의 문제점을 인식한 황제는 끼셀레프(Павел Киселев) 백작을 국유지 장관으로 임명하여 국가소유 농노에 대해 개인과세에서 토지과세로의 전환, 빈농에 대한 추가 토지할당과 재정 지원, 농노들을 위한 학교, 의료시설 제공 등을 골자로 한 개혁을 실시하였다.

대외적으로 바다로 진출하기 위한 항만확보를 염두에 두고 있던 니꼴라이 I세는 1853년 10월 지중해로의 출구인 흑해를 지배하기 위해 크림반도에서 터키와 전쟁을 시작하였다. 11월 러시아 흑해함대는 시노쁘(Синоп)만에서 터키함대를 격파하였다. 그러나 러시아의 남진을 원치 않은 영국과 프랑스는 터키와 연합하여 러시아에 대항하였다. 1854년 10월 영국과 프랑스 연합군은 크림반도 남단에 위치한 세바스또뽈(Севастополь) 요새를 포위하고 공격하였다. 요새의 러시아 주민들은 목숨을 걸고 연합군과 전투를 벌였으나, 349일 만인 1855년 9월에 세바스또뽈은 연합군에 함락되었다. 한편 11월에 터키의 전략 요충지인 까르스(Карс) 요새가 러시아에 의해 함락 당하자, 오스트리아는 연합국에 합세하겠다고 러시아를 위협하며 연합국과의 강화조약 체결을 강요하였다. 결국 이듬해 3월 파리에서 강화조약이 체결되었다. 러시아는 까르스 요새를 터키에 반환하고, 몰다비아 남부지역인 베싸라비아(Бессарабия)를 양보하고, 흑해에 전함을 조차할 권한도 상실하였다. 당시 세바스또뽈로부터 멀지않은 오데사(Одесса)에서 포병

장교로 근무하던 똘스또이는 크림전쟁에 대한 작품인 「12월의 세바스또뽈 Севастополь в декабре месяце」(1855), 「5월의 세바스또뽈 Севастополь в мае」(1855), 그리고 「1855년 8월의 세바스또뽈 Севастополь в августе 1855 года」(1856)을 발표하여 국민적 작가라는 명성을 얻었다. 이 작품들은 당시 세바스또뽈 전투에 참여한 병사와 주민 그리고 부상자들에 관한 이야기를 다루는 보고문학이다.

니꼴라이 I세는 크림전쟁 와중인 1855년 2월 자신의 대내외정책의 실패를 비관하고 음독자살하였고, 그의 장남 알렉산드르 II세(Александр II, 1855-1881)가 즉위하였다. 그는 이 전쟁을 통해 러시아의 군사력, 군사장비, 물자와 의료 보급체계 등이 유럽열강에 비해 상대적으로 낙후하다는 것을 인식하였다. 나폴레옹과의 조국전쟁을 벌였을 당시 승리의 원동력이 되었던 국민의 정신력만으로는 강국으로 성장할 수 없다는 것을 깨달았다. 즉, 전반적인 사회구조개혁이 필요하다는 것을 인식한 것이다.

그는 1856년 4월 모스끄바의 한 귀족회의에서 "농노제 폐지는 밑으로부터 시작하는 것보다 위에서부터 이루어지는 것이 낫다."라며 농노제 폐지 의지를 밝혔다. 이듬해 말 그는 농노제 폐지에 관한 칙령을 발표했다. 당시 약 4,000만 명에 이르는 사유지, 국유지, 그리고 황실 소유지의 농노들에게 자유와 지주로부터 토지를 매입할 수 있는 권리를 약속했고, 세부방안을 연구할 위원회를 지역마다 설치하도록 하였다. 그리고 2년 동안 위원회는 자유를 얻은 농노에게 할당될 토지의 크기와 조건, 그리고 국가의 보증 하에 당시 약 25만 명의 지주들에게 지불할 보상규모와 형태에 대해 연구했다. 그리고 1861년 3월 4일 정부는 농노제 폐지를 공표하였다. 해방된 농노는 외상으로 토지를 할당받고, 지주는 농노에게 양도한 토지에 대해 정부가 후하게 산정한 금액을 보상받고, 농노는 소작료인 이 금액을 49년에 걸쳐 매년

분할 상환한다는 것이 농노제 폐지안의 골자였다. 즉, 지주에 의한, 지주를 위한, 그리고 지주의 농노제 폐지안이었던 것이다. 무거운 부채를 떠안은 농노들은 실망하고 분노하였고, 그 결과 1861년에만 1,176건의 농민소요가 발생했다. 정부안에 반대하며 시위를 벌인 농노들은 투옥 당했고 시베리아 유형지로 보내졌다.

이처럼 부정적인 측면에도 불구하고 농노제 폐지는 긍정적인 효과도 갖고 있었다. 더 이상 농노는 지주의 소유물이 아니고, 지주는 농노를 물건처럼 마음대로 팔거나 살 수 없게 되었다. 그리고 농노제 폐지를 통해 사유재산과 고용관계를 바탕으로 한 자본주의 산업이 발달하게 되는 계기가 마련되었다. 열악한 과정에서 생존한 일부 농민들은 부농(кулак)으로 거듭났으나, 대다수 농민들은 몰락 과정을 거쳐 지주들의 날품팔이 일꾼으로 전락하였다. 후자는 19세기 후반기에 공장건설과 철도산업이 활기를 띠면서 노동자로 변모하여 러시아 산업 발전의 밑거름 역할을 하게 된다.

농노제 폐지 이후 1860년대 중반 이후 인쩰리겐찌야들 가운데 '인민주의자'(народник)들이 등장하면서 '브 나로드'(в народ: 민중 속으로)라는 농민 의식화 운동을 전개하기 시작했다. 사실주의 작가 뚜르게네프(Иван Сергеевич Тургенев, 1818-1883)는 이들을 자신의 주요 작품의 주인공으로 설정하였다. 초기에는 순수한 의도로 출발하였으나, 정부당국의 탄압이 강화되고 일부 인민주의자들이 투옥되는 사건이 발생하자 이들은 치밀한 계획과 목표 그리고 전략이 필요하다는 것을 인식하였다. 그 결과 그들은 1876년에 사회주의 혁명을 이룩하려는 목표를 설정하고 '토지와 자유'(Земля и воля)라는 비밀결사조직을 결성하였다. 정부당국의 감시와 처형이 강화되면서 이들은 둘로 갈라졌다. 하나는 '흑토 재분배'(Чёрный передел)당이고 다른 하나는 '인민의지'(Народная воля)당이었다. 전자는 러시아 마르크스주의의 아버지라고 불리는 쁠레하노프(Георгий В. Плеханов, 1856-1918)가 이끄는 온건하고 비폭력적 당이었던 반면에, 후자는 음모를 꾸미고 테러를 실행하는 폭력적인 혁명 단체였다. 인민 의지당은 1879년 8월 알렉산드르 II세에게 사형선고를 내렸다. 그들은 2차례에 걸쳐 황제 암살을 시도하였으나 실패했고, 마침내 1881년 3월 황제를 암살하는데 성공하였다. 인민 의지당원들의 예상과 달리 황제의 암살은 국민들에게 큰 충격을 주었다. 상류층 사람들과 비폭력 보수성향의 인쩰리겐찌야들뿐 아니라 농민들조차 황제의 죽음을 애도했다. 이 사건을 통해 혁명가들은 자신들의 폭력적 테러행위가 국민들로부터 유리된다는 사실을 깨달았다. 황제의 장남 알렉산드르 III(Александр III, 1881-1894)세는 즉위하자마자 혁명가들과 진보적 성향의 인쩰리겐찌야에 대한 탄압을 강화하기 시작하였다. 1881년 8월부터 비상사태가 선포되고 정부당국은 이들을 색출하여 당국노선에 반항하는 자들을 처형하였다. 처형당한 이들 가운데 레닌(Владимир И. Ленин, 1870-1924)의 형도 포함되어 있었다. 1894년 10월 알렉산드르 III세가 사망하고 즉위한 장남 니꼴라이 II세(Николай II, 1894-1917)는 더욱 강력한 절대군주제를 지향하는 정책을 펼쳤다.

2 주꼽스끼

(Василий А. Жуковский, 1783-1852)

번역가이자 시인인 주꼽스끼는 1783년 2월 9일 뚤라(Тула) 지방 미쉔스꼬예(Мищенское) 마을에서 부유한 지주 부닌(Афанасий Бунин)과 터키 포로 살리하(Сальха) 사이에서 사생아로 태어났다. 그의 부친은 인근마을의 지주 주꼽스끼(А.Г. Жуковский)를 대부(крестный отец)로 지정하였고, 그 결과 어린 주꼽스끼는 부친의 성 대신 대부의 성을 물려받았다. 가정교사로부터 교육을 받고 성장한 어린 주꼽스끼에게 귀족신분을 갖게 하기 위해 그의 부친은 1789년에 아들을 서류상으로만 군입대시키고, 얼마 후 소위로 진급시켜 귀족의 칭호를 얻게 한 후 제대시켰다.

1791년 3월 부친이 사망하자, 주꼽스끼는 이듬해 뚤라 지방의 기숙학교에 입학하여 5년간 수학한 후 1797년에 귀족 자제들을 위한 모스끄바 대학 부설 기숙학교(Благородный пансион при Московском университете)에 입학하였다. 모스끄바 기숙학교 시절(1797-1801)부터 주꼽스끼는 시 창작에 뛰어난 재능을 보였다. 원만한 성격 덕에 급우들과 돈독한 우정을 쌓았으며 그들과의 우정은 평생 동안 지속되었다. 기숙학교 시절 '뚜르게네프 문학 서클'에 가입하여 문학에 관한 이론을 배우며 적극적으로 습작활동을 시작하였다. 「오월의 아침 Утро мая」(1797)은 이 시기에 발표한 최초의 서정시다.

1801년 기숙학교를 졸업하고 서클 동료였던 А.И. 뚜르게네프(Андрей

Иванович Тургенев, 1781-1803)와 그의 부친 И.П. 뚜르게네프(Иван Петрович Тургенев, 1752-1807), 보예이꼬프(Александр Фёдорович Воейков, 1779-1839), 메르즐랴꼬프(Алексей Фёдорович Мерзляков, 1778-1830) 등과 함께 '문학 우정회'(Дружеское литературное общество)를 조직하였다. 그들은 독일, 프랑스, 영국의 낭만주의 작가인 괴테(Johann Wolfgang von Geothe, 1749-1832), 실러(Friedrich von Schiller, 1759-1805), 바이런(Baron Byron, 1788-1824), 스코트(Sir Walter Scott, 1771-1832), 그레이(Thomas Gray, 1716-1771) 등의 작품을 다루었으며, 창작보다는 주로 번역에 주력하였다. 당시 주꼽스끼는 모스끄바의 소금 공장 사무실에서 직원으로도 잠시 일했고, 1802년 초에 까람진(Николай Михаилович Карамзин, 1766-1826)을 만나 평생 돈독한 친분관계를 유지하였다. 이후 5년간(1802-1807) 가정교사를 하면서 창작 활동에 몰두하였다. 1820년에 그는 영국 시인 그레이의 애가 「시골 교회마당에서 쓴 엘레지 Elegy Written in a Country Churchyard」를 번역하여 「마을 묘지 Сельское кладбище」라는 제목으로 까람진이 주관하는 《유럽 통보 Вестник Европы》에 발표하였다. 까람진으로부터 많은 영향을 받은 그는 까람진의 언어 개혁을 기초로 하여 러시아의 새로운 시어를 발표했을 뿐 아니라, 작시법을 확립하는데도 공헌을 하였다. '작가가 경험하고 느낀 감정을 직접적으로 표현한 것'을 시라고 정의하고, 시를 작가가 느낀 감정을 독자에게 전달하여 그들과 공감대를 형성하는 수단으로 간주하였다. 따라서 변역을 포함한 그의 작품에는 작가의 풍부한 감정이 잘 표현되고 있다.

서정시, 송시(ода), 애가(элегия), 발라드(баллад), 뻬스냐(песня) 등 운문의 다양한 장르를 번역하며 활동하던 주꼽스끼는 초기에 엘레지풍의 서정시를 주로 발표하였다. 대부분의 작품이 외국작품의 번역이거나 번안이었으나, 그는 "대부분의 나의 작품은 다른 사람들의 작품을 번역한 것이지만 그럼에도 불구하고 이 모든 것은 바로 나의 창작물이다"라고 주장했다. 주꼽스끼의 엘레지에는 우수, 죽음, 지나간 젊음에서 오는 상실감과 흐릿한 신비감에 감싸인 비애감 등이 잘 표현되고 있다. 대표적인 엘레지로 「저녁 Вечер」(1806), 「그녀에게 К ней」(1810-1811),「슬라브 여인 Славянка」(1815), 「봄의 느낌 Весеннее чувство」(1816), 「언약의 꽃 Цвет завета」(1819), 「랄라 룩 Лалла Рук」(1821) 등을 꼽을 수 있다. 그의 작품에서는 환희나 정열보다는 미묘한 인상을 남기는 섬세한 영혼성, 조절된 열정, 평온한 감정과 억제된 음조의 운치 등이 묘사되었다. 자연의 명상에 의하여 일깨워진 조용한 우수가 동적인 단순성과 달콤한 서정적 멜로디와 함께 어우러지며, 현실로부터 벗어나 이상적이고 환상적인 세계로 탈출하려는 갈망이 감정과 꿈의 미묘한 음영 속에 그려지고 있다. 주꼽스끼는 이를 극대화시키기 위해 음악성이 풍부한 감각적 언어를 즐겨 사용했다.

애가들 가운데 「그녀에게」는 사랑했던 의붓누나의 딸 쁘로따소바(М.А.Протасова)에 대한 뜨거운 그러나 슬픈 사랑을 애절하게 표현하고 있다.

К ней

Имя где для тебя?
Не сильно смертных искусство
Выразить прелесть твою!

Лиры нет для тебя!
Что песни? Отзыв неверный
Поздней молвы об тебе!

Если бы сердце могло быть

Им слышно, каждое чувство
Было бы гимном тебе!

Прелесть жизни твоей,
Сей образ чистый, священный,
В сердце, как тайну, ношу.

Я могу лишь любить,
Сказать же, как ты любима,
Может лишь вечность одна!

그녀에게

그대를 위한 이름은 어디에 있는가?
사멸할 수밖에 없는 예술은
그대의 아름다움을 표현하기에는 너무나 빈약하구나!

그대를 위한 수금(竪琴)은 없구나!
노래는 무엇인가? 믿을 수 없는 메아리가
그대에 관한 풍문보다도 더디게 돌아오는구나!

만일 내 가슴에 담긴 것들을
사람들에게 들려줄 수만 있다면,
내 모든 감정은 그대에게 찬가가 될 터인데!

그대의 삶의 아름다움을,
그 깨끗하고 성스러운 형상을,
난 가슴속에 비밀스레 간직하리라.

난 사랑만을 할 수 있단다.
오직 영원함만이 말해 줄 수 있단다,
그대가 얼마만큼 사랑을 받고 있는지.

1808년부터 1811년까지 《유럽 통보》의 편집장을 역임한 주꼽스끼는 1808년에 초자연적 요소와 신비스런 내용을 담은 발라드 「류드밀라 Людмила」를 발표하였다. 「류드밀라」는 독일 낭만주의 시인 뷰르거(Gottfried August Bürger, 1747-1794)의 대표작 「레놀 Lenore」을 모방한 러시아 최초의 발라드다. 이 작품이 출간된 이후 그는 러시아의 '발라드 시인'이라는 명성을 얻게 된다. 이후 주꼽스끼는 다수의 발라드를 발표하였는데 대부분 뷰르거, 괴테, 실러, 서우디(Robert Southey, 1774-1843) 등 독일과 영국 작가의 작품을 번역 혹은 번안한 것이었다. 그 중 유명한 작품으로 뷰르거의 「스베틀라나 Светлана」(1808-1812), 실러의 「카산드라 Кассандра」(1809), 「이비쿠스의 두루미 Ивиковы журавли」(1815)등을 꼽을 수 있다. 발라드 외에도 주꼽스끼는 뻬스냐에 많은 관심을 갖고 이를 발표하였는데, 그가 번역한 작품 중 유명한 것으로는 실러의 「갈망 Желание」(1811)과 「꿈 Мечты」(1812)을 꼽을 수 있다.

애가, 발라드, 뻬스냐 외에 주꼽스끼가 다루었던 장르로 우정이 깃든 서한을 꼽을 수 있다. 그의 서한에서는 색다른 면이 나타나는데, 부드럽고 자발적인 위트와 익살 그리고 진실한 우정이 바로 그것이다. 악의 없는 조롱과 친근한 장난기 역시 그의 서한에 잘 반영되어 있다. 「뱌젬스끼 공작과 뿌쉬낀에게 보내는 서한들 Послания к кн. Вяземскому и В.Л. Пушкину」(1814)에는 공손하고 친근감 넘치는 운문체 스타일이 돋보이고, 「보예이꼬프에게 К Воейкову」(1814)에서는 고전적, 낭만적 요소들의 혼용과 엘레지와 아나크레온풍의 문체가 잘 드러나고 있다.

1812년 조국전쟁이 발발했을 때 주꼽스끼는 중위로 참전하여 많은 공로를 세워 훈장을 받는 등 애국심에 불타는 젊은 시인이었다. 전쟁 중에 그는 애국적 찬가 「러시아 전사들 진영의 음유시인 Певец во стане русских воинов」(1812)을 발표해 시인으로서 대중적 인기와 명성을 얻었고, 1833년에는 러시아 애국가를 작사하는 명예를 누렸다. 1813년 초 제대하고 일방적으로 짝사랑했던 의붓누나의 딸인 쁘로따소바(М.А. Протасова)에게 청혼했으나 의붓누나로부터 거절당했고, 몇 년 후 그녀는 다른 남자에게 시집갔다. 사랑의 상처는 그에게 정신적 고통을 안겨 주었다. 이 사건은 슬픔과 우수, 그리고 현실세계에 만족하지 못하는 인간의 비애가 그의 작품세계의 주된 주제를 형성하는 계기가 되었다. 실연 후 그는 뻬쩨르부르그로 이주하였다.

까람진의 언어 개혁을 적극적으로 지지했던 그는 1815년에 까람진과 함께 순수문학단체인 '아르자마스'(Арзамас)를 창설하여 활발히 활동하였다. 1820년대 이후 그는 까람진, 뱌젬스끼(Пётр А. Вяземский, 1792-1878), 뿌쉬낀(Александр С. Пушкин, 1799-1837), 바라뜨인스끼(Евгений А. Баратынский, 1800-1844), 바쮸쉬꼬프(Константин Н. Батюшков, 1787-1855), 고골(Николай В. Гоголь, 1809-1852) 등과 교제하면서 러시아 낭만주의 문학을 이끌어 가는 구심점 역할을 감당하게 된다. 1825년에 쓴 서정시 「밤 Ночь」에서 시인은 밤이 시인에게 지친 낮을 치유해주는 포근한 마법의 덮개이며, 평안과 안식을 주는 중재자라는 표현을 하고 있다. 미래에 대한 강렬한 기대와 희망대신 소극적인 희망과 회의를 발견할 수 있다. 즉, 시인은 현실세계에서 받는 고통의 불가항력에 저항보다는 타협을 택하고 있으며, 나아가 현실세계의 행복에 대한 소극적 상상의 세계를 전개하고 있는 것이다.

Ночь

Уже утомившийся день
Склонился в багряные воды,
Темнеют лазурные своды,
Прохладная стелется тены

И ночь молчаливая мирно
Пошла по дороге эфирной,
И Геспер летит перед ней
С прекрасной звездою своей.

Сойди, о небесная, к нам
С волшебным твоим покрывалом,
С целебным забвенья фиалом.
Дай мира усталым сердцам.
Своим миротворным явленьем,
Своим усыпительным пеньем
Томимую душу тоской,
Как матерь дитя, успокой.

밤

이미 지쳐버린 낮이
적자색 수면으로 기울어졌다.
감청색의 궁창이 어두워지고,
서늘한 그림자가 펴져나간다.
그리고 침묵의 밤이 고요히
저 세상의 길을 따라 나섰다.
태백성도 그 앞을 날고 있다.
자신의 아름다운 별과 함께,

오 하늘이여, 우리에게 내려와 다오.
그대 마법의 덮개를 지니고서,
망각을 치유하는 큰 술잔을 지니고서,
피로한 영혼들에게 평화를 다오.
그대의 어루만지는 손길로,
그대의 자장가 노래 가락으로,

슬픔에 지친 영혼을 달래주오.
어머니가 아이를 어루만지듯이,

니꼴라이 I세(Николай I, 1825-1855)는 그를 정직하고, 헌신적이고, 명예를 존중하고, 뛰어난 문학적 재능을 소유한 인물로 평가하였다. 그 결과 주꼽스끼는 1826년부터 1841년까지 약 15년 동안 황태자(Александр II, 1855-1881)를 포함한 황실 가족들에게 러시아 어문학을 가르치는 가정교사로 활동하였다. 그는 뿌쉬낀을 포함해 적지 않은 작가들이 황제와 갈등을 일으켰을 때 이를 적극적으로 중재했던 인물이었다. 1837년부터 1839년까지 황태자를 동행하고 유럽 전역을 여행하고 돌아온 주꼽스끼는 뻬쩨르부르그 문단에서 은퇴하고 독일로 영구 이주하였다. 1841년 독일에서 엘리자베스 레이턴(Elizabeth Reitern)과 결혼하여 생활하던 중 1842년 그리스 시인 호머(Homer)의 「오디세이 Odyssey」에 관심을 갖고, 이를 6보격을 사용하여 러시아어로 번역하기 시작하였다. 7년에 걸친 각고의 노력 끝에 1849년에 완성하여 발표하였다. 이 작품은 원본보다 우수하다는 평을 받을 정도로 뛰어난 걸작으로 평가되고 있다. 시인 주꼽스끼의 업적으로 시어의 창조, 번역과 번안을 통한 유럽문학의 소개를 들 수 있다. 달콤하고 아름다운 문체는 21세기 초 상징주의(символизм)와 유미주의(акмеизм) 시인들에게 적지 않은 영향력을 주었다. 시 창작에서 다양한 보격과 리듬 구조를 실험한 그는 말년에 6보격과 운율을 따르지 않은 시를 선호하는 경향을 보였고, 엘레지에서 나타나는 문체적 특성은 러시아 작시법의 이론적인 바탕에 영향을 끼쳤다.

독일인 부인과 두 명의 자녀를 남겨놓은 채 주꼽스끼는 1852년 4월 24일 독일 바덴-바덴(Baden-baden)에서 사망하였다. 며칠 후 그의 시신은 러시아로 이송되었고 뻬쩨르부르그에 매장되었다.

3 바쮸쉬꼬프

(Константин Николаевич Батюшков, 1787-1855)

서정시인, 수필가, 서한가인 바쮸쉬꼬프는 1787년 5월 29일 러시아 북부에 위치한 볼로그다(Вологда)의 전통적인 귀족 가문에서 출생하였다. 시인 무라비요프(Михаил Н. Муравьёв, 1757-1807)의 조카인 그는 프랑스인이 뻬쩨르부르그에 설립한 사립외국인 기숙학교(частный иностранный пансион)에 1797년 입학하여 3년간 수학했고, 1801에는 이탈리아인이 설립한 기숙학교(Pensionnat Tripoli)에 입학하여 2년간 교육받았다. 기숙학교 시절에 그는 프랑스어와 이탈리아어 외에 독일어와 라틴어도 공부했다. 1802년 기숙학교를 졸업한 그는 1803년부터 뻬쩨르부르그 교육성 관리로 4년간 근무했다. 교육성 근무시절인 1805년에 최초의 시를 발표하였고, 올레닌(Алексей Н. Оленин)이 주관하는 '문학, 과학, 예술 애호가 모임'(Общество любителей словесности, наук и художеств)에 가담하여 문학 활동을 시작했다. 1807년에는 군에 입대하여 프러시아와의 전투에 참여했고, 1808-1809년에는 핀란드 전투에 참여했다.

바쮸쉬꼬프는 1809년부터 까람진(Николай М. Карамзин, 1766-1826)이 발행하는 《유럽통보 Вестник Европы》에 작품을 기고하면서 까람진, 끄르일로프(Иван А. Крылов, 1769-1844), 주꼽스끼(Василий А. Жуковский, 1783-1852), 뱌젬스끼(Пётр А. Вяземский, 1792-1878)와 친분을 맺으며 본격적인 작가의 길을 걷게 된다. 그는 초기에는 주로

풍자시를 썼는데 대표적인 작품으로는 「레따 강가에서의 환상 Видение на берегах Леты」(1809)과 「나의 가신 Мои Пенаты」(1811-12)을 꼽을 수 있다.

그는 주꼽스끼처럼 1812년 나폴레옹과의 전쟁에 참전하였고, 프랑스와의 전쟁에서 승리한 후 뻬쩨르부르그 소재 황실 도서관에서 잠시 근무하였다. 1813-1814년에는 나폴레옹과 전투를 벌이기 위한 프랑스 파리 원정에도 참전했고, 전쟁이 끝난 후 영국과 스웨덴을 거쳐 1814년 뻬쩨르부르그로 귀환하여 베싸라비아(Бессарабия)의 까멘네츠 뽀돌스끼(Каменец подолский)에서 군복무를 지속했다. 군복무 중 그는 까람진과 주꼽스끼가 주관하는 문학단체 '아르자마스'(Арзамас)에 가입하여 적극적인 활동을 하면서 희랍과 라틴시를 번역하여 발표하였다. 라지쉐프를 존경했던 바쮸쉬꼬프는 쉬쉬꼬프(А.С. Шишков, 1754-1841), 흐보스또프(А.С. Хвостов) 마그니쯔끼(Михаил Л. Магницкий, 1778-1844), 루니치(Д.П. Рунич) 등 보수 성향작가들의 모임인 '러시아어 애호가 좌담회'(Беседа любителей русского слова)에 대항하여 논쟁을 벌이곤 했다.

1814-1815년에 그는 낭만주의 경향의 서정시를 다수 발표하였다. 대표적인 작품으로 「친구의 그림자 Тень друга」 (1814), 「각성 Пробуждение」 (1815), 「나의 수호신 Мой гений」(1815) 등을 꼽을 수 있다. 사랑, 이별, 슬픔, 고통, 기억, 그리움을 주제로 다루고 있는 「나의 수호신」에는 사랑하는 자의 달콤한 목소리, 눈망울, 그리고 머리카락을 기억하는 '나'의 애절함이 배어있다. 비록 지나간 사랑이 행복과 슬픔과 고통을 초래하지만, 슬픈 기억조차 기쁨으로 승화시키려는 나의 간절함이 애처롭기만 하다.

Мой гений

О память сердца! ты сильней
Рассука памяти печальной
И часто сладостью своей
Меня в стране пленяешь дальной.
Я помню голос милых слов,
Я помню очи голубые,
Я помню локоны златые
Небрежно вьющихся власов.

Моей пастушки несравненной
Я помню весь наряд простой,
И образ милый, незабвенной
Повсюду странствует со мной.
Хранитель гений мой-любовью
В утеху дан разлуке он:
Засну ль? приникнет к изголовью
И усладит печальный сон.

나의 수호신

아, 사랑의 추억이여!
그대는 슬픈 기억의 이성보다 더욱 강렬하구나.
그리고 종종 달콤함으로
머나먼 타국 땅에서 나를 유혹하는구나.
난 그대의 사랑스런 목소리를 기억한단다.
난 그대의 푸른색 눈망울을 기억한단다.
난 그대의 금빛 머리칼을 기억한단다.
자연스레 휘날리던 그대의 머리카락을.

비할 수 없는 나의 목자의
소박한 옷차림새를 나는 기억한다,
사랑스런 잊지 못 할 그 모습이
나와 함께 방황한다.
내 사랑, 나의 수호신,
그대는 이별의 위로로 나에게 사랑을 안겨주었다.
날 잠들게 해주겠니? 그는 내 머리맡에 기대어,
나의 슬픈 꿈을 위로한다.

그는 「시인과 시에 대한 단상 Нечто о поэте и поэзии」(1815)에서 '시란 인간의 영감을 구성하는 본질인 경건함, 섬세함, 그리고 상상력의 집합'이라고 정의를 내렸다. 그는 당시 독일과 프랑스의 영향을 받은 주꼽스끼와는 달리 고전 희랍과 라틴문학으로부터 많은 영향을 받은 시인이었다. 동시대인들보다 훨씬 강렬한 낭만주의 시인이었으나, 그의 문체에는 감상주의에서 찾아볼 수 있는 순수성과 유연성이 깃들어있다.

1816년 군에서 퇴역하고 나서부터, 그는 가끔 우울증 증세로 정신적 고통을 받았다. 1817년 이후 낭만주의 작가로서의 명성을 획득하면서 많은 라틴 시를 러시아어로 번역하여 발표하였고, 1819년부터 3년 동안 로마에서 외교관 생활을 수행하였다. 1821년에 우울증세가 악화되어 결국 불치의 정신병자가 되었다. 고향으로 돌아온 그는 간헐적으로 잠시 정상으로 돌아왔을 뿐 대부분 광인으로 지내다가 1855년 7월 19일 볼로그다에서 사망했다.

4 세르게이 악사꼬프

(Сергей Тимофеевич Аксаков, 1791-1859)

슬라브주의자인 세르게이 악사꼬프는 1791년 10월 1일 우랄(Урал)산맥 근방에 위치한 소도시 우파(Уфа)에서 출생했다. 그는 어린 시절 대부분을 소귀족인 부친의 세습영지인 오렌부르그(Оренбург)소재 노보-악사꼬보(Ново-Аксаково)에서 전원풍경이 어우러진 아름다운 러시아의 대자연을 벗하면서 지냈다. 1804년 우파에서 서쪽으로 약 400km 떨어진 까잔(Казан) 대학에 입학하여 공부하다가 1807년에 졸업을 하지 않은 상태에서 뻬쩨르부르그로 상경하여 4년 동안 관청에서 번역사로 근무하였다. 그는 1811년 관리직을 사임하고 모스끄바로 이주하여 생활하다가 1812년 프랑스와의 전쟁이 발발하자 입대하여 참전하였다. 1816년 퇴역하고 고향의 영지로 내려가 올가(Ольга Семеновна)와 결혼하고 1826년까지 전원생활을 하였고, 1820년대 초부터 모스끄바를 방문하여 번역과 희곡평론 등을 수행하면서 문학 활동을 하였다.

1827년부터 1832년까지 모스끄바의 검열위원(цензор)으로 활동했고, 1833년에는 꼰스딴찐 측량학교(Константиновское межевое училище)의 장학관(инспектор)을, 그리고 이듬해부터 1838년까지 꼰스딴찐 측량대학(Константиновский межевой институт)의 학장(директор)을 역임하였다. 이후 공직에서 물러나 영지에서 생활하던 그는 1843년부터 구입한 모스끄바 근교의 아브람쩨보(Абрамцево)영지에서 생활하면서 고골(Николай В. Гоголь, 1809-1852), 뚜르게네프(Иван С. Тургенев,

1818-1883), 똘스또이(Лев Н. Толстой, 1828-1910) 그리고 연극배우 쉐뻬낀(Михаил С. Щепкин, 1788-1863)등과 교제를 나누었다. 특히 1832년부터 알게 된 고골과의 돈독한 우정은 평생 동안 지속되었다. 이처럼 악사꼬프는 다른 작가들과 달리 비교적 늦은 나이에 문학계에 발을 들여놓은 인물이었다.

1834년 그가 43세 되던 해 「눈보라 Буран」라는 수필(очерк)을 발표하면서 최초로 문단에 들어선 악사꼬프는 1847년과 1852년에 「낚시질에 관한 수기 Записки об уженье рыбы」와 「오렌부르그 현 사냥꾼의 수기 Записки ружейного охотника Оренбургской губернии」라는 특이한 작품을 발표하였다. 이 두 작품은 문학 작품이라기보다는 전문 정보를 제공하는 특이한 종류의 글인데, 전자는 낚시에 관한 모든 것들 예컨대, 낚시 대, 낚시 줄, 낚시 바늘, 찌, 추, 미끼 등에 관한 상세한 설명을 담고 있으며, 후자는 오렌부르그 지방에서 총으로 사냥하여 잡을 수 있는 야생조류에 관한 글이다. 이제까지 러시아 문학에 등장하지 않았던 특이한 종류의 에세이로 평가된다.

악사꼬프는 1840년부터 자신의 조부모, 부모, 그리고 자신에 대한 이야기를 삼부작 소설로 쓰기 시작하였다. 1부「가족 연대기 Семейная хроника」와 3부「회상 Вспоминания」은 그가 65세 되던 해 1856년에 발표되었으며, 2부「손자 바그로프의 어린 시절 Детские годы Багрова-внука」은 1858년에 발표되었다. 삼부작에 나타난 악사꼬프의 문학적 특성으로 아름다운 자연의 깨끗하고 순수한 묘사와 이해하기 쉽고 단순한 언어의 선택, 그리고 자전적 작품임에도 불구하고 작가의 주관이 배제되고 객관적 시각으로 이야기를 진행하는 점을 꼽을 수 있다. 「가족 연대기」에서 악사꼬프는 자신의 조부의 모습을 등장인물 스쩨빤 바그로프(Степан Михаилович Багров)를 통해서 밝히고 있다. 우파의 영지에서 생활하는 스쩨빤은 조국 러시아를 사랑하는 의지가 강하고 가정에 충실한 인물로 보수적이고 강인한 가장으로 묘사되고 있다.

그의 부친은 조부에 비해 다소 나약한 인물로 그려지고 모친은 예민하고 신경질적인 여인으로 묘사되고 있다. 악사꼬프는 부모가 결혼하기 전 두 사람의 구혼과 결혼에 대한 이야기를 다루고 있다. 그리고 이웃 지주인 꾸롤레소프(Куролесов)는 농노와 자신의 부인을 학대하는 변태적이고 부정적인 인물로 그려지는데 결국 농노들에 의하여 독살당하고 만다. 이처럼 악사꼬프는 18세기 예까쩨리나 여제(Екатерина II, 1762-1796) 시절 지주들의 생활상을 작가의 감정이나 편견이 개입되지 않은 채 객관적으로 묘사하고 있다. 2부「손자 바그로프의 어린 시절」은 우파의 영지를 배경으로 스쩨빤의 손자 어린 세르게이(Сергей)의 눈에 비친 부모의 삶을 다루고 있으며, 3부「회상」은 8세부터 18세까지 세르게이의 시골생활과 중등학교(гимназия)와 대학교 시절의 삶에 대한 이야기를 담고 있다. 악사꼬프는 삼부작에서 자연을 단순하면서도 간결하고 미려하게 묘사하였으며, 등장인물들을 표현할 때 그들의 내면세계나 고뇌를 전혀 다루지 않고 마치 한 폭의 풍경화를 단순히 스케치를 하듯 시각적인 감각을 갖고 사실적으로 묘사하고 있다. 악사꼬프는 자신의 작품에서 난해한 표현이나 어려운 단어 대신 일반민중이 쉽게 이해할 수 있는 단순하고 평범한 언어를 택하여 묘사하고 있다. 이러한 악사꼬프의 문학에 나타난 사실성은 후일 뚜르게네프(Иван Сергеевич Тургенев, 1818-1883), 레프 똘스또이(Лев Николаевич Толстой, 1828-1910) 그리고 막심 고리끼(Максим Горкий, 1868-1936)에게 영향을 끼쳤다. 그의 작품들은 당시 사회 및 정치적인 면들을 담고 있는 사실주의 작품들과는 달리 단순히 일상생활을 바탕으로 한 사실주의 작품으로 간주할 수 있다. 악사꼬프는 일체의 꾸밈이나 비평을 가하지 않고 러시아 자연과 러시아인들을 있는 그대로 사랑했던 사실주의 작가였다. 그는 자신의 삼부작 중 2부「손자 바그로프의 어린 시절」을 발표한 이듬해 1859년 5월 12일 모스끄바에서 사망하였다.

5 뿌쉬낀
(Александр Сергеевич Пушкин, 1799-1837)

뿌쉬낀은 1799년 6월 6일 모스끄바의 귀족가문에서 출생하였다. 그의 부친 세르게이(Сергей Львович)는 전통 있는 귀족가문 출신으로 사교계 출입이 잦은 인물이었으며, 모친 나제즈다(Надежда Осиповна)는 사치와 향락에 젖어 경박스런 귀족부인들과 사귀면서 대부분의 시간을 소일하는 인물이었다. 모친 나제즈다는 18세기에 뾰뜨르 대제(Пётр I, 1682-1725)의 총애를 받았던 이디오피아의 장군 이브라김 간니발(Ибрагим Ганнибал)의 손녀였다. 터키인에게 잡혀 포로가 된 이디오피아의 어린 왕자 이브라김은 뾰뜨르 대제에게 헌납되었고, 이브라김의 충성심에 매료된 뾰뜨르 대제는 그를 총애하였다. 뾰뜨르 대제는 그에게 아브람(Абрам)이라는 세례명을 하사하고 그의 대부(крестный отец)가 되었다. 곱슬머리와 검은 피부 빛을 가진 뿌쉬낀은 자신의 몸속에 이디오피아 흑인 왕족의 피가 흐르고 있는 사실에 대하여 자랑스러워하면서 평생 긍지를 갖고 생활하였다.

어린 시절 뿌쉬낀은 프랑스인 가정교사로부터 교육을 받으면서 성장하였고, 외할머니 마리야 알렉세예브나(Мария Алексеевна)와 유모 아리나 로지오노브나(Арина Родионовна)로부터 러시아어 읽기와 쓰기를 배웠으며 그들로부터 러시아 민화와 민요를 접하게 되었다. 특히 유모를 통해 뿌쉬낀은 어린 시절부터 러시아 민중의 생활에 대한 깊은 동정과 이해, 러시아 민간 전래문학에 관한 흥미와 관심을 갖게 되었다. 후일 뿌쉬낀은 유모에게 바치는 몇 편의 시를 썼으며, 그녀를 자신의 뮤즈(Муза)라고 칭송하였다.

뿌쉬낀의 작품세계는 6시기로 나눌 수 있다. 1) 리쩨이 시기(Лицейский период, 1811-1817), 2) 뻬쩨르부르그에서의 방황기(Бродячий период в Петербурге, 1817-1820), 3) 남부 유형 시기(Южная ссылка, 1820-1824), 4) 미하일롭스꼬에 유형 시기(Ссылка Михайловского, 1824-1826) 5) 방랑의 시기(Годы скитаний, 1826-1830), 6) 뻬쩨르부르그 시기(Петербургский период, 1831-1837).

1811년 뿌쉬낀은 알렉산드르 I세(Александр I, 1801-1825)가 귀족 자제의 교육을 위해 뻬쩨르부르그에 설립한 6년제 학교 짜르스꼬셀스끼 리쩨이(Царскоселский лицей)에 입학하여 당대 유수한 석학들로부터 문학, 어학, 고전, 철학, 사회정치, 역사, 미술 등 다양한 과목들을 배웠다. 리쩨이 시절부터 문학 활동에 특별한 관심을 보였던 뿌쉬낀은 학내신문을 발행하며 잡지와 논문집 편집을 주관하기도 하였다. 1814년 《유럽통보 Вестник Европы》에 최초의 작품을 발표하면서 리쩨이 시절에 약 120여 편의 작품을 썼는데, 주로 송시(ода), 애가(элегия), 서한(послание), 서사시(поэма), 뻬스냐(песня) 등이었다. 이 시기의 작품들은 주로 술(вакхические)과 쾌락(эпикурейские)을 주제로 다루고 있는데, 그가 흠모했던 프랑스와 러시아 시인들 —에바리스 파르니(Evariste Parny, 1753-1814), 클레망 마로(Clement Marot, 1496-1544), 주꼽스끼(Василий А. Жуковский, 1783-1852), 바쮸쉬꼬프(Константин Н. Батюшков, 1787-1855)—의 작품을 모방한 것이 대부분이었다. 당시 그는 스스로를 쾌락주의자(эпикуреец) 혹은 아나크레온(Anacreon, B.C. 570-?)의 후계자라고 불렀다. 리쩨이 시절에 쓴 에로틱한 작품들로 「나딸리아에게 К Наталье」(1813), 「수도사 Монах」(1814), 「폰비진의 그림자 Тень Фонвизина」(1815), 「바르꼬프의 그림자 Тень Баркова」(1815) 등이 있다. 한편 이 시기에 그는 자신의 쇠약해진 마음, 인생의 환멸 그리고 고독을 다룬 작품도 썼는데, 주꼽스끼의 애가의 영향을 받고 쓴 「친구 시인에게 К друг стихотворцу」(1814)에는 시인의 슬픈 운명이 묘사되었다. 그리고 「까자끄 Казак」(1814)와 「엘바강에서의 나폴레옹 Наполеон на Эльбе」(1815)에는 시인의 내적 감정을 표현하면서 강렬하고 힘찬 시적 형상과 이미지를 독창적으로 묘사하고 있다.

1814년에 쓴 「짜르스꼬에 셀로에서의 추억 Вспоминания в Царском Селе」은 20연으로 구성된 고전주의 형식의 송시인데, 1815년 1월에 당시 시험관으로 참석한 고전주의 작가 제르좌빈(Гаврийл Романович Державин, 1743-1816)으로부터 극찬을 받은 작품이다. 뿌쉬낀은 이 작품에서 1812년 나폴레옹에 대항하여 승리한 조국전쟁과 관련하여 러시아 사령관들의 당당한 이미지와 러시아 민중의 공적과 러시아의 영광을 위풍당당하게 다루고 있다. 또한 이 시기에 집필한 「리찌니예에게 Лицинию」(1815)에는 자유를 열정적으로 갈망하는 작가의 모습이 반영되면서, 동시에 농노제도와 독재체제를 간접적으로 비난하는 시인의 사상이 암시적으로 깔려있다. 이처럼 리쩨이 시절 말기부터 뿌쉬낀의 작품에는 젊은 시인의 문학세계가 확장되고, 문학적 예술 감각이 풍성해지면서 독창적인 작가관이 형성되기 시작한다. 주꼽스끼는 뿌쉬낀의 뛰어난 문학성을 간파하고 1815년 문학 서클 '아르자마스'(Арзамас)에 당시 16세의 청년 뿌쉬낀을 가입시켰다.

1817년 6월 리쩨이를 졸업한 후, 뻬쩨르부르그 외무성 관리가 된 뿌쉬낀은 3년간 사교계에서 방탕한 생활을 하였다. 그러나 당시 자유롭고 진보적인 사상에 심취해 있던 뿌쉬낀은 진보적 문학 서클 녹색램프(Зелёная лампа)에 가담하여 미래의 제까브리스뜨(декабрист) 회원들과 친밀한 관계를 형성하였고, 이 시기에 자유진보사상을 담은 일련의 작품들 —「자유 Вольность」(1817), 「차다예프에게 К Чаадаеву」(1818), 「시골 Деревня」(1819) —을 발표하였다. 이런 작품들이 자유 진보사상을 담고 있다는 이유로 알렉산드르 I세는 그를 시베리아 유형지로 보내려 하였다. 그러나 까람진과 주꼽스끼가 황제에게 간청하여 1820년 5월 뿌쉬낀은 시베리아 대신 러시아 남부에 위치한 예까쩨리노슬라프(Екатеринослав, 지금의 Днепропетровск)로 추방되었다. 그해 여름 유형지에서 뿌쉬낀은 리쩨이 시기부터 쓰기 시작했던 「루슬란과 류드밀라 Руслан и Людмила」를 발표했다. 에필로그와 7장으로 구성된 이 작품은 고전주의 서사시 양식에서 완전히 벗어난 철저한 낭만주의 작품이었다. 블라지미르(Владимир Святославич Святой, 980-1015) 끼예프 대공 시절을 배경으로 한 이 작품에는 용감한 공후 루슬란이 악의 화신 체르노모르(Черномор)에 의해 납치된 아름다운 공주 류드밀라를 구출한다는 줄거리를 담고 있다. 고대 영웅서사시의 형태를 띠고 있는 이 작품에서 뿌쉬낀은 류드밀라를 구출하는 다른 세 인물 — 로그다이(Рогдай), 파를라프(Фарлаф), 라뜨미르(Ратмир) — 에게 각각의 고유한 개성을 부여하고 이야기를 진행한다. 러시아 자연에 대한 매혹적인 묘사와 낭만주의의 특징인 환상적인 요소가 돋보이는 작품이다. 이 작품을 읽고 뿌쉬낀의 낭만주의 기법과 문학성에 탄복한 주꼽스끼는 자신의 초상화를 그에게 선물로 주었다.

뿌쉬낀은 남부 유형지에서 관대한 성품을 가진 인조프(Инзов) 장군 휘하에서 근무하면서 자유롭게 글을 쓰고 책을 읽을 수 있는 행운을 얻었다. 예까쩨리노슬라프에 도착한 후 얼마 있다가 그는 라예프스끼(Раевский) 장군 일가와 함께 까프까즈로 이동하였고, 그 곳에서 낭만주의 작가 바이런(Lord Byron, 1692-1763)의 작품을 탐독하곤 하였다. 1820년 9월 인조프 장군이 몰다비아의 수도 끼쉬뇨프(Кишнёв)로 전근됨에 따라 뿌쉬낀도 끼쉬뇨프로 떠나게 되었다. 끼쉬뇨프에서 그는 다양한 소수민족의 언어, 풍습, 전설 등을 접할 기회를 얻었으며, 그곳에서 낭만적이고 이국적 냄새가 물씬 풍기는 일련의 작품들—「까프까즈의 포로 Кавказский пленник」(1820-1821), 「바흐치사라이 궁전의 분수 Бахчисараиский фонтан」(1822), 「도적의 형제 Братья разбойники」(1823) 등—을 발표하였다. 1823년 봄 끼쉬뇨프에서 운문소설 「예브게니 오네긴 Евгений Онегин」(1830)의 집필을 시작하였고, 그해 여름 크림의 오데사(Одеса)로 전근하여 작품을 썼는데 이곳에서 뿌쉬낀은 바이런을 모방하는 단계를 벗어나 독창적인 작품을 집필하게 된다. 이듬해 서사시 「집시들 Цыганы」(1827)의 집필에 착수하였다. 「집시들」에는 전반적으로 낭만성이 감소하면서 주인공의 형상과 성격묘사가 세밀하게 이루어지면서 서사시적 효과가 증가하고 있다. 뿌쉬낀은 남부 유형시기 말기 오데사에서 관능적인 아말리야 리즈니치(Амалия Ризнич) 부인과 감성적인 옐리자베따 보론쪼바(Елизавета Воронцова) 백작부인과 사랑에 빠진다.

1823년 8월 무신론적인 내용을 담은 편지가 검열관에 의해 발각되어 이듬해 뿌쉬낀은 오데사에서 추방되어 쁘스꼬프(Псков) 근교에 위치한 부친의 영지 미하일롭스꼬예(Михаиловское)로 보내졌다. 영지에서 뿌쉬낀과 재회한 부친은 그가 추방된 유형수라는 사실에 분노하였다. 영지에서 부자지간의 관계는 원만하지 않았고, 결국 그들은 자식을 홀로 남겨놓고 이곳을 떠났다. 이곳에서 그는 유모 아리나와 인근 마을에 거주하였던 오시뽀바(Осипова) 부인과 그녀의 두 딸과 시간을 보냈다. 비록 영지에서의 생활이 단조롭고 지루하였으나, 뿌쉬낀은 셰익스피어(William Shakespeare, 1563-1616)의 작품을 탐독하면서 장편서사시 「예브게니 오네긴」과 「집시들」의 집필에 몰입하였고, 16세기 말과 17세기 초의 역사적 사건을 배경으로 한 낭만주의 풍의 사극 「보리스 고두노프 Борис Годунов」(1825)를 완성하였다. 뿌쉬낀은 이 작품에서 등장인물의 개인적인 운명보다는 전체적인 러시아의 비극적 운명을 다루고 있다. 그는 영지에서 1825년 12월 14일에 발생한 제까브리스뜨(декабрист) 난이 실패했다는 소식을 전해 듣는다.

뿌쉬낀의 사상을 줄곧 의심하고 있던 니꼴라이 I세(Николай I, 1825-1855)는 1826년 9월 그를 모스끄바로 소환해 직접 감독하였다. 황제는 자신이 뿌쉬낀의 검열관이 됨으로써 시인을 회유함과 동시에 대중의 눈에 시인이 자기편이라는 인상을 심어주려는 의도를 갖고 있었다. 그러나 황제의 염려와는 달리 뿌쉬낀은 제까브리스뜨처럼 정치적 자유를 갈망하기보다는 개인적이고 인간적인 자유를 갈망했던 시인이었다. 뿌쉬낀은 1827년에 뾰뜨르 대제가 스웨덴과의 뽈따바 전투에서 거둔 승리를 묘사한 서사시 「뽈따바 Полтава」(1828)와 자신의 조상인 이브라김 간니발과 그의 대부인 뾰뜨르 대제의 개혁에 관한 역사소설 「뾰뜨르 대제의 흑인 Арап Петра Великого」을 집필하였으나, 후자는 아쉽게도 미완성 7장으로 끝났다.

1828년 모스끄바에서 16세인 나딸리야 곤차로바(Наталья Н. Гончарова)의 미모에 반한 뿌쉬낀은 이듬해 봄 그녀에게 청혼하였으나 거절당했다. 이에 실망한 그는 4개월 간 까프까즈로 여행을 떠난다. 이 시기에 집필한 「나는 당신을 사랑했습니다. Я вас любил.」(1829)는 약강 4보격으로 쓴 사랑의 서정시다.

Я вас любил: любовь ещё, быть может,
В душе моей угасла не совсем:
Но пусть она вас больше не тревожит;
Я не хочу печалить вас ничем.

Я вас любил безмолвно, безнадежно,
То робостью, то ревностью томим;
Я вас любил так искренно, так нежно,
Как дай вам Бог любимой быть другим.

나는 당신을 사랑했습니다. 아마도 그 사랑은,
나의 영혼 속에서 완전히 소멸하지 않았습니다.
그러나 그 사랑은 더 이상 당신을 괴롭히지 않을 것입니다.
나는 당신을 더 이상 슬프게 하고 싶지 않습니다.

말도 없이, 그리고 희망도 없이,
때로는 수줍어하며, 때로는 시샘하며 나는 당신을 사랑했습니다.
다른 사람에 의해 사랑받도록 하나님이 당신에게 허락한 것만큼,
진실하게, 그리고 부드럽게 나는 당신을 사랑했습니다.

까프까즈에서 모스끄바로 돌아온 그는 1830년 5월에 곤차로바의 모친의 허락을 받고 그녀와 약혼하고, 가을에 부친에게 결혼 지참금으로 물려받은 볼지노(Болдино) 영지에 머물렀는데, 인근에 콜레라가 만연하여 이듬해 봄까지 영지에 머물면서 왕성한 창작을 하였다. 이곳에서 그는 7년 전부터 집필하기 시작했던 「예브게닌 오네긴」을 완성하였고, 단편 「고류히노 마을의 역사 История села Горюхина」, 서사시 「꼴롬나의 집 Домик в Коломне」, 산문집 『고 이반 뻬뜨로비치 벨낀의 이야기 Повести покойного Ивана Петровича Белкина』(1830)와 비극집 『작은 비극들 Маленькие трагедии』(1830)을 완성하여 발표했다. 총 8장과 '오네긴의 여행'(Путешествие Онегина)으로 구성된 「예브게닌 오네긴」은 서사시 형태를 띠고 있으나 내용면에서는 장편운문소설 형식을 취하고 있다. 시대적 배경은 1810-1820년대이고, 세 주인공 — 오네긴, 따찌야나(Татьяна), 렌스끼(Владимир Ленский) — 을 구심점으로 하여 이야기가 진행된다. 젊고 교양 있는 귀족 청년 오네긴은 전형적인 낭만주의 인물이다 그는 삶의 의욕을 상실하고 방황하던 중 낭만주의자인 렌스끼를 통해 아름답고 순결한 따찌야나를 만나게 된다. 오네긴에게 첫눈에 반한 그녀는 편지를 통해 그에게 사

랑을 고백하나 자유를 갈망하는 오네긴은 이를 거부한다. 어느 날 따찌야나의 여동생 올가로 인해 오네긴과 렌스끼 사이에 결투가 벌어졌고, 오네긴은 렌스끼를 권총으로 살해하고 시골을 떠난다. 몇 년이 지나 홀로 외롭게 생활하던 따찌야나는 시골을 떠나 모스끄바로 이주하여 장군과 결혼하였다. 어느 날 우연히 무도회에서 따찌야나를 만난 오네긴은 자신이 그녀를 사랑하고 있다는 것을 뒤늦게 깨달고 그녀에게 편지를 통해 이를 고백한다. 그녀로부터 답장을 받지 못한 오네긴은 이듬해 봄 따찌야나를 찾아간다. 방에서 자신의 편지를 읽으며 눈물을 흘리는 그녀를 발견한 오네긴은 그녀에게 무릎을 꿇었다. 그러나 그녀는 이성적으로 오네긴을 나무라고 그 자리를 뜬다.

뿌쉬낀은 아름답고 순수하며 진솔한 따찌야나의 형상을 통해 러시아 문학에 이성적이고 강인한 여인상을 정립하였다. 지성을 소유한 오네긴은 낭만적이고 이기적인 인물로 무료한 삶을 살면서 자신의 자유를 위해 사랑을 거절하였다가, 세월이 흐른 뒤 뒤늦게 자신의 사랑을 고백하는 우유부단한 형상으로 잉여인간(лишний человек)의 전형이다. 훗날 뚜르게네프(Иван Сергеевич Тургенев, 1818-1883)의 작품세계에는 이 두 부류의 인물들이 각각 남녀주인공으로 등장한다.

『벨낀의 이야기』에는 5편의 이야기 — 「그 일발 Выстрел」, 「눈보라 Метель」, 「장의사 Гробовщик」, 「역참지기 Станционный смотритель」, 「귀족 아가씨-시골처녀 Барышня-крестьянка」 — 가 들어있다. 이 가운데 「역참지기」는 화자인 벨낀이 시골과 뻬쩨르부르그를 왕래하면서 어느 역참에서 겪은 일을 기술한 작품으로, 사실주의 문학의 효시로 간주된다. 이 작품에는 14관등 역참지기 삼손 브이린(Самсон Вырин)과 그의 딸 두냐(Дуня), 그리고 기병장교 민스끼(Минский)가 주요 인물로 등장한다. 뿌쉬낀은 사회에서 천대받는 말단관리 삼손을 통해 비극적인 '작은 인간'(мелкий человек) 형상을 창조하였다.

같은 해 발표한 『작은 비극들』은 4작품 — 「인색한 기사 Скупой рыцарь」, 「모차르트와 살리에리 Моцарт и Сальери」, 「석상 손님 Каменный гость」, 「페스트 만연기의 주연 Пир во время чумы」 — 으로 구성되어 있다. 첫 번째 작품은 18세기 영국 시인 윌리엄 쉔스톤(William Shenstone, 1714-1763)의 작품을 모방한 것으로 인간의 병리적인 인색한 성격과 탐욕을 다루고 있고, '모차르트 독살설'을 근거로 하는 두 번째 작품은 하나님으로부터 부여받은 재능에 대한 인간의 질투에 대한 심리학적인 문제를 다루고 있다. 「석상 손님」은 돈 후안(Don Juan)의 스페인 전설을 근거로 하여 성욕과 열정의 감정이 불러일으킨 살인의 테마를 다루고 있다. 그리고 19세기 영국 시인 존 윌슨(John Wilson, 1785-1854)의 작품을 모방한 「페스트 만연기의 주연」은 제목이 의미하듯 '남의 고통에도 아랑곳 하지 않는 향락'과 인간내면의 감정에 호소하는 삶과 죽음에 대한 테마를 다루고 있다. 뿌쉬낀은 시적이고, 감정적으로 함축된 언어를 선택하여 구어적이고 운율적인 리듬을 사용하고 있다. 거시적으로 거대한 러시아의 운명을 다루었던 비극 「보리스 고두노프」와는 달리, 미시적인 것(микромир)에 초점을 맞추고 영혼의 깊은 곳에 내재하는 인간의 부정적이고 사악한 심리를 간결하고 예리하게 파헤치고 있다.

1830년에 쓴 서정시 「시인에게 Поэту」에서 뿌쉬낀은 시인의 정의와 시인이 겪어야 할 정신적 고뇌와 고독한 자아성찰을 표현하고 있다.

Поэту

Поэт! не дорожи любовию народной.
Восторженных похвал пройдёт минутный;
Услышишь суд глупца и смех толпы холодной,
Но ты останься твёрд, спокоен и угрюм.

Ты царь: жьиви один. Дорогою свободной
Иди, куда влечёт тебя свободный ум,
Усовершенствуя плоды любимых дум,
Не требуя наград за подвиг благородный.

Они в самом тебе. Ты сам свой высший суд;
Всех строже оценить умеешь ты свой труд.
Ты им доволен ли, взыскательный художник?

Доволен? Так пускай толпа его бранит
И плюёт на алтарь, где твой огонь горит,
И в детской резвости колеблет твой треножник.

시인에게

시인이여! 민중의 사랑에 연연치 마라.
환희에 넘치는 칭송은 일순간의 소음이 되어 흘러간다.
어리석은 자의 비판과 군중의 냉소를 듣더라도,
그대는 강인하고, 침착하고, 냉정해야 한다.

그대는 황제. 자유의 길로 홀로 걸어가라.
자유로운 지혜가 그대를 이끄는 데로,
사랑스런 사색의 열매를 한층 더 성숙하게 만들고,
고결한 업적의 보상을 요구하지 마라.

보상은 바로 그대 안에 있다. 그대 스스로가 최고의 재판관이다.
그 누구보다도 그대가 자신의 작품을 가장 정확하게 평가할 수 있다.
그대는 자신의 작품에 만족하는가, 까다로운 예술가여?

만족하오? 그렇다면 군중으로 하여금 그대 작품을 질타하게 하오.
그대의 열정이 타오르는 단상에 침을 뱉게 하오.
그리고 그대의 삼발이를 소란스런 아이들처럼 흔들게 하오.

같은 해 발표한 「그대는 먼 조국의 해안가를 그리며 Для берегов отчизны дальной」는 뿌쉬낀이 1823년 오데사에서 근무할 때 사귀었던 아말리야 리즈니치 부인이 사망했다는 소식을 접하고, 사랑의 추억을 떠올리며 고인이 된 그녀에게 바치는 약강 4보격 서정시로 지나간 사랑, 그리움, 죽음 그리고 재회를 주제로 다루고 있다.

Для берегов отчизны дальной
Ты покидала край чужой;
В час незабвенный, в час печальный
Я долго плакал пред тобой.
Мои хладеющие руки
Тебя старались удержать;
Томленья страшного разлуки
Мой стон молил не прерывать.

Но ты от горького лобзанья
Свои уста оторвала;
Из края мрачного изгнанья
Ты в край иной меня звала.
Ты говорила: "В день свиданья
Под небом вечно голубым,
В тени олив, любви лобзанья
Мы вновь, мой друг, соединим."

Но там, увы, где неба своды
Сияют в блеске голубом,
Где тень олив легла на воды,
Заснула ты последним сном.
Твоя краса, твои страданья
Исчезли в урне гробовой -
Но сладкий поцелуй свиданья...
Его я жду; он за тобой...

머나먼 당신의 조국 해안가를 그리며
당신은 낯선 땅을 떠나갔습니다.
잊을 수 없는 그 순간에, 슬픔의 그 순간에,
나는 오랫동안 당신 앞에서 울었습니다.
나의 차가운 두 손은
당신을 붙잡으려 애썼습니다.
나의 애통한 신음소리는
이별의 무서운 고통이 지속되길 간절히 기원했습니다.

그러나 우리의 씁쓸한 입맞춤에서
당신은 입술을 떼어 놓았습니다.
암울한 유형지에서
당신은 나를 이국땅으로 불렀습니다.
당신은 말했습니다. "재회의 날에,
영원히 푸른 하늘 아래,
올리브나무 그늘 아래에서,
사랑의 입맞춤을 하며, 우리는 다시 결합할 것이라고."

아, 그러나 하늘나라의 궁창이
푸른 섬광 속에서 찬란하게 빛나는 그 곳에서,
올리브나무 그늘이 물위에 드리운 그 곳에서,
당신은 마지막 꿈을 꾸며 잠들었습니다.
당신의 아름다움과 당신의 고통은
죽음의 항아리 속으로 사라졌습니다.
그러나 재회의 달콤한 입맞춤을
나는 기다립니다. 당신은 내게 입맞춤을 해야만 합니다.

볼지노 영지에서 돌아온 뿌쉬낀은 나딸리야에게 다시 청혼하였고, 그녀의 모친으로부터 어렵게 허락을 받아내어 마침내 1831년 2월 모스끄바에서 결혼식을 올렸다. 그러나 그의 결혼생활은 기대와 달리 행복하지 못했다. 장모는 위선적이고 변덕스럽고 인색한 인물이었고, 경박하고 낭비벽과 남성편력이 있는 나딸리야는 사교계 출입이 잦았다. 그해 봄 미하일롭스끄예 영지에서 창작활동에 몰두하던 뿌쉬낀은 가을에 부인과 함께 뻬쩨르부르그로 이주하였으나, 나딸리야의 낭비벽 때문에 뿌쉬낀은 재정적으로 심각한 상황이었고, 자신을 진심으로 사랑하지 않는 나딸리야 때문에 심적으로도 불안한 상태였다. 전원생활을 원했지만 뿌쉬낀은 도시를 벗어날 수 없었다. 부인과의 불행한 결혼생활은 이후에도 지속되었다.

뻬쩨르부르그 시기(1831-1837)인 1832년에 농노문제를 다루는 장편 「두브롭스끼 Дубровский」를 발표하고 이듬해 여름 오렌부르그(Оренбург)와 까잔(Казан)을 방문하고 돌아오는 길에 볼지노 영지를 방문하고 이곳에 잠시 체류하면서 산문 「스페이드 여왕 Пиковая дама」(1834)과 뿌가쵸프(Емельян И. Пугачёв, 1740-1775)의 난을 다루는 장편 「대위의 딸 Капитанская дочка」(1836), 그리고 네바(Нева)강가의 광장과 뾰뜨르 대제의 동상을 배경으로 한 서사시 「청동기마상 Медный всадник」(1834)을 집필하기 시작하였다. 1833년 11월 뻬쩨르부르그로 돌아온 뿌쉬낀은 나딸리야가 사교계에 빠져 있는 모습을 보고 실망하였다. 그녀의 무분별한 사치와 향락으로 많은 빚을 지게 된 뿌쉬낀은 재정적으로 어려움에 처했다. 니꼴라이 I세와 나딸리야의 염문설이 나도는 가운데 뿌쉬낀은 1834년 1월 황제의 시종으로 임명되는 굴욕적 사건도 발생했다. 이런 상황에서 뿌쉬낀은 나딸리야에게 자신의 심경을 토로하는 시 「시간이 되었소, 내 사랑이여! Пора, мой друг, пора!」를 썼다. 이 작품에서는 자연을 갈망하며, 평온과 자유를 희망하는 시인의 의연한 모습이 간결하게 묘사되어 있다.

Пора, мой друг, пора! покоя сердце просит —
Летят за днями дни, и каждый час уносит
Частичку бытия, а мы с тобой вдвоём
Предполагаем жить... И глядь — как раз умрём.
На свете счастья нет, но есть покой и воля.
Давно завидная мечтается мне доля —
Давно, усталый раб, замыслил я побег
В обитель дальную трудов и чистых нег.

시간이 되었소, 내 사랑이여, 시간이 되었소! 내 마음은 평온을 갈구합니다.
세월은 하루하루 지나가고, 삶의 조각들은
매 순간 떠나갑니다. 나는 당신과 단둘이 살고 싶습니다.
아! 그런데 언젠가 우리도 사멸할 것입니다.
이 세상에는 행복이 존재하지 않습니다. 그러나 평안함과 자유는 존재합니다.
나는 오래전부터 선망했던 나의 운명을 동경해 왔습니다.
오래전부터, 지친 노예인 나는 이 세상으로부터 도주할 계획을 품었습니다.
창작과 순수한 기쁨이 넘치는 머나먼 안식처로.

뿌시낀은 1834년 가을에 볼지노 영지를 그리고 1835년 가을에는 미하일롭스꼬예 영지를 방문하여 창작에 몰두하였고, 시집과 소설 등을 출판하면서 생계를 유지하였다. 그는 출판비용에 허덕이면서도 1836년에 문학잡지 《동시대인 Современник》을 발행하였고, 같은 해 「대위의 딸」(1836)을 완성하여 출판하였다. 황제와의 염문설에 이어 네덜란드 대사의 양아들 단테스(Georges D'Anthès)와 나딸리야의 불륜에 대한 소문이 무성한 가운데, 1837년 2월 8일 단테스와의 결투에서 부상을 입은 뿌쉬낀은 이틀 후 뻬쩨르부르그에서 사망하였다. 국민들의 분노를 두려워한 황제는 미하일롭스꼬예 근교 스뱌또고르스끼(Святогорский) 수도원에서 비밀리에 장례식을 거행하도록 명령하였다.

6 바라뜨인스끼

(Евгений Абрамович Баратынский, 1800-1844)

뿌쉬낀과 필적할 만한 시인으로 평가되는 바라뜨인스끼는 1800년 3월 2일 땀보프(Тамбов) 현 소재 마라(Мара)라는 마을의 가난한 귀족가정에서 출생했다. 그의 부친은 빠벨 I세(Павел I, 1796-1801)에게 미움을 받았던 귀족이었다. 1808년 그의 가족은 모스끄바로 이주했고, 바라뜨인스끼는 1812년에 뻬쩨르부르그 소재 독일 군사기숙학교(Пажеский корпус)에 입학했다. 불행하게도 1816년에 알렉산드르 I세(Александр I, 1801-1825)의 지시에 의해 바라뜨인스끼는 절도죄목으로 사병으로 강등되고 퇴교를 당하게 되었다. 이 사건은 젊은 바라뜨인스끼에게 큰 상처를 주었고, 평생 동안 우울하고 고독한 성격의 인물로 성장하게 되는 계기가 되었으나, 다른 한편으로 그를 위대한 시인의 반열에 올려놓는데 일조를 하게 된다. 그는 퇴학을 당한 후 스몰렌스끄(Смоленск)로 내려가 잠시 전원생활을 영위하였다.

그는 1818년에 뻬쩨르부르그로 돌아와 이듬해 근위보병연대에 입대하여 사병생활을 하면서 시인 젤빅(Антон А. Дельвиг, 1798-1831)을 만나 사귀었고, 뀨헬베께르(Вильгельм К. Кюхельбекер, 1797-1846)와 뿌쉬낀(Александр С. Пушкин, 1799-1837)과도 친분관계를 맺었다. 뿌쉬낀이 남부 유형지로 떠났던 1820년에 바라뜨인스끼는 핀란드로 전보 발령을 받아 그곳에 6년 동안 상주하면서 시 창작에 몰두하였다. 뿌쉬낀이 남부 유형지에서 이국적 색채의 서정시를 집필한 것처럼 그도 핀란드에서 낭만성이 짙은 서정시를 집필하였다. 그는 핀란드를 '오딘의 자녀들이 생활하는 야생의 나라'(오딘 Odin: 북유럽의 신으로 예술, 문화, 전쟁, 그리고 죽은 자의 신)라고 부르며, 핀란드의 자연을 사실적이 아닌 낭만주의 풍으로 묘사했다. 그는 핀란드의 전설과 자연을 주제로 한 낭만주의 성향의 애가를 주로 썼는데, 대표적인 것으로 「핀랸디야 Финляндия」(1820), 「폭포 Водопад」(1821), 「두 운명 Две доли」(1823), 「진리 Истина」(1824), 「폭풍 Буря」(1824) 등을 꼽을 수 있다. 비록 그도 초기에 주꼽스끼(Василий А. Жуковский, 1783-1852)처럼 토마스 그레이(Thomas Gray, 1716-1771)의 애가 영향을 받았으나, 내용적인 측면에서 주꼽스끼의 것과는 조금 차이가 있다. 바라뜨인스끼의 애가에는 작가의 내면 깊숙이 자리 잡고 진심뿐만이 아니라, 작가 내면의 심리적인 감정과 영적 체험을 노출시키려는 간절함이 배어있다. 당시 문학 비평가 끼레옙스끼(Иван В. Киреевский, 1806-1856)는 바라뜨인스끼의 이런 특징을 한마디로 '심리학적 세밀화'(психологические миниатюры)라고 칭했다. 맑고 꾸밈없는 순수함과 섬세함을 느낄 수 있는 핀란드에서 집필한 서정시는 그에게 위대한 시인의 명성을 안겨 주었다. 뿌쉬낀은 바라뜨인스끼를 '주연과 음울한 고독의 시인'이라고 부르며 그의 재능을 높이 평가했다. 1824년에 쓴 「사랑 Любобь」은 생명의 불꽃같은 사랑, 죽음을 각오한 사랑, 영혼이 파괴되어도 좋은 사랑, 사랑만을 위한 순수하고 강렬한 사랑을 그리고 있다.

Любовь

Мы пьём в любви отраву сладкую;
  Но всё отраву пьём мы в ней,
И платим мы за радость краткую

Ей безвесельем долгих дней.
Огонь любви — огонь живительный,
Все говорят; но что мы зрим?
Опустошает, разрушительный,
Он душу, объятую им!
Кто заглушит воспоминания
О днях блаженства и страдания,
О чудных днях твоих, любовь?
Тогда я ожил бы для радости,
Для снов златых цветущей младости
Тебе открыл бы душу вновь.

사랑

우리는 사랑에 담긴 달콤한 독약을 마신다.
그런데 아직도 우리는 사랑에 담긴 독약을 마신다.
그리고 우리는 순간의 기쁨을 위해
수많은 날들의 불행으로 사랑의 대가를 지불한다.
사랑의 불꽃 — 생명을 주는 불꽃,
사람들은 말한다. 그런데 우리는 무엇을 응시하고 있는가?
그 파괴적인 불은 불꽃에 의해
포옹당한 한 영혼을 황폐화 시킨다!
사랑이여, 너의 경이로운 시절에 대한,
행복과 고통의 시절에 대한,
기억을 그 누가 막을 수 있겠는가?
그때 나는 그 기쁨을 위해 소생할 것이며,
꽃피는 젊음의 황금빛 꿈을 위해,
네게 다시 내 영혼을 드러내 보일 것이다.

바라뜨인스끼의 재능을 인정한 주꼽스끼는 1825년에 그를 장교로 승진시켜 달라고 황제에게 간청했다. 주꼽스끼의 도움으로 승진한 그는 사병강등의 불명예를 회복하고 모스끄바로의 복귀를 허락받았다. 그는 1826년에 귀환하여 러시아 장군의 딸 아나스따샤(Анастасия Львовна)와 결혼하고, 1827년부터 1831년까지 정부 토지측량 관리로 근무했다. 당대 최고의 시인으로 인정받던 바라뜨인스끼는 지나이다 볼꼰스까야(Зинаида Волконская) 문학 살롱에 자주 출입하면서 시를 발표하였고, 1826-1829년에는 젤빅과 뿌쉬낀이 주관하는 문학잡지 《북방의 꽃 Северные цветы》에, 그리고 1835년에는 《모스끄바 관찰자 Московский наблюдатель》에 작품을 기고하였다.

1820년대 말부터 그의 작품은 원숙함을 보이면서 서정성의 깊이를 더했다. 내용은 진보적이며 지적이지만, 문체는 뿌쉬낀보다 고전적이다. 이로 인해 그는 형식상으로는 고전주의 시인이며 내용상으로는 낭만주의 시인이라고 불리기도 한다. 뿌쉬낀이 자신의 개인적이고 주관적인 것을 일반적이고 객관적인 틀 속으로 조화시키는 시인인데 반해, 바라뜨인스끼는 이러한 조화를 갈망하면서 현실의 삶이 전혀 미치지 못하는 것에 대한 화해와 조정을 추구하는 시인이다. 때문에 그는 이상과 현실의 사이에서 갈등과 고민을 하는 '애가'의 시인인 것이다. "시인이 감정을 표현한다는 것은 얽힌 것을 풀어헤치는 것이고, 그렇게 하도록 명령한다는 것이다"라고 말했던 바라뜨인스끼는 부조화의 세계에서 조화를 추구했던 햄릿과 같은 사색의 시인이었다.

Муза (1829)

Не ослеплён я музою моею:
Красавицей её не назовут,
И юноши, узрев её, за нею
Влюблённою толпой не побегут.

Приманивать изысканным убором,
Игрою глаз, блестящим разговором
Ни склонности у ней, ни дара нет;
Но поражён бывает мельком свет
Её лица необщим выраженьем,
Её речей спокойной простотой;
И он, скорей чем едким осужденьем,
Её почтит небрежной похвалой.

뮤즈

나는 나의 뮤즈 신에 의해 눈멀지 않았다.
사람들은 그녀를 미녀라고 부르지 않을 것이다.
그리고 젊은이들은 그녀를 알아보고,
사랑에 빠진 무리가 되어 그녀를 뒤쫓지도 않을 것이다.
그녀는 화려한 자태로,
눈짓으로, 화려한 대화로,
유혹하려는 의도도 없을 뿐 아니라 그런 재능도 없다.

그러나 그녀 얼굴에서 드러나는 독특한 표현과
조용하고 단순한 대화는
잠시 동안 세상을 깜짝 놀라게 만든다.
그리고 세상은 신랄한 비난보다 더 빨리,
그녀에게 마지못한 칭송으로 경의를 표할 것이다.
(*뮤즈: 시와 음악을 주관하는 여신)

1830년대에 접어들면서 그는 독일의 낭만주의 작품과 특히 쉘링(Friedrich Wilhelm Joseph von Schelling, 1775-1854)에 관심을 보였던 바라뜨인스끼는 고독과 죽음을 주제로 한 「괴테의 죽음에 На смерть Гёте」(1832), 「조산아 Недоносок」(1835), 「죽음 Смерть」(1829, 1835)

을 발표했다. 이 서정시들은 음울한 사색의 도를 넘어 극도의 염세주의에까지 도달하는 작품이다.

서구주의자 입장을 표명했던 바라뜨인스끼는 1830년대 중엽 당시 슬라브주의자들이 대다수 차지하고 있던 모스끄바의 문단과의 관계가 소원해 지기 시작했다. 그 결과 그는 1836년 이후 그의 작품을 뻬쩨르부르그의 문학잡지에만 실었다. 모스끄바에서 불편한 생활을 하던 중 약 40km 떨어진 농촌 무라노바(Муранова)로 이주하여 전원생활을 영위하며, 창작활동을 접고 농사일에 몰두하였다. 당시 문학 비평가들도 그에게 시 창작을 독려하지 않았다.

1840년에 뻬쩨르부르그를 방문하여 주꼽스끼, 뱌젬스끼(Пётр А. Вяземский, 1792-1878), 오도옙스끼(Александр И. Одоевский, 1802-1839)의 환대를 받았다. 그 곳에서 열정적인 낭만주의 시인 레르몬또프(Михаил Ю. Лермонтов, 1814-1842)를 만나면서 다시 창작활동을 재개하였다. 1843-1844년 가족들과 함께 독일과 프랑스를 여행한 그는 파리에서 자신의 시를 프랑스어로 번역하여 발표하였고, 프랑스 작가들과 친분관계를 맺었다. 1844년 이탈리아를 방문하여 삶에 대한 강렬한 희망을 담은 작품 「화륜선 Пироскаф」를 발표한 후, 7월 11일 나폴리(Naples)에서 의문의 병에 걸려 사망하였다.

19세기에 러시아와 유럽에 알려지지 않았던 그의 작품세계는 20세기 초 모더니스트들에 의하여 빛을 보게 되었다. 특히 아끄메이즘 시인 만젤쉬땀(Осип Эмильевич Мандельштам, 1891-1938)은 바라뜨인스끼의 작품세계에는 지적인 통찰력, 섬세한 스타일이 돋보이고, 깨끗하고 상큼함이 가득하다고 극찬하며 19세기 최고의 시인으로 재평가했다. 바라뜨인스끼와 쮸체프(Фёдор И. Тютчев, 1803-1873)에게 바치는 문학 기념관이 1919년 바라뜨인스끼가 마지막으로 생활했던 무라노바에 건립되었다.

Люблю я вас, богини пенья,
Но ваш чарующий наход,
Сей сладкий трепет вдохновенья, —
Предтечей жизненных невзгод.

Любовь камен с враждой Фортуны —
Одно. Молчу! Боюся я,
Чтоб персты, падшие на струны,
Не пробудили вновь перуны,
В которых спит судьба моя.

И отрываюсь, полный муки,
От музы, ласковой ко мне.
И говорю: до завтра, звуки,
Пусть день угаснет в тишине.

노래의 여신이여, 나는 당신을 사랑합니다.
그러나 연감의 달콤한 전율을 불러일으키는
당신의 매혹적인 자태는
내 인생을 불행으로 빠뜨리는 전조입니다.

까멘나의 사랑과 운명의 여신의 증오는
하나입니다. 나는 침묵합니다! 현악기를 연주하는 내 손가락이
나의 운명이 잠들고 있는 뻬룬을

다시 깨울까봐 두렵습니다.

그리고 고통으로 가득 찬 채, 나는
내게 사랑스러운 뮤즈 신과 이별합니다.
그리고 말합니다. "내일까지 울려 퍼져라.
한 낮이 침묵 속에서 소멸하게 내버려 둬라."
(*까멘나: 뮤즈신을 칭함. *뻬룬: 우뢰를 쏟아 붇는 재앙과 불행의 신)

7 쮸체프

(Фёдор Иванович Тютчев, 1803-1873)

귀족가문 출신인 쮸체프는 1803년 12월 5일 모스끄바에서 가까운 오를롭스끄(Орловск) 현 근방 오브스뚜그(Овстуг)에서 출생하였다. 어린 시절 비교적 조숙했던 쮸체프는 가정에서 경건한 사상과 애국심을 배우면서 성장하였고, 대학에 입학하기 전까지 젊은 가정교사 라이흐(S. E. Raich)로부터 문학, 고전, 독일어, 라틴어 등 다양한 지식을 습득하였다. 특히 쮸체프는 라이흐를 통해 러시아 시인들뿐 아니라 고대로마 시인 호라스(Horace, 65-8 B.C.)에 대해 많은 지식을 습득하였다. 1817년에 모스끄바 대학 교수이자 시인인 메르즐랴꼬프(А.Ф. Мерзляков)가 주도하는 시인 소그룹에 관련하였으며, 이듬해 제르좌빈 풍의 고전주의 시 「새로운 1816년에 На новый 1816 год」를 '러시아 문학 애호가 모임'(Общество любителей российской словесности)에서 발표하였고, 1819년 모스끄바 대학교 언어학과에 입학한 이후에도 시를 발표하였다.

1821년 대학을 졸업하고 이듬해 1월 뻬쩨르부르그로 이주하여 외무성에서 근무하다가 5월에 뮌헨 공사관에 외교관으로 임명되어 1837년까지 근무하였다. 18년 동안 독일에서 외교관 생활을 하면서 그는 독일 낭만주의 작가인 하이네(Heinrich Heine, 1797-1856), 쉘링(Friedrich Wilhelm Joseph von Schelling, 1775-1854) 등과 교제를 할 기회를 가졌다. 독일에서의 장기체류로 인해 그의 작품에는 독일 낭만주의 색채가 상당히 두드러진다. 1826년에 엘레오노레 페테르손(Eleonore Peterson)과 결혼하여 슬하에 세 자녀를 두었으며, 외교관으로 근무하면서 많은 작품을 발표하였다. 그는 1836년 「독일에서 보내온 시 Стихотворения присланные из Германии」라는 제목으로 뿌쉬낀이 발행했던 《동시대인 Современник》에 16편의 시를 Ф.Т.라는 필명으로 기고하면서 러시아 문단으로부터 주목을 받기 시작하였고, 이후 계속해서 작품들을 《동시대인》에 기고하였다. 1820년대 발표한 그의 초기 작품들은 주로 자만심에 가득 찬 풋사랑, 여성에 관한 관능적인 묘사, 신화적이고 범신론적인 사상 등이 주류를 이루고 있다. 1820년대 말부터 그의 작품에는 자연을 소재로 하는 작품이 많이 나타나고 있는데 자연은 어머니 혹은 관능적인 요소가 감추어진 여인으로도 묘사되고 있으며, 자연과 인간이 함께 어우러져 융합되는 상징성을 잘 내포하고 있다. 특히 봄과 생명력의 모티브를 많이 사용하고 있다.

Весенняя гроза (1828)

Люблю грозу в начале мая,
Когда весенний, первый гром,
Как бы резвяся и играя,
Грохочет в небе голубом.

Гремят раскаты молодые,
Вот дождик брызнул, пыль летит,
Повисли перлы дождевые,
И солнце нити золотит.

С горы бежит поток проворный,
В лесу не молкнет птичий гам,

И гам лесной и шум нагорный —
Всё вторит весело громам.

Ты скажешь: ветреная Геба,
Кормя Зевесова орла,
Громокипящий кубок с неба,
Смеясь, на землю пролила.

봄의 소나기

봄의 첫 번째 우뢰가
요동치며 소란피우면서,
푸른 하늘에서 사방으로 울려 퍼질 때 내리는,
5월초 소나기를 사랑한다.

젊음의 굉음이 울려 퍼진다.
여기 작은 빗방울이 떨어졌다. 먼지가 날린다.
빗방울의 진주들이 거미줄에 걸렸다.
태양이 실타래를 금빛으로 장식한다.

산등성이에서 빠른 여울이 달려간다.
숲 속에서 새들의 소음이 멈추지 않는다.
그리고 숲과 언덕의 소음이
우렛소리에 맞장구치며 즐겁게 메아리친다.

그대는 말할 것이다: 변덕스런 헤베가
제우스의 독수리에게 먹이를 주면서,
하늘로부터 우뢰로 끓는 큰 잔을
웃으면서 대지로 쏟아 부었다고.
(*헤베: 고대 그리스 로마 신화에 등장하는 청춘의 여신)

쮸체프의 시세계는 19세기 낭만주의 시인들과 달리 형이상학적이고 우주 철학적인 면이 두드러지며, 이원론 사상이 기본 틀을 이루고 있다. 즉, '현실과 환상', '질서(Космос)와 혼돈(Хаос)', '낮과 밤', '표현과 침묵'이 바로 그것이다. 질서와 조화를 이루고 있는 현실세계는 인간이 대화하고 활발히 움직이는 낮의 세계이나, 본질과 실체를 감추고 있는 표피적인 껍질에 불과하다는 것이다. 따라서 쮸체프가 동경하는 세계는 다름 아닌 환상과 혼돈의 세계이며, 침묵의 밤이 두렵고 무시무시하지만 삶의 진솔한 실체적 영역이라는 것이다.

Видение (1829)

Есть некий час, в ночи, всемирного молчанья,
И в оный час явлений и чудес
Живая колесница мирозданья
Открыто катится в святилище небес.

Тогда густеет ночь, как хаос на водах;
Беспамятство, как Атлас, давит сушу;
Лишь Музы девственную душу
В пророческих тревожат боги снах!

환상

한밤중 온 세상이 침묵하는 어느 시간.
현상과 경이로움의 바로 그 순간에
우주의 생명력 있는 마차가
하늘의 성전으로 열린 채 달려간다.

그 때 밤은, 마치 물위의 혼돈처럼, 깊어만 간다.
무아지경이, 아틀라스처럼, 대지를 짓누른다.

단지 뮤즈의 순결한 영혼에게,
예언의 꿈속에서 신들이 고통을 준다.

Silentium (1830)

Молчи, скрывайся и таи
И чувства и мечты свои —
Пускай в душевной глубине
Встают и заходят оне
Безмолвно, как звёзды в ночи, —
Любуйся ими — и молчи.

Как сердцу высказать себя?
Другому как понять тебя?
Поймёт ли он, чем ты живёшь?
Мысль изреченная есть ложь;
Взрывая, возмутишь ключи, —
Питайся ими — и молчи.

Лишь жить в самом себе умей —
Есть целый мир в душе твоей
Таинственно волшебных дум;
Их оглушит наружный шум,
Дневные разгонят лучи, —
Внимай их пенью — и молчи!...

침묵

침묵하라, 감추어라 그리고 비밀스레 숨겨라,
자신의 감정과 공상을.
영혼의 깊은 곳에서 감정과 공상을 불러내어

잠시 머물게 하라.
마치 밤하늘의 별처럼,
말없이 그들에 도취되어 보라, 그리고 침묵하라.

어떻게 자신의 마음속에 있는 것을 표현할 수 있겠는가?
어떻게 다른 사람이 너를 이해할 수 있겠는가?
네가 어떻게 살아가고 있는지 다른 사람이 이해하겠는가?
이미 말로 표현된 생각은 거짓이다.
샘물을 파헤치는 순간에 너는 그 샘물을 흐리게 만들 것이다.
그 샘물을 마셔라, 그리고 침묵하라.

단지 자기 자신 안에서 살도록 애써라.
신비롭고 매혹적인 상념의 모든 세계가
너의 영혼 안에 존재한다.
외부의 소음은 그 상념들을 귀먹게 만들고,
한낮의 햇살은 그 상념들을 내쫓아버린다.
그 상념의 노래에 귀 기울여라, 그리고 침묵하라!

День и Ночь (1839)

На мир таинственный духов,
Над этой бездной безымянной,
Покров наброшен златотканный
Высокой волею богов.
День — сей блистательный покров —
День, земнородных оживленье,
Души болящей исцеленье,
Друг человеков и богов!

Но меркнет день — настала ночь;
Пришла — и с мира рокового
Ткань благодатную покрова

Сорвав, отбрасывает прочь...
И бездна нам обнажена
С своими страхами и мглами,
И нет преград меж ей и нами:
Вот отчего нам ночь страшна!

낮과 밤

비밀스런 영혼의 세계에,
이름 모를 이 심연 위에,
금실로 짠 덮개가 덮여졌다
신들의 숭고한 의지에 의하여.
낮 — 이 찬란한 덮개 —
낮, 지상에 태어난 인간들의 활력,
병든 영혼들의 소생,
사람과 신들의 친구!

그러나 낮이 어스레 사라지고, 밤이 되었다.
밤이 다가왔다. 운명의 세계로부터
덮개의 축복 받은 직물을 찢어버린 후,
저만치 던져버린다...
그리고 심연이 우리에게 노출된다,
자신의 두려움과 어두움을 간직하고.
그리고 그 심연과 우리 사이에 장애물은 존재하지 않는다.
그 때문에 우리에게 밤은 무시무시하다!

1837년부터 독일 투린에서 부공사직을 역임한 쮸체프는 이듬해 러시아 정부에 공식적으로 통보하지 않은 채 부인과 이혼하고 에르네스티네 본 도른베르그(Ernestine von Dornberg)와 재혼하였다. 이 사실을 러시아 정부에 통보하지 않았다는 이유로 그는 1839년 부공사직에서 물러나고 외교관직을 박탈당했다. 게다가 '무직에 자녀를 3명 둔 가장은 독일에 5년간 반드시 머물러야 한다'는 약조 때문에 쮸체프는 1844년까지 독일을 떠날 수가 없었다. 독일에 머물면서 그는 니꼴라이 I세(Николай I, 1825-1855)의 외교정책을 옹호하는 프랑스어로 쓴 정치적 사설「닥터 구스타프 콜브에게 보내는 편지 Letter à M. le Docteur Gustave Kolb」를 1844년에 발표하였다. 이로 인해 황제는 1845년에 가족들과 함께 뻬쩨르부르그로 이주한 그의 재능과 애국심을 인정하여 그를 외무성에 복귀시켜 주었다. 그는 1848년부터 외무성 고위 검열관으로 임명되어 10년간 이 직책을 수행하였다. 둘째 부인 역시 세 자녀를 출산하였으나, 그녀와의 부부생활도 그리 원만하지 못했다. 쮸체프는 1850년부터 알게 된 가난한 러시아 귀족 출신의 젊은 여인 옐리나 데니시예바(Елина Денисьева)와 정을 나누기 시작하였고 그녀로부터 또다시 세 자녀가 태어났으며, 1864년 그녀가 사망할 때까지 그들의 사랑은 지속되었다.

외무성에 복귀한 이후 그는 시를 집필하지 않았고, 친 정부 성향의 정치적 사설 「러시아와 혁명 La Russie et la Revolution」(1849)과 「로마의 질문 La Question Romaine」(1850)을 프랑스어로 발표하였다.

1850년대에 접어들면서 쮸체프는 적극적으로 문학잡지 《동시대인》에 작품을 발표하기 시작하였다. 당시 《동시대인》 편집을 맡고 있던 네끄라소프(Николай Алексеевич Некрасов, 1821-1878)와 뚜르게네프(Иван Сергеевич Тургенев, 1818-1883)는 그의 작품을 높게 평가하는 평론을 실어 주었고 이로 인해 그는 대중에게 널리 알려지게 되었다. 시인의 명성을 얻게 된 그는 1857년에 러시아 과학 아카데미의 어문학 분야 객원학술위원으로 임명되었고, 1858년에는 외국서적 검열위원회 위원장을 역임하였다. 1859년에는 '러시아 문학 애호가협회'

의 위원으로 위촉되어 창작 활동에 많은 시간을 할애하게 되었다.

1848년부터 쓰여진 그의 후기 작품들은 초기의 것과 비교해 명상적, 철학적 깊이를 더한 작품들이 주류를 이루고 있으며, 특히 자연을 묘사할 때 '밤과 낮'의 대조를 통한 철학적 접근을 시도하고 있다. 그는 사랑하는 연인 데니시예바를 대상으로 한 일련의 시를 발표하였는데, 포근한 사랑과 행복, 내적 갈등과 고통, 그리고 죄책감 등의 메시지가 들어 있다.

Последняя любовь (1851-1854)

О, как на склоне наших лет
Нежней мы любим и суеверней...
Сияй, сияй, прощальный свет
Любови последней, зари вечерней!

Полнеба обхватила тень,
Лишь там, на западе, бродит сиянье, —
Помедли, помедли, вечерний день,
Продлись, продлись, очарованье.

Пускай скудеет в жилах кровь,
Но в сердце не скудеет нежность...
О ты, последняя любовь!
Ты и блаженство и безнадежность.

마지막 사랑

오, 우리는 마치 구부러진 기로에서
사랑을 한다네, 더욱 온화하게 그리고 열정적으로...

빛나라, 빛나라
마지막 사랑의 그리고 저녁노을의 이별의 빛이여!

그림자는 반쪽 하늘을 에워 쌓는다.
단지 그곳, 서쪽 하늘에, 빛이 방황하고 있다.
서서히 지나 가다오, 저녁의 낮이여,
오래 동안 머물러다오, 황홀함이여,

혈관 속에 흐르는 핏방울은 서서히 줄어들지만,
가슴 속에 흐르는 온화한 사랑은 소멸되지 않으리...
오, 너 마지막 사랑이여!
너는 내게 더 없는 행복이자 불행이구나.

후반기로 접어들면서 그의 작품세계는 탈기독교적인 경향을 보이고 있으며, 대신 범신론적인 요소가 두드러진다. 후기 작품에서는 신화적인 요소들이 현실적인 것으로 대치되고 있으며, 자연의 묘사는 날카로운 산맥 대신 부드러운 평야로 변모되고 있다. 연륜이 더해 가면서 관능적인 내용이 감소되고 인간의 운명과 시간을 철학적으로 다루는 경향을 보여주고 있으며, 고통 받고 상처받기 쉬운 인생의 무상함과 언젠가는 죽을 수밖에 없는 인생의 제한된 운명 등을 다루고 있다.

1864년 데니시예바의 사망에 적지 않은 충격을 받은 그는 이후 창작보다는 행정적 사무에 많은 시간을 할애하며 생활하였다. 1872년 갑작스런 중풍으로 몸의 일부분이 마비된 그는 이듬해 7월 27일 뻬쩨르부르그의 짜르스꼬예 셀로(Царское Село)에서 사망하였다.

8 알렉세이 꼴쪼프

(Алексей Васильевич Кольцов, 1809-1842)

꼴쪼프는 1809년 10월 15일 모스끄바 동남쪽에 위치한 보로네쥐(Воронеж)에서 부유한 가축상의 아들로 태어났다. 어린 시절 가정교육을 받고 성장했고, 1820년에는 지방 중등학교에 입학하였다. 그러나 어린 시절부터 청년 시절까지 대부분의 시간을 아버지와 함께 가축을 몰아 돈강 유역의 스텝지역을 거쳐 상당히 멀리 떨어진 가축 시장에 도착하여 가축을 매매하는 일에 종사하였으며, 오가는 길에서 그는 러시아 농민의 생생한 삶을 몸소 체험하는 기회를 갖게 되었다. 완고한 성품의 그의 부친은 알렉세이를 훌륭한 가축상으로 키우려는 의도만을 갖고 있었을 뿐 교육에는 별 관심이 없었다. 비록 어린 시절 시인의 꿈을 품고 있었지만, 학업 대신 부친과 가축매매업에 대부분의 시간을 할애했기 때문에 꼴쪼프는 중등학교 시절 단지 1과목만을 이수할 수 있었다. 그러나 부친과 일하면서 틈틈이 시간을 내어 시작품을 탐독하던 알렉세이는 1824년부터 제르좌빈(Гаврила Р. Державин, 1743-1816), 로모노소프(Михаил В. Ломоносов, 1711-1765), 드미뜨리예프(Иван И. Дмитриев, 1760-1837)와 젤빅(Антон А. Дельвиг, 1798-1831), 그리고 주꼽스끼(Василий А. Жуковский, 1783-1852)와 뿌쉬낀(Александр С. Пушкин, 1799-1837)의 시를 모방한 습작을 시도하였다. 1825년에는 최초의 창작 「세 환상 Три видения」을 완성하였고, 러시아 민중의 삶을 소재로 다수의 창작을 집필하였다. 시적 감수성과 영감이 풍부한 그는 1827년부터 부친의 농노인 두냐샤(Дуняша)와 진실한 사랑에 빠지게 되었는데, 이를 눈치 챈 부친은 농노와의 결혼을 저지하기 위해 그녀와 그녀의 모친을 다른 지주에게 팔아 넘겼다.

정규교육을 제대로 받지 못한 그는 1829년에 보로네쥐 신학교 학생인 세레브랸스끼(А.П. Серебрянский)를 통해 시학과 미학의 기초를 배우게 된다. 1830년에는 보로네쥐를 방문한 스딴께비치(Н.В. Станкевич, 1813-1840)를 만나 인연을 맺게 되었고, 스딴께비치는 그의 작품들을 읽고 시인의 재능을 인정하였다. 이에 고무된 꼴쪼프는 1830년에 익명으로 자신의 시를 발표하였다. 이듬해 생애 처음으로 모스끄바를 방문한 그는 스딴께비치 문학서클에 가입하여 벨린스끼(Виссарион Григорьевич Белинский, 1811-1848)와 친분을 맺었고, 그의 시를 읽은 벨린스끼는 꼴쪼프를 '민중의 시인'(поет народа)이라 칭하며 극찬하였다.

꼴쪼프는 스딴께비치와 벨린스끼의 도움을 받아 1835년에 최초이자 마지막 시집 『알렉세이 꼴쪼프의 시집 Стихотворения Алексея Кольцова』을 발행했는데, 당시 이 작품집은 대중으로부터 큰 인기를 얻었다. 그는 1836년에 뻬쩨르부르그를 방문하여 뿌쉬낀을 포함한 당대 여러 작가들과 만나 인연을 맺었으며, 그들은 꼴쪼프의 시뿐만 아니라 그의 성품에 매료되었다. 이후 간간이 시를 발표했던 그는 1838년과 1840년에 모스끄바와 뻬쩨르부르그를 잠시 방문하였을 뿐 대부분 많은 시간을 보로네쥐에서 가축매매업에 할애하며 생활하였다. 즉, 자신이 원했던 시인의 삶보다 완고한 부친이 원했던 가축상의 삶을 영위하며 살아갔던 것이다. 1840년부터 그는 레베제바(В.Г. Лебедева)라는 여인과 사랑에 빠졌으며, 이 일로 인해 가족들과의 관계가 소원해졌다. 말년에 그는 창작활동을 포기하다 시피 했고, 결국 1842년 11월 10일 고향인 보로네쥐에서 결핵으로 사망했다.

꼴쪼프의 시에서는 남부 스텝지역의 자연, 농민의 운명과 고통, 젊은이의 대담성, 젊은 여자농민의 사랑하는 이와의 이별, 자유에 대한 갈망, 인간과 자연의 조화, 그리고 땀 흘리는 노동의 기쁨 등이 주제로 다루어지고 있다. 그리고 러시아의 민요적 요소와 대중적 어휘가 많이 사용되고 있다. 그의 작품세계는 시기별로 크게 세 단계로 분류된다: 1) 1825-1830, 2) 1831-1836, 3) 1837-1842. 첫 번째 시기에 속한 작품으로 「고아 Сирота」(1827), 「환멸 Разуверение」(1828), 「지상의 행복 Земное счастье」(1830), 두 번째 시기의 작품으로 「농부의 노래 Песня пахаря」(1831), 「대담한 사람 Удалец」(1833), 「너, 호밀아, 떠들썩거리지 마라 Не шуми, ты, рожь」(1834), 「수확 Урожай」(1835), 「곡물을 수확하는 젊은 여인 Молодая жница」(1836), 「풀 베는 사람 Косарь」(1836), 그리고 마지막 시기의 작품으로 「농민의 심사숙고 Разудумье селянина」(1837), 「쓰라린 운명 Горькая доля」(1837), 「인생의 기대치 Расчёт с жизнью」(1840) 등을 꼽을 수 있다. 첫 번째 시기와 달리 두 번째 시기의 작품에서는 성숙한 시인의 모습이 잘 드러나고 있으며, 마지막 시기에서는 우수에 잠긴 강렬한 비애와 명상적이고 철학적인 면모가 잘 드러나고 있다. 19세기 작곡가인 다르고므이쥐스끼(Александр С. Даргомыжский, 1813-1869), 림스끼-꼬르샤꼬프(Николай А. Римский-Корсаков, 1844-1908), 무소르그스끼(Модест П. Мусоргский, 1839-1881) 등은 꼴쪼프의 서정시에서 악상을 떠올려 많은 곡을 작곡하였다.

Горькая доля

Соловьём залётным
Юность пролетела,
Волной в непогоду
Радость прощумела.

Пора золотая
Была, да сокрылась;
Сила молодая
С телом износилась.

От кручины-думы
В сердце кровь застыла;
Что любил, как душу, —
И то изменило.

Как былинку, ветер
Молодца шатает;
Зима лицо знобит,
Солнце сожигает.

До поры, до время
Всем я весь изжился;
И кафтан мой синий
С плеч долой свалился!

Без любви, без счастья
По миру скитаюсь;
Разойдусь с бедою —
С горем повстречаюсь!

На крутой горе
Рос зелёный дуб,
Под горой теперь
Он лежит гниёт...

쓰라린 운명

우연히 날아든 나이팅게일처럼

젊음도 날아가 버렸다.
궂은날 파도처럼
기쁨도 떠들썩거리며 지나갔다.

황금의 시절이
찾아왔다가, 이내 사라져 버렸다.
젊음의 활력은
육체와 더불어 소멸되어 버렸다.

서글픈 상념으로 인하여
내 심장에 흐르는 피는 응고되었다.
마치 나의 영혼처럼 사랑했던 그 심장은
나를 배신해 버렸다.

바람은 가냘픈 풀 같은
한 젊은이를 흔들어대고,
겨울은 그의 얼굴을 꽁꽁 얼리고,
태양은 그의 얼굴을 검게 태워버린다.

짧은 시절 동안
모든 것에 의해서 나는 점점 사라져갔다.
그리고 나의 푸른 외투는
두 어깨로부터 흘러내렸다.

사랑도 없이, 행복도 없이
나는 온 세상을 방황한다.
나는 불행과 함께 흩어지며,
나는 슬픔을 만나게 된다!

가파른 산위에
푸른 떡갈나무가 자라고 있다,
그 산 밑에 지금
떡갈나무는 누운 채 썩어가고 있다.

9 고골

(Николай Васильевич Гоголь, 1809-1852)

고골은 우끄라이나에 위치한 뽈따바(Полтава) 현 소로친쯔이(Сорочинцы) 마을에서 1809년 4월 1일 태어났다. 고골의 아버지는 17세기 폴란드에 충정을 바쳐 귀족 칭호를 얻은 우끄라이나 가문 출신으로, 뽈따바 신학교를 졸업한 후 성직자의 길을 포기하고 우체국에서 잠시 근무하다가 부친으로부터 물려받은 바실예프까(Васильевка) 영지를 관리하며 생활하였다. 라틴어에 해박한 지식을 갖고 있던 그는 취미생활로 시와 드라마를 쓰기도 하였으며, 소심하고 변덕이 심하고 감수성이 예민한 성격의 소유자로 가끔 종교적 환상에 빠져들곤 하였다. 그는 선조들이 사용했던 성(姓) '고골-야놉스끼'(Гоголь-Яновский)를 고골로 바꾸었다. 고골의 어머니 마리야(Мария Ивановна)는 우끄라이나 귀족 출신으로 신앙심이 돈독한 여인이었으며, 자녀양육에 매우 헌신적이었다. 그녀는 어린 시절부터 고골을 러시아 정교신앙으로 철저히 교육시켰으며, 특히 말세에 다가올 최후의 심판과 지옥에 관한 공포와 두려움을 그에게 주입시키곤 하였다. 그녀는 집안 살림과 자녀들을 관리하며 통제하였으며, 고골은 어머니에게 복종하는 아이로 성장하였다. 그 결과 그는 모든 일을 어머니와 상의하는 소심한 성격의 인물로 성장하였고, '죽음', '심판', '공포', '두려움'을 가슴에 간직한 채 평생을 지낸다.

고골은 1819년 뽈따바 사립기숙학교에 입학하였고, 1821년에는 네

쥔(Нежин)의 김나지야(гимназия)에 입학하여 신학, 고전, 문학, 독일어, 프랑스어 등 다양한 과목을 수학하였다. 김나지움 시절 그는 게으르고 성실하지 못한 학생으로 평가받았고, 동료들과 잘 어울리지 못하고 따돌림을 당하는 부류의 학생에 속했다. 학창시절 문학과 연극에 관심을 갖고 학내 문학 서클 편집장으로 활동하기도 하였다. 학창시절 고골은 뿌쉬낀(Александр С. Пушкин, 1799-1837)을 존경한 나머지 「예브게니 오네긴 Евгений Онегин」을 포함한 그의 시를 노트에 옮겨 적기도 하였으며, 연극에도 관심을 갖고 부친이 썼던 우끄라이나 희곡과 프랑스 희곡을 러시아어로 번역하기도 하였다. 1825년 우울증에 시달리던 부친이 사망하자, 그는 더욱 어머니에게 의존하는 인물로 성장하였다.

1828년 11월 김나지야를 졸업하고 바실리예프까 영지에 잠시 머문 후, 고골은 공직자가 되겠다는 야망을 품고 뻬쩨르부르그로 이주하여 1829년부터 3년간 내무성과 법무성에서 근무하였다. 1829년에 그는 김나지움 시절부터 쓰기 시작했던 낭만주의풍의 서정시 「이탈리아 Италия」와 전원시(идиллия) 「간쯔 뀨헬가르텐 Ганц Кюхельгартен」을 자비로 출판하였는데, 비평가들의 혹평이 두려운 나머지 'V. 알로프' (B. Алов)라는 필명으로 출판하였다. 후자는 독일 작가 요한 보스(Johann H. Voss, 1751-1826)의 「루이제 Luise」를 모방한 전원시인데, 고통 받는 몽상가로 등장하는 주인공 간쯔가 천사와 같은 고결한 성품을 소유한 아름다운 루이자에 의하여 교화되는 내용을 다루고 있다. 주인공 간쯔는 마치 괴테(Johann Wolfgang von Geothe, 1749-1832)의 「젊은 베르테르의 슬픔」에 등장하는 베르테르(Werther) 혹은 뿌쉬낀의 「예브게니 오네긴」의 렌스끼(Ленский)와 유사한 부류의 인물이다. 고골은 간쯔를 통해 자신이 품고 있던 '제한된 테두리 안에서의 지루한 생활'을 환상이나 몽상을 통해 탈출하고자 했었다. 그러나 이 작품은 비평가들로부터 구성상의 문제점이 있다는 지적과 더불어 신랄한 혹평을 받았고, 이에 실망한 고골은 1829년 8월 1일 작품을 모두 회수하여 소각하고 6주간 동안 독일의 류벡과 함부르크 등지를 여행하고 뻬쩨르부르그로 돌아왔다. 고골은 11월에 내무성에서 법무성으로 전근하여 일하면서 1830년에 산문 「바싸브류끄, 혹은 이반 꾸빨라 전야 Басаврюк, или Вечер накануне Ивана Купала」, 산문「게뜨만 Гетман」의 첫 장, 그리고 단편(斷片, отрывок)「여자 Женщина」를 시인 젤비그(Антон Антонович Дельвиг, 1798-1831)가 주관하던 《문학 신문 Литературная газета》에 기고하였다. 이 작품들은 당시 러시아문단에서 우끄라이나 소재에 관심이 많았던 연유로 호평을 받았고, 그 결과 주꼽스끼(Василий Андреевич Жуковский, 1783-1852)와 뿌쉬낀(Александр Сергеевич Пушкин, 1799-1837)과 친분을 맺게 되었다. 고골은 1831년 관리생활을 청산하고 여자기숙학교의 역사 담당교사로 근무하면서 9월에 『지깐까 근교 농가의 야회 Вечера на хуторе близ Диканьки』 1부와 1832년 3월에 2부를 발표하였다. 뿌쉬낀을 포함한 일부 비평가들로부터 참신하고 흥미로운 작품이라는 호평을 받았고, 이 작품집으로 인해 고골은 작가로서의 명성을 얻었다. 1832년에 고골은 모스끄바를 방문하면서 뽀고진(Михаил П. Погодин, 1800-1875), 악사꼬프(Сергей Т. Аксаков, 1791-1859), 자고스낀(Михаил Н. Загоскин, 1789-1852) 등과 사귀었다.

악마와 유령, 그리고 우끄라이나 사람들에 관한 이야기를 다루고 있는 『지깐까 근교 농가의 야회』의 1부에는 「쏘로친스까야 정기시 Сорочинская ярмарка」, 「이반 꾸빨라 전야 Вечер накануне Ивана Купала」, 「오월의 밤, 혹은 물에 빠져죽은 여자 Майская ночь, или Утопленница」, 「분실된 서류 Пропавшая грамота」, 그리고 2부에는 「성탄절 전야 Ночь перед рождеством」, 「무서운 복수 Страшная месть」,

「이반 표도로비치 쉬뽄까와 그의 이모 Иван Федорович Шпонька и его тетушка」, 「마법에 걸린 땅 Заколдованное место」이 실려 있다. 총 8편의 이야기는 벌치기 루드이 빤꼬(Рудый Панько)가 자신의 집에서 열린 야회(вечера)에서 이웃 사람들이 이야기한 것을 모아서 편집한 것이다. 1부는 지깐까 교회의 보제(дьякон)인 포마 그리고리예비치(Фома Григориевич), 2부는 마까르 나자로비치(Макар Назарович)의 환상적인 이야기이다. 고골은 자신의 실체를 빤꼬라는 인물 뒤에 감춘 상태에서, 우끄라이나를 공간적 배경으로 한 '공허한 사랑의 이야기', '유령과 악마가 난무하는 이야기', 그리고 '초자연세계의 이야기'에다 독일 낭만주의 요소와 자신의 상상력을 가미하여 환상적인 작품을 완성하였다. 전반적으로 『지깐까 근교 농가의 야회』의 주요 테마는 악마와 근원을 알 수 없는 사악한 힘의 평범하고 일상적인 생활로의 침입이다. 일상생활에서 추구하는 육체적 사랑과 쾌락은 일시적인 것이고 변덕스럽기에 아름다운 세상의 화려한 표면은 믿을 수 없다는 것이다. 악마는 언제라도 누군가가 그를 원한다면 나타날 준비가 되어있다. 그리고 악마의 유혹에 넘어간 자에게는 반드시 재난과 파멸이 따른다는 것이다. 1부와 2부 대부분 작품에는 낭만주의와 환상문학의 특징인 '공상', '허구', '감상', '비현실', '그로테스크', '초자연', '유령', '귀신', '공포', '꿈, '환영', '착시현상'이 우끄라이나의 표면적 요소들과 융합되어 드러난다. 그 가운데 이런 특징을 가장 많이 담고 있는 작품으로 「무서운 복수」를 꼽을 수 있다.

1부의 세 번째 이야기 「오월의 밤, 혹은 물에 빠져죽은 여자」에는 마을의 촌장(голова), 아들 레브꼬(Левко), 레브꼬가 사랑하는 여자 친구 간나(Ганна)가 주인공으로 등장한다. 레브꼬와 간나의 사랑 이야기를 다루고 있는 이 작품의 시공간은 예까쩨리나 여제시대 익명의 까자끄 마을로 설정되었고, 작품 속에 또 다른 두 이야기(백부장과 물에 빠져 죽은 그의 딸, 그리고 고양이로 변하는 요녀인 후처가 벌이는 이야기와 양조기술자의 장모가 겪은 환상적인 이야기)를 삽입하는 구성기법이 사용되었다. 그리고 촌장과 처제, 그리고 촌장과 장차 며느리가 될 간나와의 근친상간이 주요 테마로 설정되었다. 2장 도입부에서 고골은 우끄라이나의 자연을 환상적으로 묘사하고 있다. "당신은 우끄라이나의 밤을 아는가? 오, 당신은 우끄라이나의 밤을 모른다! ... 엄숙한 밤이다! 매혹적인 밤이다! Знаете ли вы украинскую ночь? О, вы не знаете украинской ночь! ... Божественная ночь! Очаровательная ночь!" 그리고 고골은 자연 — 밤(ночь), 달(месяц), 하늘(небо), 궁창(свод), 대기(воздух), 연못(пруды), 물(вода), 대양(океан), 숲(лес), 나무(дерево), 뿌리(корень), 잎(лист), 정원(сад), 바람(ветер) — 의 의인화를 통해 인간의 내면세계에 자리 잡고 있는 '성적 욕망'의 발산을 적나라하게 그리고 환상적으로 표현하고 있다. "드넓은 궁창은 끝없이 펼쳐지며 빛을 발하고 숨을 몰아쉰다. 은빛이 온 땅에 가득하고, 신비스런 대기는 흥분하며 숨 가쁘게 애무하며, 향기로운 바다는 요동친다. 엄숙한 밤이다! 매혹적인 밤이다! 어둠에 잠긴 숲은 감격하여 꼼짝하지 않고, 자신으로부터 커다란 그림자를 내던진다. 연못은 고요하고 평온하다. 연못 수면의 냉기와 어둠은 정원의 어두운 녹색 벽 속에 음울하게 잠겨버린다. 열매 맺은 벚나무와 앵두나무는 처녀처럼 수줍게 그 뿌리를 샘물의 냉기 속에 담그며, 가끔 잎사귀를 전율하며 술렁인다. 흥분하고 격앙된 잘생긴 바람둥이 같은 밤바람이 살며시 다가와서 연못에게 키스를 퍼붓는다. Необъятный небесный свод раздался, раздвинулся ещё необъятнее. Горит и дышит он. Земля вся в серебряном свете; и чудный воздух и прохладно душен, и полон неги, движет океан благоуханий. Божественная ночь! Очаровательная ночь! Недвижно, вдохновенно стали леса, полные мрака, и кинули огромную тень от себя. Тихи и спокойны эти пруды; холод и мрак вод их угрюмо заключен в темнозеленые стены садов. Девственные чащи черемух и черешен пугливо протянули свои корни в ключевой холод и изредка лепечут листьями, будто сердясь и негодуя, когда прекрасный ветреник — ночной ветер, подкравшись мгновенно, целует их." 이처럼 고골의 자연묘사는 사실주의적인 것이 아니고 작가의 상상력을 동원한 환상적인 창조인 것이다. 즉, 독자들에게는 현실세계의 사실적 묘사로 착각하게 만드는 '작가의 우롱'이며 그 실체는 바로 환상인 것이다. 등장인물들 역시 사실적 인물이 아니고 독일 낭만주의 작품에나 등장하는 초현실적 존재의 형상을 띠고 있다.

4장에서 한밤중 촌장의 집에 촌장, 처제, 양조기술자, 그리고 서기가 모여 마을에 양조장을 건립하려는 대화를 나누는 도중에 누군가 돌을 던져 유리창이 깨지는 사건이 발생했다. 촌장의 명령에 의해 서기가 집밖으로 나가 외투를 입고 주위를 배외하던 용의자를 잡아 촌장의 헛간에 가두었고, 마침 밤길을 거닐던 부촌장도 또 다른 용의자를 붙잡아 옥에 가두었다. 다음날 아침에 용의자들을 차례로 확인해 보니 두 사람 모두 촌장과 함께 집안에 있었던 처제였던 것이다. 황당무계한 이런 '불합리'(абсурд)는 고골 문학세계의 특징인데 이는 이후 그의 모든 작품에 지속적으로 등장한다. 5장에서 한밤중 연못이 있는 낡은 저택에 도착한 레브꼬가 백부장의 딸인 '물에 빠져 죽은 여자'의 간청을 듣고 요녀인 그녀의 계모를 포획하는 것을 도와준다. 도움의 대가로 백부장의 딸은 레브꼬에게 간나와의 사랑이 이루질 수 있는 모종의 편지를 건네주었다. 이 순간 레브꼬가 잠에서 깨어나 독백한다. "내가 정말 꿈을 꾸었단 말인가? Неужели это я спал?" 이처럼 고골은 꿈과 현실세계의 장벽을 일순간 무너뜨리면서 눈에 보이는 외형적 현실세계는 허구이고, 꿈의 세계가 진실이라는 것을 넌지시

암시한다. 이러한 꿈과 현실의 혼돈은 그의 문학의 주요 특징가운데 하나이다. 마지막 6장 끝부분에서 촌장은 레브꼬가 건넨 편지를 읽고, 그동안 간나와 아무 관계도 없었던 것처럼 그녀와 아들의 결혼을 허락하며 마치 「넵스끼 거리 Невский проспект」의 삐로고프(Пирогов) 중위처럼 자신의 '속물성'(пошлость)을 천연덕스럽게 드러낸다.

2부의 세 번째 이야기 「무서운 복수」에는 코믹한 유령과 악마가 무시무시한 형태로 돌변하여 등장하고 있는데, 마법사(колдун)인 아버지와 딸 까쩨리나(Катерина)와의 근친상간을 다루고 있는 작품이다. 줄거리의 짜임새가 돋보이며, 이야기 전개가 빠르고 독자로 하여금 결말에 대한 의구심을 불러일으키는 복합적인 구조를 갖추고 있다. 끼예프와 드네쁘르강이 공간으로 설정되어 있는 이 작품에는 상기 두 사람 외에 까쩨리나의 남편인 자뽀로지예(Запорожье) 까자끄 다닐로(Данило)가 주인공으로 등장한다. 20년 전 부인을 살해한 마법사는 어느 날 화목한 딸의 가정에 출현하여 자신의 딸 까쩨리나로 하여금 자신을 사랑하게 만들려고 애쓴다. 까자끄들과 폴란드 군인들과의 전투에서 파란 주빤(жупан)을 입은 다닐로는 조국을 배반하고 폴란드 편에 서서 전투를 벌이던 빨간 주빤을 입은 마법사의 총에 사살된다. 여기서 고골은 악마의 상징으로 빨간색을 사용하고 있다. 까쩨리나는 남편의 시신에 엎드린 채 절규하며 13-14세기 고대 러시아문학에서 볼 수 있는 애가를 부른다. "내 남편이여, 눈을 감고 여기 누워 있는 분이 정말 당신입니까? 일어나세요, 아무리 보아도 싫증나지 않는 나의 송골매여, 손을 뻗어 보세요! 한번만이라도 당신의 까쩨리나를 보아 주세요, 입술을 움직여서 한 마디라도 해주세요! ... 아름다움은 더 이상 내게 필요가 없습니다! Муж мой, ты ли лежишь тут, закрывши очи? Встань, мой ненаглядный сокол, протяни ручку свою! погляди хоть раз на твою Катерину, пошевели устами, вымолви хоть одно словечко! ... Мне не нужна больше красота моя!"

어느 날 마법사가 미망인이 된 까쩨리나의 꿈속에 나타나 자신과 결혼하지 않으면 손자를 살해할 것이라고 경고하였다. 그리고 그날 밤 손자는 살해됐다. 그리고 갑자기 장면이 이동하면서 까르빠뜨스끼 산맥(Карпатские горы)에 괴테의 낭만주의 작품 「마왕 Erlkönig」(1769)의 주인공처럼 어린 아들을 태우고 말을 달리는 기사가 등장한다. 그는 한이 맺혀 저승으로 가지 못하고 이승에서 방황하며 마법사에게 복수를 맹세한 다닐로였다. 며칠이 지난 후 고인이 된 남편과 아들을 그리워하며 아버지에게 복수를 다짐하던 까쩨리나에게 마법사가 나타났다. 그녀가 칼을 들고 마법사에게 달려드는 순간 그는 칼을 빼앗아 딸을 살해하였다. 그리고 까르빠뜨스끼 산맥 정상에서 말을 타고 있는 기사를 확인한 마법사는 그로부터의 보복이 두려워 성지로 도주한다. 두려움에 떨며 동굴 수도원에 도착한 마법사는 수도사에게 기도를 요청하였으나 거절당한다. 이에 분노한 마법사는 그를 살해하고 산맥으로부터 먼 곳으로 무작정 도주한다. 그러나 자신의 의도와는 정반대로 마법사는 까르빠뜨스끼 산맥정상에 도달하였다. 말을 탄 기사는 마법사를 번쩍 들어올렸다. 그 순간 마법사는 공포로 인해 절명했고, 기사는 그를 심연(пропасть)으로 집어던졌다. 그러자 심연에서 죽은 자들이 일어나 마법사를 물어뜯기 시작했고, 그 뜯는 소리는 온 천하에 울려 퍼졌다.

이 작품의 제목인 '무서운 복수'는 여기서 끝나는 것이 아니라 마지막 16장에 반두리스뜨(бандурист)의 다른 이야기로 막을 내린다. 이반(Иван)은 터키총독 스멜착(Смельчак)을 생포한 공노로 왕으로부터 영지를 하사 받은 후, 함께 출정했던 친구 뻬뜨로(Петро)와 영지를 나누어 갖는다. 하사받은 영지로 향하던 중, 뻬뜨로는 이반과 그의 아들을 심연에 빠뜨려 살해한다. 영지를 독차지한 뻬뜨로는 부귀영화를 누리다가 사망하여 심판대에 선다. 이 때 이반은 하나님 앞에서 뻬뜨로의 영혼을 무저갱에 가두고 괴로움과 고통 속에 영원히 방황하도록 간청한다. 그리하여 뻬뜨로는 무저갱에 갇힌 채 적그리스도(Антихристос)같은 고통의 삶을 영위한다는 것이다.

『지깐까 근교 농가의 야회』를 집필하기 2년 전인 1829년 4월 29일에 고골은 어머니에게 우끄라이나 풍습과 민속의상, 악마와 유령, 지방축제에 대한 자료를 보내달라는 편지를 썼다. 이런 점을 미루어 볼 때 고골은 우끄라이나 민중의 생활상에 대한 경험과 지식이 거의 없었다는 것을 알 수 있다. 또한 청소년시절에도 고골은 우끄라이나에 대한 관심이 없었다고 알려져 있다. 대부분 고골 연구자들은 고골이 독일의 티엑(Ludwig Tieck, 1773-1853)과 호프만(E.T.A. Hoffman, 1776-1822), 그리고 미국의 얼빙(Washington Irving, 1783-1859)의 낭만주의 작품을 탐독하고 『지깐까 근교 농가의 야회』를 집필한 것으로 추정한다. 20세기 구소련 비평가인 구꼽스끼(Г.А. Гуковский)는 『지깐까 근교 농가의 야회』에 묘사된 우끄라이나 마을은 결코 사실적이지 않고, 유토피아 세계에 있을 법한 환상의 우끄라이나의 '섬'(остров)이라고 주장했고, 예레미나(В.И. Еремина) 역시 근본적으로 우끄라이나의 민속적 요소를 발견하는 것은 거의 불가능하다는 것을 지적하고 있다. 이 작품은 고골 특유의 상상력을 근거로 한 초자연세계의 낭만적이고 환상적인 그로테스크 요소가 물씬 배어있는 창작물이다.

이 작품집의 출간으로 문학적 명성을 획득한 고골은 1834년에 여자기숙학교의 역사교사직을 사임하고 뻬쩨르부르그 대학의 역사학과 조교수로 근무하였다. 이듬해 그는 『지깐까 근교 농가의 야회』의 3부라고도 불리는 『미르고로드 Миргород』와 단편 모음집 『아라베스끼 Арабески』를 발표했다. 전자는 1832년부터 2년에 걸쳐 집필하였던 작품집인데 「옛 기질의 지주들 Старосветские помещики」, 「따라스 불바 Тарас Бульба」, 「비이 Вий」, 그리고 「이반 이바노비치와 이반 니끼포로비치가 어떻게 싸웠는가에 관한 이야기 Повесть о том, как поссорился Иван Иванович с Иваном Никифоровичем」로 구성되어 있다. 고골은 작품집 첫 페이지 제목 밑에 '『지깐까 근교 농가의 야회』의 속편 Повести, служащие продолжением『Вечеров на хуторе близ Диканьки』' 이라는 문구를 기입함으로써 네 작품의 배경과 소재가 『지깐까 근교 농가의 야회』와 연관성이 있으며, 우끄라이나를 근거로 한 낭만성과 환상성을 내포한 작품이라는 것을 강조하였다. 이 작품들은 각기 서로 다른 시공간에서 사건들이 진행되고 있으며, 이들 간의 연결고리를 찾기는 그리 쉽지 않다. 고골은 자신의 문학관을 전개하는 과정에서 『미르고로드』의 작품배열 순서를 의도적으로 설정하면서 단계적 접근을 시도하고 있다. 「옛 기질의 지주」는 사회에서 격리된 외딴 지역을 공간으로 설정하였고, 「따라스 불바」는 남성의 세계인 까자끄 사회와 전쟁터를 무대로 설정하였다. 「비이」는 끼예프의 남학생 신학교, 숲속의 노파(старуха)와 까자끄 백부장(сотник)의 집이 주요 공간으로 등장하고 있으며, 「이반 이바노비치와 이반 니끼포로비치가 어떻게 싸웠는가에 관한 이야기」는 이웃에 홀로 살고 있는 두 남자의 가정을 배경으로 하고 있다. 각각의 작품들 속에 펼쳐지는 이야기는 표면상 일부 사실적 묘사를 하고 있는 듯 보이나, 고골은 자신의 독특한 문학장치인 비현실성과 황당무계함을 교묘히 엮어 넣음으로써 텍스트 이면의 낭만성, 초현실성 그리고 상징성을 강조하고 있다.

고골은 관습의 유지와 파괴의 갈등을 제시하는 도입부로 「옛 기질의 지주」를 첫 번째 작품으로 설정하였다. 이 작품의 주인공 60세의 아파나시(Афанасий)와 55세의 뿔헤리야(Пльхерия)는 우끄라이나의 시골에서 한가한 전원생활을 하는 소박하고 순수한 노년기에 접어든 부부다. 등장인물뿐 아니라 작품에서 풍기는 전반적인 분위기는 평온하다 못해 지루하고 피곤하다는 느낌마저 준다. 즉, 한가한 시골을 배경으로 한 노부부의 지극히 평범하고 특별한 사건이 없는 지독히 관습적인 이야기가 오뉴월 장마처럼 지루하게 펼쳐지고 있는 것이다. 과거 19세기 일부 사실주의 비평가들은 이 작품을 우끄라이나를 배경으로 한 전형적인 노부부 지주의 생활상과 따스한 휴머니즘을 조명한 작품으로, 그리고 주인공을 잉여인간의 초기전형으로까지 확대 해석하였다. 그러나 노부부의 삶의 지루하고 관습적인 분위기는 단순한 표면현상에 불과하며, 감추어진 실체를 역설적으로 드러내기 위한 교묘한 위장장치인 것이다. 작품의 도입부에 작가의 변신인 화자(Я)는 독자에게 이 작품을 포함한 네 작품의 핵심 주제로 '욕망'과 '열정' 그리고 '현실과 격리된 꿈'을 제시하고 있다.

"가끔 나는 속세를 떠난 환경에 잠시 발길을 들여놓는 것을 좋아한다. 그 곳에는 어떠한 욕망도 그다지 넓지 않은 농가를 둘러싼 울타리, 사과나무와 자두나무가 빽빽이 들어서 있는 과수원의 울타리, 그리고 한쪽 편으로 기울어진 가을 버드나무, 말오줌나무, 그리고 배나무가 둘러싸고 있는 시골 농가를 감히 넘어서는 일이 없다. 농가의 소유자인 검소한 주인들의 생활은 어찌나 고요하고 조용한 지, 당신은 잠시 동안 자신을 망각하고 상념에 잠기게 되며, 또한 열정, 욕망 그리고 세상을 요동치게 만드는 사악한 마음의 불안한 산물들은 완전히 사라지고, 그것은 다만 찬란하게 빛나는 일장춘몽에 지나지 않는다고 여기게 될 것이다." 화자는 모든 인간이 소유하고 있는 욕망과 열정이 아파나시와 뿔헤리야가 살고 있는 농가의 '울타리'라는 장벽 속에 갇혀 있고, 그들이 자의적 혹은 타의적으로 울타리 안에 속박되었을 때, 그들의 욕망과 열정은 현실적으로 분출되지 못하고 대신 현실과 동떨어진 '꿈'으로 전환된다는 것이다.

그리고 이 작품에는 『지깐까 근교 농가의 야회』에서 사용한 근친상간의 요소가 텍스트 상에 암시적으로 표현되어 있다. 고골이 노부부에게 동일한 부친명(Иванович, Ивановна)을 부여한 점, 당시 우끄라이나의 결혼 적령기보다 늦은 나이인 30세와 25세에 결혼했다는 점, 결혼했을 때 친척으로부터 축복을 받지 못했다는 점, 그들이 집을 뛰쳐나와 외딴 곳에 살고 있다는 점, 그리고 자신들의 불행한 결혼에 대한 이야기를 회피하고 있다는 점을 미루어 볼 때, 두 사람이 남매지간일 수 있다는 것을 추측할 수 있다. 『지깐까 근교 농가의 야회』에서는 다루지 않았던 남매지간의 근친상간을 다루고 있는 작품으로 간주할 수 있다.

고골은 일반적으로 역사소설이라 부르는 두 번째 작품 「따라스 불바」를 출간하기 전 1830년에 대하 역사소설「게뜨만 Гетьман」의 집필을 구상하였으나, 총 43쪽에 불과한 4장만 — 제1장 '피의 반두리스뜨 Кровавый бандурист', '역사소설 가운데 한 장 Глава из исторического романа', '역사소설의 시초 Начало исторического романа', '나는 대령을 만나야 한다 Мне нужно видет полковника' — 을 완성하였고 결국 미완성 작품으로 남았다. 그리고 『미르고로드』에 실린 1835년도 초판 「따라스 불바」는 9장에 총 60쪽에 불과했으나, 1839년부터 개작하여 1842년에 완성한 수정본은 12장에 총 102쪽으로 완성되었다. 이 두 작품에서 다루고 있는 까자끄의 생활상과 역사적 배경은 17세기 중엽뿐 아니라 15세기도 포함되어 있다. 15세기에 관한 묘사는 도입부의 1장에서 발견할 수 있다. 불바(Бульба)가 기숙신학교(бурса)에서 돌아온 두 아들을 데리고 들어간 응접실 벽의 장식에 대해 화자는 1439년에 체결된 정교회와 로마 가톨릭의 연합인 '우니야'(уния)와 관련이 있다는 설명을 한다. 즉, 고골은 15세기 중엽의 우끄라이나에서나 찾아볼 수 있는 공간을 묘사하며 그 당시 생활상을 드러내고 있다. 그런데 집으로 돌아온 두 아들 오스따쁘(Остап)와 안드리(Андрий)가 끼예프에서 다니는 신학교는 1632년에 설립된 끼예프-모길랸 아카데미(Киево-Могилянская Академия)이기 때문에 작품에서 표면적으로 드러난 시간적 배경은 17세기 중엽(1648-52)이라는 주장이 설득력을 갖는다. 그리고 대부분 고골 연구자들도 작품의 중후반부에서는 16-17세기 까자끄의 삶이 묘사되어 있다고 지적한다. 그런데 세츠까레프(Vsevolod Setchkarev)는 고골이 이를 연대기적으로 묘사하지 않았을 뿐 아니라, 작품의 주류를 이루고 있는 16세기말부터 17세기 중엽에 있었던 폴란드에 대항한 우끄라이나 해방운동과 관련한 개별적 사건이나 전투를 뭉뚱그려 일반화시켰다는 것이다. 즉, 역사적으로 불바는 대략 150년을 살고 있다는 것이다.

역사적으로 17세기 중엽 흐멜니쯔끼(Богдан Хмельницкий)가 자뽀로쥐예 까자끄의 우두머리가 되었을 무렵 폴란드에 등록한 까자끄들은 폴란드 지주에 대항하여 간간히 전투를 벌였다. 러시아와 무관한 상황에서 1648년 까자끄들은 폴란드와의 사회적, 경제적 갈등으로 인해 따따르인들과 연합하여 폴란드와 전투를 벌여 승리하였다. 이후 자뽀로쥐예 까자끄의 우두머리는 우끄라이나의 통치자로 자리매김을 하였고, 모든 주민들은 스스로를 까자끄라고 간주하였다. 그러나 1657년 흐멜니쯔끼가 사망하고 후계자 자리를 두고 까자끄 사이에서 내분이 발생하면서 폴란드를 선호하는 자와 러시아를 선호하는 자로 분리되었다. 그러나 그들은 사회적 정치적으로 폴란드로부터의 독립을 갈망하였다. 따라서 역사적 사실을 근거로 할 때 고골이 작품에서 주장하는 까자끄와 폴란드인 사이의 종교적 갈등은 허구인 것이다.

주인공 불바, 오스따쁘, 안드리는 작가가 개인적으로 고안한, 역사에 근거를 두지 않은 추상적인 인물이고, 5장에 묘사된 자뽀로쥐예 세치(Запорожье Сечь) 까자끄들의 잔인한 행동들 — 유태인을 물에 빠뜨려 죽이는 장면, 간난아이를 살육하고 어린아이를 창으로 찔러 불타는 집으로 던져 넣는 장면, 폴란드 여인의 유방을 도려내고, 폴란드인 다리의 껍질을 벗기고 풀어주는 장면 — 은 역사적 진실과는 거리가 멀다. 이런 묘사는 고골이 자신의 모든 작품에서 로마 가톨릭교인인 폴란드인, 유대교를 믿는 유태인, 이슬람교도인 터키인, 이교도 따따르인, 그리고 여성을 악으로 간주하는 자신의 문학관과 깊은 연관이 있다. 얼리흐(Victor Erlich)도 이 작품에 묘사된 우끄라이나는 결코 역사적이거나 사실적이지 않으며, '이상화 된 환상의 세계'(an idealized never-never land)라는 것이다. 즉, 이 작품은 근본적으로 역사적 구성을 갖추지 못했을 뿐 아니라, 역사적 인물과 사건보다는 상상 속의 시공간에 신화적인 영웅을 묘사했다는 것이다. 따라서 고골이 표현하고 싶었던 것은 역사적 사건과 사실적 인물이 아니라 개인적 상상력을 동원한 신화창조이고, 자신의 최대 관심사였던 러시아 정교회와 슬라브주의를 부각시키기 위해 창안한 작품인 것이다.

고골은 세번째 작품 「비이」에서 부정적 이미지로 내면세계의 실체를 감춘 두 인물 — 노파(старуха), 백부장의 딸 — 을 마녀(ведьма)라는 하나의 이미지로 응축시켜 묘사하고 있다. 방학을 맞아 끼예프 신학교의 2학년 찌베리(Тиберий), 3학년 호마(Хома), 그리고 4학년 할랴바(Халява)는 한밤중 길을 잃고 헤매다가 어느 노파의 집에서 하룻밤을 묵는다. 호마는 외투를 걸친 노파의 타오르는 욕망과 열정에 의하여 마치 꿈과 같은 환상적인 체험을 하게 된다. 노파는 순식간에 「옛 기질의 지주」에서 욕망과 열정이 폭발하면서 관습의 울타리를 넘은 고양이처럼 호마위에 올라타고 공중으로 달린다. 이 때 호마는 두려움에 떨며 "그녀는 마녀다. Эге, да это ведьма."라는 독백을 한다. 그녀를 등에 업은 호마는 역겨움과 동시에 달콤한 감정(сладкое чувство)을 느낀다. 밤하늘을 나는 호마는 아래쪽 바다에서 밝게 빛나는 요염한 루살까(русалка)의 벌거벗은 앞가슴, 등, 다리를 응시하였다. "이게 꿈인가 생시인가?"라고 독백하며 감미로운 기분을 만끽한다. 자세를 바꾸어 노파 등에 올라탄 호마는 숨을 쉴 수 없는 무아지경으로 빠진다. 호마는 환상적 체험을 하면서 길가에 버려진 장작개비를 들고 노파를 후려친다. 노파의 통곡하는 목소리는 점차 감미롭고, 즐겁고, 맑은(слабее, приятнее, чище) 소리로 변하였다. 이처럼 육욕적이고 선정적인 묘사를 할 때, 고골은 욕망과 열정을 '현실과 격리된 꿈'같은 세계에서 상징으로 표출하고 있다.

아침에 호마는 노파가 '화살같이 긴 눈썹과 잔득 흐트러진 머리칼을 가진 미인'(красавица, с растрепанною роскошною косою, с длинными, как стрелы, ресницами.)으로 변하여 자기 옆에 쓰러져 있는 것을 발견한다. 그녀의 외형은 육적인 아름다움의 극치였으며, 호마는 이제까지 이렇게 아름다운 외모를 본 적이 없다고 고백하였다. 이 작품에 등장하는 마녀는 정체성이 결여된 채 이름이 주어지지 않은 상태로 묘사되었고, 도입부에서는 노파로, 작품의 중반부 이후에는 까자끄 백부장의 딸로 그려지고 있다. 백부장 집에 강제로 끌려온 호마에게 비친 죽은 백부장 딸의 모습은 마치 안드리가 「따라스 불바」의 폴란드 여인에게서 느껴지는 것과 같은, 내면에 응어리진 욕망과 열정으로부터 성적 충동을 불러일으키는 육욕적 아름다움으로 묘사되었다.

백부장의 집에서 딸의 시신과 하룻밤을 지새우고 다음날 호마는 스삐리드(Спирид)로부터 백부장 딸의 유혹에 끌려 성관계를 맺은 후 시름시름 앓다 죽은 사냥개지기 미끼따(Микита)의 이야기를 듣게 된다. 이 부분에서 고골은 백부장 딸이 욕망의 대상으로 택한 호마는 미끼따처럼 종말에 죽음을 당할 것을 암시하고 있다. 호마의 죽음은 마녀의 분신인 긴 눈꺼풀을 가진 '비이'에 의하여 이루어진다. 고골은 작품의 서두에 각주를 이용하여 비이의 해설을 달았다. [*비이는 일반 민중의 훌륭한 공상적인 창조물이다. 그놈의 괴수이며 눈까풀이 길게 늘어져서 땅까지 닿는 괴물을 소러시아 사람은 비이라고 부르고 있다. 이 이야기는 어디까지나 민간전설인 것이다. 나는 이것을 뜯어고칠 생각은 조금도 없고, 들은 대로 솔직하게 이야기하겠다.] 이처럼 고골은 마치 학술논문처럼 각주를 달아 독자로 하여금 이 작품이 우끄라이나의 민간설화와 연관이 있다는 것을 믿게 만들고 있으나, 이는 작가의 독자 우롱이라고 대부분 고골 연구자들은 주장한다. 피스(Richard Peace)는 이 작품이 고골의 상상력에 의해 창안된 이야기(сказка)이며 비이라는 단어는 우끄라이나어 '비야, вия(눈꺼풀)'에서 유추되었다고 주장한다. 드리쎈(F.C. Driessen)은 비이는 아들의 근친상간 행위를 복수하는 냉혹한 아버지의 이미지를 상징한다고 주장했고, 심리학적 비평가인 예르마꼬프(Иван Ермаков)는 비이를 '아버지 형상'(Имаго отца, Vater-Imago)으로, 이바노프(B.B. Иванов)는 비이를 '복수심에 불타는 아버지'로 해석하였다. 그리고 란코르(Daniel Rancour-Laferriere)는 비이를 고골의 부친명인 바실리(Василий)의 축약형(B-асил-ий → Вий)이라는 논리를 펼치고 있다. 이런 주장들을 토대로 할 때 마녀의 부친인 백부장의 상징인 비이는 다름 아닌 '아버지 형상'이며, 토도로프(Tzvetan Todorov)가 주장한 자아의 환상테마 특징인 영과 육 사이의 경계성이 허물어지며 환상이 펼쳐지면서 꿈과 현실의 혼돈과 인격의 분열과 이중화, 그리고 대상의 환상테마 특성인 근친상간과 극단적인 성적욕망의 표현인 것이다.

에필로그에서 교회 종치기로 임명된 할랴바는 호마가 사망한 것에 대해 찌베리에게 다음과 같이 이야기 하며 고골의 여성관을 밝힌다. "그가 두려워했기 때문이야. 두려워하지 않았다면 마녀가 그를 어떻게 할 수 없었을 거야. 끼예프 시장에 앉아있는 여성들은 모두 마녀야."

마지막 이야기인 「이반 이바노비치와 이반 니끼포로비치가 어떻게 싸웠는가에 관한 이야기」에는 두 명의 독신남성이 주인공으로 등장하는데, 니끼포로비치는 육적인 아름다움을 갖춘 전이된 '악마적 형상의 여성'으로 묘사되고 있다. 제1장에 화자는 니끼포로비치가 표면적으로 존경받는 훌륭한 사람이라고 전제한 후, 그의 엉덩이에 꼬리가 달렸다는 이웃사람들의 소문을 제시하고 있다. 그리고 화자는 마녀는 여성에 속하는 것이지만 남성에게 속할 수도 있다는 가능성을 제시하고 있다. 이바노비치는 니끼포로비치가 갖고 있는 쓸모없는 녹슨 총에 욕심을 품고, 그것을 얻기 위하여 니끼포로비치에게 접근한다. 이바노비치가 니끼포로비치의 방에 들어섰을 때, 방안은 빛이 차단된 채 컴컴하고 음침하며 환상적인 이상야릇한 빛이 감돌고 있다. 그리고 방안에서 니끼포로비치는 실오라기 하나 걸치지 않고 벌거벗은 채 드러누워 있다. 이러한 공간의 묘사는 「따라스 불바」의 폴란드 여인 방의 묘사와 상당히 유사하다.

이바노비치는 벌거벗은 니끼포로비치에게 갈색 돼지 한 마리와 귀리 두 포대를 주고 녹슨 총을 맞바꾸자는 제의를 하였으나, 니끼포로비치는 이 제안을 단호히 거절한다. 니끼포로비치가 자신의 하녀와 몸종 소년을 시켜 이바노비치를 끌어내려는 장면에서, 화자는 벌거벗은 이바노비치의 알몸이 완벽한 육적 아름다움을 갖고 있다고 묘사하고 있다. 니끼포로비치의 벌거벗은 육체의 아름다움은 마치 「따라스 불바」의 폴란드 여인 혹은 「비이」의 백부장 딸의 모습과 유사하게 묘사되었다. 녹슨 총에 관한 다툼이 있은 후, 니끼포로비치가 이바노비치를 '숫거위'(гусак)라고 부른 것이 후자에게 치명적인 모욕감을 주었고, 이로 인하여 이바노비치는 니끼포로비치를 재판소에 고소하게 된다. 이웃 사람들에 의한 중재는 실패하였고, 결국 재판을 하게 되는데 재판소에 모인 사람들 앞에서 니끼포로비치는 이바노비치를 다시 숫거위라고 지칭하였다. 숫거위의 사전적 의미는 '내연의 여성과 쾌락의 성관계를 하는 남성'을 지칭하나, 니끼포로비치를 성적 대상으로 삼으려는 동성애자 이바노비치를 빗대어 말하는 상징인 것이다. 결국 이 말은 이바노비치에게 강한 모욕감을 주었고, 두 사람은 영원히 파멸의 길을 걷게 된다.

비록 두 이반은 안드리, 미끼따 또는 호마같이 죽음을 당하지 않았지만, 육적인 아름다움을 소유한 니끼포로비치와 동성애를 추구한 이바노비치에게 돌아온 결과는 많은 사람들이 모인 공개적인 장소에서 당한 수치, 모멸 그리고 파멸이었다. 이 작품의 에필로그에서 5년이 지난 후 화자는 교회에서 우연히 만난 두 이반으로부터 소송사건의 판결이 다음 날에 내려질 것이라는 이야기를 듣는다. 화자의 눈에 비친 이들은 파멸의 길을 걷고 있는 늙고 수척하고 초라한 노인의 쓸쓸한 초상화와 같은 모습이었다. 화자는 『미르고로드』의 첫 작품인 「옛 기질의 지주」에서 느끼는 지루한 분위기를 마지막 행에서 다시 강조하고 있다. "여러분, 이세상은 너무도 지루하군요! Скучно на этом свете, господа!"

1835년에 발표한 『아라베스끼』에는 13편의 에세이와 3편의 단편 총 16편의 작품이 담겨져 있다. 「조각, 미술과 음악」, 「중세시대에 관해」, 「세계사에 관해」, 「초상화 Портрет」, 「소러시아의 구성에 대하여」, 「뿌쉬낀에 대하여 몇 마디」, 「오늘날 건축에 대하여」, 「알-마문」, 「인생」, 「쉴로저, 뮬러, 그리고 헤르더」, 「넵스끼 거리 Невский проспект」, 「우끄라이나의 노래」, 「지리에 관한 생각」, 「폼페이의 최후」, 「5세기 말 인류의 이동에 대하여」, 「광인 일기 Записки сумашедшего」.

『아라베스끼』의 4번째 작품인 「초상화」는 2부로 구성되어 있다. 1부의 주인공 화가 차르뜨꼬프(Чартков)는 부정적 형상의 인물이다. 고골은 초판에서 주인공 이름을 '악마'(чёрт)라는 단어에서 유추한 체르뜨꼬프(Чертков)로 명명했다가, 개정판에서 차르뜨꼬프로 수정하였다. 이 작품에는 화랑의 경매에서 초상화를 구입하고 파멸의 길을 걷는 화가 차르뜨꼬프의 삶이 환상적으로 묘사되어 있다. 경매에서 50루블에 구입한 초상화의 노인이 화폭에서 현실세계로 떨어져 나와 차르뜨꼬프에게 자신의 미완성 초상화를 완성시켜 줄 것을 요구하는 줄거리는 「무서운 복수」나 「비이」에서 사용된 '꿈과 현실의 무한계성'을 통해 진행된다. 초상화를 완성시키는 과정에서 차르뜨꼬프는 큰 갈등 없이 예술성대신 '속물성'을, 그리고 진리대신 '기만'을 선택한다. 하나님으로부터 부여받은 재능이 자신의 속물적 열정과 적그리스도에 의해 파괴되면서 차르뜨꼬프는 악마적인 요소가 가득한 상태에서 예술작품들을 매입하여 파괴하는 인물로 전락한다. 결국 그는 자신이 악마의 소유물이 되어 사악한 예술가로 변했다는 것을 인식하고 스스로 목을 칼로 베어 자살한다.

2부에서 화자(Я)는 우연히 한 경매장에서 노인의 초상화를 발견하고 운집한 사람들에게 초상화에 대한 이야기를 한다. 초상화의 인물은 자기 아버지에게 돈을 빌려준 무표정한 검은 얼굴에 아시아풍의 폭넓은 옷을 입은 고리대금업자 뻬뜨로미하일(Петромихаил)이라는 것이다. 늙어서 죽어가는 베뜨로미하일은 화자의 부친에게 자신의 초상화를 그려달라고 부탁하며 초상화를 통해 자신이 영생할 수 있다는 말을 건넨다. 금전이 필요한 아버지는 처음에 이를 승낙하였으나, 초상화를 그리는 과정에서 그의 사악한 눈길에서 두려움과 공포를 느끼고 초상화를 마무리 짓는 것을 거절하였다. 뻬뜨로미하일은 사망하고 얼마 후 아버지는 자신의 집에 그의 미완성 초상화가 걸려있는 것을 발견하고 이를 불태워 버렸다. 그러자 집안에 불행한 사건이 발생한다. 어느 날 부인이 실수로 바늘을 삼켜 죽고, 아들이 창문에서 뛰어내려 즉사하였다. 아버지는 화를 면하기 위해 화자인 둘째 아들을 사관학교로 보내고 자신은 수도원에 칩거하여 성상만을 그린다. 사관학교를 졸업하고 10년 만에 집으로 돌아와서 수도원을 방문한 화자는 아버지로부터 고리대금업자 뻬뜨로미하일이 바로 적그리스도(Антихрист)라는 고백을 듣는다. 적그리스도는 예술가들의 영감, 생각, 행동을 간섭하려 애쓴다는 말을 하면서 아버지는 회개의 눈물을 흘렸다. 그리고 누군가 20년 후 첫 달에 이 이야기를 사람들에게 전하면 적그리스도가 사라진다는 것이다. 그런데 오늘이 그로부터 정확하게 20년이 지난 첫 달이라고 화자는 사람들에게 말하였다. 그러자 초상화의 눈이 희미해지며 완전히 지워졌다.

뻬뜨로미하일은 「무서운 복수」의 에필로그에서 무저갱에 떨어져 영원히 고통 받는 사단의 형상을 띤 뻬뜨로와 유사한 이름이다. 차르뜨꼬프와 달리 진실한 화가로 등장하는 화자의 부친은 적그리스도의 유혹을 스스로는 극복할 수 없다고 판단하고 수도원으로 들어가 성상과 벽화를 그리며, 기도와 명상 속에서 예술가의 바른길을 추구하였던 것이다. 고골은 이 작품에서 1부와 2부의 두 화가를 대비하면서 자신의 예술관이 종교와 밀접한 관련이 있다는 것을 시사하고 있다. 적그리스도는 예술가의 사상과 영감에 자신의 영향력을 끼치려 애쓰며 예술품과 예술가를 파괴한다는 것이다. 예술가가 적그리스도에게 대항할 수 있는 방법은 기독교의 성스런 명상뿐이라는 것이다. 왜냐하면 인간 스스로는 영원불변하는 악마에게 대항하며 투쟁할 수 있는 능력이 상실되었기 때문이라는 것이다. 따라서 예술작품에는 신부와 같이 아름다운 예술적 순수성과 하늘로부터 부여받은 기독교적 신성이 복합된 형태로 존재해야 한다는 것이다.

뻬쩨르부르그르 배경으로 하고 있는 11번째 작품 「넵스끼 거리」는 두 개의 이야기로 구성되어 있다. 화가 삐스까료프(Пискарёв)가 황혼이 깃든 밤거리에서 검은머리 창녀의 멋진 의복과 외형적 아름다움에 도취되어 그녀를 뒤쫓아 가는 첫 번째 이야기는 「초상화」처럼 예술가에 대한 주제를 다루고 있으며, 인간의 겉모습과 내면세계에 큰 차이가 있다는 것을 지적하는 작품이다. 「초상화」의 첫 번째 이야기와 동일한 주제이나, 물질과 세상의 명예를 추구했던 차르뜨꼬프와는 달리 육적쾌락을 추구하는 화가로 대치되었다. 고골은 삐스까료프가 뒤쫓는 창녀의 외모를 묘사할 때, 「따라스 불바」의 폴란드 여인과 「비이」의 백부장 딸의 모습과 동일한 방식을 사용하였다. 즉, 내면세계의 실체가 감추어지고 단지 욕정을 불러일으키는 얼굴, 이마, 머리칼, 뺨, 입술 등 매혹적인 외형의 아름다움을 묘사하였다. 그리고 그녀의 거주지는 죽음을 연상시키는 '무질서'와 강한 '욕망'이 뒤범벅된 공간, 혹은 마치 악마의 소굴과도 같은 혼돈의 상태로 묘사되었다. 이러한 공간묘사는 「따라스 불바」에서 폴란드 여인이 거주하는 음침한 방의 모습과도 상당한 유사성이 있다.

천박성과 악의 형상을 갖고 있는 창녀에게서 진정한 미를 찾을 수 없다는 것을 인식한 삐스까료프는 현실과 동떨어진 꿈의 세계로 빠져 들어가게 된다. 그는 꿈속에서 그녀를 긍정적인 이미지를 가진 가정적, 윤리적, 도덕적 그리고 종교적 여성으로 재창조해 내려고 노력한다. 더 이상 꿈을 꿀 수 없게 되자 그는 아편을 복용함으로 지속적으로 꿈의 세계로 빠져 들어간다. 이러한 현실과 격리된 꿈은 결국 삐스까료프가 갖고 있는 열정의 동일선상에 있는 또 다른 형태의 욕망에 불과한 것이다. 현실에서 이루어질 수 없는 상황을 깨달은 그는 두려움과 공포 속에서 차르뜨꼬프와 같이 화실에서 칼로 목을 베어 자살한다. 결국 삐스까료프와 차르뜨꼬프의 자살은 욕망과 열정이 빚은 비극이었다.

고골은 삐스까료프의 죽음을 통해 "예술은 무엇이며, 예술가는 누구인가?"라는 주제를 부각시키기 위해 두 번째 이야기에서 11등관 삐로고프(Пирогов) 중위을 등장시킨다. 삐로고프의 '속물성'으로 인해 진정한 예술가에 관한 이야기가 안개 속에 잠기는 것이 아니라 더욱 강렬하게 부각된다. 삐로고프는 「검찰관 Ревизор」의 흘레스따꼬프(Хлестаков)처럼 작은 악마의 형태를 띠고 있다. 그는 모든 허위와 거짓이 만연된 공간인 넵스끼 거리에서, 금발머리 독일여인에 대한 성적 희롱을 일삼다가, 그녀의 남편인 독일인 직공 실러와 그의 친구 호프만과 쿤스에게 구타를 당한다. 그들을 고소하겠다고 큰소리치던 삐로고프는 그날 밤 초대받은 파티 석상에서 즐거운 시간을 보내고 모든 것을 잊고 재빨리 일상생활로 복귀하는 지극히 속물적인 인물이다. 고골은 삐로고프의 속물성과 삐스까료프의 환상적인 예술관을 교묘히 대비시킴으로써, 고골의 고뇌하는 작가관과 문학관을 독자들에게 선명하게 부각시키고 있다. 즉, 삐로고프를 통해 이야기하려는 것은 그의 세속적인 욕망과 속물성에 대한 사회적 폭로가 아니라, 인간의 내면세계 더 나아가서는 작가 고골의 내면의 양심을 일깨우려는 본질적인 호소가 담겨있는 것이다.

『아라베스끼』의 마지막 이야기인 16번째 작품 「광인 일기」는 정신분열증 환자의 병리학적 분석을 시도한 작품이다. 고골은 현실세계에 존재하지 않는 문서만을 정서하는 9등관(титулярный советник) 뽀쁘리쉰(Аксентий Иванович Поприщин)이 미쳐가는 과정을 일인칭 서술을 통해 날카로운 심리학적 통찰력을 이용하여 묘사하고 있다. 뽀쁘리쉰은 활동무대, 범위, 분야 등을 뜻하는 '뽀쁘리쉐'(поприще)로부터 기인한 이름이다. 텍스트 상에 드러난 그의 관심분야는 '시, 연극, 신문, 그리고 정치'인데, 실제 활동분야는 서류를 정서하고 거위털 펜을 깎는 것이다. 즉, 그의 직업과 관심분야의 차이점을 보여줌으로써 현실세계와 내면세계가 조화를 이루지 못하고 있다는 것을 드러내고 있다. 조화의 파괴가 진행되면 될수록 그의 광기는 증폭된다. 그리고 그의 일기에는 두 마리 개 — 멧지(Меджи)와 피델리(Фидели) — 가 등장하여 서로 편지를 교환하고 대화를 나누는 등 황당무계한 사건이 발생한다. 정신분열 증세가 악화되면서 뽀쁘리쉰은 스페인 왕이 실종되었다고 말하다가 자신이 바로 실종된 스페인 왕이라고 주장한다. 그리고 그는 정신병원에 감금된다. 뽀쁘리쉰이 느끼고 있는 '자아와 분리된 현실세계에 대한 두려움과 공포'가 외부와의 소통을 차단시키고, '존재의 의미와 가치를 상실'하게 만든 것이다. 그리고 이로 인해 고통 받고 '나'와 '그'의 병든 영혼을 회복하려는 갈망이 마지막 일기 (Чи 34 сло Мц гдао. фєвbяшр 349)에 표현되었다.

"아니야, 나는(я) 더 이상 참아낼 힘이 없다. 맙소사! 그들이 나에게 무슨 짓거리를 하고 있나! 그들이 내 머리에 찬물을 들이붓다니! 그들은 내게 관심도 없고, 쳐다보지도 않고, 내 말을 듣지도 않는다. 도대체 내가 그들에게 무슨 짓을 했단 말인가? 그들은 무슨 연유로 나에게 고통을 가하고 있는 것일까? 난 아무 것도 가진 것이 없다. 힘도 없고, 이 모든 고통을 견뎌낼 수도 없다. 내 머리가 타 들어간다. 그리고 내 앞에 있는 모든 것들이 빙글빙글 돌아간다. 나를 좀 살려줘요! 나를 데려가 줘요! 내게 삼두마차를 줘요, 질풍처럼 질주하는 세 필의 말을 달아서! 올라타라, 내 마부야. 울려 퍼져라, 내 작은 방울아. 힘차게 달려라, 말들아. 그리고 나를 이 세상 밖으로 데려가라! 더 멀리, 아주 멀리, 아무 것도 보이지 않을 때까지. 저기 내 앞에 하늘이 소용돌이치며 올라간다. 저 멀리 작은 별들이 반짝인다. 숲이 시커먼 나무와 달과 함께 질주한다. 회청색 안개가 발밑에 펼쳐진다. 현악기 소리가 안개 속에 울려 퍼진다. 한쪽 편에 바다가 보이고, 반대편에 이탈리아가 보인다. 그리고 저쪽에 러시아 농가가 눈에 들어온다. 저 멀리 흐릿하게 보이는 것은 바로 나의 집이 아닌가? 창가에 앉아 계신 분은 나의 어머니가 아닌가? 어머니, 당신의 가련한 아들을 살려주세요! 그의(его) 병든 머리에 눈물 한 방울 흘려주세요! 보세요, 얼마나 그들이 그를(его) 괴롭히는지! 이 가련한 고아를 당신의 가슴에 끌어 안아주세요! 그는(ему) 이 세상에 몸 둘 곳조차 없습니다! 사람들이 그를(его) 쫓아내고 있어요! 어머니! 당신의 병든 아이를 불쌍히 여겨 주세요!.. 그런데, 여러분은 알제리 총독의 코 바로 밑에 혹이 있다는 것을 아십니까?"

고골은 1835년 후반기에 상상을 초월한 악몽을 다룬 단편 「코 Нос」(1836), 주인공의 속물성을 서술전개로 사용한 독특한 구조의 단편 「마차 Коляска」(1836), 약혼녀가 생겨, 결혼식을 올리기로 작정하고, 연미복을 만들라고 주문한 어떤 남자가 결혼을 망설이다가 마지막 순간 창문을 뚫고 탈출한다는 마치 평생 미혼으로 지낸 고골의 내면세계를 보여주는 듯 한 희곡 「결혼 Женитьба」(1842), 그리고 가짜 검찰관 사건을 다룬 희곡 「검찰관 Ревизор」(1836, 1842)을 집필하기 시작했다.

「코」는 뻬쩨르부르그에 살고 있는 8등관 꼬발료프(Ковалёв) 소령에 대한 이야기로 3월 25일 아침에 그의 코는 이발사 이반 야꼬블레비치의 부인이 뻬치까에서 구운 신선한 빵 속에 들어있었다. 한편 꼬발료프는 자신의 얼굴에서 코가 떨어져 없어진 것을 보고 경악한다. 그의 코는 5등관관리의 제복을 입고 뻬쩨르부르그 거리를 돌아다녔고, 꼬발료프 소령은 자신의 코를 찾아 경찰서와 신문사 등을 방문하며 동분서주한다. 우여곡절 끝에 실종된 그의 코는 한 경찰관에 의해 꼬발료프에게 전달되었고, 꼬발료프는 코를 제자리에 붙이려고 애썼으나 실패한다. 그런데 이 황당무계한 사건이 발생한 지 13일이 지난 4월 7일에 그의 코가 제자리에 붙게 되었다는 마치 꿈속에서나 가능한 뒤죽박죽된 환상적인 작품이다. 작품 말미에서 화자는 코의 실종 사건에 대해 다음과 같은 견해를 밝힌다. "아무튼 이게 뭔지 나는 도대체 알 수가 없다... 그러나, 그럼에도 불구하고, 하나 둘 꼼꼼히 짚어본다면, 물론 가능한 이야기다... 그리고 이런 모순이 존재하지 않는 곳이 어디에 있단 말인가?.. 당신이 신중하게 생각해 본다면, 이 모든 것 속에는 분명히 무엇인가가 존재한다. 누가 무슨 말을 하든지, 이와 비슷한 사건들이 세상에는 존재한다. 드물지만 존재한다. Просто я не знаю, что это... А однако же, при всем том, хотя, конечно, можно допустить и то, и другое, и третье, может даже... ну да и где ж не бывает несообразностей?.. А всё, однако же, как поразмыслишь, во всем этом, право, есть что-то. Кто что ни говори, а подобные происшествия бывают на свете, — редко, но бывают."

「마차」는 뿌쉬낀, 똘스또이, 체홉이 극찬한 작품인데, 똘스또이는 고골 작품 중에서 최고의 걸작이라고까지 평가했다. 작품의 주인공은 어떤 소도시의 지주인 체르또꾸쯔끼(Пифагор Пифагорвич Чертокуцкий)이다. 그의 이름 삐파고르는 그리스 로마 신화에서 아폴로가 처치한 거대한 뱀인 피톤(Python)으로부터 유래했는데, '사악한 악령'이란 의미를 내포하고 있다. 그리고 그의 성 체르또꾸쯔끼는 '악마'(чёрт)와 '꼬리가 없는'(куцый)의 조어다. 즉, 그는 '악마성'과 '속물성'을 동시에 갖춘 인물인 것이다. 그는 과거에 기병대에 근무하였는데 불명예로 제대했고, 지금은 소유하고 있는 300명의 농노를 모두 저당 잡히고도 아무 일도 없다는 듯 생활하고 있는 인물이다. 그에게서 긍정적인 면을 찾는다는 것은 불가능하다. 게다가 자신이 겪은 굴욕과 실패에 무감각한 인물로 「넵스끼 거리」의 삐로고프 중위보다 더 천박한 속물성을 소유한 인물이다. 고골은 그의 이런 속물성격을 등장인물의 대화와 화자가 이야기를 전개하는 서술구조에서 단계적으로 드러내는 기법을 사용하고 있으며, 장군의 말과 체르또꾸쯔끼의 마차를 각각의 정부로 의인화하여 묘사하고 있다. 작품의 줄거리는 다음과 같다. 체르또꾸쯔끼는 기병연대를 이끌고 이 소도시에 도착한 장군이 개최한 야회에 참석하였다. 장군의 애마 이바노브나(Аграфена Ивановна)에 관한 자랑을 듣고, 체르또꾸쯔끼는 자신이 사천 루블 짜리 마차를 갖고 있다고 자랑하며 장군에게 이를 보여주겠다고 약속했다. 장군과 기병장교들의 부러운 눈초리에 내심 만족한 그는 그들과 늦도록 카드놀이를 하며 술을 마셨다. 잔뜩 술에 취해 새벽 3시에 집으로 돌아온 체르또꾸쯔끼는 그들과의 약속을 까맣게 잊고 다음날 정오에야 잠에서 깨어났다. 장군의 일행이 집으로 오고 있다는 부인의 말을 듣고 급히 자신의 마차에 몸을 숨겼다. 하인으로부터 체르또꾸쯔끼가 지금 집에 없다는 말을 듣고, 장군은 마차나 보고 가겠다며 장교들과 마굿간으로 갔다. 체르또꾸쯔끼의 말과는 달리 그저 평범한 마차인 것을 확인한 장군은 장교에게 마차의 무릎덮개를 열라고 지시하였다. 덮개 안에 숨어있던 체르또꾸쯔끼를 발견하고 장군은 "그런데, 당신 여기 있군요! А, вы здесь!..."라는 한마디만을 남기고 덮개를 덮고 마차의 문을 힘껏 닫고 장교들과 떠난다.

고골은 1835년 12월 18일 뻬쩨르부르그 대학교수직을 사임하고, 이듬해 「검찰관 Ревизор」을 뻬쩨르부르그에서 상연하였다.1835년 10월 7일 뻬쩨르부르그에서 고골은 뿌쉬낀에게 5막 희극에 사용할 수 있는 슈제트(Сюжет)를 보내달라는 간절한 편지를 썼다. 여기에서 그는 희극이든 비극이든 상관없고 다만 웃음을 줄 수 있는 슈제트를 요구하였다. 고골의 간청에 뿌쉬낀은 몇 년 전 자신이 니쥐니 노브고로드(Нижний Новгород)를 여행하던 중 여인숙에 머물렀을 때, 지방 관리들과 지주들이 자신을 중앙정부에서 파견한 검찰관으로 오인했던 일화를 들려주었다. 뿌쉬낀으로부터 일화를 전해 듣고 이를 기본 골격으로 하여 고골은 1835년 10월부터 「검찰관」을 집필하기 시작하여 이듬해 1월 30일 주꼽스끼(Василий А. Жуковский, 1783-1852)의 저택에서 개최된 파티석상에서 대본을 낭독하였고, 3월에 초고를 완성했다. 1836년 초 「검찰관」이 상연되기 전에 대본을 검열했던 검열관 올

제꼬르(Ольдекор)는 이 작품을 '흘레스따꼬프의 유쾌한 모험에 관한 이야기'라고 판단하고, "이 희곡에는 비난할 만한 내용이 포함되어 있지 않다. Пьеса не заключает в себе ничего предосудительного." 라며 아무런 문제가 없다는 결론을 3월 13일 니꼴라이 I세에게 전달했고, 짜르 역시 이를 흔쾌히 수용했다. 「검찰관」은 4월 19일 뻬쩨르부르그의 알렉산드르 극장(Александринский театр)에서 초연 되었다. 5막으로 구성된 이 작품은 뻬쩨르부르그에서 어떤 읍으로 내려온 허풍쟁이 사기꾼 흘레스따꼬프(Хлестаков)가 읍장 스끄보즈니끄-드무하놉스끼(Сквозник-Дмухановский)를 비롯하여 지주 도브친스끼(Добчинский)와 보브친스끼(Бобчинский), 장학관 흘로뽀프(Хлопов), 판사 랴쁘낀-짜쁘낀(Ляпкин-Тяпкин), 병원장 제믈랴니까(Земляника), 우체국장 슈뻬낀(Шпекин), 경찰서장 우호베르또프(Уховертов) 등을 상대로 사기를 치는 내용을 담고 있다. 그를 수도에서 파견된 검찰관으로 오인한 읍장과 관리들은 확인도 하지 않고 그에게 온갖 아부와 뇌물을 공여한다. 흘레스따꼬프는 읍장의 부인과 딸을 농락하고 지주와 관리들로부터 뇌물을 뜯어 낸 후 유유히 마을을 떠난다. 그리고 마지막 장면에서 진짜 검찰관이 마을에 도착하였다는 전갈을 받고, 한자리에 모인 그들은 경악하며 화석처럼 굳어버리고 막이 내린다.

공연 직후 보수와 진보진영에서는 상반된 견해가 도출되었다. 전자는 분노하며 이 작품을 '중상모략을 담고 있는 5막 연극 клевета в пяти действиях'이라며 혹평하면서, 고골을 '파렴치함과 냉소가 넘치는 풋내기 러시아 юная Россия во всей её наглости и цинизме'라고 폄하했다. 반면에 후자는 이 작품을 러시아 사회와 정치제도에 대한 신랄한 고발과 관료들에 대한 풍자라고 규정하고, 고골을 혁신적인 문학의 창조자라며 극찬했다. 그리고 5월에 모스끄바의 말르이 극장(Малый театр)에서 두 번째 상연되었을 때도 대다수 관객들은 폭소를 터뜨리며 갈채를 보냈다. 그러나 작가의 의도를 제대로 파악하지 못하고 웃음으로 일관하는 관객들의 반응에 실망한 고골은 6월 6일 친구 다닐렙스끼와 유럽으로의 여행을 떠난다. 그 후 12년(1836-1848) 동안 고골은 대부분 외국에서 집필활동을 하였고, 1839년과 1841년 겨울에만 짧게 러시아를 방문하였다. 자신의 의도가 제대로 전달되지 못한 것에 대한 자책감과 실망, 그리고 공연이 끝나고 얼마 지나지 않아 장기간의 유럽여행을 한 점을 미루어 볼 때 고골에게는 사실주의 비평가들이 주장했던 사회 풍자와 고발이라는 해석과는 전혀 다른 기획의도가 있었다.

러시아를 떠나기 전에 쉐쁘낀(Михаил С. Щепкин, 1788-1863)에게 쓴 4월 29일자 편지와 뽀고진(Михаил Петрович Погодин, 1800-1875)에게 쓴 5월 10일과 15일자 편지에서 고골은 보수와 진보진영의 반응에 대한 자신의 견해를 일부 밝혔다. 그리고 고골은 유럽에서 거주하면서 1842년에 「검찰관」개정판을 필두로 자신의 제작의도를 밝히는 「검찰관의 대단원 Развязка Ревизора」(1842)과 「「검찰관」을 제대로 연기하고자 원하는 사람들을 위한 서언 Предуведомление для тех, которые пожелали бы сыграть как следует 「Ревизор」」(1842)을 집필하여 발표하였다.

관객들과 의사소통에 문제점을 인식한 고골은 개정판 도입부 하단에 속담 "제 낯짝이 찌그러진 주제에 거울을 탓하여 무엇하랴. На зеркало неча пенять, коли рожа крива."를 추가하였다. 여기서 추한 얼굴이란 뜻의 '로좌'(рожа)는 과연 누구의 것을 의미하는가? 당시 사실주의 비평가들은 도덕적으로 타락하고 부패한 관리의 얼굴이라고 판단했다. 그러나 고골은 1842년에 쓴 「검찰관의 대단원」에서 주인공 세멘 세메느이치(Семен Семеныч)의 입을 통해 표도르 표도르이치(Фёдор Фёдорыч)와 니꼴라이 니꼴라이치(Николай Николаич), 그리고 모든 등장인물들에게 자신의 얼굴이 찌그러지지 않았냐고 반문하며 '우리 모두의 얼굴이 찌그러져 있다는 것'을 역설적으로 지적하였다.

고골은 개정판 대단원에서 무대설명을 수정하고 '침묵의 장면'(Немая сцена) 하단에 반쪽 분량의 상세한 설명을 이탤릭체로 강조하며 첨가하였다. *읍장은 두 손을 벌린 채 머리를 뒤로 젖히고 기둥처럼 무대 중앙에 서있다. 오른쪽에 그의 아내와 딸이 온 몸을 앞으로 내밀고 그에게 달려가는 자세를 취한다. 그 뒤에 우체국장이 관객을 향해 온 몸이 의문부호의 형태로 변해버린 꼴을 하고 있다. 그 뒤에 루까 루끼치가 매우 순진한 얼굴을 하고 멍청히 서있다. 그 뒤에 무대 한쪽 끝에 세 명의 부인과 손님들이 서로 기대어 읍장 가족을 노골적으로 비웃는 표정을 짓고 있다. 읍장의 왼쪽에는 제믈랴니까가 마치 무엇인가에 귀 기울이듯 고개를 약간 옆으로 숙이고 있다. 그 뒤에는 판사가 양손을 벌리고 거의 땅에 닿을 만큼 상반신을 구부리고 입술을 놀리고 있는데, 마치 "아이쿠, 유리의 날에 할머니가 어인 일로 행차하셨는가!"라고 말하는 것 같기도 하고, 휘파람을 불려고 하는 것 같기도 하다. 그 뒤에 꼬로브낀이 관객을 향해 한쪽 눈을 찡그리며 읍장에게 신랄한 냉소를 보내고 있다. 다시 그 뒤에 무대 맨 끝에 도브친스끼와 보브친스끼가 서로에게 달려들 듯 손을 내밀고, 마주보며 입을 떡 벌린 채 두 눈을 부릅뜨고 있다. 나머지 손님들은 기둥처럼 서 있을 뿐이다. 1분 30초가량 모두가 굳어버린 채 그 자세를 유지한다. 막이 내린다.*

침묵의 장면에서 고골이 등장인물들의 굳어버리는 장면에 90초나 할애했다는 것은 중요한 의미를 갖는다. 일반적으로 연극무대에서 상당히 긴 시간인 '무언의 90초'는 관객에게 작품의 주제를 충분히 전달하려는 고골의 고의적 의도인 것이다. 동시에 관객들로 하여금 등장인물들이 더 이상 생명력이 넘치는 인간이 아니라, 마치 생명력이 부재한 사물로 변모했다는 인식을 갖게 만드는 효과도 있다. 여기서 주요 등장인물들은 제1막에서 검찰관이 읍에 출현했다는 소식을 접했을 때와 비교해 너무도 상이한 반응을 하고 있다는데 주목할 필요가 있다. 헌병이 그들에게 언급한 '뻬쩨르부르그에서 온 관리'(чиновник из Петербурга)는 사실주의 비평가들이 주장하는 진짜 검찰관이 아니라 '그보다 더 위엄 있고 상상을 초월한 인물'이며 고골의 주장을 근거로 할 때 침묵의 장면은 예수 그리스도의 십자가 처형 장면과 유사하며, 기독교문학에서 사용했던 십자가 처형 주제를 악마적 패러디로 표현한 것이다. 즉, 신이 죽고 악이 지배하는 지옥 같은 삶을 표현한 것이다. 작품에서 웃음과 그로테스크가 종국에 비극으로 치닫는 것은 신이 부재한 세계에서 겪는 영적 산물이며, 동시에 고골과 같은 그로테스크 작가들에게 나타나는 현상이다.

끝으로 「검찰관의 대단원」에서 고골은 진짜 검찰관 도착의 의미와 상징에 대해 다음과 같이 기술하였다. "바로 이때 헌병의 등장. 정확하게 어떤 통곡소리를 내면서 문지방에 출현한다. 돌덩어리로 굳어져 버린다. 모든 사람들을 향해 진짜 검찰관의 도착을 선포하는 말을 전한다. 그(진짜 검찰관)는 반드시 모든 사람들을 멸망시킬 것이고, 완전히 파멸시킬 것이고, 마침내 전멸시킬 것이다. 이 모든 것은 설명할 수 없는 무시무시한 장면이다! 나는 당신들에게 진실로 고백한다. 글자 그대로, 내게는 더 이상 어떤 비애도, 슬픔도, 어떤 고통도, 어떤 우울한 감정도 발생하지 않을 것이다."

이 부분은 고골의 뇌리에 늘상 머물고 있었던 '최후의 심판'을 연상시키는 표현이다. 과연 고골이 상징적으로 의도했던 진짜 검찰관은 누구일까? 「검찰관의 대단원」에서 고골은 다음과 같이 밝히고 있다. "관 옆에 서서 우리를 기다리고 있는, 바로 그 검찰관은 다름 아닌 '우리의 깨어있는 양심'입니다. Что ни говори, но страшен тот ревизор, который ждёт нас у дверей гроба. Будто не знаете, кто этот ревизор? Что прикидываться? Ревизор этот — наша проснувшаяся совесть.” 익명의 읍은 바로 인간세계이고, 모든 인간은 등장인물들이 행했던 다양한 악의 요소를 내면에 품거나 외부에 노출시키며 살아가고 있다는 것이다.

1836년 10월 스위스의 베베이(Vevey)에서 고골은 5개월 전부터 뻬쩨르부르그에서 계획했던 「죽은 혼 Мёртвые души」1부를 집필하기 시작했고, 1837년 겨울 프랑스 파리에서 그는 「죽은 혼」1부의 대부분을 완성했다. 1837년부터 1839년까지 주로 로마에 거주하였던 고골은 가톨릭교회에 특별한 관심을 가지고 있었다. 1838년 봄 로마에서 폴란드인 가톨릭 신자 두 명은 고골을 가톨릭으로 개종시키는데 성공했다는 보고서를 가톨릭 본부에 제출하는 사건이 발생했다. 그러나 비평가 베레사예프(Викентий В. Вересаев, 1867-1945)는 고골이 당시 폴란드인 가톨릭 신자들을 기만했고, 그의 친구이자 재력과 능력을 갖춘 지나이다 볼꼰스까야(Зинаида Александровна Волконская, 1792-1862)공작부인이 로마를 떠나자마자 그들과의 관계를 단절했다고 주장한다. 고골은 1839년 5월 로마에서 결핵으로 죽어가던 젊은 청년 이오시프 비엘고르스끼(Иосиф М. Виельгорский, 1817-1839: 주꼽스끼, 뿌쉬낀, 고골과 친분이 있는 미하일 비엘고르스끼 백작의 아들이고 당시 황태자인 알렉산드르 II세의 친구)와 짧은 로맨틱한 우정을 나누었다. 고골은 단편(斷篇) 「별장에서의 밤 Ночь на вилле」에서 이오시프와 침대에서 함께 보낸 애수의 순간을 생생하게 묘사하고 있다. 칼린스키(Simon Karlinsky)는 이오시프에 대한 고골의 로맨틱한 편지들과 이 작품을 근거로 고골이 동성연애자라는 것을 주장한다.

1839-1840년 겨울에 잠시 러시아로 귀환한 고골은 러시아 문단의 친구들 앞에서 「죽은 혼」 1부의 1장을 낭독하였다. 1840년 4월에는

《모스크바 신문 Московская газета》에 "자기 마차가 없는 사람들 가운데 나와 함께 비엔나로 여행하고자 하는 사람은 연락바람. 여행비용 공동부담."이라는 광고를 실었다. 스위스를 거쳐 1840년 10월에 로마로 돌아온 고골은 러시아 화가들과 사귀면서 창작활동을 지속하면서 「따라스 불바」 개정판과 단편 「외투 Шинель」(1842)를 집필하기 시작했다. 1841년에는 「검찰관」 개정판과 「죽은 혼」1부를 완성하고 1841-1842년 겨울에 잠시 러시아를 방문하여 「초상화」개정판을 《동시대인》에 발표하고, 같은 해에 「결혼」, 「도박꾼들 Игроки」, 「검찰관」개정판, 「따라스 불바」 개정판, 「외투」, 그리고 「죽은 혼」1부를 발표했다.

고골의 작품들 가운데 작가의 의도를 배제하고 벨린스끼에 의해 "가난한 하급관리의 삶을 통해 당시 관료사회의 부패상을 고발했다"는 사실주의 논리에 맞추어 해석된 작품이 「외투」이다. 벨린스끼를 포함한 사실주의 비평가들은 「외투」를 '눈물을 통한 웃음', '박애주의 문학의 효시', 그리고 '사실주의 문학작품'으로 평가했다. 작품의 줄거리는 다음과 같다. 9등관 아까끼(Акакий Акакиевич Башмачкин)는 보통 관리들과 달리 정서하는 일만을 할 수 있는 유별난 관리다. 어느 겨울 자신의 외투가 너무 낡았다는 것을 깨닫고 동네 재봉사 뻬뜨로비치(Петрович)를 찾아가 새외투를 주문하였다. 아까끼는 외투 제작비를 마련하기 위해 검소한 생활을 하기 시작했고, 6개월 후 새 외투가 완성되었다. 착복식 기념으로 상사의 집에서 개최된 야회에 참석하고 돌아오는 길에 아까끼는 강도에게 외투를 강탈당한다. 외투를 찾기 위해 동분서주하다가 찾아간 유력인사(значительное лицо)로부터 질책을 당한 후, 아까끼는 후두염을 앓다가 숨을 거둔다. 그리고 그가 사망한 후 깔린낀 다리 근처에 유령이 출몰하여 지나가는 행인의 외투를 닥치는 대로 강탈하는 기이한 사건이 발생한다. 어느 날 밤 유력인사가 유령에게서 외투를 빼앗긴 이후 더 이상 유령은 나타나지 않았다.

과연 아까끼는 뻬쩨르부르그에서 천대받는 가난한 관리일까? 당시 러시아의 문무 관리체계는 14등급으로 분류되었는데, 9등관은 결코 하급관리가 아니다. 그는 뿌쉬낀의 「역참지기」의 주인공 14등관 삼손 브이린(Самсон Вырин)과 같은 사회로부터 천대받는 부류가 아니며, 「코」의 8등관 꼬발료프 소령보다 1단계 낮고, 「넵스끼 거리」의 11등관 삐로고프 중위보다 두 단계나 높은 관리이다. 42세인 그는 결혼도 하지 않았고 부양가족도 없을뿐더러 근검절약하며, 도스또옙스끼의 「가난한 사람들 Бедные люди」(1845)의 주인공 9등관 제부쉬낀(Макар Девушкин)과 달리 낭비벽이 전혀 없는 인물이다. 그럼에도 불구하고 그가 가난해서 새외투를 장만할 수 없다는 것은 고골 문학세계의 특징인 그로테스크, 불합리, 그리고 과장(гипербола)이며, 그의 외형적 가난은 '영적 빈곤'의 메타포이다.

「외투」에 등장하는 아까끼의 외형을 자세히 살펴보면 작은 악마의 형상을 발견할 수 있다. 아까끼의 모습은 다음과 같이 묘사되었다. "작달만한 키에, 얼굴은 약간의 곰보자국이 있고, 약간 불그스레한 색깔을 띠고 있으며, 어느 정도 흐리멍덩하기조차 한 눈, 약간 털이 빠진 이마, 두 뺨은 온통 주름살투성이고, 안색은 치질환자의 그것과도 같다." 그는 마치 고대 민화에 등장하는 마귀할멈 같은 모습이며, 현실세계에 존재하는 인물의 묘사라고 보기에는 석연치 않다. 뻬뜨로비치의 묘사 역시 고골 문학세계에 자주 등장하는 악마의 형상과 유사하다. 그는 '애꾸눈에 아까끼처럼 얼굴에는 곰보자국이 있고, 맨발로 터키 총독처럼 책상다리'를 하고 있다. 뻬뜨로비치의 외모는 아시아(이슬람)풍의 이교도 모습으로 묘사되었다. 「성탄절 전야」의 긴 꼬리에 염소수염을 기른 악마, 「무서운 복수」의 마법사, 그리고 「초상화」에 등장하는 초상화의 인물과 고리대금업자 뻬뜨로미할리(Петромихали)

는 악의 화신으로 아시아풍의 폭넓은 옷을 입고 있다. 8차례 수정을 가했던 「외투」에서 고골은 재봉사의 이름을 처음에는 「무서운 복수」 에필로그에서 무저갱으로 떨어진 뻬뜨로(Петро)와 동일한 이름으로 설정했다가, 그리고리(Григорий)를 거쳐 뻬뜨로비치로 최종 결정하였다. 그리스어로 파수꾼(watcher)라는 의미의 그리고리는 에녹 외경에 기록된 '하나님에게 반항한 천사'를 뜻하는 파수꾼과 동일한 이름이다. 즉, 하나님에 대항하다가 무저갱으로 떨어져 악마가 되는 계명성(Lucifer)과 동일한 천사인 것이다. 그리고 '언어 유희'(игра слов)의 마술사인 고골은 악마(чёрт)와 형태론적으로 유사한 단어들을 수차례에 걸쳐 사용하고 있다. 뻬쩨르부르그 뒷골목 검은(чёрный) 계단의 4(четвёртый)층에 살고 있는 뻬뜨로비치는 늘상 맨발로 다니는데 그의 발톱은 '거북이 등딱지'(черепаха) 같다. 「초상화」의 적그리스도 뻬뜨로미할리의 초상을 떠올리는 담배 갑에 그려진 어떤 장군의 초상화의 얼굴부분에 4각형(четвероугольный) 종이가 붙여져 있다. 내면에 속물근성을 간직한 작은 악마인 아까끼의 연봉은 400루블, 상여금은 40루블, 새 외투의 제작비는 40루블의 2배인 80루블이다. 그가 유력인사를 만나고 돌아올 때 4방에서 바람이 불고, 후두염으로 죽고 4일이 지나서 상관에게 보고가 된다. 이처럼 악마에 대한 많은 암시는 텍스트 상에서 수차례 발견된다.

뻬뜨로비치가 만들어준 새외투를 걸치고 야회를 개최한 상관의 집으로 향하던 아까끼는 상점 진열장 앞에 멈춰 서서 호기심어린 눈으로 포스터를 바라본다. "거기에는 구두를 벗으려고 날씬한 다리를 허벅지까지 드러내 보이고 있는 아름다운 여인의 모습과 그녀의 등 뒤에서 볼 수염과 입술 밑에 작은 삼각형 수염을 기른 사나이가 옆 방문에서 목을 들이밀고 있는 모습이 그려져 있었다. 아까끼 아까끼예비치는 고개를 끄덕이며 빙그레 웃고는 발걸음을 옮겼다. 그는 왜 웃었을까?" 이 부분에서 과거와 달리 성적충동을 표출하는 아까끼의 적극적인 모습이 들어난다. '방어막'(defensive mechanism)인 새외투를 입은 아까끼에게서 내면세계에 자리 잡고 있던 감추어진 악마의 형상이 분출되는 모습이다. 화자는 잠시 후 다음과 같은 답변을 던진다. "사람의 마음속에 들어가 그 사람이 생각하는 것을 샅샅이 들춰본다는 것은 불가능한 일이다." 즉, 표면상 가난한 관리로 묘사된 아까끼의 내면에 자리 잡고 있는 실체를 규명하려고 애쓰지 말라는 것이다. 이후 발생하는 사건들 — 아까끼의 죽음과 유령소동 — 은 마치 안개 속에 펼쳐지는 환상적이고 비현실적인 이야기로 진행된다. 아까끼는 살아있을 때는 마치 죽은 자 같고, 죽어서 유령이 되었을 때는 마치 살아있는 자 같이 행동하고 있다. 어설픈 악마의 형상을 띠고 있는 아까끼의 외모, 그리고 과감히 행동으로 옮기지 못하는 허약한 속물성을 가진 그의 내면세계는 에필로그에 등장하는 아까끼의 귀여운 유령과 함께 뒤범벅되며 안개 속으로 사라진다.

고골은 1841년에 완성한 「죽은 혼」1부를 1842년에 발표했다. N이라는 마을에서 3주 동안 악과 속물성의 화신들이 등장하는 「죽은 혼」1부의 내용은 다음과 같다. 당시 러시아 지주들은 마음대로 농노를 팔거나 사거나 할 수 있었고, 저당을 잡힐 수도 있었다. 가축의 수를 '두'(頭)로 헤아리는 것처럼 농노들은 '혼'(душа)으로 불려졌다. 정부관리는 지주가 소유한 농노의 수를 조사했고, 지주는 혼에 대한 인두세를 지불해야만 했다. 비록 소유한 농노 중 하나가 죽었다고 하더라도, 지주는 10년 후 다음 번 인구 조사 때까지 그 죽은 농노에 대한 인두세를 지속적으로 지불해야만 했다. 왜냐하면 '죽은 혼'이 명단에 남아있기 때문이다. 이처럼 그 혼의 불멸성이 지속되는 동안에 지주는 반드시 그 혼에 대한 세금을 지불해야만 한다. 「죽은 혼」에서 주인공 치치꼬프(Павел Иванович Чичиков)의 계획은 필연적으로 늘어만 가는 죽은 혼들을 지주로부터 매입한 후, 죽은 혼들의 인두세를 대신 지불해 준다는 것이다. 죽은 혼들을 명단에서 제거해주면 지주는 기뻐할 것이고, 그 거래가 이루어질 때 조그만 선물이라도 지주에게 준다면 기뻐할 것이라고 치치꼬프는 생각했다. 그는 터무니없이 싼값에 그 혼들을 충분히 긁어모은 후, 공식 문서에 의하면 버젓이 살아있는 그 혼들을 저당 잡힐 작정이었다. 1부에 등장하는 인물들은 모두가 인간이하의 쓰레기일 뿐 아니라 고골 작품에 자주 등장하는 마귀세계에 살고 있는 악마와도 같은 존재이기에, 누가 누구를 심판한다는 것은 일고의 가치도 없는 일이다.

치치꼬프는 N이라는 마을에 등장하여 그 지방 유지들과 친분을 맺었다. 그리고 그는 인근 대지주들을 방문하고 그들로부터 헐값에 죽은 혼들을 구입하였다. 그가 만나서 거래했던 지주들은 다음과 같다. 근엄한 척하며 점잖 빼는 우둔한 소바께비치(Собакевич), 무기력하고 감상적인 마닐로프(Манилов), 탐욕스럽고 케케묵은 쁠류쉬낀(Плюшкин), 미신세계와 현실세계의 완벽한 혼합물인 꼬로보치까(Коробочка) 부인, 그리고 난폭한 성품을 소유한 노즈드료프(Ноздрёв). 노즈드료프의 수다와 꼬로보치까의 신중한 태도는 마침내 온 마을 사람들로 하여금 떠돌이 협잡꾼 치치꼬프를 적대시하도록 만들었다. 마을 사람들의 이런 분위기를 노즈드료프로부터 전해들은 치치꼬프는 삼두마차를 타고 마을을 떠난다. 고골은 치치꼬프가 마을을 떠나는 장면을 서정적 문구로 다음과 같이 표현했다. “러시아여, 너는 어디로 날아가고 있느냐? 대답해 다오. 대답이 없다. 방울은 경이로운 소리를 발하고, 조각조각 흩날리는 공기는 바람처럼 울려 퍼진다. 러시아는 지상의 모든 것을 지나치며 날아간다. 다른 나라와 그 민중들이 곁눈질하며 러시아에게 길을 비켜준다. Русь, куда ж несешься? дай ответ. Не дает ответа. Чудым звоном заливается колокольчик; гремит и становится ветром разорванный в куски воздух; летит мимо всё, что ни есть на земли, и, косясь, постораниваются и дают ей дорогу другие народы и государства.”

단지 초고 1장만이 현존하는 「죽은 혼」2부에서 일부 지주들을 방문하던 치치꼬프는 마침내 경찰관들과 큰 마찰을 일으키게 된다. 비록 일부 문장과 구절들이 문학적으로 잘 묘사되었지만, 작가의 영적 메시지가 느껴지면서 작품은 서서히 죽음으로 빠져들게 된다. 비록 모든 등장인물들이 부정적인 형상이지만 고골은 2부에서 그들을 갱생시키고 썩은 양심을 각성시키려고 했다. 초기 작품부터 「죽은 혼」1부에 이르기까지 온통 악마와 속물만이 난무하는 작품에서 벗어나 갱생하는 선한 인물을 등장시키려고 고골은 애를 썼던 것이다. 고골은 1843년 초 「죽은 혼」2부를 집필하기 시작했으나 영과 육의 건강이 악화되어 5월에 치료차 독일을 방문하였고, 이후 유럽 각지를 돌아다녔다. 1845년부터 ‘선과 악’, 그리고 ‘종교와 윤리’ 문제가 병약한 고골을 괴롭히기 시작했다. 1845년 7월 초 그동안 집필하였던 「죽은 혼」2부를 소각했고, 우울증이 심각해지면서 1846년에는 창작활동을 거의 중단하게 되었다. 이런 와중에 고골은 1847년 1월에 『친구들과의 왕복 서한 Выбранные места из переписки с друзьями』을 발표하였다.

이 작품집에는 1846년 7월에 쓴 고골의 서언(предисловие)과 1842년부터 1846년 사이에 걸쳐 쓴 편지와 짧은 에세이를 포함한 32편의 글이 담겨있다. 당시 무신론자인 벨린스끼(Виссарион Григорьевич Белинский, 1811-1848)를 포함한 사실주의 비평가들은 고골을 광신도라고 매도하며, 기독교와 윤리를 다루고 있는 이 작품집의 문학적 가치를 인정하지 않았고, 구소련의 비평계도 마찬가지였다. 즉, 사실주의와 사회주의 문학이 빚은 허무맹랑한 주장인 것이다. 20세기로 접어들면서 모출스끼(Константин Мочульский), 예브도끼모프(Павел

Евдокимов), 소벨(Ruth Sobel) 등 비평가들에 의하여 이 작품집의 문학성이 드러나기 시작했다. 이 작품집에는 고골의 '기독교관', '여성관' 그리고 '미학관'에 관한 글이 일부 담겨있으며, 고골 특유의 수수께끼 같은 비유와 상징도 다수 발견된다. 그리고 고골은 32편의 글을 시간적 순서대로 편집하지 않고, 자신의 문학관에 초점을 맞추어 의도적으로 순서를 배열하였다. 첫 번째 글 「유언장 Завещание」에는 고골의 신념과 사상이, 두 번째 글 「세상의 여성 Женщина в свете」에는 여성관에 대한 짤막한 내용이, 그리고 마지막 글 「부활절 Светлое Воскресенье」에는 종교관과 미학관에 관한 내용이 들어있다. 이중에서 여성관에 관한 내용을 담고 있는 「세상의 여성」의 제목 밑에 고골은 고의적으로 (Письмо к ...ой)라고 쓰고 있다. 전치사 к 다음에 '여성 단수 여격어미'를 사용한 것으로 미루어 특정한 여성에게 쓴 글이 아니라, 고골 작품세계에서 부정적 형상을 의미하는 익명의 여성에게 쓴 것으로 판단된다. 이 글에서 고골은 여성이 갖고 있는 선과 악의 양면성을 동시에 묘사하고 있다. 먼저 여성이 갖고 있는 비밀스런 악의 거대한 능력을 상징적으로 강조하면서 이러한 특성은 결국 상대 남성을 파멸로 이끌고 간다고 주장한다. 이에 반해 순수한 여성이 소유하고 있는 아름다움은 하나님에 의해 여성의 영혼에 부여된 것이라고 주장한다. 그의 미학관에는 기독교관이 근저에 깔려있다는 것을 알 수 있다.

이처럼 러시아 정교를 신봉했던 고골에게 선과 악, 종교와 윤리의 문제는 도스또옙스끼나 똘스또이가 고민했던 것과 거의 동일한 것이었다. 『친구들과의 왕복 서한』의 발표와 거의 동일한 시기인 1847년 1월 25일에 모친에게 쓴 편지에서 고골은 선과 악, 그리고 죽음과 삶에 대해 다음과 같이 언급하였다. 기독교정신 속에서 진리를 추구하는 자들은 먼저 인간의 종착점인 죽음에 관한 생각을 항상 갖고 있어야 하며, 그래야만 악의 굴레에서 벗어날 수 있다. 죽음을 생각하는 자는 삶을 향한 의지가 더욱 강해지며, 악으로부터 벗어나 선을 이룰 수 있다는 것이다. 이 편지에서 고골은 대부분의 작품에서 성적쾌락의 추구, 악마, 파멸, 죽음, 유령이 다루어졌던 이유를 설명하고 있다. 이처럼 고골은 선과 생명을 얻기 위하여 먼저 악과 죽음을 분명히 파악하고 인식해야 된다는 것을 강조하고 있는 것이다. 마치 1880년대 이후 윤리, 도덕, 종교성을 강조한 똘스또이 문학세계처럼, 고골 미학관도 종교, 윤리와 깊은 관계를 맺고 있는 것이다.

1848년 3월에 팔레스타인 성지순례를 하고, 4월에 모스끄바로 영구 귀국한 고골은 오데사, 바실리예프까 영지, 그리고 수도원 등지를 방문한 후 10월부터 모스끄바에서 「죽은 혼」2부의 집필을 재개하였다. 1850년 12월 고골은 주꼽스끼에게 「죽은 혼」2부가 거의 완성되었다고 통보하였다. 그리고 지속적으로 「죽은 혼」2부에 수정을 가하던 고골은 1852년 2월에 이 작품에 등장하는 긍정적 인물에 대한 묘사에 결함이 있다고 스스로 판단하였고, 이는 하나님에 대한 모독이라고까지 간주했다. 영적으로 고뇌하는 고골을 만나서 마뜨페이(Матфей) 신부는 그에게 "뿌쉬낀과의 관계를 끊어라! 그는 죄인이었고, 이교도였다."라고 말했다. 2월 11일 밤 고골은 방에서 혼자 오랫동안 기도를 드렸다. 새벽 3시에 그는 시중드는 소년을 불러, 집의 반대편에 있는 방들이 따뜻한지 어떤지 물어보았다. 당시 고골은 마뜨페이 신부를 추종하는 알렉산드르 똘스또이(Александр Петрович Толстой)백작의 모스끄바 저택에 머물고 있었다. 소년은 그 방들은 따뜻하지 않다고 대답했다. "외투를 가져와라" 고골은 말했다. "자 가자, 내 거기 가서 할 일이 있다." 그는 양초를 들고 나서면서 지나치는 방마다 성호를 그었다. 고골은 그 중의 한 방으로 들어가서 다른 사람들이 깨지 않도록 조용히 난로의 배기통을 열라고 소년에게 명령했다. 그리고 서랍장 안에 놓여있는 서류가방을 꺼내오라고 지시했다. 서류가방을 가져오자 고골은 리본으로 동여맨 사본 한 묶음을 꺼내 난로 속에 넣었다. 그리고 양초를 이용해서 종이에 불을 붙이기 시작했다. 무슨 일이 일어나고 있는 것을 알아차린 소년은 무릎 꿇고 고골에게 그만두라고 간청했다. "네가 상관할 일이 아니다." 고골은 말했다. "기도하는 것이 차라리 더 나을 것이다." 소년은 흐느껴 울기 시작했고, 지속적으로 그에게 그만두라고 애원했다. 고골은 불에 타고 있는 사본 묶음의 귀퉁이가 까맣게 그슬린 것을 보고 난롯불이 꺼져 가고 있다는 것을 알아차렸다. 그는 난로에서 묶음을 꺼낸 후 리본을 풀었다. 그리고 연소를 촉진시키기 위해 종이들을 흩어 놓고, 다시 촛불을 종이 끝에 갖다 댔다. 그리고는 난롯가 옆에 놓여있는 의자에 앉아 종이들이 다 탈 때까지 기다렸다. 모든 것이 끝나자 고골은 성호를 긋고 자신의 방으로 돌아왔다. 그리고 소년에게 입을 맞춘 후 침상에 누운 채 눈물을 흘렸다. 고골의 생애에서 가장 많은 시간과 공을 들여 고뇌하면서 쓴 「죽은 혼」2부는 이렇게 소멸되었고, 단테(Alighieri Dante, 1265-1321)의 「신곡 La Divina Comedia」 처럼 3부작으로 계획되었었다고 알려진 「죽은 혼」은 결국 1부만 완성되었고, '완벽한 종교적 미'를 추구했던 중편 「로마 Рим」(1842)처럼 미완성으로 끝나고 말았다.

「죽은 혼」2부를 소각하고 금식에 들어간 고골은 1852년 3월 4일 아침 모스끄바 자택에서 사망하였다. 고골은 「죽은 혼」(1842) 1부를 완성한 직후부터 집필했던 2부를 1843년, 1845년, 그리고 1852년 2월 각각 세 차례에 걸쳐 자신의 손으로 직접 소각했다. 고골이 사망하고 소각되지 않은 2부는 초고 1장뿐이었다. 문단의 지인들은 고골의 제작노트에 쓰여진 2부의 단편(斷片)을 보정하여 2장, 3장 그리고 4장을 제작하였다. 그리고 그들은 고골이 사망하고 3년이 지난 1855년에 「죽은 혼」2부 1-4장을 출간하였다.

10 레르몬또프

(Михаил Юрьевич Лермонтов, 1814-1841)

19세기 러시아 최고의 서정 시인이며 인간의 내면세계와 심리적인 면을 표현하는데 천부적 재능을 소유한 레르몬또프는 1814년 10월15일 모스끄바에서 태어났다. 스코틀랜드 출신 용병의 후손인 그의 부친 유리 레르몬또프(Юрий Лермонтов)는 가난한 퇴역 대위였다. 그의 선조인 조지 리어마운스(George Learmounth, Георг Лермонт)는 1613년 러시아와 폴란드 사이에 벌어진 전쟁에 참여했던 스코틀랜드 출신 용병이었는데, 전쟁이 끝난 후 귀족 칭호를 얻어 러시아에 영주하였다. 그러나 그의 후손들은 18세기 말에 이르러 가문의 권력이 미약해지면서 가난한 귀족으로 추락하였다. 레르몬또프의 모친 마리야 미하일로브나 아르세니예바(Мария М. Арсеньева)는 러시아의 부유하고 영향력 있는 귀족 가문의 딸이었다. 불행히도 미하일이 세 살 되던 1817년에 그의 모친이 사망하였고, 무능한 사위를 미워하던 외조모 아르세니예바(Елизавета А. Арсеньева)는 어린 레르몬또프를 러시아 중부에 위치한 영지로 데려와 귀족가문의 아이로 양육시켰다. 집착과 소유욕이 강한 외조모는 처음에 레르몬또프에게 러시아 유모를 두었다가 나중에 독일인 보모를 붙이게 된다. 그는 독일인 보모로부터 중세 기사들에 관련된 환상적인 전설 이야기를 들으면서 서구식 교육을 받았다.

외조모와 부친 사이의 갈등과 불화를 체험하면서 그는 슬프고 어두운 내면을 소유한 채 어린 시절을 보냈다. 그 결과 대부분의 그의 작품에는 사색적이며 심리적인 고통의 암울한 분위기가 깔려있다. 또한 어린 시절부터 나이에 걸맞지 않게 조숙하였으며, 자기중심적인 사고를 갖게 되었고, 외조모의 지나친 과잉보호라는 울타리 안에서 진실한 사랑이 결핍된 채 성장하였다. 1818년부터 1825년까지 7년간에 걸쳐 어린 레르몬또프는 외조모와 함께 까프까즈(Кавказ)에 있는 친척을 세 차례 방문하여 생활하였는데 그는 까프까즈 산악의 절경과 자연의 아름다움에 매료되었다. 어린 시절 까프까즈에서의 생활은 레르몬또프의 문학세계에 상당한 영향을 끼치게 되었고, 훗날 까프까즈를 배경으로 한 다수의 작품이 발표되었다.

11세 되던 1825년 가을, 그는 까프까즈를 완전히 떠나 외조모의 영지로 돌아온 후, 외국인 가정교사로부터 개인교습을 받았다. 그는 영어를 포함한 프랑스어, 라틴어, 희랍어 등 외국어와 미술과 음악을 배웠으며, 그 결과 어린 시절부터 특히 미술, 음악 그리고 문학에 많은 흥미와 관심을 갖게 되었다. 1827년 레르몬또프는 외조모와 함께 모스끄바로 돌아온 후 귀족 기숙학교(Благородный пансион)에 입학할 준비를 하였다. 마침내 1828년 9월, 과거 주꼽스끼와 그리보예도프(Александр Сергеевич Грибоедов, 1795-1829)가 공부하였던 '모스끄바대학부설 귀족기숙학교'에 4학년으로 편입했다. 그 곳에서 그는 문학에 심취하게 된다. 그는 바이런(Baron Byron, 1788-1824), 세익스피어(William Shakespeare, 1563-1616), 실러(Friedrich von Schiller, 1759-1805)에 매료되었으며, 특히 바이런을 존경하였다.

그는 뿌쉬낀처럼 여덟 살 되던 어린 시절부터 시인이라고 자칭하였으며, 이때부터 1830년까지 그가 쓴 작품은 15편의 장시(поэма)와 300여 편의 짧은 서정시(стихотворение) 그리고 3편의 드라마(драма)와 1편의 산문소설(проза)에 이른다. 학창시절 바이런풍의 시를 주로 썼던 레르몬또프는 스스로를 '운명의 아들'(сын рока) 혹은 '추방자'(изгнанник)라고 부르면서 고뇌와 삶의 환멸을 작품에서 표현하고 있다. 그는 철학적인 질문들 — 인간의 삶의 의미는 과연 무엇인가? 인간은 내적 자유를 소유하고 있는가? 인간은 단지 운명의 손아귀에 포로가 되어 살아가고 있지는 않는가? — 을 항상 가슴 속에 품었으며, 이 질문들은 작품의 주요한 주제로 등장하고 있다. 감수성이 예민한 레르몬또프는 현실과 동떨어진 이상향을 꿈꾸는 청년이었다. 뜨거운 열정적인 성격과 수줍음을 잘 타는 내성적인 상반된 성격을 소유한 시인이었다. 레르몬또프는 1830년 모스끄바 근교에 위치한 사촌의 영지에서 사촌의 친구 수쉬꼬바(Е.А. Сушкова)를 만나게 되는데, 상대방의 반응과는 상관없이 마음속 깊이 사랑하게 된다. 그녀의 냉담함과 레르몬또프의 일방적인 사랑은 그에게 불행을 초래했고, 오랫동안 가슴 속에 상처가 되어 사랑과 행복보다는 고통과 고뇌만이 어린 시인의 가슴에 남겨졌다.

1830년 가을 그는 모스끄바 대학 정치학과에 입학하였다가, 얼마 후 어문학과로 전과하였다. 그는 귀족기숙학교 시절처럼 모스끄바 대학시절에도 역시 동료들과의 교제를 멀리하였고, 학내 정치 혹은 문학 서클에도 전혀 참여하지 않았다. 이 때문에 학창시절 같은 대학 동료인 벨린스끼(Виссарион Г. Белинский, 1811-1848)와 게르쩬(Александр И. Герцен, 1812-1870)과의 친분관계가 이루어지지 않았다. 1831년 레르몬또프는 이바노브나(Н.Ф. Ивановна)라는 여인을 만나 사랑에 빠졌다. 그러나 이번 역시 이루어질 수 없는 일방적인 사랑이었다. 사랑의 비애는 그의 마음속에 고통 뿐 아니라, 사회를 향한 냉소와 적대감을 불러 일으켰다. 레르몬또프는 1832년에 모스끄바 대학 시절 로뿌히나(В. А. Лопухина)를 알게 되면서 진실한 사랑을 추구하였으나, 또다시 불행한 사랑으로 끝났다. 그는 이루지 못한 사랑에 대한 좌절과

회의를 극복하고 내면에 이상적인 사랑을 품게 되었으며, 자신의 작품 속에 이를 승화시켜 표현하였다. 그는 이상과 현실 사이에 가로놓여 있는 커다란 공간을 인식하였으나, 이를 조화하여 극복하려는 노력을 스스로 거부한 시인이었다. 대신 젊은 시인의 마음속에는 회의적인 생각과 차가운 냉소적인 반응만이 남았고, "과연 인간의 삶의 목적은 무엇인가?"라는 의문을 품게 된다. "피조물 인간이 전지 전능한 하나님이 예정한 운명의 틀 속에서 생활하는 허수아비인가?" 아니면 "스스로 자유로운 선택을 취할 수 있는 내적 의지를 소유한 피조물인가?"라는 철학적인 의문을 품게 되었다.

모스끄바 대학시절에 레르몬또프가 집필한 서정시들 가운데 1831년에 쓴 「천사 Ангел」는 뛰어난 작품 중 하나로 높이 평가되고 있다. 이 작품에는 현실과 격리된 시인의 쓰라린 운명과 처절한 고통이 낭만적 풍으로 잘 묘사되고 있다. 레르몬또프는 스스로를 고통받는 '젊은 영혼'(душа молодая)으로 간주하고, 시인의 티 없이 맑고 순결한 진실성을 천사라는 이상적인 천상의 매개체를 통해 묘사한다. 동시에 낭만성과 서정성을 머금은 채 고통 받는 시인의 절규를 토로하고 있다. 그리고 당시 시인들에게서 쉽게 찾아 볼 수 없는 약강약격(амфибрахий)을 홀수행에서는 4보격, 짝수행에서는 3보격으로 적용하는 인접압운(смежная рифма)을 사용한 독특한 작품이다.

Ангел

По небу полуночи ангел летел
 И тихую песню он пел;
И месяц, и звёзды, и тучи толпой
 Внимали той песне святой.
Он пел о блаженстве безгрешных духов

Под кущами райских садов;
О Боге великом он пел, и хвала
Его непритворна была.
Он душу младую в объятиях нёс
Для мира печали и слёз;
И звух его песни в душе молодой
Остался — без слов, но живой.
И долго на свете томилась она,
Желанием чудным полна;
И звуков небес заменить не могли
Ей скучные песни земли.

천사

한밤 중 하늘을 따라 천사는 날아갔다.
그리고 그는 고요한 노래를 불렀다.
그리고 달과 별들과 먹구름들은 한데 어울려
이 성스러운 노래에 귀 기울였다.
그는 순결한 영혼들의 행복에 대하여 노래 불렀다
천국 정원의 오두막 아래에서.
위대한 하나님에 대해 그는 찬양했다.
그리고 그의 찬미는 진실하였다.
그는 고통과 눈물이 가득한 세상에서
한 젊은 영혼을 달래며 가슴 속에 끌어안았다.
그리고 그의 노랫가락은 이 젊은 영혼에게
말없이 그러나 생명력을 품고 머물렀다.
그리고 젊은 영혼은 세상에서 오랫동안 괴로워했다.
경이로운 갈망으로 가득한 채.
그리고 이 땅에서 지친 젊은 영혼의 노래는
천상의 노랫가락을 대신할 수 없었다.

또한 1832년에 쓴 「나는 살고 싶다! Я жить хочу!」역시 시인 레르몬또프의 열정적인 모습을 잘 드러내고 있는 낭만주의 작품이다. 이 작품에서 레르몬또프는 인간에게 닥쳐오는 슬픔과 고통을 피하지 않고 있는 그대로 수용하면서, 한걸음 더 나아가 이를 운명적 필연으로 간주하면서 아픈 가슴을 풀어헤치고 적극적으로 수용하고 있다. 특히 7행과 8행에서 그는 고통을 동반하지 않는 시인의 삶은 무가치한 삶이고, 마치 풍랑이 일지 않는 바다는 바다로서 가치와 의미를 상실하는 것과 동일하다고 절규한다. 약강 4보격과 교차압운(перекрёстная рифма)을 사용하고 있다. 그리고 같은 해에 발표한 「돛단배 Парус」(1832)역시 「나는 살고 싶다」와 유사한 주제를 다루고 있는데, 작가의 풍부한 낭만성과 정신세계에 존재하고 있는 강렬함이 상징적으로 잘 표현되어 있다.

Я жить хочу! хочу печали
любви и счастию назло;
Они мой ум избаловали
И слишком сгладили чело.
Пора, пора насмешкам света
Прогнать спокойствия туман;
Что без страданий жизни поэта?
И что без бури океан?
Он хочет жить ценою муки,
Ценой томительных забот.
Он покупает неба звуки,
Он даром славы не берёт.

나는 살고 싶다! 나는 슬픔을 원한다.
사랑과 행복에 대하여 악의를 품으면서.
사람들은 나의 이성을 흔쾌히 받아 주었고,
지나칠 정도로 내 이마의 주름을 펴주었다.
이제는 세상의 조롱에 대항하여
평온의 안개를 쫓아버릴 때가 되었다.
고통이 없는 시인의 삶은 무슨 의미가 있는가?
그리고 풍랑이 없는 대양은 무슨 의미가 있는가?
시인은 고통의 대가를 치르며 살고자 원한다.
고뇌의 대가를 치르면서.
그는 하늘의 소리를 사들인다.
그는 대가를 치르지 않고는 영광을 얻지 않는다.

Парус

Белеет парус одинокой
В тумане моря голубом!..
Что ищет он в стране далекой?
Что кинул он в краю родном?..

Играют волны — ветер свищет,
И мачта гнется и скрыпит...
Увы! он счастия не ищет
И не от счастия бежит!

Под ним струя светлей лазури,
Над ним луч солнца золотой...
А он, мятежный, просит бури,
Как будто в бурях есть покой!

돛단배

외로운 돛단배가 하얗게 보인다,
바다의 푸른 안개 속에서!..
그는 멀고 먼 이국땅에서 무엇을 찾고 있는가?
그는 조국의 변방에서 무엇을 버렸단 말인가?

파도가 넘실대고 — 바람이 강하게 불어온다.
돛대가 구부러지고 삐걱거린다...
아! 그는 행복을 찾고 있지 않는구나.
그리고 행복으로부터 도주하지도 않는구나!

그 밑에는 감청색보다 더 밝은 물결의 흐름이,
그 위에는 태양보다 더 금빛을 발하는 햇살이 있구나...
그런데 격렬한 그는 풍랑을 초대한다,
마치 풍랑 속에 평온함이 존재하는 것처럼!

1832년 11월에 레르몬또프는 대학 시험사정위원회와의 마찰로 인해 자퇴한 후, 모스끄바를 떠나 타 대학에 입학하기 위하여 뻬쩨르부르그로 이주하였다. 그러나 뻬쩨르부르그 대학에 입학할 것을 포기하고 대신 어린 시절 독일인 보모가 들려주었던 동화속의 용맹스런 기사가 되겠다는 꿈을 꾸며 근위기병 사관학교에 입학하였다. 근위기병 사관학교 시절(1832-1834) 그는 바이런 풍의 인물처럼 냉소적이고 거만했으며 경박한 행동을 일삼았다. 이 시기에 그는 관능적이고 에로틱한 작품들 — 「루살까 Русалка」(1832), 「울란의 부인 Уланша」(1833), 「병원 Госпиталь」(1833), 「뻬쩨르고프의 축일 Петергофский праздник」(1834) — 을 집필했다. 이 가운데 「루살까」는 문학성이 돋보이는 작품으로 평가된다. 이 시기에 레르몬또프는 산문에도 관심을 갖게 되었으며 산문 집필에 많은 시간을 할애하였으나, 역사소설 「바짐 Вадим」

(1832-1834)은 결국 미완성으로 끝났다. 레르몬또프는 근위기병 사관학교 시절을 자신의 '불행한 시절'(злополучные годы)이라고 부르고 있다.

Русалка (1832)

1.
Русалка плыла по реке голубой,
  Озаряема полной луной;
И старалась она доплеснуть до луны
  Серебристую пену волны.
2.
И шумя и крутясь колебала река
  Отраженные в ней облака;
И пела русалка — и звук её слов
  Долетал до крутых берегов.
3.
И пела русалка: «На дне у меня
  Играет мерцание дня;
Там рыбок златые гуляют стада,
  Там хрустальные есть города;
4.
И там на подушке из ярких песков,
  Под тенью густых тростников,
Спит витязь, добыча ревнивой волны,
  Спит витязь чужой стороны.
5.
Расчёсывать кольца шелковых кудрей
  Мы любим во мраке ночей,
И в чело, и в уста мы, в полуденный час,
  Целовали красавца не раз.

6.
Но к страстным лобзаньям, не знаю зачем,
  Остается он хладен и нем;
Он спит, — и, склонившись на перси ко мне,
  Он не дышит, не шепчет во сне!..»
7.
Так пела русалка над синей рекой,
  Полна непонятной тоской;
И, шумно катясь, колебала река
  Отраженные в ней облака.

루살까

1.
보름달에 의해 밝게 비치는,
푸른 강을 따라 루살까는 헤엄쳤다.
그녀는 물결의 은빛 물방울을
달까지 튀기려고 애쓰고 있었다.
2.
소란스럽게 소용돌이치면서 강물은 요동쳤고,
구름은 강물 속에 투영되었다.
루살까는 노래 불렀다. 그리고 그녀의 노랫가락은
가파른 강가까지 도달하였다.
3.
루살까는 노래 불렀다. "한낮의 눈부심이
내 밑바닥에서 장난친다.
그곳에는 황금빛 물고기 떼가 산책하고,
그곳에는 수정 같은 도시들이 있단다.

4.
그 곳에는 선명한 모래들로 만들어진 지반 위에,
울창한 갈대의 그늘 아래,
시샘하는 파도의 노획물인 한 용사가 잠자고 있다.
이국땅에서 온 한 용사가 잠자고 있다.
5.
우리는 밤들의 흑암 속에서 비단결 곱슬머리의 환형을
빗질하는 것을 좋아한다.
그리고 우리는 한 낮에 아름다운 용사의 이마와 입술에
여러 번 입 맞추었다.
6.
그런데 왠지 나도 모르게, 정열적인 내 입맞춤에
그 용사는 얼어붙고 마비되었다.
그는 잠들어 있었다. 그리고 내 가슴에 기댄 후,
그는 꿈속에서 숨도 쉬지 않고 속삭이지도 않는다."
7.
이렇게 루살까는 파란 강 위에서 노래 불렀다.
이해할 수 없는 우수가 가득한 채.
그리고 강물은 시끄럽게 요동치며 흘렀고,
구름은 강물 속에 투영되었다.
(*루살까: 고대 슬라브 전설에 나오는 숲과 물의 요정)

1834년 말 근위기병 사관학교를 졸업한 후 소위로 임관하여 짜르스꼬예 셀로(Царское Село)에 위치한 기병연대에 배치되었기 때문에 레르몬또프는 뻬쩨르부르그 사교계 생활에 쉽게 접할 수 있었다. 그는 자유분방한 생활을 하며 냉소적 난봉꾼으로 술과 여자를 가까이했으나, 사교계에서의 그의 인기는 그리 오래가지 못했다. 방탕한 사교계 생활을 뒷받침할 경제적 여유도 없었고, 외모 역시 여성들을 유혹할 만큼 출중하지 못하였기 때문이었다. 그러나 이 시절 레르몬또프의 자유분방한 모습의 뒤편에는 영혼의 절규와도 같은 창작욕이 감추어져 있었다. 일반적으로 사관학교 시절과 짜르스꼬예 셀로에서 근무했던 시절에 발표된 작품 가운데 문학적으로 뛰어난 것은 많지 않다. 1836년에 집필하기 시작한 뻬쩨르부르그 사교계를 배경으로 한 장편소설 「리곱스까야 공작부인 Княгиня Лиговская」 역시 두 번째 미완성 작품으로 남게 된다.

1837년은 레르몬또프에게 전환점이 되는 해였다. 그 해 2월 위대한 시인 뿌쉬낀의 죽음을 애도하는 「시인의 죽음 Смерть поэта」을 쓴 레르몬또프는 문단의 찬사를 한 몸에 받음과 동시에 니꼴라이 I세(Николай I, 1825-1855)의 분노도 샀다. 이 작품에서 레르몬또프는 뿌쉬낀의 죽음에 대한 애도와 결투에서 그를 살해한 네덜란드 대사의 양아들 단테스(Georges D'Anthès) 남작에 대한 뜨거운 분노를 표출하였다. 또한 이를 수수방관한 귀족사회에 대한 질타도 했다. 이 작품은 당시 필사본으로 전달되어 읽혀지면서 레르몬또프는 시인으로서 명성을 얻었으며, 문단에 정기적으로 작품을 기고할 수 있는 기회까지 제공받았다. 그러나 분노한 황제는 레르몬또프를 체포하여 군사재판에 회부했다. 레르몬또프는 장교에서 사병으로 강등 당했고, 까프까즈 산악 민족과 전투를 치르고 있던 까프까즈의 상비병 연대로 전보발령되었다.

1837년에 발표된 역사적 민요 형태를 취한 설화시 「상인 깔라쉬니꼬프에 관한 노래 Песня про купца Калашникова」는 서사시적 분위기에 간결한 문체로 쓰여 졌는데, 이야기의 빠른 전개와 드라마틱한 에피소드가 돋보인다. 이 작품에 사용된 시어, 운율, 문체, 구조적 장치 등은 러시아 구전 문학의 전통을 그대로 살린 듯한 인상을 주고 있으며 내용적 측면에서도 레르몬또프의 강렬한 낭만성이 잘 드러나고 있다. 이 작품에서 레르몬또프는 러시아의 구비 문학(фольклор)에 관한 지식과 러시아 역사를 결합한 형태로 서사시를 창작하는 문학적 재능을 보여 주었다. 16세기 이반 IV세(Иван IV, 1533-1598)시대를 배경으로 한 이 작품에는 젊은 귀족출신 상인 깔라쉬니꼬프(Калашников)와 그의 아내를 유혹하며 탐욕을 품고 있는 친위대원 끼리베예비치(Кирибеевич)가 주요 인물로 등장한다. 역사적 실제인물로 이반 IV세가 설정되었고, 형식적 측면에서 고대 러시아 문학의 장르인 브일리나(былина)의 전통을 사용하면서 16세기 상인계급의 생활상도 함께 묘사하고 있다. 이 작품의 중심 주제는 주먹으로 대결하는 결투인데, 이는 레르몬또프가 상당히 좋아했던 결투라는 주제로, 인간의 운명과 깊은 연관관계를 맺고 있다고 그는 믿었다. 겸손하고 덕성을 함양한 긍정적 인물인 상인 깔라쉬니꼬프와 이반 IV세의 총애를 받는 친위대원 끼리베예비치 사이에서 결투가 벌어진다. 깔라쉬니꼬프는 자신의 신념에 대한 명예를 회복하기 위하여 그리고 자신의 착한 아내 알레나 드미뜨리예브나(Алена Дмитриевна)의 명예를 회복하기 위해 결투에 응한다. 드미뜨리예브나를 유혹하는 무적의 주먹인 끼리베예비치는 이반 IV세의 흥을 돋우기 위해 결투를 벌인 것이다. 그런데 결투가 벌어진 순간 깔라쉬니꼬프는 단 한방의 주먹을 사악한 끼리베예비치의 가슴에 날림으로써 그를 죽여 버린다. 죽음의 장면을 레르몬또프는 비유법을 사용하여 마치 한 폭의 회화처럼 그리고 있다.

Повалился он на холодный снег,
На холодный снег, будто сосенка,
Будто сосенка, во бору сыром
Под смолистый под корень подрубленная.

그는(끼리베예비치) 차가운 눈 위에 쓰러졌다.

차가운 눈 위에, 마치 소나무처럼,
마치 소나무처럼, 축축한 침엽수림 속
송진이 묻은 뿌리 밑이 절단된 소나무처럼.

레르몬또프는 이 작품 전체를 통하여 이처럼 간결하고 명료한 문체를 사용하였으며, 단어 혹은 문구의 단순한 반복(повтор)을 이용하여 리드미컬한 효과를 극대화시키면서 동시에 의미전달을 강조하였다. 그 결과 이야기가 진행되는 장면들은 생동감 넘치게 잘 묘사되고 있다. 사랑하는 친위대원을 잃고 이에 분노한 이반 뇌제는 귀족출신 상인 깔라쉬니꼬프를 극형에 처한다. 그리고 깔라쉬니프의 시신은 모스끄바 강 건너편 깨끗한 평야에 매장되고 화자는 그와 그의 부인에게 영광을 돌리며 이야기를 맺는다.

유형지인 까프까즈에 머물던 1837년 늦여름, 레르몬또프는 자연을 배경으로 한 「누렇게 물든 밭이 출렁일 때 Когда волнуется желтеющая нива」를 집필했다. 이 작품에는 이제까지 자기중심적이고 격동적이며 열정을 추구했던 이전 레르몬또프의 작품세계에서는 볼 수 없는, 마치 의문투성이인 인생에 대한 해답을 찾고 자연의 품으로 돌아온 성숙한 시인의 모습이 드러나고 있다. 지난 시절 젊은 시인의 가슴속에 솟구쳐 올랐던 열정은 골짜기를 따라 흘러 내려오는 차가운 샘물로 식혀졌고, 지나온 무용담과 더불어 고통과 고뇌는 사라져가며 대신 평온함이 다가오는 모습을 느낄 수 있다.

Когда волнуется желтеющая нива,
И свежий лес шумит при звуке ветерка,
И прячется в саду малиновая слива
Под тенью сладостной зелёного листка;

Когда, росой обрызганный душистой,
Румяным вечером иль утра в час златой,
Из-под куста мне ландыш серебристый
Приветливо качает головой;

Когда студёный ключ играет по оврагу
И, погружая мысль в какой-то смутный сон,
Лепечет мне таинственную сагу
Про мирный край, откуда мчится он:

Тогда смиряется души моей тревога,
Тогда расходятся морщины на челе,
И счастье я могу постигнуть на земле,
И в небесах я вижу Бога.

누렇게 물든 밭이 출렁일 때,
그리고 신선한 숲이 바람소리에 술렁일 때,
정원에는 검붉은 자두가 진녹색 잎사귀의
감미로운 그늘 밑에 자취를 감추어버린다.

진홍빛 저녁 무렵이나 아침녘 황금빛 머금는 때,
향기로운 이슬이 뿌려진 은빛 은방울꽃이
덤불 밑에서 나에게
다소곳이 머리채를 흔들어 댄다.

차가운 샘물이 골짜기를 따라 흘러내릴 때,
어떤 혼란스런 꿈속으로 내 상념을 몰입시키면서,
그 샘물은 나에게 자신이 지나쳐온
평화로운 대지에 관한 비밀스런 무용담을 속삭인다.

그 때 내 영혼의 고뇌는 평온해지고,

그 때 내 이마의 주름살은 펼쳐진다.
그리고 이제 나는 이 땅에서 행복을 헤아릴 수 있으며,
천상의 하나님을 볼 수 있다.

1838년 4월에 레르몬또프는 사면되어 빼쩨르부르그의 기병연대에 근무하게 된다. 그가 까프까즈에서 근무하는 동안(1837-1838) 「시인의 죽음」은 암암리에 필사본으로 계속 유포되어 많은 독자층이 형성되었다. 빼쩨르부르그에서 레르몬또프는 위대한 시인의 명성을 얻은 자신을 발견하게 된다. 그 동안 주로 개인적인 테마를 다루었던 레르몬또프는 이를 계기로 하여 사회적 테마에 관심을 갖게 된다. 1년간 까프까즈에서 지내면서 그는 성숙해졌고 윤리적 시각의 변화도 있었다. 빼쩨르부르그에서 그의 창작 활동은 활발히 전개되었고 1841년 사망하기 전 까지 원숙한 작품들이 이 시기에 집필되었다.

레르몬또프는 1839년에 장시 「악마 Демон」를 발표하였는데, 이 작품은 1829년에 집필하기 시작하여 약 10년간에 걸쳐 완성한 작품이다. 이 작품을 집필하는 동안 많은 정성과 정열을 쏟아 부은 그는 7차례의 수정을 가했고, 1837년 까프까즈에 체류할 당시 8번째 수정을 거쳐 1839년 초에 완성되어 발표하였다. 이 작품은 용서받을 수 없는 타락한 천사인 악마의 인간에 대한 사랑을 주제로 하고 있다. 이 작품에 등장하는 악마는 하나님의 절대 권력에 불복종한 결과 고독하고 고립된 세계에 머물면서 지속적으로 하나님에게 반항하는 인물이다. 초판에서 레르몬또프는 악마가 죽도록 운명되어진 여인을 유혹하여 그녀에게서 사랑을 받은 후 그녀는 죽고 악마는 악령이 된다는 이야기를 설정했다. 그러나 수정을 수차례 가하는 과정에서 여인을 유혹하는 낭만적 풍의 인물로 악마를 설정하는 것을 포기했다. 대신 사랑에 대한 집착이 강한 인물로 변경하였다. 즉, 현실세계의 진부한 틀에

저항하며 이를 파괴하는 인물로 대치하였던 것이다. 공간도 처음에는 낯선 이국땅에서, 스페인으로 변경하였다가, 마침내 까프까즈로 설정하였다. 악마의 상대역인 여인도 처음에는 여 수도사로 설정하였다가, 까프까즈의 따마라(Тамара) 공주로 교체하였다.

작품의 줄거리는 다음과 같다. 하나님에 대항하여 반란을 일으킨 교만한 천사가 하나님으로부터 지독한 저주를 받아 목적도 없이 그리고 안주할 거처도 없이 까프까즈에서 끝없는 방랑의 길을 걷는 악마가 된다. 고독하게 살아가는 현재의 외로움과 하나님으로부터 축복받았던 과거의 기억들은 악마에게 단지 영원한 고통의 근원일 뿐이다. 그러나 그는 한 가닥 희망을 가지고 있다. 만일 죽도록 운명 지어진 한 여인이 자신을 사랑하게 되면, 그 여인과의 사랑으로 인하여 악마는 새로운 삶을 누릴 수 있다는 것이다. 악마는 고결한 영혼을 지닌 아름다운 따마라 공주를 발견한다. 그녀만이 자신을 구원할 수 있는 유일한 여인이라고 생각한 악마는 마치 활화산과도 같이 타오르는 열정을 갖고 그녀에게 접근한다. 그 과정에서 악마는 그녀의 약혼자를 절벽으로 밀어내어 죽인다. 그리고 그녀의 꿈속에 나타나 뜨거운 사랑의 고백을 하면서 그녀를 유혹하다. 혼돈과 불안으로 가득한 그녀는 수도원으로 들어가 신앙으로 극복하려하나 마음의 평안을 얻어내지 못한다. 수도원으로 잠입한 악마는 수호천사의 저지를 물리치고 따마라가 기거하는 방으로 침입한다. 그는 따마라에게 자신의 운명, 번민과 고뇌, 그리고 영원한 슬픔을 고백한다. 순결한 따마라는 그의 고백에 감동했고, 그의 요구를 들어주기 위한 조건으로 악마가 죄악으로부터 영원히 떠나겠다는 맹세를 요구한다. 악마는 그녀 앞에서 이를 지키겠다고 맹세한다. 하지만 약속을 지키기 위해 악마는 도덕적으로 완전히 변해야 하는데 이는 원천적으로 불가능한 것이었다. 따마라를 향한 악마의 사랑은 자신의 목적을 달성하기 위한 이기주의적인 것이었고, 그녀 역시 악마의 영혼을 순수하게 변모시킬 수는 없었던 것이다. 악마의 정열적인 입맞춤으로 따마라는 죽음을 맞이하게 되며 자신을 희생하는 고귀한 사랑을 했던 따마라의 영혼은 하늘나라로 올라간다. 그녀의 수호천사는 따마라의 영혼에서 악마를 제거하며, 마지막 장에서 다음과 같이 말하면서 그녀의 영혼을 좇아 하늘로 올라오는 악마를 저지한다.

> «Она страдала и любила —
> И рай открылся для любви!»
> "그녀는 고통을 받았고 (진실한) 사랑을 했다.
> 그리고 천국은 이런 사랑을 한 자들에게만 열려있다!"

하늘나라와 화해하고자하는 악마의 시도는 실패로 끝나고, 여전히 교만으로 가득한 그는 이전처럼 지상에 홀로 남아 사랑과 희망을 갖지 못한 채 영원히 방황한다. 환상적인 주제를 다루고 있는 「악마」는 레르몬또프의 최고 걸작인데 비유(иносказание), 알레고리(аллегория), 암시(намёк)가 풍부하다. 악마가 초인간적인 열정으로 사랑을 추구했으나, 악은 결코 선으로 탈골할 수 없다는 메시지를 제시하고 있다. 까프까즈의 자연묘사와 작품 전반에 흐르는 음악성이 돋보인다. 낭만적이며 환상적인 주제를 다루는 이 작품에서는 악마를 통해 인간의 내면적 갈등과 전통적 구속에 대한 저항, 그리고 결코 속박 받지 않고 완전한 자유를 갈망하는 처절한 열정을 표현하고 있다.

레르몬또프는 까프까즈 유형지에 머물었던 시기인 1838년부터 소설 「현대의 영웅 Герой нашего времени」을 집필하기 시작했다. 그는 1839년 3월 《벨라. 까프까즈에서 한 장교의 수기로부터 Бэла. Из записок офицера в Кавказе》를, 그리고 11월에 《운명론자 Фаталист》를 《조국잡기 Отечественные записки》에 발표했고, 1840년 2월에는 《따만 Тамань》을 발표했다. 그리고 4월에 이 세 작품과 《공작의 딸 메리 Княжна Мери》, 《막심 막시므이치 Максим Максимыч》 《뻬쵸린의 수기(서언) Журнал Печорина(Предисловие)》을 함께 엮어 「현대의 영웅」 완성본을 발행했다. 서언을 포함해서 총 6개의 이야기로 구성된 이 작품은 1부에 「벨라」, 「막심 막시므이치」, '서언', 「따만」, 그리고 2부에 「공작의 딸 메리」, 「운명론자」의 순서로 배열되어 있다. 서언을 제외한 5개의 이야기는 개별 작품이면서 동시에 소설의 전체를 구성한다. 그런데 시간의 흐름에 따르면 작품 내 순서와는 달리 「따만」, 「공작의 딸 메리」, 「벨라」, 「운명론자」, 「막심 막시므이치」, 그리고 '서언'의 순이다.

첫 번째 이야기 「벨라」에서 화자는 띠플리스(Тифлис)에서 블라지까프까즈(Владикавказ)로 여행을 하던 중 막시므이치 대위를 만나 그로부터 자신의 부관인 뻬초린(Печорин)에 관한 이야기를 전해 듣는다. 대위는 뻬초린과 까프까즈 처녀 벨라와의 관계와 두 사람의 사랑에 대해 이야기한다. 작가는 독자들에게 주인공 뻬초린에 대한 의문과 궁금증을 증폭시킨다. 두 번째 이야기 「막심 막시므이치」에서 화자는 블라지까프까즈에서 막시므이치를 다시 만나 대화를 나누었고, 다음날 뻬초린을 처음 만난다. 뻬초린이 페르시아로 떠난 후 대위는 화자에게 뻬초린의 수기를 전달한다. 화자는 독자에게 자신이 직접 만난 뻬초린에 대해 간략하게 묘사한다. 수기에는 「따만」, 「공작의 딸 메리」, 그리고 「운명론자」가 수록되어 있다.

화자는 수기의 '서언'에서 뻬초린이 페르시아에서 돌아오는 길에 사망했다는 것을 알리면서 수기를 공개하게 된 동기를 설명한다. 수기의 첫 번째 이야기 「따만」에는 뻬초린이 까프까즈를 처음 방문했을 때 발생한 밀수 사건이 기록되어 있다. 그런데 뻬초린 자신보다 밀수꾼

얀꼬(Янко)와 눈먼 소년, 그리고 젊은 처녀에 대한 이야기가 수록되어 있다. 따라서 뻬초린에 대한 독자의 관심은 더욱 증폭된다. 두 번째 이야기 「공작의 딸 메리」에는 뻬초린이 까프까즈의 빠찌고르스끄(Пятигорск)에 머물면서 일어난 사건들이 묘사되어 있다. 그는 오래전부터 서로 사랑했던 베라(Вера)와 그녀의 남편 세뮨(Семён)을 만났고, 그들 사이에서 불화를 초래한다. 또한 경박한 미인 공작의 딸 메리와 속물근성이 있는 기병대위 출신 그루쉬니쯔끼(Грушиницкий)와의 사생활에 개입하면서, 그가 사랑하지도 않는 메리로 하여금 자신을 사랑하게 만든다. 그리고 그는 결투에서 그루쉬니쯔끼를 살해한다. 여기서 독자는 뻬초린에 관한 모든 것을 이해하게 된다. 마지막 이야기 「운명론자」에서는 뻬초린이 요새를 떠나 까프까즈에 정착한 첫 2주 동안 생활상을 기록하고 있는데, 불리츠(Булич) 중위와의 일화를 통해 그는 운명론자에 대한 실험을 감행한다. 여기서 뻬초린은 단순화자로 등장하며 특별한 역할은 하지 않는다.

이 작품은 구성적인 측면에서 시간의 배열을 혼합함으로 독자로 하여금 뻬초린에 대한 호기심을 순차적으로 증폭시키는 독특한 형태의 소설이다. 그리고 막시므이치, 화자, 그리고 뻬초린 스스로 바라본 주인공에 대한 다양한 시각을 통해 그의 면모를 종합적으로 투영하고 있다. 그러나 그의 성격은 동적인 면보다 정적인 것으로 묘사되어 있다. 작품 내에 그의 가족관계와 성장과정에 대한 설명이 부재하기 때문에 독자의 의구심은 여전히 남아있다. 뻬초린은 시적 영감과 열정을 소유한 과묵한 잉여인간으로 묘사되었다. 뿌쉬낀의 오네긴(Онегин)과 달리 악의를 품은 호전적인 성품의 소유자이며, 사랑을 받기 위한 갈망이 공허의 형태로 표출되는 운명의 집행자이다. 뻬초린은 베라와 그녀의 남편 사이에 불행을 초래했고, 메리로 하여금 자신이 그녀를 진심으로 사랑한다고 속이고 그루쉬니쯔끼를 결투에서 살해하였으나,

결코 양심의 가책을 느끼지 않는 인물이다. 이 모든 행위를 운명으로 해석할 따름이다. 「운명론자」에서 '인간의 운명은 스스로의 의지에 의해 결정되는 것이 아니라, 운명 자체에 의해 결정된다.'고 뻬초린은 토로한다. 이것이 바로 작가 레르몬또프의 신념인 것이다.

레르몬또프는 「현대의 영웅」의 개별 작품이 발표되던 1840년 2월에 프랑스 대사의 아들 바랑트(Барант)와 결투를 벌인 사건으로 인해, 흑해 인근 까프까즈에 위치한 쩬긴스끼(Тенгинский) 보병연대로 두 번째 유형을 떠났다. 사령관은 산악 소수민족과의 전투에서 혁혁한 공로를 세운 레르몬또프에게 훈장을 수여하려 하였으나 뻬쩨르부르그 상부의 지시로 수상이 거부되었다. 1841년 5월 전투에서 입은 부상을 치료하기 위해 병가를 낸 레르몬또프는 친척이자 친구인 스똘르이삔(А.А. Столыпин)과 함께 「현대의 영웅」의 뻬초린이 그루쉬니쯔끼와 결투를 벌였던 빠찌고르스끄(Пятигорск)에 도착하여 휴식을 취하며 전원생활을 즐기고 있었다. 7월 25일 무도회에서 사소한 문제로 레르몬또프와 마르뜨이노프(Н.С. Мартынов) 소령 사이에 언쟁이 일어났다. 이 문제로 두 사람이 7월 27일 저녁에 벌린 결투에서 레르몬또프는 사망했다. 빠찌로르스끄에 매장된 시신은 외조모 아르세니예바의 요청에 의해 따르한(Тархан)에 위치한 아르세니예프 가족 묘지에 안장되었다.

27년이라는 짧은 생을 마감한 레르몬또프는 내면의 고독과 고통, 그리고 아픔을 평생 동안 간직하고 살아간 시인이었다. 그의 모든 작품에는 작가 스스로의 삶과 신념이 물씬 배어있다. 27일 레르몬또프가 피살되지 않았다면, 그는 또 다른 사람과 결투를 벌였을 것이다. 사망하기 수개월 전에 집필한 「나 홀로 길을 나서네 Выхожу один я на дорогу」(1841)는 낭만성과 서정성이 풍부한 작품이다. 과거 자신의 삶에 대한 고통을 철저히 망각할 뿐 아니라, 지나온 과거가 후회

없는 삶이었다는 것을 선포하며 자연과 더불어 내면세계를 노래하고 있다. 그가 바라는 미래는 화려한 빛이 감도는 희망찬 공간이 아니라, 단지 고요함과 평안함, 그리고 자유가 존재하는 곳이다.

Выхожу один я на дорогу;
Сквозь туман кремнистый путь блестит;
Ночь тиха. Пустыня внемлет богу,
И звезда с звездою говорит,

В небесах торжественно и чудно!
Спит земля в сиянье голубом...
Что же мне так больно и так трудно?
Жду ль чего? жалею ли о чём?

Уж не жду от жизни ничего я,
И не жаль мне прошлого ничуть;
Я ищу свободы и покоя!
Я б хотел забыться и заснуть!

Но не тем холодным сном могилы...
Я б желал навеки так заснуть,
Чтоб в груди дремали жизни силы,
Чтоб, дыша, вздымалась тихо грудь;

Чтоб всю ночь, весь день мой слух лелея,
Про любовь мне сладкий голос пел,
Надо мной чтоб, вечно зеленея,
Тёмный дуб склонялся и шумел.

나 홀로 길을 나선다.
안개 속에 자갈길이 빛을 발한다.

밤은 고요하다. 광야는 하나님에게 귀 기울인다.
그리고 별들이 속삭인다.

밤하늘은 장엄하고 경이롭다!
푸른 빛 속에 대지가 잠든다.
무엇이 나를 이처럼 고통스럽고 힘들게 하는가?
나는 무엇을 기다리는가? 무엇에 대해 슬퍼하는가?

나는 인생에서 아무것도 기다리지 않는다.
그리고 지나온 과거는 조금도 슬프지 않다.
난 단지 자유와 평안을 갈구한다!
모든 것을 잊고 잠들고 싶다!

그러나 무덤가의 그런 차가운 잠이 아니다.
삶의 활력이 가슴 속에서 잠시 잠드는,
숨을 들이쉰 후에 가슴이 조용히 부풀어 오르는,
그런 잠을 영원토록 자고 싶다.

밤낮 내 귀를 즐겁게 하면서
달콤한 목소리로 내게 사랑에 대해 노래 부르는,
변치 않는 녹음을 띠면서, 내 위에
짙은 참나무 한그루가 기울며 술렁거리는,
(그런 잠을 영원토록 자고 싶다.)

제3장 19세기 문학평론가와 사상가

1 벨린스끼

(Виссарион Григорьевич Белинский, 1811-1848)

벨린스끼는 1811년 6월 11일 발트해 근처에 위치한 까렐리야(Карелия)지역의 스베아보르그(Свеаборг, 현재는 핀란드 영토임)에서 가난한 군의관과 고등교육을 받지 못한 소박한 시골 여인 사이에서 태어났다. 발틱함대 군의관으로 근무하던 벨린스끼의 부친은 7개의 방이 딸린 저택에서 생활하며 7명의 하인을 두고 있었다. 당시 벨린스끼의 부친은 자식들 가운데 특히 아들에 대한 교육열이 높은 인물이었으나 특별히 가정교사를 둘 형편은 되지 못했다. 그 때문에 벨린스끼는 동시대 작가들과 비교해 볼 때 프랑스어나 독일어에 능숙하지 못한 인물로 성장하였다. 그의 가족들은 1816년에 성직자로 봉사하였던 벨린스끼의 조부가 거주하였던 모스끄바 동남쪽에 위치한 쳄바르(Чембар)라는 마을로 이주하였다. 자신의 의견을 강하게 주장하는 외향적 성격의 소유자인 그의 부친은 이 지역 사람들과의 갈등과 마찰이 심하였고, 이로 인해 종종 술에 취해 가정에서 폭력을 휘두르곤 하였다. 이따금 어린 벨린스끼는 부친의 폭력을 피해 친구 이바노프(Д.П. Иванов)의 집에 오랫동안 머물곤 하였다.

1825년 벨린스끼는 뻰자(Пенза)에 있는 기숙학교에 입학하였다. 중등학교를 졸업하고 1829년 모스끄바 대학에 입학한 그는 진보적 사상을 가진 이상주의자들과 교제하였다. 학창시절에 그는 「드미뜨리 깔리닌 Дмитрий Калинин」이라는 희곡을 집필하여 발표하였는데, 주인공 깔리닌이 농노제를 비판하고 사회에 만연하는 불의에 저항하다가 영웅적 죽음을 맞이한다는 상당히 진보적이고 개혁적인 내용을 담고 있는 작품이다. 자신의 성격을 닮은 깔리닌을 통해 벨린스끼는 전제정치와 농노제 그리고 사회의 부조리를 고발했을 뿐 아니라, 전지전능한 하나님이 일방적으로 지배하는 세계에 대한 저항을 분출하고 있다. 작품에서 "희망을 갖고 행복을 누리지 못하는 삶은 죽음보다도 더 비참하다"고 깔리닌이 고백하면서 이러한 불행한 삶의 원인을 제공한 하나님에 대한 복수를 맹세하고 있다. 작품의 진보적이고 탈기독교적인 성향으로 인해 그는 1832년 모스끄바 대학에서 퇴교 당하고, 이듬해 진보적 사회사상을 가진 스딴께비치(Николай Владимирович Станкевич, 1813-1840) 서클에 가입하였다. 그는 1834년 나제즈진(Николай Иванович Надеждин, 1804-1856)이 편집하였던 《망원경 Телескоп》에서 저널리스트로 활동하며, 이후 죽을 때까지 문학 평론가로 일하면서 러시아 사회사상의 초석을 마련하였다. 저널리스트로 일하며 쉘링(Friedrich W.J. von Schelling, 1775-1854)의 낭만적 이상주의에 매료되었으며, 이때부터 1836년 이전에 쓰여진 대부분 글은 쉘링 철학의 영향 하에서 쓰여진 것이었다. 벨린스끼는 1834년에 「문학적 명상 Литературные мечтания」이라는 비평논문을 발표함으로써 당시 진보적 문학비평가로 떠오르게 되었는데, 그의 진보적 사상은 보수주의자들에게는 질시를 받았지만, 당시 젊은 지식인들에게는 선망의 대상이 되기도 하였다. 벨린스끼는 그가 참여하였던 급진주의 사상의 스딴께비치 서클에서 쉘링의 낭만주의 관념론을 근거로 한 개인과 사회의 관계에 관한 사상을 정립하였으며, 「문학적 명상」에서 인간의 외적인 삶을 부정하고 순수한 내적인 삶을 강조하면서 동시에 현존하는 러시아 사회현실을 강하게 비난하였다.

1836년 벨린스끼는 바꾸닌(Михаил Александрович Бакунин, 1814-1876)을 만나 친교를 하였으며, 그가 관여하였던 진보적 성향의 문학잡지 《망원경》은 정부에 의하여 그해 폐간조치 당했다. 그 동안 쉘링의 낭만주의 예술철학에 심취하였던 벨린스끼에게 바꾸닌은 피히테(Johann Gottlieb Fichte, 1762-1814)의 도덕적 개인주의 사상과 헤겔(Georg W.F. Hegel, 1770-1831)철학을 소개하였다. 벨린스끼는 피히테보다는 헤겔의 철학사상에 관심을 갖게 되었으며 헤겔의 역사철학에 깊게 빠지게 되었다. 그 결과 1836년 이후 벨린스끼는 과거 자신이 갖고 있던 쉘링의 주관적인 낭만주의적 사상에서 벗어나서, 헤겔의 보다 객관적이고 이성적 합리적인 사상(존재하는 모든 것은 이성적이다)으로 접근하게 된다. 1836년부터 1838년 사이에 벨린스끼의 생활은 상당히 어려웠으며, 문단에서 소외된 상태에서 심리적 좌절과 고통을 겪던 그의 건강상태는 상당히 악화되고 있었다. 그러던 중 1839년에 벨린스끼는 당시 작가이며 저널리스트인 끄라옙스끼(Андрей Александрович Краевский, 1810-1889)의 권유로 문학잡지 《조국잡기 Отечественные записки》의 편집 일을 맡기 위해 모스끄바를 떠나 뻬쩨르부르그로 이주하였다. 당시 생활고에 시달리면서 많은 빚을 지고있던 벨린스끼에게 주어진 이 일은 마치 구세주와도 같은 것이었다. 뻬쩨르부르그에서 벨린스끼는 1839년 보로지노 전투를 기념하는 낭만주의 시인 주꼽스끼(Василий А. Жуковский, 1783-1852)와 제까브리스뜨 시인 글린까(Фёдор Николаевич Глинка, 1786-1880)의 저술 — 「보로지노 전투 기념일 Бородинская годовщина」, 「보로지노 전투에 관한 논고 Очерки Бородинского сражения」 — 에 대하여 자신의 평론을 실었다. 이 두 평론을 통해 벨린스끼는 '개인과 사회'의 관계에 관한 자신의 사상을 전달하였다. 사회는 개인보다 한 차원 높은 현실이며, 개인은 사회 내에서 스스로를 타협하면서 조화시켜 나아가야 한다. 만일 사회와 원만히 조화되지 않는 개인은 자신이 쓴 희곡의 주인공 드미뜨리 깔리닌처럼 파멸하고 만다고 주장하였다. 이처럼 벨린스끼는 헤겔의 이성적 철학을 바탕으로 한 자신의 사상과 이론을 전개하면서 사회에 대한 저항대신 개인의 조화를 택하였다.

1840년 사회에 만연하는 부도덕성과 가난한 사람들이 받는 고통에 철저히 대항하였던 벨린스끼는 자신의 절친한 벗 스딴께비치의 죽음을 맞이하면서 심한 충격을 받았고, 그해 사회 사상가 게르쩬(Александр Иванович Герцен, 1812-1870)을 만나 친교를 나누면서 그의 진보적 사상으로부터 영향을 받게 된다. 1840년 중반 그는 그리보예도프(Александр Сергеевич Грибоедов, 1795-1829)의 「지혜의 슬픔 Горе от ума」(1824)과 레르몬또프(Михаил Юриевич Лермонтов, 1814-1842)의 「현대의 영웅 Герой нашего времени」(1840)에 대한 평론을 발표하였다. 전자에서 벨린스끼는 여전히 조화와 조정이라는 사상을 주장하였으나, 후자에서 그는 모든 것은 자신이 처한 상황에서 불가피하게 진행될 수 있다는 주장을 전개하고 있다. 즉 주관적이지 않고 객관적인 세계의 현실이라는 조건하에서 실존하는 사회에 조화와 조정이 되어야한다는 것이었다. 이처럼 벨린스끼의 사상은 헤겔로부터 서서히 멀어졌고, 1841년에 접어들면서 헤겔 철학에 등을 돌리고 사회주의 사상으로 기울게 되었다. 이러한 전환과정 속에 고민하던 벨린스끼는 동료인 비평가 보뜨낀(Василий Петрович Боткин, 1812-1869)에게 보낸 1841년 3월 1일 자 편지에 그 동안 추종하였던 헤겔에 대한 자신의 변화된 심경을 잘 토로하고 있다. “헤겔철학이 비록 위대한 것이지만 하나의 조류에 불과하다....지금 나는 헤겔에 분노하고 있으며, 그 동안 그에게 충실하면서 러시아 현실에 계속하여 타협하였다... 악당들, 인류에 군림하는 독재자들! 자유와 이성을 처단한 세 동맹자들 중 하나인 프러시아. 그러한 것이 바로 당신의 헤겔이다.” 비록 벨린스끼가 문학의 적극적 사회참여를 주장하였으나, 여전히 마음 한 구석에는 인간의 개인적 가치에 깊은 관심을 두고 있었기에 게르쩬처럼 사회주의적 경향을 적극적으로 수용한다는 것은 불가능하였다.

벨린스끼는 일반적으로 러시아의 서구화를 동경한 서구주의자였다고 말하고 있다. 그러나 동시에 그는 슬라브주의자 이상으로 러시아적인 혼과 얼을 무척이나 강조한 비평가였다. 그는 1843년부터 쓰기 시작한 「뿌쉬낀에 관한 논문 Статьи о Пушкине」의 여덟 번째 글(Статья восьмая)에서 뿌쉬낀의 러시아적 성향을 극구 칭찬하면서 대신 제르좌빈(Гаврила Р. Державин, 1743-1816), 끄르일로프(Иван А. Крылов, 1769-1844), 오제로프(Владислав А. Озеров, 1769-1816), 주꼽스끼 그리고 바쮸쉬꼬프(Константин Н. Батюшков, 1787-1855)에는 러시아적인 것이 훨씬 덜하다고 주장하면서 이들을 격하시키고 있다. 그는 특히 뿌쉬낀의 작품들 가운데 「구혼자 Жених」를 형식과 내용면에서 러시아 정신이 깊게 깔려있는 발라드라고 지적하면서, 러시아의 정신이 이 작품에는 「루슬란과 류드밀라 Руслан и Людмила」보다 천 배 이상 많이 나타나고 있다고 단언하고 있다.

벨린스끼는 《조국잡기》 편집을 맡은 후 1840년대에 발표한 사회정치 평론과 문학비평으로 인하여 러시아문단에서 크게 주목을 받게 되었으며, 비평계에서 그의 영향력은 상당히 커졌다. 벨린스끼는 1845년 당시 신진작가인 도스또옙스끼(Фёдор Михайлович Достоевский, 1821-1881)의 「가난한 사람들 Бедные люди」을 극찬하여 그를 러시아문단에 등장시키기도 하였다. 또한 벨린스끼 덕분에 《조국잡기》는 1840년대 최고의 러시아 문학잡지로 부각되었으며, 그 결과 끄라옙스끼는 상당한 부를 축적하게 되었다. 그러나 벨린스끼는 여전히 많은 빚에 찌들었으며, 특히 1843년 결혼한 이후 그의 생활고와 건강은 더욱 심각한 상태로 발전되었다. 그를 사랑했던 많은 친구들이 건강을 위해 일을 그만둘 것을 간절히 애원하였으며, 마침내 1846년 그는 친구들의 권유를 받아들여 비평계를 떠나 까프까즈로 잠시 요양을 떠난다. 그해 네끄라소프(Николай Алексеевич Некрасов, 1821-1877)와 빠나예프(Иван Иванович Панаев, 1812-1862)가 1836년 뿌쉬낀에 의해 발행되었던 《동시대인 Современник》을 인수하게 되자, 벨린스끼는 건강을 뒷전으로 미룬 채 자신의 둘도 없는 친구 빠나예프를 위해 《조국잡기》를 떠나 《동시대인》 편집을 맡게 된다. 이후 빠나예프는 벨린스끼의 모든 저작권을 매입하여 그로 하여금 빚을 갚고 재정적으로 안정된 삶을 누리게 도와주었다.

러시아의 정신과 얼을 사랑했던 서구주의자 벨린스끼는 다른 진보사상을 가진 인쩰리겐찌야들과는 달리 정치적 사회개혁을 주장하기보다는 인간적, 도덕적, 윤리적 그리고 고결한 사회개혁사상을 갖고 있었다. 인간적인 것을 추구하였던 벨린스끼에게 기독교는 심각한 증오의 대상이었다. 무신론자인 벨린스끼는 교회를 '사회에 존재하는 악의 위선적 버팀목'으로 간주하면서 철저히 기독교를 부정하면서 사회윤리와 도덕을 강조하였다. 1847년 1월 고골(Николай В. Гоголь, 1809-1852)이 발표한 「친구들과의 왕복서한 Выбранные места из переписки с друдьями」에 담긴 보수적이고 기독교적인 메시지에 분노한 벨린스끼는 에세이 형식의 이 작품집을 혹평하였으며 작품으로조차 인정하지 않았다. 사실 벨린스끼는 당시 고골 문학세계의 핵심을 올바르게 이해하지 못한 비평가들 중 한 사람이었다. 고골은 벨린스끼가 생각했던 것처럼 사회의 악에 저항한 작가가 아니라 인간 내면세계에 존재하는 악을 폭로한 작가였으며, 말년에 인간의 양심에 근거한 기독교 진리를 추구하다 갈등과 고뇌 속에 죽음을 맞이하였던 작가였다. 그 동안 고골을 사회의 부조리에 저항하는 사실주의 작가로 간주하였던 벨린스끼는 고골이 1847년 6월 10일 자로 보낸 편지를 읽고 분노하며 오스트리아 잘쯔부르그에서 원색적이고 자극적인 답장을 썼다. 이 서한(Письмо к Н.В. Гоголю — 15 июля н. с. 1847 г. Зальцбурунн)에서 무신론자 벨린스끼는 고골에 대한 실망과 분노를 표현하고 있으며 동시에 근본적으로 기독교에 대한 환멸을 적나라하게 서술하고 있다. 이 편지는 고골만을 표적으로 삼았을 뿐 아니라 당시 고골과 가까운 친분관계를 형성하였던 뱌젬스끼(Пётр Андреевич Вяземский, 1792-1878) 공작을 포함한 슬라브주의자들을 향한 질타의 목소리도 포함되어 있다. 1847년 유럽에 머물고 있던 벨린스끼는 바꾸닌, 게르쩬과 가깝게 지내면서 급진적 서구주의자로 방향을 전환하면서 일부 온건 서구주의자들이 슬라브주의자들과의 화해를 모색하는 것을 적극 반대하였다. 말년으로 접어들면서 무신론자이며 서구주의자인 벨린스끼는 하나님과 기독교를 철저히 부정하였으며, 뾰뜨르 대제를 찬양하면서 새로운 제2의 뾰뜨르 대제의 출현을 간절히 바랬던 사회비평가였다. 문학 평론가로서 그는 러시아의 정신과 얼이 담긴 민중성(народность)을 강조하면서 사회의 부조리를 고발하는 사실주의 비평가였다. 1848년 5월 초 유럽에서 러시아로 귀국한 벨린스끼는 건강이 악화되어 6월 7일 뻬쩨르부르그에서 사망하였고, 그의 시신은 볼꼬프(Волков) 공동묘지에 매장되었다.

2 게르쩬

(Александр Иванович Герцен, 1812-1870)

1812년 6월 6일 게르쩬은 모스끄바에서 부유한 귀족 야꼬블레프(Иван Алексеевич Яковлев)와 그의 독일인 가정부 사이에서 출생했다. 그의 부친 야꼬블레프는 어린 게르쩬을 아끼고 사랑했으며 그를 교육시키는데 많은 노력을 투자하였으나 결코 그의 모친과 정식으로 혼인식을 올리지 않았으며, 그 결과 독일어로 '마음'이라는 뜻의 독일어 '헤르쯔'(Herz)를 러시아어로 음역한 '게르쩬'이라는 성을 갖게 되었다. 그는 어머니로부터 독일어를, 가정교사로부터 프랑스어를 배워 외국어에 능통하였으며, 어린 시절 외부와 차단된 채 쉘링(Friedrich W.J. von Schelling, 1775-1854), 실러(Friedrich von Schiller, 1759-1805), 볼테르(Voltaire, 1694-1778), 루소(Jean Jacques Rousseau, 1712-1778) 등 유럽 사상가들의 글을 탐독하였다. 그가 15세 되던 1827년에 먼 친척벌 되는 오가료프(Николай Платонович Огарёв, 1813-1877)를 사귀게 되었으며, 이후 이 두 사람은 평생 동안 가장 가까운 친구로 지내게 된다. 1829년 벨린스끼(Виссарион Григорьевич Белинский, 1811- 1848)가 모스끄바 대학에 입학했던 해에 게르쩬 역시 자연과학부에 입학하였다. 아버지의 보호감독에서 벗어난 게르쩬은 전공인 물리학과 수학보다는 철학과 문학에 관심을 갖게 되었으며, 그는 당시 진보적 사상으로 유명한 뻬뜨라쉡스끼(Михаил В. Петрашевский, 1821-1866) 서클에 가담하지 않고 대신 오가료프와 함께 철학 서클을 조직하였다. 이들은 이 서클에서 철학과 문학보다는 사회와 정치문제에 관한 토론을 즐겨하였으며, 당시 유럽에서 유행하고 있던 프랑스 공상적 사회주의 사상가인 생시몽(Claude Henri de Rouvroy Saint-Simon, 1760-1825)에 깊은 관심을 갖고 연구하였다.

1833년 대학을 졸업한 후 게르쩬은 지속적으로 철학 서클에서 급진적 사상을 연구하였으며, 이듬해 1834년 정부당국은 반정부 음모를 획책한다는 이유로 이 서클을 강제로 해산시키고 회원들을 체포 구금하였다. 1835년부터 1840년까지 약 5년 동안 게르쩬은 뻬름(Перм), 뱌뜨까(Вятка), 블라지미르(Владимир)로 추방되어 그곳에서 지방관청 행정서기로 근무하였으며, 1838년 신앙심이 돈독한 여인 나딸리야(Наталья Александровна Захарина)와 결혼하였다. 1840년 그는 정부당국에 급진적 사상을 버리고 정부관청의 서기로 근무하겠다는 약속을 하고 뻬쩨르부르그로의 귀환이 허락되었다. 그러나 그곳에서 그가 쓴 편지를 검열하던 정부당국은 그가 계속하여 불온한 사상을 갖고 있다고 판단하고 그를 체포하여 다시 노브고로드(Новгород)로 추방하였다. 1842년 그는 사면되어 모스끄바에 거주할 수 있게 되었으며, 이후 벨린스끼와 가깝게 지내면서 급진적 서구주의자로 명성을 떨치면서 철학, 문학, 자연과학에 관한 글들을 '탐구자'라는 의미를 내포하고 있는 '이스깐제르'(Искандер)라는 필명으로 발표하였다. 벨린스끼와 비교해 볼 때, 헤겔(Georg W.F. Hegel, 1770-1831)과 생시몽 사상을 선호했던 게르쩬의 근본 사상은 사회주의 사상에 훨씬 가깝게 접근하고 있다. 그는 러시아의 전제정치와 농노제를 폐지해야 한다고 주장하였으며, 서구의 발달된 과학문명을 적극 수용하여 발전해야 한다고 역설하였다. 그러나 그는 부와 권력을 소유한 가정에서 양육되었기 때문인지 그의 급진적 사상에는 일말의 낭만적인 색채가 깃들어 있다. 1846년 그의 부친이 사망하자 막대한 유산을 물려받아 하루아침에 갑부가 된 게르쩬은 러시아를 떠나 자신이 갈망하던 유럽으로 떠날 준비를 하였다. 1847년에 러시아를 떠나 파리로 향했으며, 재정적으로 풍요로웠던 그는 유럽의 여러 도시를 옮겨 다니며 생활하였다. 사망할 때까지 그는 러시아로 돌아오지 않았고, 그의 시신 역시 마찬가지였다.

선망의 대상인 유럽에 대한 감상적 흥분으로 가득찬 게르쩬은 파리에 도착하여 1845-1846년에 러시아에서 집필하였던 소설 「누구의 죄인가? Кто виноват?」를 1847년에 발표하였다. 이 작품에서는 세 명의 주요 인물들의 삶이 그려지고 있다. 류본까(Любонка Круциферская)는 여성해방의 이상을 이루지 못하고 사회에서 슬픔과 고통 속에 소멸하는 마치 19세기 러시아 낭만주의의 산물로서 그려지고 있으며, 그녀의 남편 끄루찌페르스끼(Круциферский)는 주위환경에 의하여 파괴되고 자신의 자유의지를 상실하는 인물로 묘사되고 있으며, 귀족 벨또프(Белтов)는 낭만주의 시대 잉여인간의 전형적인 인물로 등장하고 있다. 이 세 사람은 환경에 저항하여 이를 극복하지 못한 결과 사회에서 그들이 진정 안락하게 거처할 장소를 찾지 못하고 불행한 삶을 누리게 된다는 내용을 담고 있다. 게르쩬은 주인공들의 이러한 근본 원인이 그들 자신의 내적 연약함 때문이라고 지적하고 있다. 이 작품과 더불어 게르쩬은 때묻지 않고 순결한 한 어린 농노 료브까(Лёвка)와 죄악, 타락과 위선이 만연하는 사회와 대조함으로써 농노제와 사회를 고발하는 내용을 그린 「의사 끄루뽀프 Доктор Крупов」를 1847년에 발표했으며, 한 잔인한 귀족에 귀속되어있는 가련한 여자농노의 슬픈 이야기를 전하면서 농노제의 비인간적인 실상들을 강렬하게 고발하는 내용을 담은 「도둑 까치 Сорока воровка」(1848)를 이듬해 발표하였다.

1848년 파리에서 프랑스혁명이 발발했을 때 적극적으로 이에 참가하였던 게르쩬은 좌절을 맛보고 파리에서 추방을 당하면서, 차츰 그가 선망하였던 서구의 퇴폐적인 면들을 직시하면서 실망하게 된다. 또한 그가 기대했던 서구에 대한 환상이 깨어지자 그는 서구에 비해 러시아 민중은 아직 순수성을 간직하고 있다는 희망을 간직하면서 러시아 '농민 공동체'(мир)에 관심을 갖게 되었다. 그 결과 그는 당시 슬라브주의자들의 견해에 일부 공감을 표시하기도 하였으나, 벨린스끼처럼 무신론자인 그는 민중들 속에 담겨있는 러시아정교 사상을 배격하였다. 그는 철저한 허무주의자(нигилист)를 꿈꾸었으며, 그의 평론은 점점 급진적이고 과격한 방향으로 치닫게 되었다. 1851년에 독일 혁명시인 헤르베크(Georg Herwegh, 1817-1875)와 바람을 피웠던 게르쩬의 아내 나딸리야가 사망하였고, 그해 러시아정부는 게르쩬의 귀국금지 조치를 공포하였다. 그는 당시 유럽의 유명한 유태계 은행가 로스쉴드가의 일원인 제임스 로스쉴드(James Rothschild, 1792-1868)의 도움을 받고 자신의 전 재산을 러시아에서 스위스로 옮긴 후에 스위스 시민으로 귀화하였다.

그후 그는 이태리 니스(Nice)를 거쳐 1852년 런던으로 건너가 오가료프를 만나 그곳에서 1853년 자유 러시아 인쇄소(Вольная русская типография)를 설립하고 《자유 러시아신문》을 발행하였으며, 러시아를 포함한 유럽의 사회 사상가들과 망명가들에게 보금자리를 제공하였다. 런던에서 거주할 때 오가료프는 자신의 아내와 게르쩬이 성관계를 가진 것을 알고 있었음에도 불구하고 게르쩬과의 우정을 평생 지속하였다. 당시 막대한 재정능력을 소유한 게르쩬은 오가료프와 함께 저널리즘에 몰두하여 1855년에 문학잡지 《북극성 Полярная звезда》을, 그리고 1857년에는 주간신문 《종 Колокол》을 발간하였다. 이 신문은 러시아의 농노제와 전제정치를 비난하는 기사와 더불어 러시아에 대한 기대와 희망을 다룬 기사를 실었다. 1861년 농노해방령이 공포된 이후 그는 알렉산드르 II세(Александр II, 1855-1881)와의 화해를 시도하려했다. 그러나 1863년에 폴란드 반란사건이 발발했을 때, 러시아 정규군대가 폴란드에 주둔하면서 그들을 억압하는 사태가 발생하자 게르쩬은 다시 알렉산드르 II세를 비난하고 그에게서 등을 돌렸다. 한편 당시 급진적 사회주의 사상가인 체르느이쉡스끼(Николай Г. Чернышевский, 1828-1889)와 삐사레프(Дмитрий И. Писарев, 1840-1869)는 게르쩬의 사상에 불만을 품기 시작하였으며, 게르쩬은 급진 좌경사상가들로부터 따돌림을 당하게 되었다. 그 결과 주간지 《종》의 구독자는 급격히 감소하였으며, 이러한 반응에 실망한 게르쩬은 1867년에 이의 발행을 중지하였다. 그는 1852년부터 쓰기 시작한 자서전인 「나의 과거와 사상들 Былое и думы」을 1868년에 완성하여 발표하였다. 게르쩬은 이 자서전에서 자신의 삶과 사상을 낭만적인 풍으로 자유롭고 비교적 진솔하게 기술하고 있으며, 당시 유럽과 러시아의 사회상황을 객관적으로 묘사하고 있다. 이 책은 당시 유럽과 러시아의 인쩰리겐찌야들의 삶을 연구하는데 필수적인 도서로 간주되고 있다. 자서전이 출판된 지 2년 후 게르쩬은 1870년 1월 21일 프랑스 파리에서 사망하였으며, 그의 시신은 제2의 조국 스위스로 옮겨져 매장되었다.

3 아뽈론 그리고리예프

(Аполлон Александрович Григорьев, 1822-1864)

시인이며 비평가인 그리고리예프는 1822년 8월 1일 모스끄바에서 하급관리의 아들로 태어났다. 1838년 모스끄바 대학 법학부에 입학한 그리고리예프는 셰익스피어(William Shakespeare, 1563-1616), 실러(Friedrich von Schiller, 1759-1805), 바이런(Baron Byron, 1788-1824), 뿌쉬낀(Александр С. Пушкин, 1779-1837), 그리고 레르몬또프(Михаил Ю. Лермонтов, 1814-1842) 등 낭만주의 작가들의 작품을 탐독하면서 대학시절을 보냈다. 1842년 법학부를 우수한 성적으로 졸업하였으나 법조계에는 평생 발을 들여놓지 않았다. 졸업 후 그는 모스끄바 관청에서 근무하기도 하였고, 가정교사로 잠시 일하기도 하였다. 낭만주의와 러시아 정신에 대한 이상주의 성향이 가득한 그는 속박과 구속을 싫어하였으며, 어느 한 사조 혹은 서클에 가담하지 않았던 독특한 인물이었다. 1840년대 중반부터 일련의 시집들을 발표하였다: 「혜성 Комета」(1844), 「라비니에게 К Лавинии」(1845), 「시 모음집 Стихотворения」(1846). 이 당시 그의 시는 포스트 낭만주의 경향을 띄고 있었다고 볼 수 있는데, 비록 형식과 문체들이 잘 다듬어지지 않았지만 순수성과 서정성을 담고 있는 작품으로 평가되었다. 1847년 평론 「고골과 그의 마지막 작품 Гоголь и его последняя книга」을 발표하였는데, 그는 벨린스끼(Виссарион Г. Белинский, 1811-1848)와는 달리 고골(Н.В. Гоголь, 1809-1852)의 『친구들과의 왕복서한

Выбранные места из переписки с друзьями』(1847) 을 긍정적으로 평가하였으며, 이 에세이를 통해 고골을 보수적 기독교 성향의 작가로 인정하였다. 러시아의 정신과 혼을 무척이나 사랑했던 보수적 성향을 가진 그리고리예프는 1847년부터 오스뜨롭스끼(Александр Николаевич Островский, 1823-1886)를 비롯한 일부 작가들과 접촉하기 시작하였으며, 1849년부터 1850년까지 《조국잡기 Отечественные записки》에서 평론가로 활동하였다. 그는 1850년부터 뽀고진(Михаил Петрович Погодин, 1800-1875)이 발행했던 보수적 성향의 문학잡지 《모스끄바인 Москвитянин》의 편집장으로 일하게 되었으며, 오스뜨롭스끼, 삐셈스끼(А Писемский, 1821-1881), 쮸체프(Фёдор Иванович Тютчев, 1803-1873), 페뜨(Афанасий Афанасьевич Фет, 1820-1892) 등의 작품들이 실렸다.

1856년 《모스끄바인》이 폐간되어 졸지에 직업을 잃은 그리고리예프는 모스끄바를 떠나 뻬쩨르부르그에서 일자리를 마련하기 위하여 동분서주하였으나, 대부분 진보적 성향이었던 편집진들이 그의 보수적이고 민족주의적 성향 때문에 그를 배척하였다. 그 결과 그는 1861년까지 재정적으로 상당히 어려움에 처하면서 생활하게 된다. 1861년 그리고리예프는 도스또옙스끼(Фёдор М. Достоевский, 1821-1881) 형제가 발행했던 《시대 Время》에 참여하여 편집 일을 맡게 되었다. 문학잡지 《시대》에 참여하고있는 그리고리예프와 도스또옙스끼 그리고 스뜨라호프(Николай Николаевич Страхов, 1828-1896)는 러시아의 얼과 러시아 정교를 바탕으로 한 '대지주의'(почвенничество)를 주창하였다. 대지주의자들은 당시 러시아의 지식인들이 러시아 대지 즉 러시아 국민과 단절되어있는 상황이며, 모든 노력을 경주하여 이러한 관계를 회복해야만 된다고 주장하였다. 그들은 슬라브주의자들처럼 뾰뜨르 대제(Пётр I, 1682-1725)의 개혁이전으로 돌아가야 된다고 주장하지 않았으며, 서구문화와 러시아 고유문화의 절충을 주장하였다. 그리고리예프와 도스또옙스끼는 뿌쉬낀을 대지주의의 훌륭한 본보기로 간주하고 있다.

1860년대 초 그리고리예프는 도스도옙스끼처럼 재정적으로 어려움을 겪었으며 빚에 쪼들리는 생활을 영위하고 있었다. 1863년 《시대》가 폐간되었고, 이듬해 《세기 Эпоха》를 발행한 도스또옙스끼 형제는 그리고리예프를 편집장으로 임명하였다. 그리고리예프는 '유기적 비평'(органическая критика)이라는 독특한 이론으로 유명한데, 1856년도부터 1864년도에 이르기까지 발표된 일련의 비평논문에서 그가 주장하는 것을 발견할 수 있다. 「예술에 관한 진리와 성실 О правде и искренноси в искусстве」(1856), 「현대예술비평의 원리와 의의와 방법에 대한 비판적 견해 Критический взгляд на основы, значение и приёмы современной критики искусства」(1858), 「유기적 비평의 원칙과 의미에 관한 소언 Несколько слов о законах и терминах органической критики」(1859), 「유기적 비평의 파라독스 Парадоксы органической критики」(1864). 그리고리예프는 벨린스끼와 체르느이솁스끼가 주장했던 목적을 갖고 적극적으로 사회의 모순과 불의를 고발하는 문학과 사회와 삶을 도외시한 채 '예술을 위한 예술'(искусство для искусства)을 주장하는 순수문학을 모두 잘못된 것이라고 단정 지었다. 문학이 삶의 노예로 전락되어서도 안되며, 도덕과 윤리 등 사회생활과 분리되어도 절대 안된다고 주장하였다. 그의 주장에 의하면 문학과 삶은 유기적으로 불가분의 관계를 형성하고 있으며, 문학비평은 가식적이고 죽어있는 모든 거짓된 문학을 지적해야하며 동시에 진실하고 살아있는 문학을 극찬해야하는 임무를 띠고 있다는 것이다. 진정한 예술은 현실의 정수이며, 예언적 통찰력을 갖고 있으며, 민족발전에 촉매 역할을 수행한다고 주장하고 있다. 예술작품은 과거의 뿌리와 미래의 씨앗을 함께 갖춘 살아있는 유기적 현상이라고 정의내리고 있다.

그리고리예프는 1862년부터 집필하기 시작한 자전적 산문「나의 문학과 도덕의 방랑생활 Мои литературные и нравственные скитальчества」을 1864년 완성하여 발표하였는데, 이 작품에서 그가 살아왔던 시대의 사회 문학적 환경과 자신이 겪은 경험을 기술하고 있다. 항상 빚에 쪼들리던 생활을 했던 그리고리예프는 1864년 10월 7일 뻬쩨르부르그에서 한 채권자에 의하여 감옥에 감금된 상태에서 심장마비로 사망하였다.

4 체르느이쉡스끼
(Николай Гаврилович Чернышевский, 1828-1889)

체르느이쉡스끼는 1828년 7월 24일 볼가강 하류에 위치한 사라또프(Саратов)에서 평범한 러시아 정교회 하급 성직자의 아들로 출생하였다. 그의 부친은 어린 체르느이쉡스끼에게 관심을 갖고 가정교육을 실시하였으며, 그는 14세 되던 해인 1842년에 6년제 지방 신학교에 입학하여 신학과 외국어를 공부하였다. 신학교시절 외국어에 뛰어난 두각을 나타낸 까닭에 체르느이쉡스끼는 신학교를 4년만 마치고 1846년 뻬쩨르부르그 대학 역사문헌부에 입학할 수 있었다. 대학시절 그는 진보적 사상을 가진 친구들과 사귀면서 유럽의 철학과 정치학에 관한 서적들을 접하면서 생활하였다. 입학 후 그는 한때 쉘링(Friedrich W.J. von Schelling, 1775-1854)과 헤겔(Georg W.F. Hegel, 1770-1831) 철학에 매료되었으며, 1849년에 무신론자인 독일철학가 포이에르바하(Ludwig Andreas Feuerbach, 1804-1872)의 「기독교의 본질 Das Wesen des Christentums」(1841)을 읽고 포이에르바하의 유물론 사상에 깊은 관심을 갖게 되었다. 1851년 대학을 졸업한 체르느이이쉡스끼는 고향인 사라또프로 돌아와서 중등학교 문학교사로 재직하였다. 1853년 학생들에게 불건전한 무신론적 진보사상을 가르친다는 이유로 정부당국은 그를 교사직에서 물러나게 만든다. 그해 그는 올가 바실리예브나(Ольга С. Васильевна)와 결혼하여 다시 뻬쩨르부르그 대학으로 돌아와 깐지다뜨 학위를 받기 위하여

「현실에 대한 예술의 미학적 관계 Эстетические отношения исскуства к действительности」라는 학위논문을 집필하기 시작하여 1855년에 완성하였다. 이 논문에서 체르느이쉡스끼는 헤겔의 관념론적 사상을 기반으로 한 미학을 비판적 시각으로 보면서 대신 현실을 기반으로 한 미학을 강조하고 있다. 그는 포이에르바하의 유물론적 사상에 입각하여 과학을 예술보다 우선하는 것으로 인식하면서 미학을 새롭게 해석하고 있는데, 관념세계에서 미의 근원을 추구하는 미학관에서 벗어나 현실을 강조하면서 현실세계가 바로 참다운 미의 근본이라는 주장을 펼치고 있다. 예술의 대상은 바로 실생활이며, 현실에서 살아가고 있는 인간과 연관관계를 맺고 있는 모든 것을 예술의 대상으로 삼아야 된다는 것이다. 고로 '예술을 위한 예술'(искусство для искусства)은 아무런 의미가 없으며, 인간이 살아가고 있는 사회의 긍정적인 면 뿐 아니라 부정적인 면들을 과감히 비판하고 폭로해야 된다고 주장하고 있다. 그는 문학과 예술에서 삶을 가장 중요한 요소로 간주하였으며, 인간의 선을 찬양하고 악을 철저히 증오하면서 사회적 도덕적 가치를 우선적으로 간주하였던 비평가였다. 이러한 면에서 사실주의 비평가인 벨린스끼의 맥을 이어 급진적 사상비평가로서 자리매김을 하고 있는 체르느이쉡스끼의 모습을 엿볼 수 있다.

1855년부터 《조국잡기 Отечественные записки》와 《동시대인 Соврененник》에 글을 기고하기 시작하였던 그는 고골(Николай В. Гоголь, 1809-1852), 꼴쪼프(Алексей В. Кольцов, 1809-1842), 똘스또이(Лев Н. Толстой, 1828-1910), 쌀뜨이꼬프-쉐드린(Михаил Евграфович Салтыков-Щедрин, 1826-1889) 등 19세기 작가들에 관한 논문들을 발표하였다. 「러시아 문학의 고골시대에 관한 소고 Очерки гоголевского периода русской литературы」(1855-1856), 「꼴쪼프의 시 Стихотворения Кольцова」(1856), 「유년기와 소년기. 똘스또이 백작의 전쟁에 관한 단편들 Детство и отрочество. Военные рассказы графа Л.Н.Толстого」(1856), 「쉐드린의 현청(縣廳) 소고 Губернские очерки Щедрина」(1857). 이러한 문학평론에서 체르느이쉡스끼는 상기작가들을 사실주의 작가로 간주하고 사회를 고발하는 사실주의 작품을 최고의 작품으로 간주하면서 자신의 사회사상을 주장하고 있다. 결국 1858년 《동시대인》의 편집장으로 역임된 후 그는 잡지의 성격을 순수 문학평론지에서 급진적 사회평론지로 전환시켰으며, 「토지공유제에 반대하는 철학적 편견에 대한 비판 Критика философских предубеждений против общинного владения」(1858)을 발표하였다. 이 논문에서 체르느이쉡스끼는 토지공유를 주장하는 급진적 사회주의 이론을 제시하면서 러시아의 '농민공동체'(мир)를 러시아 사회주의의 핵심이라고 주장하고 있다. 이러한 주장은 뻬쩨르부르그 대학시절 뻬뜨라쉡스끼(Михаил В. Петрашевский, 1821-1866) 서클 사람들과 접촉했을 당시 프랑스 공상적 사회주의자 푸리에(Charles Fourier, 1772-1837)의 사상에 빠졌던 결과로 나타난 산물이었다. 농노제를 비판하면서 사회주의 사상을 전파하려 부단히 애쓰던 체르느이쉡스끼의 노력에 정부는 제동을 걸어왔다. 1861년에 공포된 농노제의 폐지는 농노들을 위한 조치가 아니라 실질적으로 지주들을 위한 것이었다. 이에 불만을 품은 체르느이쉡스끼는 혁명을 추구하는 급진적 사상가로 전환하게 된다.

1862년 6월 정부는 그가 편집장으로 일하는 《동시대인》을 잠정적으로 폐간 조치했으며, 그를 체포하여 뻬쩨르부르그에 소재한 뻬뜨로빠블롭스끄 요새(Петропавловская крепость)의 감옥에 투옥시켰다. 1863년 옥중에서 그는 소설 「무엇을 할 것인가? 새로운 사람들에 관한 이야기로부터. Что делать? Из рассказов о новых людях.」를 집필하였는데, 이 작품은 1863년 다시 발행이 허가된 《동시대인》에 검열관의 실수로 실리게 되었다. 이 작품은 여성해방의 사회적 문제를 다루면서 동시에 사회주의 사상을 근거로 한 사회개혁을 다루고 있다. 작품 전반에 걸쳐 여주인공 베라(Вера Павловна)가 자신이 속한 관습과 전통의 환경에서 탈피하여 사회개혁을 주도하는 인쩰리겐찌야로 변모하는 과정을 담고 있다. 그녀는 뻬쩨르부르그에서 전통적 사회제도 속에서 속박 받는 여성들에게 자유를 부여하기 위하여 사회개혁을 추진하는 인물인데 부모로부터 해방되어 자신의 신념을 적극적으로 추진하기 위하여 의대생 로뿌호프(Лопхов)와 계약결혼을 한다. 이 두 사람은 형식적으로 부부의 관계를 유지하면서 독방을 쓰고 서로의 인격을 존중하며 생활을 한다. 그러던 가운데 베라는 급진적 개혁사상을 소유한 한 젊은 의대생 끼르사노프(Кирсанов)와 깊은 사랑에 빠지게 된다. 두 남자는 서로의 감정을 억제하고 이성적 대화를 나눈 후, 로뿌호프는 베라를 끼르사노프에게 양보할 것을 다짐한다. 그러나 1860년대 당시 러시아 관습에 의하여 끼르사노프와 법률상 유부녀인 베라의 결합은 불가능하고, 그녀는 간통죄를 범하는 여인으로 간주되어 사회로부터 멸시와 학대를 받게될 것을 우려한 로뿌호프는 그들의 결합을 위하여 자살로 위장하고 몰래 러시아를 떠나 미국으로 향한다. 몇 년이 흐른 후 로뿌호프는 다른 여자와 결혼하여 러시아로 돌아와 베라와 끼르사노프 부부를 만나게 되며, 이 두 부부는 행복한 관계를 유지한다는 이야기이다. 이 작품에서 체르느이쉡스끼는 과거 전통과 관습을 극복하고, 적극적이고 진보적인 자세와 과학적이고 이성적인 사고를 소유한 새로운 인간의 삶이 갖는 행복을 그리고 있다. 그는 인간을 이기적이고 개인적인 감정을 소유한 존재로 보지 않고, 인간을 자연과학 논리에 의하여 생물학적 유기체로 인식하며 공리적이고 이성적인 존재로 간주하고 있는 것이다. 이 작품에 등장하는 세 인물은 1860년대 러시아에 유행했던 자연과학과 이성을 철저히 신봉하고 눈에 보이지 않는 신과 감정을 전면 부정했던 급진적 사상을 가진 허무주의자(нигилист)의 본보기가 되었다. 체르느이쉡스끼의 허무주의자는 뚜르게네프(Иван С. Тургенев, 1818-1883)의 작품에 등장하는 허무주의자인 루진(Рудин)과 바자로프(Базаров)보다 한 단계 진보된 형태로 등장하고 있다. 당시 이 작품은 진정한 허무주의의 복음서로 간주되었다.

체르느이쉡스끼는 1864년 뻬뜨로빠블롭스끄 요새의 감옥에서 이르꾸쯔끄(Иркутск) 지역에 위치한 뜨란스바이깔(Трансбайкал)로 이송되어 1871년까지 약 7년간 광산에서 강제노동생활을 하였다. 유형지 생활에서 그의 건강은 극도로 악화되었다. 1871년 급진적 사회사상을 가진 그의 동료들이 그를 구출하려는 계획을 시도하였으나, 계획이 탄로나 그는 1872년 북극해에 위치한 빌류이스끄(Вилюиск) 마을로 이송되어 1883년까지 11년간의 유형생활을 하였으며, 마침내 정부당국은 강제노동에 시달려 폐인이 되다시피 한 그를 아스뜨라한(Астрахан)으로 이주시켜 벽지생활을 허락하였다. 1889년 6월 정부당국의 허락 하에 체르느이쉡스끼는 사라또프로 귀향하였으며, 4개월 후 10월 29일에 뇌일혈로 사망하였다.

5 도브롤류보프

(Николай Александрович Добролюбов, 1836-1861)

도브롤류보프는 1836년 2월 5일 니즈니 노브고로드(Нижний Новгород)의 하급 성직자의 집안에서 태어났다. 어린 시절 부친의 신분과 사회적 위치가 낮은 것을 늘 부끄러워하였던 그는 신학교에 입학하여 공부하다 1853년 갑자기 자퇴하였다. 이는 그가 어린 시절부터 열심히 믿던 기독교에 대하여 신학교 시절부터 의심을 품기 시작하면서 갈등하던 끝에 선택한 결론이었다. 그리고 그의 부모가 사망한 이후 가족들과 함께 뻬쩨르부르그로 이주하여 벨린스끼(Виссарион Григорьевич Белинский, 1811-1848)와 체르느이쉡스끼(Николай Гаврилович Чернышевский, 1828-1889)의 작품을 탐독하면서 급진적 사회사상가로의 꿈을 키우며 성장하였다. 1856년 《동시대인 Современник》에 첫 글을 실었으며, 그의 급진적이고 진보적인 성향으로 인하여 이듬해 1857년부터 《동시대인》의 수석 평론가로 자리잡게 되었다. 도브롤류보프는 벨린스끼와 체르느이쉡스끼처럼 포이에르바하(Ludwig Andreas Feuerbach, 1804-1872)의 사상과 공상적 사회주의자 생시몽(Claude Henri de Rouvroy Saint-Simon, 1760-1825), 그리고 루이 블랑크(Louis Blanc, 1811-1882)와 푸리에(Charles Fourier, 1772-1837)의 영향을 받은 인물이었다. 비록 19세기 중엽 러시아 비평계에는 문학비평과 사회비평의 뚜렷한 경계선이 그어져있지 않는 상황이었고, 또한 도브롤류보프가 일부 문학작품에 대한 평론을 기고하였지만, 그는 문학비평가로 간주되기보다는 사회비평가로 인식할 필요가 있다. 왜냐하면 그는 문학작품의 순수문학적 그리고 낭만적 특징들을 철저히 무시하였고, 대신 문학을 사회개혁을 위한 유용한 도구로만 평가하였기 때문이다. 그가 비평가로서 활동한 시기는 21살이던 1857년부터 1861년까지 4년에 불과하였고, 이 기간 동안 무신론자인 그는 유물론을 찬양하면서 사회주의에 반하는 자유주의적 사상을 과감히 배격하였다. 그는 짜르의 전제정치와 농노제도를 타도하려는 과격한 글을 부단히 발표하였다.

문학과 관련되어 그가 쓴 논문 중 잘 알려진 4편의 논문은 다음과 같다. 「오블로모프주의란 무엇인가? Что такое обломовщина?」(1859), 「어둠의 왕국 Тёмное царство」 (1859), 「어둠의 왕국에서 비추는 한줄기 빛 Луч света в тёмном царстве」(1860), 「참된 날은 언제 올 것인가? Когда же придёт настоящий день?」(1860). 첫 번째 논문에서 도브롤류보프는 곤차로프(Иван Александрович Гончаров, 1812-1891)의 소설 「오블로모프 Обломов」(1849)를 문학작품으로 취급하지 않고, 대신 당시 러시아 사회상을 소개한 사회기록물로 간주하고 있다. 그는 「오블로모프」에 등장하는 주인공을 소설 내 허구적으로 설정된 인물로 보지 않고 현실세계에서 살고 있는 실제인간으로 취급하고 있는 것이다. 「어둠의 왕국」과 「어둠의 왕국에서 비추는 한줄기 빛」 역시 곤차로프의 희곡 작품들에 대한 비평인데, 이 논문에서도 그는 다양한 부류의 주인공들 가운데 일부만을 축출하여 문학성을 무시하고 사회적 관점으로만 관조하고 있다. 그는 이들을 장르상 드라마라는 문학적 특성의 분석을 배제하고 사회를 고발하는 다큐멘타리로 간주하면서, 단지 억압자의 잔인성과 피억압자의 체념만을 꼬집고 있다. 특히 세 번째 논문은 곤차로프의 「뇌우 Гроза」(1859)를 다루고 있는데, 이 희곡에 등장하는 주인공 까쩨리나(Катерина)의 자살을 '혁명'으로

까지 확대 해석하고 있다. 네 번째 논문에서 그는 뚜르게네프(Иван С. Тургенев, 1818-1883)의 「전야 На кануне」(1860)를 다루고 있는데, 뚜르게네프가 시도하였던 문학적 서정성과 인간의 심리학적 내면분석을 비난하면서 단지 뚜르게네프의 작품을 혁명을 위한 사회정치적 자료로 간주하고 있다.

무신론자인 도브롤류보프의 진보적이고 과격한 비평의 핵심은 당시 러시아 현실에 대한 아주 혹독한 비난을 통한 완전부정이며, 현실에 존재하고 있는 귀족을 중심으로 한 정치사회제도, 러시아 정교회, 국가의 전통과 국민의 관습 등 모든 것을 진보적 성향을 가진 러시아 인쩰리겐찌야들에 의하여 송두리째 제거하자는 상당히 과격한 논리였다. 1917년 볼셰비키 혁명이후 소비에트 문단에서 도브롤류보프를 벨린스끼, 체르느이쉡스끼와 더불어 전제정치에 대항하면서 일찍이 혁명에 앞장섰던 19세기 러시아의 위대한 3인조 비평가로 평가하는 이유도 바로 여기에 있는 것이다. 그는 농노해방이 선언된 해인 1861년 11월 29일 25세의 젊은 나이에 뻬쩨르부르그에서 결핵으로 사망하였다.

6 삐사레프

(Дмитрий Иванович Писарев, 1840-1869)

삐사레프는 1840년 10월 14일 모스끄바 남쪽 오룔(Орёл) 지방의 즈나멘스꼬예(Знаменское)마을의 러시아 소귀족 가문에서 출생하였다. 그는 어린 시절 모친의 엄격한 가정교육을 받으면서 성장하였으며, 1851년에 뻬쩨르부르그에 위치한 중등학교에서 교육을 받은 후 1856년 뻬쩨르부르그 대학에 입학하였다. 어린 시절부터 러시아 정교 신앙과 금욕적인 생활이 몸에 밴 그는 학창시절 서구주의자 벨린스끼(Виссарион Григорьевич Белинский, 1811-1848)의 사상에 매료되어 많은 영향을 받으면서 성장하였다. 대학시절인 1858년 당시 여성잡지 《여명 Рассвет》에 최초로 자신의 글을 발표하면서 비평가로서의 길을 걷기 시작하였다. 그의 글에 나타난 사상은 상당히 급진적인 성향을 띄었으며, 체르느이쉡스끼(Николай Гаврилович Чернышевский, 1828-1889)나 도브롤류보프(Николай Александрович Добролюбов, 1836-1861)처럼 러시아정교 신앙을 포기하고 스스로 허무주의자(нигилист)임을 자처하였다. 1861년 뻬쩨르부르그 대학에서 철학 깐지다뜨 학위를 획득한 삐사레프는 당시 블라고스베뜰로프(Григорий Евлампиевич Благосветлов, 1824-1880)가 주관하던 문학잡지 《러시아 말 Русское слово》에 글을 기고하기 시작하였으며, 곧 이 잡지의 주요한 평론가로 자리 잡게 되었다. 그의 주장의 핵심은 체르느이쉡스끼와 도브롤류보프가 주장하는 미래지향적인 사회건설에 앞서 선행되어야할 과거와 현재에 습관적으로 만연되어있는 관습, 전통, 제도를 파괴하는 것을 우선으로 하고 있다. 이러한 과격하고 급진적인 경향은 관념적인 수준에 머물지 않고, 구체적이고 실천적일 수밖에 없었다.

도브롤류보프가 사망한 이듬해인 1862년 7월 삐사레프는 정부당국에 의하여 혁명적 내용을 담은 선언문 팜플렛을 배포하였다는 이유로 체포되었다. 삐사레프는 당시 유럽에 거주하고 있던 게르쩬(Александр Иванович Герцен, 1812-1870)의 우유부단한 행동을 비난하면서 자신의 과격한 급진사회주의 사상을 이 팜플렛에 담았다. 그 결과 그는 뻬쩨르부르그 소재 뻬뜨로빠블롭스끄 요새(Петропавловская крепость)의 감옥에서 4년간 옥살이를 하게 되었다. 수감되어 재판이 진행되는 동안 그에게 집필이 허락되었는데 이때에도 그는 지속적으로 급진적인 글을 집필하였고, 이 글들은 《러시아 말》에 발표되었다. 이러한 과격하고 급진적인 그의 사상과 행동들은 당시 진보적 사상을 가진 젊은 인쩰리겐찌야들로부터 많은 존경과 찬사를 받게 되었다. 그의 주요한 비평들은 수감 중이던 이 시기에 주로 쓰여 졌다.

1864년에 쓴 「사실주의자들 Реалисты」과 1865년에 쓴 「미학의 파괴 Разрушение эстетики」에서 삐사레프의 문학을 바라보는 시각이 확연히 드러나고 있다. 전자에서 삐사레프는 뚜르게네프(Иван Сергеевич Тургенев, 1818-1883)의 소설 「아버지와 아들 Дети и отцы」(1862)에 등장하는 허무주의자 바자로프(Базаров)를 긍정적인 시각으로 바라보면서 그의 참다운 허무주의자의 특징을 끄집어내면서 그를 진정한 사실주의자로 간주하고 있다. 후자에서 삐사레프는 유물론적인 사고를 문학과 미학의 해석에 적용하고 있다. 만일 절대적인 미가 결코 존재하지 않는다면 — 실제로 그는 미의 존재를 부정하였다 — 아름다움을 추구하는 문학은 아무런 가치가 없는 것이며, 차라리 연금술이나

첨성술이 더 가치가 있는 학문이라고 주장하고 있다. 이처럼 그는 순수 문학과 예술을 전면 부정하였으며, 과학을 교육시키기 위한 목적을 가진 예술만을 인정하였다. 만일 시가 사회에 유용한 역할을 수행한다면 이를 유익하게 볼 수 있으나, 이 경우 시는 더 이상 미학의 범주에 포함시킬 수 없다는 논리를 펼치고 있다. 그는 뿌쉬낀의 시 한편보다 구두 한 켤레가 더욱 소중하다고 역설하였던 것이다.

1866년 감옥에서 풀려나온 삐사레프는 그해에 폐간조치된 《러시아 말》, 《조국잡기 Отечественные записки》, 《일 Дело》 등 다양한 여러 문학잡지에 글을 기고하면서 자신의 급진적 사상을 발표하였다. 대학 시절인 1860년 정신질환 증세의 악화로 두 번이나 자살을 기도했었던 삐사레프는 1868년 7월 16일 리가(Рига)근처 발트해에 위치한 두벨른(Дуббелн) 해변에서 익사하였는데, 일부에서는 그의 죽음을 자살로 간주하고 있다. 28세라는 젊은 나이에 사망한 삐사레프는 훌륭한 교육을 받고 천부적 재능을 갖추었던 1860년대 실존했던 최고의 허무주의자로 평가되고 있다.

제4장 19세기 후반기 러시아 문학

1 곤차로프
(Иван Александрович Гончаров, 1812-1891)

곤차로프는 1812년 6월 18일 볼가(Волга) 강가에 위치한 심비르스끄(Симбирск)에서 태어났다. 그의 조부가 군대에 입대하여 공로를 세워 귀족 칭호를 획득하였으나, 그의 부친은 귀족보다는 가문의 전통인 상인의 길을 택하였다. 영지를 소유한 부유한 상인의 아들로 탄생한 곤차로프는 심비르스끄에서 어린 시절 가정교사를 통해 교육을 받았으며, 동시에 성직자에 의하여 운영되는 기숙학교에서 교육을 받았다. 1819년 그의 부친이 사망한 후, 10살 되던 해에 그는 모스끄바로 상경하여 평범한 상업학교에 입학하여 공부하였으며, 방학에는 어머니를 만나기 위하여 고향인 심비르스끄를 방문하곤 하였다. 모스끄바에서 혼자 생활하면서 그는 문학에 관심을 갖는 청년으로 성장하였으며, 상업학교를 마치고 1831년 모스끄바 대학 인문학부에 입학하여 문학을 공부하게 되었다. 대학시절 그는 스딴께비치(Николай Владимирович Станкевич, 1813-1840) 서클회원들과 함께 강의를 들었는데, 그 당시 사회정치사상에 일체

관심을 갖지 않고 그들을 멀리하였으며, 오로지 순수 문학에만 관심을 두었다. 1832년 그는 재학시절 프랑스 소설가 외젠느 쉬(Eugene Sue, 1804-1857)의 작품을 번역하여 문학잡지 《망원경 Телескоп》에 기고하였으며, 학교생활에 충실한 학생이었다.

1834년 대학졸업 후 곤차로프는 심비르스끄로 귀향하여 주지사 사무실에서 하급관리로 일하였으며, 1년 후 뻬쩨르부르그 재무성의 외국무역담당 부서에서 근무하게 되었다. 그러나 관리생활은 그에게 큰 만족을 주지 못하였으며, 그는 관리로 근무하면서 1835년도부터 낭만적 경향의 습작 시와 중편소설을 발표하기 시작하였다. 마침내 1847년 곤차로프는 장편소설 「평범한 이야기 Обыкновенная история」를 《동시대인 Современник》에 발표하였고, 이 작품은 벨린스끼(Виссарион Григорьевич Белинский, 1811-1848)에 의하여 호평을 받으면서 그는 문단의 주목을 받게 되었다. 이 작품은 지방의 부유한 환경에서 아무런 어려움 없이 지내는 외아들 청년 알렉산드르(Александр Фёдорыч Адуев)의 낭만적 환상과 이상이 그의 삼촌에 의하여 깨어진다는 내용을 담고 있다. 인생에서 흔히 겪는 슬픔과 절망, 고뇌와 고통을 외면한 채 낭만적인 꿈과 열정으로 가득한 알렉산드르는 뻬쩨르부르그로 상경하여 관리로 근무하게 되는데, 자신의 이상과는 달리 관청에서 서류를 복사하는 하찮은 업무를 하게 되면서 실망하게 된다. 그러던 중 그는 뻬쩨르부르그에서 성공한 고위 공직자인 삼촌 뾰뜨르(Пётр Иваныч)로부터 충고를 듣는다. 즉, 꿈과 이상을 버리고 합리적이고 이성적인 태도로 일하면서 현실과 타협하는 생활방식을 터득하라는 것이었다. 이에 실망한 알렉산드르는 작가가 되겠다는 꿈을 갖고 글을 쓰기 시작했으나 작가로서의 천부적 재능을 갖고 태어나지 못한 그는 좌절을 맛보게 된다. 실망한 그는 뻬쩨르부르그를 떠나 하향하였지만 고향에서도 자신의 기대에 만족하는 삶을 누리지 못한다. 10

여년이 지난 후 뻬쩨르부르그로 다시 상경한 알렉산드르의 꿈과 이상을 이해하고 있는 뾰뜨르는 조카에게 인내하며 현실과 타협하는 삶의 지혜를 가르치면서 서서히 알렉산드르의 낭만적 환상을 파괴해버린다. 그리고 마침내 알렉산드르는 과거 뾰뜨르가 그랬던 것처럼 현실과 타협하면서 생활하는 관리가 된다.

이 작품에는 한 젊은이의 꿈과 현실사이에 괴리되어있는 삶과 자신이 품었던 순수하고 이상적인 꿈에서 벗어나 속물적이고 비천하며 냉소적인 인물로 변모하며 관리사회에 적응한다는 이야기가 사실적으로 묘사되어 있다. 비록 자신의 이상을 포기하고 주어진 현실적인 삶에 용해되는 일종의 기성세대의 교훈적 요소를 담고 있으나, 당시 작가이며 관리였던 곤차로프는 이상과 현실 사이에 놓여있는 커다란 차이를 강조하면서 현실과의 타협을 선택한 주인공에 대하여 바람직하지 않다는 견해를 독자들에게 암시하고 있다. 그런데 낭만적 이상에 무관심하고 사실주의 경향을 선호하였던 독자들조차 곤차로프의 교훈적 내용을 담고 있는 이 작품에 대하여 불만을 토로했고, 사실주의 비평가들도 이 작품을 졸작으로 평가했다.

2년 후 곤차로프는 4장으로 구성된 대표작 「오블로모프 Обломов」(1859)의 1장에 삽입될 「오블로모프의 꿈 Сон Обломова」을 1849년 발표하였다. 「오블로모프의 꿈」에서 곤차로프는 당시 러시아의 전형적인 지주들의 생활상과 오블로모프(Илья Ильич Обломов)의 어린 시절을 묘사하면서 오블로모프가 정신적, 육체적으로 무감각하게 된 원인을 파헤치고 있다. 그리고 오블로모프의 모스끄바 대학시절에 관한 이야기를 전개하면서 그의 섬세한 감성과 도덕적 순수성도 함께 묘사하고 있다. 「오블로모프의 꿈」이 발표되고 10년이 지난 후 《조국잡기 Отечественные записки》에 발표된 「오블로모프」의 내용은 다음과 같다.

많은 농노와 하인들을 거느린 30대 초반인 오블로모프는 시골 영지에서 부귀를 누리며 무기력하고 나태한 생활에 젖은 우유부단한 젊은 귀족으로 등장한다. 그는 시골영지에서 하루하루를 어떻게 소일하느냐에 대한 고민을 하면서 정상적인 삶에 대한 의욕과 능력이 결핍된 절망적인 인물이다. 이처럼 그는 일반적인 생활방식을 하는 사람들에게서는 찾아볼 수 없는 특이한 형상의 인물인데, 오블로모프에게서 파생된 오블로모베쯔(обломовец: 무기력하고 몽상에 빠진 우유부단한 사람), 오블로모프쉬나(обломовщина: 진취적이지 못하고 무기력한 생활방식), 오블로모크(обломок: 부스러기, 폐허)라는 단어가 사용되고 있다. 19세기 사실주의 비평가들은 오블로모프를 '잉여인간'(лишний человек)의 전형으로 간주하였다. 지루한 삶을 살고 있는 오블로모프는 자신의 미래와 운명에 대하여 고민을 한다. 그러나 오블로모프의 고민은 권태로부터 탈출구를 제공하거나, 자신의 나태한 생활에서 벗어나 새로운 삶을 실행하는 역할을 하지 못한다. 그는 스스로 의지가 박약한 인물이라는 사실을 분명히 인식하고 있으나, 자신이 어쩌다가 이런 상황에 봉착하게 되었는지를 납득하지 못한다.

곤차로프는 오블로모프의 동년배 친구인 쉬똘쯔(Штольц)를 그와 대조적인 인물로 등장시킨다. 독일인 부친과 러시아인 모친 사이에서 출생한 쉬똘쯔는 러시아어를 모국어로 하는 인물인데, 독일어를 부친의 가르침과 책을 통해 습득하였다. 그는 오블로모프의 몽상과 낭만주의적 열정과는 대조되는 현실적인 인물로 자신의 생각과 의지를 과감하게 행동으로 옮기는 독일인 특유의 성격을 소유한 청년이다. 그는 오블로모프를 위해 진보적 사상을 가진 올가(Ольга Ильинская)를 그에게 소개하였다. 오블로모프는 마치 「평범한 이야기」에 등장하는 알렉산드르에게 뾰뜨르가 필요했듯이 자신의 처지에서 벗어나기 위해 누군가를 필요로 하는 상황이었다. 오블로모프는 자신에게서 순수하고 따뜻한 성품을 발견한 올가를 진심으로 사랑하게 된다. 그러나 오블로모프의 그녀를 향한 사랑조차 자신의 무기력한 생활방식을 극복하는데 도움이 되지 못한다. 결국 오블로모프는 올가의 정신적 고결함에 자신이 도달하지 못할 것이라고 스스로를 비관하며 그녀를 떠났다. 올가와 헤어진 후 슬픔과 권태감에 빠진 오블로모프는 그를 진심으로 사랑하는 아가피야(Агафья Матвеевна)를 만나 그녀와 결혼하였다. 아가피야는 올가처럼 교육을 많이 받은 지식인이 아닌 소시민계급 출신 여인(мещанка)이었는데, 그녀의 친정식구들은 오블로모프의 재산에 탐욕을 품고 이를 갈취하기 위하여 그를 달래도보고 협박도 가한다. 종국에 오블로모프는 자신을 사랑하는 부인 아가피야의 품속에 안긴 채 심장병으로 사망한다. 한편 쉬똘쯔와 결혼한 올가는 미래에 대한 희망찬 삶을 기대하며 긍정적이고 활동적인 태도로 살아가나, 쉬똘쯔가 오블로모프와 달리 답답한 현실 속에 얽매인 인물이라는 사실을 간파하고 절망과 실의에 빠진다. 곤차로프는 쉬똘쯔를 오블로모프의 문제점을 극복하는 인물로 묘사하였는데, 올가를 통해 쉬똘쯔의 생활방식에 의문을 제기하고 있다. 이 작품은 「평범한 이야기」처럼 등장인물들이 스스로 추구하는 이상과 기대가 무너지면서 좌절한다는 메시지를 담고 있다.

곤차로프는 「오블로모프」를 집필하던 1852년에 뿌짜찐(Е.В. Путятин, 1804-1883) 제독의 비서로서 전함 빨라다(Паллада)를 타고 2년간의 항해를 하였다. 그는 배로 유럽과 아시아를 여행하면서 자신이 느낀 점들을 여행일기에 소상히 기록하였다. 1854년 일본에 도착한 그는 크림전쟁이 발발했다는 소식을 듣고 해상여행을 포기하고 육로로 시베리아를 경유하여 황급히 뻬쩨르부르그로 되돌아왔다. 이후 그는 1856년부터 1860년까지 뻬쩨르부르그 내무성에서 검열관으로 지내면서 1858년에 여행일기를 근거로 하여 집필한 「전함 빨라다 Фрегат Паллада」를 발표하였다. 이 작품은 2권으로 구성되어 있는데 1권은 핀란드 군

항인 크론쉬탓트(Kronshtadt)에서 출발하여 대서양을 거쳐 아프리카의 희망봉, 마다가스카르 섬, 인도네시아의 자바 섬, 싱가포르, 홍콩, 일본의 오가사와라 제도를 방문한 이야기를, 그리고 2권은 일본, 상하이, 마닐라, 시베리아 해안, 야꾸츠끄(Якутск), 이르꾸츠끄(Иркутск)에 관한 이야기를 담고 있다. 2권의 6장 '마닐라에서 시베리아 해안까지 От Манилы до берегов Сибири'에서 '조선'(Чао-сян)에 관한 글로 11쪽을 할애하고 있다. 여기서 곤차로프는 조선에 대한 인상과 풍습, 그리고 고려(Ко-ри, Гао-ли)와 조선의 짧은 역사를 소개하고 있다.

곤차로프는 1859년 「오블로모프」를 발표한 직후 자신의 마지막 장편소설 「절벽 Обрыв」을 집필하기 시작하였다. 곤차로프는 1862년부터 정부에서 발행하는 주간지 《북방의 우편 Северная почта》의 주간을 역임하였고, 1863년부터 1867년까지는 편집고문으로 일하였다. 1867년 이후 그는 관직에서 완전히 물러나 뻬쩨르부르그에 거주하면서 「절벽」을 1869년에 완성하여 발표하였다. 이 작품에는 작가 라이스끼(Райский), 허무주의자 볼로호프(Волохов), 그리고 세 명의 여주인공 — 미망인 벨로보도바(Беловодова), 베라(Вера), 마르핀까(Марфинька) — 이 주요인물로 등장하고 있다. 곤차로프는 라이스끼의 나이를 자신과 동일하게, 그리고 라이스끼가 사랑에 빠지는 공간을 과거 자신이 살았던 볼가강가와 당시 거주했던 뻬쩨르부르그로 설정한 점으로 미루어 곤차로프는 자신의 이미지의 일부를 라이스끼에게 부여했다는 것을 감지할 수 있다. 삶에 대한 의욕이 결핍된 무기력한 인물인 라이스끼는 뻬쩨르부르그 사교계에서 아름다운 벨로보도바를 만나 사랑에 빠지게 되나, 이를 고백하지 못하고 그녀를 떠난다. 얼마 후 라이스끼는 뻬쩨르부르그를 떠나 볼가강가에 위치한 자신의 조모 따찌야나 마르꼬브나(Татьяна Марковна)의 영지에서 생활하면서 자유롭고 진보적인 사상을 가진 베라와 순수한 성품을 소유한 그녀의 동생 마르핀까를 만나게 된다. 라이스끼는 베라의 반응과는 상관없이 일방적으로 그녀를 사랑하였다. 그런데 허무주의자인 볼로호프의 독립적이고 진보적인 사상을 존경하는 베라는 볼로호프가 시베리아로 떠나기 전에 그에게 자신의 몸을 허락하였다. 그러나 베라는 볼로호프의 사회사상을 수용할 수 없었기 때문에 그와 함께 시베리아로 떠나지 못한다. 라이스끼는 베라의 자유롭고 진보적인 판단에 의거한 그녀의 적극적인 행동에 대해 내심 존경과 찬사를 던진다. 그리고 자신의 무기력하고 소극적인 모습에 실망한 라이스끼는 고뇌하며 현실로부터 도피하려 애쓴다. 라이스끼는 예술가로서의 자신의 삶을 유일한 소명으로 간주하고 한동안 창작에 몰두하나, 끈기와 열정이 부족하여 그의 작품은 자신의 사랑처럼 미완성으로 끝나고, 스스로를 자책하며 영지를 떠난다.

비록 「절벽」이 구성과 전개에 있어서 작가의 상상력이 결핍되었다는 비평가들의 지적을 받고 있지만, 등장인물의 형상과 성격묘사는 비교적 뛰어나다는 평가를 받았다. 보수적 성향을 소유한 곤차로프는 볼로호프를 부정적 의미의 진보적 사상가 혹은 정치선동가로 묘사하였다. 작가가 표면상으로 볼로호프에게 호감을 갖고 있는 것처럼 보이나, 이는 주인공 라이스끼를 질타하는 작가의 역설적인 표현인 것이다.

곤차로프는 절벽이 출판된 이후 그리 주목받는 작품을 완성하지 못했다. 그는 1872년에 그리보예도프(Александр Сергеевич Грибоедов, 1795-1892)의 작품 「지혜의 슬픔 Горе от ума」(1824)에 대한 비평 「비참한 괴로움 Мильон терзаний」을 발표하였으며, 이후 에세이 「문학의 밤 Литературные вечера」(1877) 그리고 단편 「옛 시절의 하인들 Слуги старого века」(1888) 등을 발표하였다. 곤차로프는 1870년대와 1880년대 진보적 성향을 가진 젊은 지식인들의 견해를 수용하지 않았고 보수적인 사상을 지닌 채 평생을 독신으로 지냈다. 그는 뻬쩨르부르그에서 1891년 9월 27일 사망하였다.

2 뚜르게네프

(Иван Сергеевич Тургенев, 1818-1883)

이반 뚜르게네프는 1818년 11월 9일 러시아의 중부도시 오룔(Орёл)에서 기병대 장교 출신의 가난한 아버지와 아버지보다 연상이며 대지주인 어머니 바르바르(Варвар Петровна Лутовинова) 사이에서 태어났다. 부친 편에서는 재정적 안정을 추구한 결혼이었고, 모친 입장에서는 남편에 외모에 이끌려 한 결혼이었다. 아버지는 방대한 스빠스꼬-루또비노프(Спасско-Лутовинов) 영지의 관리에는 관심이 없었고 바람을 피우며 방탕한 생활을 하였고, 고등교육을 받은 어머니가 실질적 가장으로서 농노들을 가혹할 정도로 잔인하게 다루면서 어린 자녀들도 엄격하게 교육시켰다. 어린 시절 모친의 영지에서 그녀의 잔혹한 성격을 접하며 성장한 뚜르게네프는 평생 폭력에 대한 혐오감을 갖게 되었다. 어머니의 과격한 성격과는 상반된 부친의 귀족적인 자태와 민감하고 우아한 성품을 물려받은 그는 자기연민의 우울증 속에서 고통스런 유년기의 공포를 간직하며 성장하였다. 비록 그는 어린 시절부터 농노제도에 대한 반감을 갖고 있었으나, 폭력을 증오하는 그의 성품은 훗날 그를 폭력을 수반한 급진적인 사회사상으로부터 거리를 두게 만들었다. 또한 수동적인 성격과 모친에 대한 혐오감으로 인해 그는 평생을 독신으로 지낸다.

뚜르게네프는 영지에서 외국인 가정교사들로부터 교육을 받았다. 1827년 가족이 모스끄바로 이주한 후 모스끄바 인근의 여러 기숙학교에서 교육을 받은 그는 1833년에 모스끄바 대학 역사철학 학부(историкофилософский факультет)에 입학하였다. 그러나 이듬해 뻬쩨르부르그 대학으로 전학하여 1837년에 졸업하였다. 그는 대학시절부터 문학에 관심을 갖고 셰익스피어(William Shakespeare, 1563-1616)와 바이런(Baron Byron, 1788-1824)의 작품을 번역하였고, 1834년에는 낭만주의 풍의 극시 「스쩨노 Стено」를 집필하였다. 학창시절에 서구주의 성향 때문에 동료들로부터 '미국인'(американец)이라는 별명을 얻은 그는 1838년에 헤겔(Georg W.F. Hegel, 1770-1831) 철학을 공부하기 위하여 독일 베를린 대학으로 유학을 떠났고, 그곳에서 다시 헤겔 주의자였던 미하일 바꾸닌(Михаил Александрович Бакунин 1814-1876)과 낭만적 사상가 니꼴라이 스딴께비치(Николай Владимирович Станкевич, 1813-1840)를 만나 사귀었다. 1839년 여름 영지에 화재가 났다는 소식을 듣고 잠시 오룔을 방문했을 때 레르몬또프(Михаил Ю. Лермонтов, 1814-1842)를 만나게 된다. 베를린으로 돌아온 그는 1840년 봄에 잠시 이탈리아를 방문하였다. 4년간 지속된 베를린 생활은 그에게 서구문명과 독일에 대한 강한 애착심을 불러일으켰다. 졸업시험을 치르지 못하고 1841년 봄에 고향으로 돌아온 후 모스끄바를 방문하여 옐라기나 살롱(салон А.П. Елагиной)에서 고골(Николай В. Гоголь, 1809-1852), 악사꼬프(Сергей Т. Аксаков, 1791-1859), 그리고 호먀꼬프(Алексей С. Хомяков, 1804-1860)를 사귀었다.

1842년에 깐지다뜨 시험을 치르기 위해 뻬쩨르부르그 대학으로 간 그는 급진적 서구주의자인 게르쩬(Александр И. Герцен, 1812-1870)을 만나 사귀었다. 그 해에 그와 모친 영지의 농노 이바노바(Иванова) 사이에서 딸이 태어났고, 얼마 후 그는 「러시아 경제와 러시아 농노제도에 대한 몇 마디 의견 Несколько замечаний о русском хозяйстве и о русском крестьянине」라는 글을 써서 농노제도에 대한 자신의 견해를 밝혔다. 뚜르게네프는 1843년에 서사시 「빠라샤 Параша」를 발표하였다. 이 작품으로 인해 사실주의 평론가 벨린스끼(Виссарион Г. Белинский, 1811-1848)와 인연을 맺은 뚜르게네프는 사실주의 비평가들과 친분을 맺고 그들로부터 많은 영향을 받게 된다. 1843년 7월부터 내무성에서 근무하던 그는 11월에 스페인계 프랑스 오페라가수 비아르도-가르시아(Pauline Viardot-Garcia, 1821-1910) 부인을 만났다. 이후 이들의 순수한 사랑은 평생 동안 지속되었다. 내무성에 근무하면서 그는 1843년에 낭만주의 풍의 멜로드라마의 패러디인 최초의 희곡 「경솔함 Неосторожность」을, 1844년에는 사랑의 성실함을 다루는 최초의 소설 「안드레이 꼴로소프 Андрей Колосов」를 발표하였다. 1844년 부친이 사망하였고, 1845년부터 모친과의 관계가 악화되면서 그해 4월에 내무성 근무를 그만두고 비아르도-가르시아 부부와 함께 파리로 여행을 떠났다. 11월에 귀국하여 도스또옙스끼(Фёдор М. Достоевский, 1821-1881)를 만난 뚜르게네프는 이듬해 운문소설 「담화 Разговор」(1846)와 「지주 Помещик」(1846), 그리고 장편 서사시 「안드레이 Андрей」(1846)를 발표하여 사실주의 비평가들로부터 호평을 받았다.

1847년 1월에 독일로 출국하여 그 곳에서 집필한 단편 「호리와 깔리느이치 Хорь и Калиныч」을 문학잡지 《동시대인 Современник》에 연재하기 시작하여 1852년에는 22편을 엮어 『사냥꾼의 수기』(1852, 1874)를 발표하였다. 이후 그는 3편을 추가하여 총 25편의 단편으로 구성된 『사냥꾼의 수기』를 1874년에 발행하였다. 작품의 사냥꾼인 화자(Я)는 사냥개를 데리고 화자의 고향인 볼호프(Болхов)를 방문하면서 시골에서 일어나는 사건들을 기술한다. 뚜르게네프는 화자 사냥꾼의 시각을 통해 당시 농노와 지주들의 생활상을 세밀하게 묘사하고 있다. 뚜르게네프는 고골과 달리 과장이나 자연과 인물의 주관적 심리묘사를 철저히 배제하고 대신 사실주의 문학의 특징인 객관성, 정확성, 사실성 등에 입각하여 작품을 집필하였다. 『사냥꾼의 수기』에는 농노를 직접적으로 이상화시키지 않으면서도 농노의 삶과 그들에 대한 연민의 정이 잘 표현되었으며, 그들의 다양한 성품과 내면세계가 사실적으로 묘사되어 있다. 농노제도하에서 자신도 모르게 길들여진 농노근성과 비굴함에 젖어있는 빅또르(Виктор), 사랑하는 이에게 속고 있는 것을 인식하면서도 그를 미워하지 않는 순수한 아꿀리나(Акулина), 탁월한 사냥꾼 재능을 갖고 태어난 예르몰라이(Ермолай), 괴팍한 지주에 의해 자신의 운명이 결정되는 가련한 아리나(Арина), 농노의 비참한 삶 속에서도 정교신앙으로 이를 슬기롭게 극복하는 현명한 루께리야(Лукерья), 천부적인 가수의 능력을 갖고 있는 야꼬프(Яков), 정직하고 책임감이 강하며 동시에 훈훈한 인간미를 갖고 있는 비류끄(Бирюк), 감성적인 성격과 문학성을 갖고 있는 깔리느이치(Калиныч), 그리고 합리적인 사고와 실천적 능력을 갖춘 호리(Хорь)가 바로 그들이다. 이 작품은 농노제도에 대한 비판을 담고 있다는 이유로 서구주의자들로부터 환영받았을 뿐 아니라, 농민과 농노들에 대한 연민의 정을 묘사하고 있다는 이유로 슬라브주의자들로부터도 환영을 받았다. 『사냥꾼의 수기』에는 억압받는 자에 대한 휴머니즘이 저변에 깔려있고, 농노제도하의 비참한 러시아 현실과 비인간적인 대우를 받는 농노들의 고통 받는 삶이 간접적으로 그러나 사실적으로 생생하게 묘사되어 있다. 뚜르게네프의 농노에 대한 각별한 애정은 1842년에 자신의 딸을 낳은 농노 이바노바에 대한 연민의 정에 기인한 것이다.

1848년 파리에 머물면서 프랑스 혁명을 목격한 뚜르게네프는 이듬해 2월에 귀국하여 뻬쩨르부르그에서 희곡 「독신자 Холостяк」(1849)와 「귀족단장 집에서의 아침 Завтрак у предводителя」(1849)을 상연하여 호평을 받았다. 1850년 10월 자신의 딸과 함께 파리의 비아도르 집을 방문하고 프랑스를 여행하던 중 모친의 사망소식을 전해 듣고 11월 귀국한 그는 모친으로부터 막대한 유산을 물려받았다. 1850년에 완성한 표면상 멜로드라마의 성격을 띠고 있는 희곡 「시골에서의 한 달 Месяц в деревне」(1850)은 독특한 구조를 가진 심리적인 희곡이다. 그리고 같은 해 발표한 단편 「잉여인간의 일기 Дневник лишнего человека」(1850)에서 뚜르게네프는 화자를 통해 무기력하고 행동으로 실천하지 못하는 사회에 무가치한 잉여인간들이 스스로에 대해 연민을 품고 다른 한편으로는 조소하며 방황하는 모습이 묘사되어 있다.

1851년 말 희곡 「얇은 곳은 터진다 Где тонко, там и рвется」를 상연하고 이듬해 고골이 사망하자 그를 추도하는 글을 썼다. 정부당국은 이 추도문에 문제가 있다고 판단하고 뚜르게네프를 체포하고 영지 스빠스꼬예로 2년간 추방하여 연금생활을 하게 만들었다. 그러나 이는 형식적인 이유였고 1852년에 발행한 『사냥꾼의 수기』에 뚜르게네프가 사회문제와 농노제 폐지를 간접적으로 반영했다는 것이 실질적 이유였다. 『사냥꾼의 수기』는 1854년에 프랑스어로 번역되어 파리에서 출간되었다. 1856년 《동시대인》에 장편 「루진 Рудин」이 발표되면서 뚜르게네프는 장편소설 작가로 명성을 얻게 된다. 당시 인쩰리겐찌야의 삶을 사실적으로 묘사하고 있는 이 작품에서 뚜르게네프는 기성세대의 무능을 고발하고, 바꾸닌(Михаил Александрович Бакунин, 1814-1876)을 모델로 한 1840년대 진보적 이상주의자를 통해 진보성향의 신세대를 대변하고 있다. 나딸리야(Наталья)와의 사랑이 파국을 맞자 우유부단한 주인공 루진은 러시아를 떠나 프랑스 혁명에 참가하여 파리 교외에서 프랑스 정부군에 의해 사살된다. 뿌쉬낀의 오네긴(Онегин)과 레르몬또프의 뻬초린(Печорин) 이후 잉여인간의 극치를 보여준 작품으로 평가된다.

1856년 10월에 러시아를 떠난 뚜르게네프는 가끔 러시아를 방문 한 것을 제외하고 유럽에 거주하며 집필활동을 전개하였다. 이후 그는 유럽에서 「파우스트 Фауст」(1856), 「아샤 Ася」(1858), 「귀족의 둥지 Дворянское гнездо」(1859), 「햄릿과 돈키호테 Гамлет и Дон-кихот」(1860), 「첫 사랑 Первая любовь」(1860), 「전야 Накануне」 (1860), 「아버지와 아들 Отцы и дети」(1862), 「연기 Дым」(1867) 등을 집필하여 발표하였다. 이 작품을 통해 대중들은 마침내 뚜르게네프를 시대의 경험과 열망을 조명할 수 있는 동시대 최고의 사실주의 소설가로 인식하게 되었다.

뚜르게네프는 「귀족의 둥지」에서 농노제도에서 인간의 행복한 삶이 불가능하다는 메시지를 귀족 라브레쯔끼(Лаврецкий)의 신념과 이상을 통해 전달하고 있으며, 「햄릿과 돈키호테」에서 자발적이나 내성적이고 무기력한 햄릿형과 단순하며 열정적이고 용감하게 실천하는 돈키호테형의 인물을 대비하고 있다. 작가와 유사한 성품을 갖고 있는 전자는 작품세계의 남주인공에게서 드러나는 형상이고, 후자는 여주인공의 형상인 것이다. 「첫 사랑」은 매혹적인 젊은 지나이다(Зинаида)를 가운데 놓고 감상적인 화자인 블라지미르(Владимир)가 자신의 연적인 아버지에 대한 질투와 번민을 간접적으로 묘사한 자전적 작품이다. 「전야」는 옐레나(Елена)와 불가리아인 인사로프(Инсаров)의 사랑과 우정을 기조로 한 작품이다. 옐레나는 이전의 뚜르게네프 여주인공들보다 한 단계 진보한 열정적인 인물로 자신이 설정한 신념을 행동으로 옮기는 강인한 여인이다. 인사로프는 불가리아의 해방을 이룩하려는 웅지를 품고 목표를 설정한 후 이를 계획적으로 준비하는 청년인데, 조국으로 귀환하는 길에 사망한다. 마지막 장면에서 인사로프의 조국 해방 사업을 계승하기 위해 불가리아로 떠나는 옐레나에게서 실천적 영웅의 모습을 발견할 수 있다.

1830년대부터 1860년대 러시아 인쩰리겐찌야의 사상과 이상을 다루고 있는 「아버지와 아들」에는 구세대와 신세대 간의 갈등이 묘사되어 있다. 벨린스끼에게 바치는 작품이라고 명명한 「아버지와 아들」은 사실주의에서 주장하는 사회적 갈등을 문학으로 승화시킨 작품이다. 작품에 등장하는 인쩰리겐찌야들은 다음과 같다. 1860년대 잡계급 출신의 허무주의자(нигилист) 바자로프(Базаров)는 구세대의 제도와 전통은 신세대에 의해 반드시 파괴되어야만 한다는 과격한 사상을 소유한 호전적 유물론자이다. 인간의 위선적이고 감상적인 것을 부정하고 논리와 이성에 의해 증명되는 자연과학만을 추종하는 바자로프는 허무주의자의 전형이다. 그와 대조되는 인물인 빠벨(Павел Кирсанов)은 전통적인 귀족의 형상으로 과거 생활방식을 고수하는 매너리즘에 빠진 인물이다. 빠벨과 함께 구세대를 대표하는 그의 동생 니꼴라이(Николай Кирсанов)는 현실에 적응하지 못하는 무기력한 인물로 아내가 죽은 후 아들 아르까지(Аркадий)에게 헌신적인 사랑을 쏟아 붇는다. 그는 신세대를 이해하려 애쓰나 혁신적인 바자로프의 사상을 감당하지는 못한다. 신세대 인물인 아르까지는 친구 바자로프의 사상에 매료되어 적극적으로 그를 옹호한다. 그러나 아르까지는 허무주의자는 아니다. 가족과 연인을 사랑하고, 자연과학보다 순수한 자연을 존중하며 구세대의 일부 전통도 수용하는 인물로 뚜르게네프의 신념이 용해되어 있는 주인공이다. 그는 구세대와 신세대 모두를 이해하려고 애쓴다. 마지막으로 여주인공인 29세의 젊은 과부 안나 오진쪼바(Анна Одинцова)는 열정적인 감정을 소유한 인물이다. 이기적이고 오만하고 강인한 성품의 그녀는 지성과 매력을 통해 바자로프로 하여금 스스로 설정한 허무주의 사상을 허물게 만든다. 오진쪼바는 구세대의 전통과 제도 속에서 자신의 고유한 신념을 유지하는 현명한 여인으로 등장한다. 이 작품이 발표되자 러시아의 급진적 서구주의자들은 온건한 서구주의자인 뚜르게네프를 비난하였다. 이에 뚜르게네프는 당시 이들이 주관하던 문학잡지 《동시대인》과 결별하고, 1863년에 러시아를 떠나 독일 바덴바덴과 프랑스 파리 등지에 거주하면서 비아르도 가족과 안락한 생활을 하며 유럽 작가들과 교류를 하였다.

1867년 《러시아 통보 Русский вестник》에 실린 「연기」는 당시 유럽에서 활동하던 인쩰리겐찌야의 비열함을 냉소적으로 폭로하는 작품이다. 오가료프(Николай Платонович Огарёв, 1813-1877)의 부정적인 면을 대변하는 인민주의자(народник) 구바레프(Степан Губарев)와 농노제를 다시 부활해야한다고 주장하는 수구적인 라뜨미로프 장군(Генерал Ратмиров)이 대조적인 인물로 등장한다. 전자는 표면적으로 개혁사상을 소유한 인민주의자이지만 실체는 그와 달랐고, 후자는 반개혁 성향과 이중성을 소유한 속물이다. 과격한 인민주의자인 구바레프의 사상을 혐오하고 비난하는 하는 퇴직관료 뽀뚜긴(Созонт Потугин)은 서구주의자로 뾰뜨르 대제의 개혁을 신봉하며 서구와 대립하는 전근대적인 러시아의 것들을 거부하는 인물이다. 작품의 주인공인 리뜨미로프(Григорий Литмиров)는 잡계급 출신의 평범하고 정직한 청년이다. 그는 농노제가 폐지된 이후 발생하는 혼란스런 러시아의 현실을 '연기'라고 빗대어 말한다. 즉, 구바레프, 라뜨미로프, 그리고 뽀뚜긴의 주장과 사상은 실체가 존재하지 않는 연기에 불과하다는 것이다. 뚜르게네프는 러시아의 미래를 책임질 인물로 인민주의자, 보수주의자, 혹은 서구주의자가 아닌 리뜨미로프라는 것을 지적하고 있다. 리뜨미로프를 사랑하는 이리나(Ирина Павловна)는 뚜르게네프 작품에 등장하는 여느 여주인공들처럼 지성과 열정을 겸비한 인물인데 연기와 같은 혼탁한 상황에서 희생당하는 인물로 그려지고 있다.

뚜르게네프는 1868년에 《유럽통보 Вестник Европы》에 「준장 Бригадир」을 발표하고 이듬해 《러시아통보》에 「불행한 처녀 Несчастная」(1869)를 발표했다. 1870년 여름에 프랑스와 프러시아 사이에 전쟁이 발생하자 그는 비아르도 가족과 함께 바덴바덴을 떠나 영국으로 이주하였다. 이듬해 가을에 전쟁이 끝나자 그는 비아르도 가족과 함께 파리로 이주하였다. 파리에서 그는 프랑스 사실주의 작가인 공쿠르(Edmond Louis Antoine Huot de Goncourt, 1822-1896), 알퐁스 도데(Alphonse Daudet, 1840-1897), 에밀 졸라(Emile Edouard Charles Antoine Zola, 1840-1902), 모파상(Henri Rene Albert Guy de Maupassant, 1850-1893), 플로베르(Gustave Flaubert, 1821-1880) 등과 친밀하게 사귀었다. 뚜르게네프는 1872년 여름 파리에서 1850년에 쓴 희곡 「시골에서의 한 달」을 초연하였다. 그리고 이듬해 마지막 장편 「처녀지 Новь」(1877)를 구상하고 집필하기 시작하였다. 1877년에 파리에서 러시아어판과 프랑스어판으로 거의 동시에 출판된 「처녀지」는 1870년대에 활발했던 '브나로드'(в народ) 운동을 다루고 있는데, 러시아의 현실세계와 거리가 있고 문학성이 다소 떨어지는 작품으로 평가된다.

뚜르게네프는 1878년에 야스나야 뽈랴나(Ясная Поляна)를 방문하여 1861년부터 관계가 소원했던 똘스또이(Лев Н. Толстой, 1828-1910)와 화해를 시도하였다. 1879년 1월 「시골에서의 한 달」을 러시아에서 처음으로 상연하고, 뚜르게네프는 가난한 학생들을 돕기 위한 자선 음악회와 문학기금을 마련하기 위한 시 낭송회에 참석하는 등 다양한 사회활동을 전개하였다. 그는 그해 6월에 영국의 옥스퍼드 대학으로부터 명예 법학박사학위(Ph.D. of Civil Laws)를 수여받고, 1880년 1월에는 러시아로 귀국해서 뿌쉬낀 동상 제막식에 참석하고, 이듬해 고향인 스빠스꼬예 영지를 방문하였다. 1882년부터 척추암이 악화되기 시작한 뚜르게네프는 1883년 9월 3일 파리 근교 별장에서 비아르드 부인이 지켜보는 가운데 사망하였다. 얼마후 고인의 유언에 따라 벨린스끼가 묻혀있는 뻬쩨르부르그의 볼꼬프(Волков) 묘지에 매장되었다.

3 도스또옙스끼

(Фёдор Михайлович Достоевский, 1821-1881)

19세기 최고의 사실주의 작가 표도르 도스또옙스끼는 1821년 11월 11일 모스끄바에서 자선병원 의사인 부친 미하일 안드레예비치 도스또옙스끼(Михаил Андреевич Достоевский, 1789-1839)와 상인의 딸인 모친 마리야 표도로브나 네차예바(Мария Фёдоровна Нечаева, 1800-1837)사이에서 둘째아들로 출생하였다.

그의 할아버지는 우끄라이나의 뽈로지야(Полодия)지방의 정교회 사제였다. 그의 아버지 미하일 안드레예비치는 형, 부친 그리고 조부처럼 사제의 길을 걷기 위하여 까메네쯔-뽀돌스끄(Каменец-Подолск) 지방에 있는 한 신학교에 입학하였다. 그러나 그는 15세 때 사제로서의 소명을 받지 못하였다고 스스로 판단하고, 부친의 명을 거역하고 집을 떠나 모스끄바로 향하게 된다. 그 이후 그는 영영 가족들과 관계를 회복하지 못하게 되었다. 그는 1809년 모스끄바 소재 왕립 의술 아카데미에 장학생으로 입학하여 의학을 공부하던 중 1812년 러시아와 프랑스 사이에 전쟁이 발발하자, 전방에 투입되어 보로지노(Бородино) 근방 야전병원에서 근무하였다. 전쟁이 끝난 후 1813년 정식 의사로 임명되어 모스끄바 소재 육군병원에서 군의관으로 근무하였다. 1819년 마리야와 결혼한 그는 이듬해 군에서 퇴역하고, 1821년부터 모스끄바의 마린스끼 자선병원(Маринская больница)에서 의사로 일하였다. 흔히 자수성가한 인물들이 그러하듯, 부친은 완고하고 인색하며 독선적 경향이 상당히 강한 인물이었다. 반면 표도르의 모친 마리야는 신앙심이 돈독하였으며, 자상한 성품을 소유한 여인이었다.

어린 표도르는 모스끄바의 마린스끼 자선병원 부속 아파트에서 태어나 대부분의 시간을 갇힌 공간인 병원에서 생활하였다. 이처럼 표도르의 놀이공간이 병원 뜰로 제한되었기에 그는 친구를 사귈 수 있는 기회를 갖지 못하였으며, 가끔 병원에 입원한 어린 환자들이 그의 친구가 되곤 하였다. 이러한 어린 시절 환경은 다른 작가들의 작품과 비교해 볼 때, 도스또옙스끼 작품세계에 광활한 러시아의 자연을 묘사하는 장면이 덜하며 대신 도시에 거주하는 인간들의 심층적 내면세계를 그리는 작가로 탄생하게 되는 하나의 원인을 제공하고 있다.

1831년 표도르의 아버지는 모스끄바에서 150km 떨어진 뚤라(Тула) 지방에 조그만 농장을 구입하였다. 농장의 구입으로 표도르는 여름방학마다 어머니와 형제들과 함께 시골 농장에서 지낼 기회를 갖게 되었으며, 이는 완고하고 엄한 아버지로부터의 일시적 해방을 의미하였다. 1831년 여름부터 표도르는 러시아로 귀화한 프랑스인 드라쥬꼬프(Николай Дражуков)가 가르치는 사설학교에서 교육을 받게 되었으며, 라틴어는 집에서 아버지에게서 배우게 된다. 표도르가 13살 되던 1834년 그는 형 미하일(Михаил Михайлович Достоевский, 1820-1864)과 함께 모스끄바의 체르마크(Чермак) 기숙학교에 입학하여 3년간 공부하였다. 도시라는 제한된 공간에서 그리고 엄한 부친 밑에서 생활을 했던 표도르는 어린 시절부터 내성적이고 비사교적인 성격을 갖게 되었으며, 학창시절 급우들과도 잘 어울리지 못하였고 대신 혼자만의 시간을 많이 갖게 되었다.

표도르가 16세 되던 해인 1837년 2월 모친 마리야가 폐결핵으로 사망하였다. 그러나 그의 생활에서 어머니의 역할이 그리 큰 부분을 차지하지 않았기 때문에 그녀의 죽음은 그에게 커다란 의미를 부여하지 못하였다. 그해 5월 부친은 표도르와 형 미하일을 뻬쩨르부르그 공병학교에 입학시키기 위하여 함께 모스끄바를 떠나 뻬쩨르부르그에 도착하여, 두 아들을 기숙사에 남겨두고 홀로 모스끄바로 돌아왔다. 이후 표도르는 아버지를 영영 만나지 못하였다. 9월 입학시험에 합격한 표도르는 이듬해 1838년 1월 공병학교에 입학하였고, 형 미하일은 신체검사에 낙방하여 수개월이 지난 후 레발 공과대학에 입학하였다.

두 아들을 뻬쩨르부르그에 남겨두고 돌아온 아버지 미하일은 병원 일을 그만두고 홀로 농장에서 생활하였다. 독선적인 성격의 소유자인 그는 농장에서 자신의 농노들을 거칠게 다루고 혹사시켰으며, 가끔 술에 취하면 농노들을 구타하면서 난폭하게 대했다. 그는 자신의 농노들로부터 원한을 사게 되어 결국 1839년 6월 농노들에 의하여 피살되었다.

뻬쩨르부르그 공병학교시절 도스또옙스끼는 서구세계의 작가들 — 셰익스피어(William Shakespeare, 1563-1616), 바이런(Baron Byron, 1788-1824), 발자크(Jean-Louis Guez de Balzac, 1594-1654), 빅토르 위고(Victor Marie Hugo, 1802-1885), 디킨스(Charles Dickens, 1812-1870), 호프만(E.T.A. Hoffman, 1776-1822), 괴테(Johann Wolfgang von Geothe, 1749-1832), 실러(Friedrich von Schiller, 1759-1805) 등 — 의 작품을 접하면서 문학에 관심을 갖기 시작하였다. 공병학교시절 내성적 성격의 도스또옙스끼는 급우들과 비사교적이었으며 또한 종교과목에 남다른 관심이 있었기 때문에, 그들은 그를 이상주의자 혹은 신비주의자라고 불렀다. 1841년 8월 소위로 임관한 도스또옙스끼는 공병학교를 졸업하지 않고 2년간 더 학교에 머무르기로 결정하였다. 그는 마침내 1843년 8월 공병학교를 졸업하고 육군성의 기술제도사로 근무하게 되었는데, 부친으로부터 물려받은 유산으로 인하여 비교적 넉넉한 생활을 하였다. 구속받는 것을 싫어하고 보헤미안적 자유로운 기질을 가진 도스또옙스끼는 규칙적인 군장교생활에 잘 적응하지 못하였고, 공직보다는 문학에 관심이 있었기에 결국 1844년10월 19일 군에서 퇴역하였다. 이후 그는 뻬쩨르부르그에 자신이 거처할 집을 마련하여 문학에 전념하면서 직업문인으로서의 길을 걷게 된다.

그는 1845년 「가난한 사람들 Бедные люди」을 집필하면서 문단에 주목을 받게 되었다. 이 작품은 친구 드미뜨리 그리고리예비치(Дмитрий Григориевич)를 통해 당시 사실주의 작가 네끄라소프(Николай Алексеевич Некрасов, 1821-1878)와 비평가 벨린스끼(Виссарион Григорьевич Белинский, 1811-1848)에 의하여 극찬을 받았다. 이 작품의 이야기는 뻬쩨르부르그 뒷골목의 빈민촌을 배경으로 펼쳐지는데, 두 사람의 주인공 — 마까르 제부쉬낀(Макар Девушкин)과 바르바라 도브로셀로바(Варвара Доброселова) — 이 6개월간 서로 주고받는 편지글 형식으로 구성되었다. 이 작품에는 두 인물의 서한을 통해서 주인공 두 사람을 포함하여 당시 사회에서 소외당하는 인물들의 가난에 찌들린 열악한 생활상이 묘사되고 있다. 47세인 남주인공 마까르는 고골(Николай Васильевич Гоголь, 1809-1852)의 「외투 Шинель」(1842)에 등장하는 아까끼 아까끼예비치처럼 관청에서 30년동안 묵묵히 정서하는 일만을 하는 9등관이다. 순수하고 착한 성품의 마까르는 뻬쩨르부르그 뒷골목 하숙집에 살면서 자신이 사랑하는 바렌까(Варенька)를 위하여 모든 것을 희생하는 인물이다. 어린아이와 같이 청순하고 순진한 17세의 처녀 바렌까는 자신과 부모와의 생활상을 기록한 수첩 내용을 마까르에게 적어 보내면서 과거 어려웠던 자신의 비극적인 처지를 소개한다. 그녀의 부친은 부유한 지주의 영지 관리인이었는데 그녀가 12살 되던 해 갑자기 해고당해, 식구들을 데리고 뻬쩨르부르그로 이주하였다. 뻬쩨르부르그에서 부친은 사업에 실패하여 빚더미에 올라서게 되었으며, 곧 병들어 사망하게 된다. 어머니는 결핵으로 앓아눕고 채권자들에 의하여 재산을 빼앗기고 경제적으로 어려움에 처하게 된다. 모녀는 먼 친척 벌되는 귀족 안나 표도로브나의 배려로 그녀의 집에 거주하게 되었으며, 어린 바렌까는 안나의 나쁜 성품을 감지하면서 생활하다가 그 집에 가정교사로 있는 가난한 대학생 뽀끄롭스끼(Покровский)와 알게 되면서 그와 즐거운 나날을 보낸다. 4년이 흐른 후 뽀끄롭스끼는 결핵에 걸려 죽는다. 어느 날 부유한 호색가 늙은 귀족 지주 브이꼬프(Быков)가 삯바느질로 생계를 이어가며 사촌동생 페도라(Федора)와 함께 살고 있는 바렌까에게 나타나 자신과 결혼하여 시골영지에서 부유하게 살자고 제안한다. 처음에 그의 청혼을 거절했던 바렌까는 차츰 마음이 변하여 결국 가난이라는 고통을 극복하기 위하여 마까르와의 관계를 청산하고 브이꼬프와 결혼한다.

작품에서 바렌까를 향한 마까르의 사랑은 마치 아버지가 어린 딸을 아끼고 돌보는 극진한 사랑을 연상시킨다. 따스한 외투로 가련한 바렌까를 감싸고 싶어 하는 순박한 마까르의 심정이 잘 묘사되고 있다. 삯바느질로 어렵게 생활하는 바렌까가 겪는 가난이라는 생활고는 그녀에게 큰 고통이지만, 실망하거나 포기하지 않고 희망을 갖는 모습은 독자로 하여금 가슴을 뭉클하게 만든다. 경제적 궁핍 속에서 낭비벽이 심한 자신을 쓸모없는 인간이라고 비관하는 마까르에게 도스또옙스끼는 바렌까의 입을 통하여 "가난은 결코 죄가 아니다."라고 토로한다. 결국 바렌까는 가난으로부터의 영원한 탈출구로 부유한 브이꼬프와의 결혼이라는 방편을 선택할 수밖에 없으며, 이를 작가는 크게 나무라지 않는다. 가련한 마까르는, 비록 그녀의 결혼 준비를 돕고 그녀의 행복한 결혼을 기원하면서도, 한편 브이꼬프는 그녀의 남편감이 아니라고 외치면서 이제 홀로 남은 자신은 누구에게 편지를 쓸 수 있겠냐고 눈물로 애원한다. 가난 때문에 이룰 수 없는 사랑, 부유한 자에게 빼앗긴 사랑, 현실적으로 되찾을 수 없는 비련의 사랑이 마지막 편지 글에 잘 드러나고 있다. 도스또옙스끼는 당시 눈물을 자아내는 센티멘탈 소설과는 달리 이 두 사람의 사랑을 슬픔을 극복하여 아름다움으로 승화시키는 작품으로 만들었다. 또한 이들 두 주인공 외에 마까르가 살고 있는 하숙집에 기거하는 다양한 부류의 가난한 사람들과 바렌까가 살아가면서 접하는 가난한 사람들의 모습을 통해 당시 사회에서 가난으로 고통 받는 사람들의 일면을 잘 드러내고 있다. 도스또옙스끼는 폰딴까(Фонтанка)의 가난한 사람들의 허덕이는 모습과 고로호브나 거리(Гороховная улица)의 화려하고 부유한 귀족들의 모습을 잠시 대조함으로써 당시 사회의 빈부의 차를 드러내기도 한다. 이러한 면에서 이 작품은 사회소설로 분류할 수 있다. 이 작품은 1846년 1월 네끄라소프가 펴낸 《뻬쩨르부르그 문집 Петербургский сборник》에 발표되었으며, 비평가들과 독자들로부터 커다란 반응을 얻었고, 이로 인하여 도스또옙스끼는 작가로서의 명성을 획득하였다. 그는 이 작품으로 인하여 적지 않은 수입을 올렸으나, 마까르처럼 낭비벽이 심해 이내 궁핍해진다.

곧이어 발표된 「분신 Двойник」(1846)과 「여주인 Хозайка」(1847)은 사실주의 비평가들에 의하여 구성과 작품성에 문제점이 있다는 지적을 받으면서 그들로부터 냉랭한 평가를 받게 되었다. 물론 이 작품들이 구성상 문제점을 안고 있다고 볼 수 있지만, 이 두 작품에서 도스또옙스끼는 인물의 무의식적인 심리를 병리학적으로 해부함으로써 인간의 내면세계를 파헤치는 작가로서의 모습을 드러내고 있다. 특히 「분신」은 독일 낭만주의 작가 호프만이 즐겨 사용하는 '환상과 비현실'이라는 문학장치를 열등감을 갖고 있는 9등관 골랴드낀(Яков Петрович Голядкин)에게 적용한 작품이다. 심한 우울증세와 현실을 초월한 과장으로 가득찬 주인공 골랴드낀은 그가 근무하는 부서에서 동료와 상사로부터 과중한 정신적 압박을 받던 중 일련의 사건들로 인하여 결국 정신병원에 입원한다는 이야기다. 거울에 비친 골랴드낀의 모습을 통해 환상은 더욱 증폭되어 발전하며, 자신과 동일한 이름과 외형을 가진 분신 또한 작품에 등장한다. 실제 골랴드낀은 이 분신으로부터 열등한 자신을 압박해오는 주위환경을 극복해야만 원래 자신의 모습을 찾을 수 있다는 충고를 듣게 된다. 자신의 환상이 창조해낸 분신의 망상으로 인하여 실제 골랴드낀은 혼란해지며 미치게 된다는 것이다. 이 작품을 읽는 독자들조차 현실을 초월한 환상이 가져다주는 모순들로 인하여 혼란에 빠지게 되는 작품이며, 이 작품은 문체상 고골 작품에 가장 가까운 작품으로 평가되고 있는데, 마치 작가 도스또옙스끼 내면에 존재하는 고골의 형상을 보는 듯하다. 이처럼 도스또옙스끼의 초기 작품들은 고골로부터 상당히 많은 영향을 받았다. 1830년대 후반 고골에게 그러하였듯이, 사실성보다는 낭만성이 강한 이 작품에 불만을 품은 사실주의 비평가 벨린스끼는 도스또옙스끼에게 강한 충고를 던지게 되었으며, 이후 두 사람의 관계는 소원해졌다.

도스또옙스끼는 1847년 당시 외무성 관리였던 뻬뜨로쉡스끼(Н.В. Петрошевский)가 주관하는 진보적 사회주의 이념서클 그룹에 합류하면서 '농노제 폐지'와 '사유재산 폐지'를 포함한 짜르 정부에 대항하는 일련의 진보적 사회사상에 동조하였다. 당시 서구주의자였던 도스또옙스끼는 하급 귀족과 잡계급 출신 지식인들로 구성된 회원들과 함께 비밀리에 뻬뜨로쉡스끼 자택에서 매주 금요일 정기적으로 집회를 가졌다. 1847년부터 1848년 사이에 도스또옙스끼는 「백야 Белые ночи」(1848)를 포함한 다수의 소설작품 - 「약한 마음 Слабое сердце」(1848), 「뿔준꼬프 Ползунков」(1848), 「정직한 도둑 Честный вор」(1848) ―을 발표하면서 생계를 이어갔다. 1848년 프랑스혁명이 발생한 이후 니꼴라이 I세는 더욱 강력한 반동정책을 시행하였고, 1849년 초부터 정부에 의한 뻬뜨로쉡스끼 비밀회원들에 대한 탄압이 시작되면서 4월 23일 핵심 회원 34인이 체포되었다. 체포된 사람들 가운데 형 미하일 도스또옙스끼를 포함한 일부는 석방되었으며, 표도르 도스또옙스끼는 당시 금지된 벨린스끼가 고골을 비난한 1847년 7월 15일자 편지를 낭송했다는 이유로 유죄판결을 받았다. 1849년 9월부터 시작된 군법회의에서 사형언도를 받은 도스또옙스끼는 니꼴라이 I세에 의하여 징역 8년으로 감형되었고, 얼마 후 다시 징역 4년과 4년간의 사병복무로 감형되었다.

도스또옙스끼는 그해 12월 24일 뻬쩨르부르그를 떠나 1850년 1월 유형지 시베리아의 옴스끄(Омск)에 도착하였다. 그는 1850년부터 4년 동안 옴스끄 감옥에서 어떤 쩨까브리스뜨(декабрист)의 부인으로부터 선물로 받은 성경책을 읽으면서 과거에 품었던 사회적 진보사상에서 벗어나 러시아 민중 기독교사상으로 전향하게 되었다. 이 기간에 그는 민중과 기독교의 구원에 관심을 가졌다. 당시 30대 초반인 도스또옙스끼는 감옥에서 처절한 고통을 경험하였다. 그는 형 미하일에게 보낸 편지에서 감옥의 비참한 상황을 다음과 같이 묘사하고 있다. "... 여름에는 참을 수 없이 덥고, 겨울에는 추워서 견딜 수가 없습니다. 난로에는 여섯 토막의 통나무를 넣지만 열기란 조금도 없어 방안의 얼음도 녹이지 못하고, 다만 연기만 자욱합니다. 겨울 내내 이렇게 지냅니다... 밤이 되면 새벽이 될 때까지 대소변을 보러갈 수 없게 자물쇠로 채워놓아, 방과 복도에는 오물의 악취가 가득합니다." 그는 감옥에서 잔인한 죄수들로부터 인간이하의 취급을 받았다고 토로하면서, 신념에 커다란 변화가 있었다는 것을 형에게 전했다. 그는 감옥에서 '선'과 '악'의 무질서를 체험하였고, 악에 대한 제동장치가 부재할 때는 늘 악이 선을 제압한다는 것을 깨달았다. 이를 극복하기 위해서는 사회의 외적 변화나 혁명이 아니라 인간 내부의 질적 혁명이 더욱 중요하다는 인식을 갖게 되었다. 그리하여 내부의 질적 혁명은 오직 기독교의 하나님만을 통해서 가능하다는 결론을 내렸다. 인생에 대한 회의, 육체적 고통, 그리고 내적 갈등에서 출발한 도스또옙스끼의 기독교 사상은 사실주의 비평가들의 사상에 정면충돌하는 것이었다.

1854년 2월 형기가 만료된 도스또옙스끼는 3월 2일 몽고와 국경지역에 위치한 세미빨라찐스끄(Семипалатинск: 노보시비르스끄에서 남쪽으로 약 500km떨어진 당시 인구 5,000명의 마을) 수비대에 사병으로 배속되어 남은 형기 4년을 보냈다. 그 곳에서 그는 엄중한 검열을 받았지만 뻬쩨르부르그에 있는 가족들이나 친구들과 서신교환을 할 수 있었다. 세미빨라찐스끄에서 하는 일이라곤 술 마시고 친구를 사귀는 일 뿐이었다. 우연히 하급관리의 부인 마리야(Мария Дмитриевна Исаева)라는 여인을 알게 되면서 그는 사랑에 빠지게 되었다. 7살짜리 아들이 있는 마리야는 정열적이고 쉽게 흥분하는 여인이었는데 도스또옙스끼는 그녀에게 매료되었고 깊은 관계를 맺게 되었다. 1855년 봄 마리야의 남편 이사예프가 가족들과 함께 꾸즈네쯔끄(Кузнецк)로 전보 발령되었는데, 이 사건은 도스또옙스끼에게 슬픔을 안겨 주었다. 그러나 그해 8월 이사예프가 사망하고 도스또옙스끼가 1856년 10월에 장교대우로 승진하자 그는 이듬해 2월 6일 꾸즈네쯔끄에서 마리야와 결혼식을 올리고 세미빨라찐스끄로 돌아왔다. 이제 도스또옙스끼는 부인과 아이를 부양해야하는 처지가 되었다.

1859년 7월 도스또옙스끼는 세미빨라찐스끄를 떠나 부양가족과 함께 뜨베리(Тверь)에 거주하였다. 여기서 그는 「백부의 꿈 Дядюшкин сон」(1859), 「스쩨빤치꼬프 마을과 주민 Село Степанчиково и его обитатели」(1859) 을 집필하였다. 「백부의 꿈」은 자신의 딸을 늙고 어리석은 공작 K. 에게 시집보내려 애쓰는 마리야(Марья Александровна Москалева)라는 여인에 대한 이야기인데, 그녀의 요청에 따라 공작은 정식으로 그녀의 딸에게 청혼하였다. 그러나 그 혼인과 관련된 사람들을 통해서 그의 구혼이 단지 몽상이었다는 사실을 듣고 설복한다는 줄거리를 담고 있다. 「스쩨빤치꼬프 마을과 주민」은 사기꾼이고 거짓 신자인 포마 오삐스낀(Фома Опискин)이 히스테리한 성격의 모친과 살고 있는 마음씨 착한 퇴역대령 예고르 로스따네프(Егор Ростанев)의 집에 들어가 그 집 주인행세를 하면서 마침내 그 집을 소유한다는 줄거리를 담고 있다. 오삐스낀은 선량하고 나약한 퇴역대령을 못살게 굴며, 마을사람들 앞에서 모욕을 주는 행동을 일삼는다. 이에 분노한 퇴역대령은 오삐스낀을 집에서 쫓아낸다. 오삐스낀은 마음을 고쳐먹고 퇴역대령과 마을의 젊은 부인과의 결혼을 성사시키고 이전과 달리 선한 성품으로 퇴역대령의 집안을 다스린다는 이야기다. 이 두 작품은 구성과 문체적인 측면에서 고골의 영향력 하에 놓여있는 작품으로 평가되나, 문학성은 그리 뛰어나지 못한 작품으로 평가된다.

그해 12월 알렉산드르 II세의 허락을 받고 가족과 함께 뻬쩨르부르그로 귀환한 도스또옙스끼는 1861년 1월 형 미하일과 함께 온건한 노선의 문학잡지 《시대 Время》(1861-1863)를 창간하여 아폴론 그리고리예프(Аполлон Александрович Григорьев, 1822-1864)와 함께 일하면서, 옴스끄 유형지 생활을 토대로 한 「죽음의 집의 기록 Записки из мёртвого дома」(1860-1862)을 기고하였다.

도스또옙스끼가 《시대》에서 활동하던 1861년 9월 수슬로바(Аполиная Суслова)라는 여대생이 단편작품을 기고하였다. 그녀는 농촌출신이었지만, 뚜르게네프 소설에 등장하는 여성 주인공처럼 개화된 여성으로 지성과 열정을 소유한 인물이었다. 한 남자에게만 매달리지 않고 자유를 즐기며 가끔 변덕스럽고 거만한 행동을 일삼는 여성이었다. 도스또옙스끼와 결핵을 앓고 있던 마리야와의 결혼생활이 행복하지 않은 상황에서 그는 수슬로바에게 사랑을 느끼며 깊이 빠져들었다. 당시 《시대》를 운영하면서 적지 않은 빚을 진 도스또옙스끼는 1862년 6월 첫 유럽여행을 떠났다. 서구주의자였던 그는 약 2달 반 동안 베를린, 드레스덴, 런던, 파리, 밀라노, 베네치아, 빈 등을 방문하였고, 런던에서 게르쩬을 만나 사회사상에 관한 대화를 나누었다. 유럽여행에서 자본주의 사상이 팽배한 서구 문명에 혐오감을 느꼈고 동시에 서구 사회주의 사상에도 부정적인 인상을 받았다. 여행을 통해 도스또옙스끼는 러시아 정교신앙과 '선'(добро)에 희망을 걸면서 진보사상을 가진 서구주의자들의 견해를 부정하고 슬라브주의자의 주장을 수용하는 모습을 보이기 시작했다. 1860년대에 등장한 허무주의자(нигилист)들이 주장하는 합리주의와 개인주의를 힐책하면서, 지식인들은 러시아 민중과 대지로 돌아가야 한다는 주장을 펼쳤다. 인간의 악은 전체로부터 분리되었을 때 발생하기 때문에 분리된 '개인'은 다시 '전체' 속으로 들어가야만 한다고 주장했다.

여행에서 돌아온 도스또옙스끼는 그해 말 「죽음의 집의 기록」을 단행본으로 출판하였고, 유럽여행에서 느낀 것을 담은 「여름의 인상에 대한 겨울의 수필 Зимние заметки о летних впечатлениях」을 1863년에 발표하였다. 그러던 가운데 《시대》 4월호에 스뜨라호프(Николай Николаевич Страхов, 1828-1896)가 기고한 폴란드 예술과 문학을 러시아 문화와 연관하여 쓴 논설 「치명적인 문제」가 검열에 걸려 《시대》가 폐간되었다. 이 잡지의 폐간은 도스또옙스끼에게 경제적으로 큰 타격을 주었다. 재정적으로 힘든 상황에 처한 그는 그해 8월에 수슬로바와 두 번째 유럽여행을 떠났다. 그는 도박판에서 많은 돈을 잃고 빈털터리가 되었고 수슬로바는 혼자 파리로 떠났다. 홀로 남아 죄책감을 느낀 도스또옙스끼는 결핵을 앓고 있는 마리야 곁으로 돌아와 극진히 간호하였다. 죽음을 앞둔 마리야가 고통을 받는 모습, 그녀가 낳은 아들의 방탕한 행위, 그리고 유럽에서 수슬로바와의 열정적인 사랑으로 인해 도스또옙스끼는 정신적 고통을 받았으며 지병인 간질 증세가 나타나곤 하였다.

도스또옙스끼는 경제적으로 어려운 가운데 1864년 3월에 새로운 문학잡지 《세기 Эпоха》(1864-1865)를 발행하면서 「지하생활자의 수기 Записки из подполья」를 연재하기 시작하였다. 이 때 그에게 불행한 사건들이 연이어 발생했다. 4월 16일 부인 마리야 사망. 6월 10일 형 미하일 사망. 10월 7일 아뽈론 그리고리예프 사망. 고통의 와중에서 그는 「지하 생활자의 수기」를 그 해 말 완성하였다. 무명의 주인공을 통해서 작품의 1부에서는 악에 관한 철학적 해명을, 그리고 2부에서는 일련의 사건을 통하여 악으로 가득찬 한 인간의 생애를 다루고 있다. 이 작품에서 도스또옙스끼는 자신의 종교적, 영적 선입관을 주인공을 통해 선명하게 묘사하고 있다. 도스또옙스끼가 고뇌하고 갈등했던 '자유'와 '이성', 그리고 고통의 가치에 대한 테마를 다루고 있는 이 작품에는 고통 받는 인간의 심리학적인 분석이 잘 드러나고 있다. 「분신」의 주인공 골랴드낀이 새롭게 변한 모습으로 등장하는 이 작품에서 도스또옙스끼는 무명의 주인공에게 다만 본인이 실존한다는 전제조건 하에 그에게 자유를 부여하고 있다. 주인공은 어떠한 희생을 감수하더라도 자유만은 보존하려고 애쓰며, 사회 혹은 자연으로부터의 어떠한 압박에도 굴복하지 않는다. 주인공은 인간의 인간됨과 인간의 모든 행위를 과학적 공식의 틀에 조합시키려는 이성으로부터의 자유 상실을 두려워하면서 이성을 철저히 부정한다. 주인공은 2 × 2 = 4 라는 공식 대신 인간에게 필요한 것은 감정, 직감력, 그리고 상상력이라고 주장한다. 행복의 열쇠는 이성이 아니라 독립적인 '자유의지'라는 것이다. 도스또옙스끼는 윤리와 도덕의 원칙에서 벗어난 자유의지는 긍정적이고 건설적일 수 있지만, 부정적이고 파괴적일 수도 있다는 것을 인정하면서 이야기를 맺는다. 바로 이 무명의 주인공은 나중에 「죄와 벌 Преступление и наказание」(1866)에서 발전한 모습 — 라스꼴리니꼬프(Раскольников) — 로 등장한다.

1864년 말 도스또옙스끼는 부유한 지주인 장군의 딸 안나 끄루꼽스까야(Анна Круковская)라는 젊은 여류 작가를 만나 청혼하였으나 거절당했다. 도스또옙스끼는 죽은 형의 가족을 부양하면서 《세기》가 진 빚도 떠맡았다. 경제적으로 어려운 상황에 봉착한 그는 파산하면서 《세기》를 폐간했다. 그는 1865년 7월 도박을 통해 재정적 고충을 해결하겠다는 생각과 수슬로바와 관계를 회복시키겠다는 일념으로 그녀와 세 번째 유럽여행을 떠났다. 3,000루블에 판권을 팔아 마련한 여행비용으로 도스또옙스끼는 수슬로바와 함께 떠났으나 자신이 상상했던 것처럼 그리 행복한 여행은 되지 못하였다. 도박판에서 모든 돈을 탕진하고 빈털터리가 된 그는 뚜르게네프와 게르쩬에게 돈을 빌렸으나 수슬로바에게 모두 뺏기고 그해 11월 뻬쩨르부르그로 홀로 돌아왔다.

1866년은 도스또옙스끼에게 문학의 새로운 장을 여는 중요한 분수령이 되었다. 수슬로바와의 관계를 완전히 청산한 도스또옙스끼는 그해 1월 「죄와 벌」을 《러시아 통보 Русский вестник》에 연재하기 시작하였다. 6개의 장과 에필로그로 구성된 이 작품은 초기에 범죄소설로 간주되었다가 나중에 갈등하는 인간의 내면 심리를 다룬 작품으로 인정받게 되었다. 이 작품은 화자의 1인칭 서술형식을 사용했던 「죽음의 집의 기록」과 「지하생활자의 수기」와는 달리 3인칭 서술형식을 택하고 있다. 주인공인 대학생 라스꼴리니꼬프는 뻬쩨르부르그 뒷골목에서 살아가는 가난에 찌든 인물로 등장하고 있다. 살인에 대한 정당성 문제로 고민하는 주인공의 번뇌하는 모습이 작품 전체에 드러나고 있는 「죄와 벌」은 주인공의 2중살인 — 전당포 노파와 그녀의 동생 — 을 통해 인간의 영적 내면세계와 의식세계의 변화가 진행되면서 스스로 설정한 범죄의 동기가 지속적으로 변화되는 것을 묘사하고 있다. 자신이 저지른 살인에 대한 동기를 스스로 분석하고 설정하는데 라스꼴리니꼬프는 고뇌를 동반한 혼돈상태를 맛보게 된다. 도스또옙스끼는 이 작품에서 사회의 구성원인 한 인간의 심리적, 윤리적, 그리고 철학적 갈등을 복합적으로 묶어 그의 내면에 존재하는 사실성을 표출하고 있다. 도스또옙스끼는 사실주의가 표면적으로 드러나는 사회현상을 고발하는 것이라는 견해를 부정하고, 인간 내부의 심리적인 상태를 파헤치는 것이 진정한 사실주의라고 주장했다.

라스꼴리니꼬프는 자신이 저지른 범죄와 관련된 증거가 드러나지 않은 상태에서, 내적 혼돈과 갈등을 외부로 표출한다. 외부로 드러나는 이런 행동은 예심판사 뽀르피리(Порфирий)에게 라스꼴리니꼬프가 살인범이라는 심증을 제공한다. 죄가 드러나기 전 스스로 자백한 라스꼴리니꼬프는 8년형을 언도받는다. 죄를 자백한 후 그는 자신이 저지른 죄에 대하여 회개하는 것이 아니라, 자신이 설정한 신념을 견고히 지키지 못한 것에 후회한다. 시베리아 유형지까지 따라온 쏘냐(Соня)의 영향으로 그는 회개의 눈물을 흘린다.

「지하생활자의 수기」에 나오는 주인공의 발전된 모습을 띄고 있는 라스니꼴니꼬프는 니체의 초인사상에 흠뻑 젖어있다. "하나님은 죽었다."라는 결론에 도달한 라스꼴리니꼬프는 인간만이 유일한 신성을 가진 존재라고 믿는다. 따라서 신이 부재한 상황에서 인간의 어떠한 행위도 가능하다는 추론을 내린다. 니체처럼 라스꼴리니꼬프는 소수의 '초인'(supermen)들은 일반적 선과 악의 테두리를 벗어난 공간에 존재하며, 그들에게는 절대적인 윤리법칙은 존재하지 않으며, 모든 것이 허용된다는 논리를 갖고 있다. 라스꼴리니꼬프는 살인의 정당성을 니체의 초인사상으로부터 끄집어내고 있다. 하지만 그러한 논리는 그의 무의식 세계에서 출발하여 내면에서 피어오르고 있는 또 다른 진리를 극복하기에는 역부족이었다. 그는 '전체'로부터의 고립감과 불안감에 휩싸이게 되고, 마침내 창녀 소냐에게서 자신이 겪는 내적 고통의 피난처를 발견하게 된다. 라스꼴리니꼬프는 자신 때문에 소냐가 필요 없는 고통을 받고 있다는 것을 깨달으면서 이것이 희생과 사랑이라는 것을 이해하고 그녀 앞에, 아니 그리스도의 십자가 앞에, 겸허하게 무릎을 꿇는다. 결국 인간의 한계를 극복하려던 초인사상에 집착했던 라스꼴리니꼬프는 자신의 초라한 모습을 발견하고, 자신이 살해한 인물은 노파와 그녀의 동생이 아니라 바로 자신이었다고 고백한다. 도스또옙스끼는 선과 악의 근본적인 문제는 단순한 논리적 차원에서 해결될 수 없으며, "윤리와 도덕적 이념들은 기독교의 희생, 사랑, 그리고 구원에서 출발하며, 행위를 정당화시키려는 합리적 논리는 결코 행위를 정당화시킬 수 없다."는 메시지를 전달하고 있다.

도스또옙스끼는 「지하생활자의 수기」에서 제기한 선과 악의 문제를 「죄와 벌」에서 심도 있게 다루고 있다. 라스꼴리니꼬프는 자신과 주변 환경에 의해 설정된 운명을 뛰어넘어 자유를 누릴 수 있다는 신념을 소유했으나, 사람들과의 관계에서 분리 혹은 이탈되면 자신이 존재할 수 없다는 사실을 깨닫고 자유를 포기한다. 주위환경으로부터 분리되면서 발생한 고독으로부터 벗어나기 위해 자신이 저지른 '죄'를 고백하고, 구원의 첫 출발로서 '벌'을 받아들인다. 시베리아 유형지에서 9개월이 지난 후, 그는 스스로 택한 자유의지에 의해서가 아니라, 하나님에 의해 구원을 받고 참회의 눈물을 흘린다. 「죄와 벌」은 인간에게 주어진 자유는 구원으로 거듭나지 않는 한 오로지 악의 도구로 사용된다는 메시지를 주고 있다.

빚쟁이들을 피해가며 「죄와 벌」을 집필하는 과정에서 도스또옙스끼는 1866년 10월 「도박꾼 Игрок」이라는 작품을 젊은 속기사 안나 그리고리예브나(Анна Григорьевна Сниткина)의 도움을 받아 불과 26일 만에 완성하였다. 「도박꾼」은 수슬로바와의 유럽여행 경험담과 도스또옙스끼의 도박벽을 토대로 만든 작품으로, 당시 경제적 궁핍에서 잠시 벗어나기 위해 서둘러 집필한 작품이다. 비록 「도박꾼」은 구성과 문체상의 문제점을 갖고 있지만 도박에 빠져드는 인간의 심리상태가 잘 묘사된 작품이다. 이 일로 인연을 맺은 두 사람은 1867년 2월 15일 결혼식을 올린다. 재정적으로 궁핍한 상황에서 시작된 그들의 신혼생활은 그리 순탄하지 않았다. 그해 여름 도스또옙스끼는 여전히 도박에 빠져들었다. 자신보다 25세나 많은 남편을 이해하는 의지가 강한 지혜로운 부인은 도스또옙스끼를 설득해 그 해 4월 함께 베를린으로 떠났다. 약 4년간(1867-1871) 유럽에서 도피생활을 하면서 「백치 Идиот」(1868), 「영원한 남편 Вечный муж」(1870)을 완성하였다. 그리고 1870년 1월부터 18개월 동안 「악령 Бесы」(1872)을 집필하는데 대부분 시간을 보냈다.

「백치」의 주인공 므이쉬낀 공작(князь Мышкин)은 도스또옙스끼처럼 정신적으로 고뇌하는 간질병환자다. 유산을 상속받기 위해 유럽에서 러시아로 돌아온 므이쉬낀 앞에 두 여인이 나타난다. 예빤친 장군(генерал Епанчин)의 딸인 매력적이고 순결한 처녀 아글라야(Аглая Ивановна)와 부유한 상인으로부터 버림받은 자존심이 강하고 순진한 창녀 나스따샤(Настасья Филипповна). 두 여인으로부터 사랑을 받는 므이쉬낀은 두 여인을 동등하게 사랑하나, 결국 한 여인을 선택해야 하는 상황에서 연민의 정과 동정심 때문에 나스따샤를 선택하려 마음먹는다. 그러나 나스따샤는 그가 자신을 선택함으로써 치를 희생을 원치 않았기에 이전부터 그녀를 일방적으로 사랑했던 로고쥔(Рогожин)을 택한다. 로고쥔은 정열적이고 야심에 가득찬 그리고 집착력이 강한 청년이었다. 나스따샤로부터 진정한 사랑을 받지 못하고 있다고 판단한 로고쥔은 질투심이 폭발하여 므이쉬낀을 괴롭히다가 결국 나스따샤를 살해한다. 한편 사기꾼과 결혼한 아글라야는 남편으로부터 버림받는 신세가 된다. 두 여인의 불행한 결과로 인해 므이쉬낀은 정신적으로 혼란상태에 빠지게 되면서 유럽으로 떠난다. 그리고 스위스에서 우연히 폐결핵으로 죽어가고 있는 소년 이뽈리뜨(Ипполит)를 만난다. 이뽈리뜨가 "죽음을 어떻게 맞이하는 것이 가장 좋을까요?"라는 질문에 므이쉬낀은 마치 예수 그리스도가 십자가 위에서 말했던 것처럼 '자비와 용서'를 빌며 죽음을 맞이하라고 대답한다.

「백치」에서 도스또옙스끼는 므이쉬낀을 통해 그리스도와 같은 완벽한 선인의 이미지를 창조하고 있다. 이 작품의 주인공 므이쉬낀도 그리스도처럼 많은 사람들로부터 이용당하고 오해받는다. 극히 수동적인 그가 현실을 대하는 태도에 대해 그의 적들뿐 아니라 친구들조차 반감을 품는다. 므이쉬낀은 현실과 영적세계는 서로 반목하는 것이 아니라 상호 보완하는 것이라고 주장한다. 그는 자신의 주변에서 발생되는 반목과 갈등에 대하여 어느 한쪽 편에만 설 수 없다는 것이다. 왜냐하면 양쪽 사람들이 각자 자신들의 편에서 생각할 때, 양쪽의 생각은 모두 옳기 때문이다. 도스또옙스끼는 이 작품을 통해서 완벽한 선인은 결코 어느 한편을 나무라며 정죄하는 것이 불가능하다는 것을 보여 주고 있다.

4년간 도피생활을 마감하고 1871년 7월에 러시아로 돌아온 도스또옙스끼는 유럽에서 집필하기 시작한 「악령 Бесы」 3부를 1872년 11, 12월호 《러시아 통보》에 발표하였다. 유럽에 머물던 도스또옙스끼는 1869년 11월 뻬쩨르부르그에서 발생한 네차예프(Нечаев) 사건을 처남 스니뜨낀(Иван Сниткин)으로부터 전해 들었다(과격한 진보사상을 가진 허무주의자인 뻬뜨롭스끼 농과대학생 네차예프는 사회제도를 전복할 5인조 비밀조직을 결성하여 모의를 하였는데, 그 과정에서 이바노프가 탈퇴하였다. 이에 비밀조직이 누설될 것을 우려한 나머지 네 사람이 이바노프를 살해하였다). 유럽에 기거하면서 무신론자와 허무주의자에 관한 작품을 쓰려고 마음먹었던 도스또옙스끼는 이 사건을 계기로 그들과 범죄 사이의 본질적인 문제를 다루는 작품 「악령」을 집필하였다.

「악령」에서 도스또옙스끼는 진보적 서구주의자, 무신론자 그리고 허무주의자들이 품고있는 사상의 실체를 파헤치면서 동시에 자신의 종교관을 일부 등장인물들을 통하여 소개하고 있다. 작품의 이야기 전개는 상당히 복합적인데, 주인공 스따브로긴(Николай Ставрогин)을 중심으로 한 줄거리는 다음과 같다. 스따브로긴은 귀족출신 부유한 과부 바르바라(Варвара Петровна)의 외아들인데, 그녀는 아들을 무신론자 스쩨빤 뜨로피모비치(Степан Трофимович)에게 맡겨 교육시킨다. 바르바라는 스쩨빤의 친구이자 재정적 후원자인데, 스따브로긴은 8세 때부터 스쩨빤으로부터 사상교육을 받으며 성장한다. 당시 바르바라 집에 모여 스쩨빤에게 가르침을 받은 자들은 다양한 부류의 사람들이었다. 리뿌찐(Липутин: 중년의 현청 관리, 자유주의자이며 무신론자), 샤또프(Шатов: 진보적 사상으로 인하여 대학에서 제적된 인물), 비르긴스끼(Виргинский: 젊은 지방관리), 럄쉰(Лямшин: 유대인 우체국 직원). 스따브로긴은 리쩨이를 졸업한 후에 어머니의 소원대로 근위기병대 장교가 되었다. 청년장교 스따브로긴은 부유한 집안배경, 강인한 체력, 왕성한 정력, 수려한 용모, 총명한 두뇌, 사람들의 마음을 사로잡는 교제술 등을 두루 갖춘 팔방미인이었다. 스따브로긴은 두 차례의 결투에서 상대방을 쓰러뜨린 사건으로 인하여 사병으로 강등되어 어느 보병연대에 좌천 발령된다. 어머니의 탄원서와 까프까즈 토벌전에서 공을 세운 스따브로긴은 장교로 복권되어 명예를 회복하게 된다. 그는 어머니가 거주하는 곳으로 가지 않고 뻬쩨르부르그 사교계에서 방탕한 생활을 일삼는다.

어느 날 술에 잔뜩 취한 그는 친구와 내기에서 져 뒷골목의 절름발

이 여자인 마리야 레뱌드끼나(Марья Лебядкина)와 비밀리에 혼인을 한다. 외형적으로 추했지만 그녀는 순수한 여인이었다. 그녀가 추악한 현실을 부정하면서 내적 순수성을 추구하였기 때문에 사람들로부터 미친 여자라는 손가락질을 받았던 것이다. 혼자서 어머니가 살고 있는 곳으로 와서 망나니 행동을 일삼던 스따브로긴은 3년간 유럽과 중동지역을 여행하면서 자신이 품고 있던 사상에다 '러시아 민중의 메시아 사상'과 '인신사상'을 접목시킨다. 여행을 마치고 고향으로 돌아온 스따브로긴은 이전과는 다른 모습이었다. 그는 과거에 자신이 저질렀던 악행을 참회하는 마음을 품고 있었다. 악의 화신이자 정치적 야심을 품고 있던 뾰뜨르 스쩨빠노비치(Пётр Степанович)는 스따브로긴을 우상처럼 추앙하였는데, 스따브로긴에게 자유를 부여하기 위하여 불구자인 그의 부인 마리야를 살해하도록 페지까(Федька)에게 사주한다. 페지까가 살해의 대가로 스따브로긴에게 돈을 요구했을 때 그는 돈을 지불함으로써 부인을 살해하고자하는 속내를 드러낸다. 결국 그녀는 페지까에 의하여 살해되었고, 다음날 마리야의 죽음에 흥분한 군중들은 스따브로긴과 함께 잠자리를 했던 리자베따(Лизавета Николаевна)를 발견하고 그녀를 무참히 구타하여 살해한다. 이에 당황한 스따브로긴은 여권을 준비하여 스위스로 도주할 계획을 세운다. 뻬쩨르부르그의 한 역장집에 기거하면서 그는 자신에게 남몰래 사랑을 바쳤던 어머니의 양녀이자 샤또프의 여동생인 다랴(Дарья Павловна)에게 편지를 써서 자살을 하겠다는 심경을 전한다. 스따브로긴이 기거하고 있는 곳으로 달려간 어머니와 다랴는 목매 자살한 스따브로긴을 발견한다.

이 작품의 주요 인물들은 부정적 형상의 진보적 서구주의자들과 허무주의자들로 구성되어 있다. 이들 대부분은 부정적 악의 화신으로 등장하고 있는데, 자신들이 소유한 이념과 사상을 논쟁과 토론을 통해 드러낸다. 주인공 스따브로긴은 어린 시절 스쩨빤으로부터 자유주의경향의 무신론을 받아들였고, 「죄와 벌」의 라스꼴리니꼬프처럼 자아의지만을 인정하는 철저한 개인주의자다. 그는 의지로 설정한 모든 계획을 실행에 옮기는 인물이며, 아무런 거리낌 없이 욕정을 채우는 인물이다. 삶의 부도덕, 환멸 그리고 권태 속에서 잃어버린 신념과 자아를 회복하지 못하고 정신분열을 일으킨 후 자살하는 또 다른 모습의 라스꼴리니꼬프의 형상이다. 스따브로긴의 친구인 허무주의자 샤또프는 네차예프 사건에서 피살된 이바노프의 형상인데, 상대방으로부터 자신의 신념이 공격당할 때 분노를 감추지 못하는 성급한 인물이다. 그는 도스또옙스끼처럼 초기에 급진적 서구주의자로 출발하였다가 차츰 슬라브주의자로 변모한다. 그는 스따브로긴이 강조하는 '러시아 민중 메시아사상'을 추종하면서 러시아 민중은 러시아 정교를 통해 전 인류에게 진리를 전파할 것이라고 믿는다. 자신의 신념을 끝까지 고수하던 그는 종국에 피살된다. 샤또프의 신념에는 도스또옙스끼의 사상이 내재되어 있다.

무신론자이며 관념론자인 끼릴로프는 니체의 '인신사상'에 집착하여 자신이 소유하고 있는 의지의 한계를 시험한다. 인간이 극복해야 하는 최종 단계는 바로 죽음이라는 것이다. 죽음의 공포를 극복할 때 인간은 최고의 경지에 다다른다는 것이다. 결국 자살만이 죽음의 공포를 극복하는 길이라고 단정하고 이를 시도한다. 끼릴로프은 도스또옙스끼의 「까라마조프가의 형제들 Братья Карамазовы」(1879-1880)에 등장하는 하나님을 부정하는 이반 까라마조프의 초기단계 인물이다. 그밖에 등장인물로 허무주의자들의 스승이며 자유주의 사상을 설파하는 스쩨빤은 추상적이고 관념적인 신념을 소유한 인물인데 잉여인간처럼 자신의 사상을 행동으로 옮기지 못하는 인물이다. 대신 그의 아들 뾰뜨르 스쩨빠노비치는 아버지의 행동의 화신 혹은 스따브로긴의 분신으로 등장한다. 그는 진보적이고 과격한 혁명적 성향을 소유한 인물로 네차예프의 정치적 형상이다. 그는 자신이 설정한 신념을 과감히 행동에 옮기는 인물이다.

「악령」을 발표한 직후 도스또옙스끼는 러시아에서 뚜르게네프와 레프 똘스또이에 비견되는 위대한 작가 반열에 올랐다. 「악령」3부를 발표한 1872년 말, 도스또옙스끼는 진보적 서구주의 경향에 반대하는 주간신문 《시민 Гражданин》의 편집장을 맡았다. 이듬해 그는 작가의 고백을 담은 「작가의 일기 Дневник писателя」를 《시민》에 1년 동안 연재하였고, 그 동안 연재했던 「악령」1, 2, 3부를 모아 일부 개정하여 단행본을 발행하였다. 도스또옙스끼는 1874년 2월 말 《시민》 편집진들과의 갈등으로 인하여 편집장에서 물러나고 그해 가을 뻬쩨르부르그의 남쪽에 위치한 휴양지 스따라야 루싸(Старая русса)에 머물면서 부자간의 갈등을 그린 소설 「미성년 Подросток」(1875) 을 구상하면서 겨울을 보냈다.

도스또옙스끼는 1875년 1월부터 《조국잡기》에 「미성년」을 연재하기 시작하였다. 1860년대에는 허무주의자들의 등장했고, 1870년대에는 '브나로드'(в народ) 운동과 더불어 '인민주의자'(народник)가 등장했다. 대부분 귀족출신의 젊은 지식인인 그들은 민중 속으로 들어가 그들을 깨우치고 새로운 미래를 제시하고자 하였다. 그러나 이 운동을 주도한 인쩰리겐찌야들과 민중과의 거리는 소원했다. 일부 지식인들은 민중들에 의하여 고발당하게 되어 체포 구금되었다. 무신론자인 인민주의자들은 민중이 신봉하는 러시아 정교에는 관심이 없었다. 인민주의자들과는 달리 도스또옙스끼는 '민중'과 '러시아 대지'로 들어가야 된다고 주장했는데, 러시아 대지는 러시아 정교를 의미했다. 「미성년」은 도스또옙스끼의 이러한 사상을 담은 실험적 작품이다.

회의론자인 귀족 베르실로프(Версилов)와 농노출신 소피아(София)

사이에서 사생아 아르까지(Аркадий)와 리자(Лиза)가 탄생했다. 불행한 어린 시절을 보낸 아르까지는 모스끄바 대학의 기숙사에서 생활하다가 뻬쩨르부르그로 상경하였다. 아버지와의 관계를 회복하기 위해 애쓰던 아르까지는 권력, 재력, 명예를 얻기 위해 노력 한다. 이 과정에서 두 사람은 가까워지게 되며, 소원했던 관계를 회복하게 된다. 그런데 젊은 여인 까쩨리나(Катерина Николаевна)가 두 사람 사이에 장애물로 등장한다. 베르실로프의 정부인 까쩨리나는 아르까지의 첫 사랑이었다. 삼각관계 속에서 고뇌하던 베르실로프는 혼자 유럽여행을 떠난다. 이 상황에서 소피아의 남편 마까르(Макар Иванович Долгорукий)가 등장한다. 그는 순수하고 선량한 평민출신인데 러시아 전역을 돌아다니며 가끔 뻬쩨르부르그에 나타나는 순례자로 현인의 형상으로 묘사되고 있다. 마까르의 죽음으로 인하여 부자지간의 관계는 완전히 회복되고, 베르실로프는 까쩨리나와의 관계를 청산하고 소피아와 결혼식을 올린다.

「미성년」은 비평가들로부터 구성적인 측면에서 문제점이 많은 작품이라는 혹평을 받았다. 베르실로프와 아르까지의 관계 뿐 아니라 등장인물의 성격 역시 명확하게 전달되지 않기 때문에 전체적인 통일성이 결여되어 있다. 그러나 도스또옙스끼는 인간의 심리상태를 잘 분석하고 있는데, 특히 증오와 사랑, 고뇌와 기쁨, 자만과 겸손을 잘 묘사하였다. 또한 민중 기독교의 화신인 마까르의 죽음을 통해 한 가정이 겪는 고통을 희망과 기쁨으로 반전시키는 결말부분에서 도스또옙스끼는 '민중과 러시아 대지로'라는 메시지를 독자에게 전달하고 있다.

「미성년」을 완성하고 1875년 여름에 도스또옙스끼는 독일로 여행을 떠났다. 여행에서 돌아온 그는 1876년 1월부터 개인 월간잡지 《작가일기 Дневник писателя》를 발행하면서 「욜까의 그리스도에게 불려간

소년 Мальчик у Христа на ёлке」, 「농부 마레이 Мужик Марей」, 「100세의 노파 Столетняя」, 「얌전한 여자 Кроткая」 등을 발표하였다. 그가 1876년부터 2년 동안 《작가일기》에 기고한 작품들의 테마는 '민중'이었다. 1860년대와 1870년대에 러시아 사회에 등장했던 인쩰리겐찌야들은 민중의 영혼에 내재하고 있는 기독교 신앙을 상실하고 있다는 주장을 펼쳤다. 과거 자신이 옴스끄 유형지에서 겪은 체험과 서구주의에서 슬라브주의로 전향한 것을 바탕으로 민중의 진정한 의미를 새롭게 설정했던 것이다. 그는 민중과 지식인들의 지혜를 대조하면서 민중과 분리된 지식인들을 비난하고 있다. 젊은 시절에 급진적 서구주의자였던 도스또옙스끼의 관심대상은 정치 사회적 문제가 아니라 기독교와 도덕의 문제였다. 유럽은 개인주의와 이기주의로 팽배한 적 그리스도의 국가이나, 러시아는 민중과 러시아 정교를 통해 형제애를 구현할 수 있는 국가라는 주장을 펼쳤다. 1877년부터 도스또옙스끼는 이런 신념을 주제로 한 작품을 구상하기 시작했다. 그 결과 지방의 한 작은 마을을 배경으로 한 「까라마조프가의 형제들 Братья Карамазовы」을 1879년 1월부터 《러시아 통보》에 연재하기 시작하여 1880년에 완결되었고, 이듬해 단행본으로 출간했다. 이 작품은 4개의 장과 에필로그로 구성되어 있다.

성적 쾌락만을 추구하는 몰락한 지방귀족 표도르(Фёдор Карамазов)의 배다른 세 아들 — 드미뜨리(Дмитрий), 이반(Иван), 알렉세이(Алексей) — 은 한 가정에서 양육되지 못했다. 드미뜨리의 모친 아젤라이다(Аделаида)와 이반과 알렉세이의 모친 소피아(Софья)는 일찍 사망했고 친척들이 그들을 키웠다. 오랜 세월이 흐른 뒤 이들은 유산상속문제로 한 곳에 모인다. 장남 드미뜨리는 모친이 자신에게 남긴 유산을 요구한다. 그러나 드미뜨리의 요구에 냉소적인 반응을 보이며 표도르는 이를 거부한다. 이들의 불화와 반목의 근본적 원인은 창녀 그루쉔까(Грушенька)를 사이에 두고 벌어지는 본능적인 욕정의 적대관계이다. 두 사람은 이 문제를 해결하기 위해 인근 수도원에 상주하고 있는 조시마(Зосима)장로를 찾아간다. 이 수도원은 알렉세이가 신앙생활을 하는 곳이다. 두 사람은 이반을 동행하고 수도원을 방문한다. 조시마 앞에서 언쟁이 벌어졌고, 표도르는 드미뜨리의 성적 타락을 고발했고, 드미뜨리는 아버지가 그루쉔까에게 3,000루블을 약속하고 혼인관계를 맺으려 한다는 사실을 폭로하였다. 조시마 장로는 아무런 말없이 몸을 숙여 드미뜨리의 발에 입 맞추었다. 이 광경에 모두들 당황하면서 침묵했다. 표도르는 수도원을 나서면서 알렉세이에게 수도원을 떠날 것을 명령한다.

오래전에 떠돌이 백치 소녀가 표도르에게 강간당해서 스메르쟈꼬프(Смердяков)를 낳았다. 간질병자인 스메르쟈꼬프는 까라마조프 가정에서 요리사로 일하면서 이반으로부터 많은 영향을 받는다. 수도원 사건이후 알렉세이는 드미뜨리로부터 그가 그루쉔까를 진정으로 사랑한다는 고백과 그루쉔까에게 3,000루불을 지불하기 위해 까쩨리나(Катерина)와 혼인을 약속하고 3,000루불을 빌렸다는 사실을 듣는다. 드미뜨리는 알렉세이에게 까쩨리나와의 약혼관계를 파기하고 빌린 돈 3,000루블을 갚을 방법을 찾게 도와달라고 부탁한다. 돈을 갚은 후 그루쉔까와 함께 이곳을 떠나겠다는 드미뜨리의 말을 듣고, 알렉세이는 형을 돕겠다고 약속한다.

알렉세이는 우연히 스메르쟈꼬프가 다른 하인들과 종교에 관해 논쟁하는 것을 목격하고 그가 이반의 사상에 빠져있다는 것을 알아챈다. 얼마 후 표도르와 두 아들이 하나님과 영생에 관한 대화를 하는 과정에서 이반은 자신이 무신론자라는 것을 드러냈고, 알렉세이는 하나님의 존재를 인정한다는 고백을 한다. 어느 날 그루쉔까를 찾아 헤매던 드미뜨리가 표도르를 폭행하면서 그를 살해하겠다고 협박한다.

형에게 맞은 아버지의 상처를 치료하고 알렉세이는 수도원에서 밤을 새우고 다음날 까쩨리나를 만나 그녀에게 드미뜨리를 포기하라고 설득한다. 그날 저녁 알렉세이와 이반은 하나님과 영생에 관해 토론을 재기한다. 이반은 하나님이 왜 인간에게 선과 악을 선택할 수 있는 자유의지를 부여해서 인간을 더욱 고통스럽게 만드냐고 주장하면서, 하나님이 왜 선량한 사람들에게 고통을 주는지 이해할 수 없다고 말한다. 이에 알렉세이는 인간은 하나님의 뜻을 이해할 수 없지만 그리스도는 모든 것을 이해하고 있다는 말을 던진다.

얼마 후 알렉세이가 존경하는 조시마 장로가 수도원에서 임종을 맞이하게 된다. 그는 제자 알렉세이에게 "인생은 생각보다 단순하며, 모든 사람과 사물을 사랑하고, 다른 사람들을 정죄하지 말라."는 유언을 남기고 눈을 감는다. 오래 전부터 조시마가 죽을 때는 어떤 기적이 일어 날 것이라는 소문을 확인하기 위하여 많은 사람들이 모여들었다. 그러나 모인 사람들은 어떠한 기적도 보지 못했으며 다만 시체 썩은 냄새만이 방안에 진동했다. 이 때 알렉세이도 모인 사람들처럼 하나님의 존재에 대해 의심을 품는다. 유혹에 이끌려 그루쉔까를 찾아간 알렉세이는 그녀와 대화하면서 자기가 생각했던 죄 많은 창녀가 아니라 감성적이고 온화한 여인이라는 사실을 깨닫는다. 그날 밤 가나의 혼인잔치에 참석한 예수의 꿈을 꾼 알렉세이는 인간의 삶은 기쁜 마음으로 함께 나누는 것이라는 것을 깨닫고 하나님과 영생에 관한 확신을 갖게 된다.

한편 까쩨리나에게 빌린 돈을 갚기 위해 동분서주하던 드미뜨리가 그루쉔까를 찾아왔으나 집안은 텅 비어 있었다. 그녀가 표도르에게 굴복했다고 확신하고 아버지의 집으로 간다. 아버지를 발견하지 못한 드미뜨리는 하인을 폭행하고 다시 그루쉔까의 집으로 돌아온다. 그리고 5년 전에 그녀를 버린 바람둥이 애인에게 돌아갔다는 사실을 알게 된다. 흥분한 드미뜨리는 그녀를 만나보고 자살하겠다는 마음을 먹고 그녀를 찾아 나선다. 자신을 찾아온 드미뜨리와 대화하면서 그루쉔까는 그의 진실한 사랑을 확인한다. 그 순간 경찰이 들이닥쳤고, 드미뜨리는 부친 살해범으로 체포된다.

무신론자 이반은 열정적인 성품의 드미뜨리나 신앙심이 돈독한 알렉세이와는 본질적으로 다른 인물이다. 이지적이고 냉철한 이반은 부친이 살해되었다는 소식을 접한 후 스메르쟈꼬프와 대화를 나눈다. 이 때 스메르쟈꼬프는 자신이 표도르를 살해했다고 떳떳하게 고백하면서 자신은 살인에 대한 죄책감이 없고 이반이 부친살인에 관해 지적, 도덕적 정당성을 부여했다고 토로한다. 이에 이반은 죄의식에 사로잡히고 미쳐버린다. 재판 전날 밤 스메르쟈꼬프는 자살했고, 이반의 정신 상태는 악화되어 간다. 재판과정에서 까쩨리나가 제시한 드미뜨리의 편지에 표도르를 살해하겠다는 내용 때문에 드미뜨리는 유죄판결을 받는다. 알렉세이와 까쩨리나의 도움으로 탈옥한 드미뜨리는 그루쉔까와 함께 러시아를 떠나면서 조국을 떠난 삶은 고통이며 언젠가 다시 '러시아 대지'으로 돌아올 것이라는 말을 남긴다.

이 작품에는 도스또옙스끼의 종교사상이 집대성되어 드러난다. 역사적 산물이었던 당시 진보적 성향의 지식인들의 무신론과 기독교 전통, 사랑과 증오, 선과 악, 정욕과 살인, 타락과 희망 등이 까라마조프라는 한 가정을 무대로 펼쳐지고 있다. 「까라마조프가의 형제들」은 작가의 신념과 사상이 각각의 등장인물에게서 파편적으로 반영되고 있다.

표도르는 악마의 형상을 갖춘 비열하고 추악하고 냉소적인 인물로 도스또옙스끼 창작물들 가운데 가장 부정적인 인물이다. 퇴역장교인 드미뜨리는 선과 악이 뒤범벅된 인물로 이야기의 주인공 역할을 한다. 줄거리를 통해서 변화가 가장 컸던 드미뜨리는 이반의 이지적 논리와 철학적 사고와 알렉세이의 종교적 열정이 부재한 인물이다. 그는 양면성을 소유한 전형적인 러시아인이다. “전형적인 러시아인은 자신이 죄를 짓는 순간에도 하나님을 사랑한다.”라는 도스또옙스끼의 지적처럼 드미뜨리는 하나님이 자기를 지옥에 보낸다 해도 하나님을 영원히 사랑할 것이라는 고백을 한다. 까쩨리나를 유인한 후, 자신의 생각을 행동으로 실천하지 못하는 이중성을 드러내는 드미뜨리는 “여인의 아름다움은 무시무시할 정도로 커다란 성적 욕망뿐 아니라 고상함과 숭고함도 동시에 불러일으킨다.”라고 고백한다. 그는 과거 아버지와의 관계를 회상하면서 자신의 유죄를 인정하고 고통을 통해 새롭게 부활하기를 기대한다. 냉정한 무신론자인 이반은 지식과 철학을 통해 인생의 가치를 탐구하는 인물이다. 이반에게서 젊은 시절 급진적 서구주의자였던 도스또옙스끼의 모습을 찾아볼 수 있다. 그는 기독교의 용서와 자비를 인정하지 않는 인물이다. 그러나 무신론자이면서도 고통 받는 순수하고 가난한 사람들의 고뇌에 대해 연민의 정을 품고 있다. 신의 존재를 부정하는 신념 때문에 살인이 허용된다는 이반의 이론은 결국 스메르쟈꼬프로 하여금 살인의 정당성을 부여하게 된다. 알렉세이는 사랑과 평화의 사도로 등장한다. 소유한 것을 상대방에게 아낌없이 베푸는 알렉세이는 그리스도의 형상은 아니지만 선을 극대화 시킨 인물로 묘사되었다. 도스또옙스끼가 그리스도의 형상으로 택한 조시마 장로는 인류에게 사랑과 소망을 전달하는 인물로 그려지고 있다. 알렉세이는 도스또옙스끼가 항상 품고 있었던 이상형의 인물이다. 조시마 장로의 제자인 그는 정죄보다는 사랑을 실천하고, 불화보다는 조화를 추구했던 인물이다. 그 역시 방황하며 실수를 범하는 완전하지 못한 인물이나 제자리로 돌아오는 인물이기에 러시아의 미래는 밝고 희망차다는 것이다.

당시 일부 진보적인 비평가들은 이반의 사상을 작품의 핵심으로 간주했었으나, 작가는 조시마와 알렉세이를 통해 드러나는 러시아정교회 민중정신을 작품의 핵심으로 여겼다. 러시아 대지와 유기체적으로 연결되어 있는 민중은 정교회와는 불가분의 관계에 놓여있다는 것이다. 도스또옙스끼는 하나님을 믿지 않는 자는 결코 러시아 민중을 믿을 수 없다는 고백을 한다.

작품이 완성되고 이듬해인 1881년 2월 6일에 도스또옙스끼는 지병인 폐결핵이 악화되어 피를 토하며 드러누웠다. 2월 9일 그는 부인에게 자신이 시베리아 유형지로 떠나던 날 선물로 받았던 성경책을 꺼내서 읽어 달라고 부탁했다. 그날 밤 그는 뻬쩨르부르그 자택에서 사망했다. 그의 시신은 뻬쩨르부르그의 알렉산드르-넵스끼 수도원(Александро-Невская лавра)에 묻혔다.

4 쌀뜨이꼬프-쉐드린

(Михаил Евграфович Салтыков-Щедрин, 1826-1889)

19세기 러시아의 풍자 작가 쌀뜨이꼬프-쉐드린은 1826년 1월 27일 뜨베리(Тверь)현의 스빠스-우골(Спас-Угол)에 위치한 부친의 영지에서 출생하였다. 그의 부친 예브그라프(Евграф Васильевич)는 몰락한 가난한 귀족출신이었고, 모친 올가(Ольга Михайловна)는 모스끄바의 부유한 상인계급 출신이었다. 어린 시절 쌀뜨이꼬프-쉐드린에게 그의 모친은 뚜르게네프의 모친처럼 오로지 물질만을 추구하고 농노를 학대하는 인물로 비추어졌다. 어머니에 대한 부정적인 기억은 훗날 그의 작품 속에 등장하는 부정적인 인물의 형상으로 발전되었다.

어린 시절 그는 영지에서 교육을 받은 후, 1838년 귀족들을 위한 학교인 짜르스꼬예 셀로(Царское село)에 위치한 리쩨이(Лицей)에 입학하였다. 1844년 리쩨이를 졸업한 후, 그는 내무성 관리로 일하면서 약 25년간 관리직에 종사하였다. 진보적이고 개혁적인 사상을 가진 쌀뜨이꼬프-쉐드린은 짜르 정부를 위한 행정 관리직 업무를 수행하면서 진보적 성향의 문학잡지 《조국잡기 Отечественные записки》와 《동시대인 Современник》 편집에 관여하였다. 그는 생계수단 뿐 아니라 공명정대한 행정직 관리로서 국민들에게 정의를 베풀기 위해 이 직업을 택하였다. 그러나 시간이 흐를수록 부패한 행정관리들과 썩은 관리체제에 염증을 느끼게 되었으며, 실망한 그는 날카로운 풍자작품을 통하여 이를 고발하기 시작하였다.

이처럼 관료직과 문학을 동시에 수행했던 쌀뜨이꼬프-쉐드린에게 저널리즘은 관심의 대상이 되었다. 19세기 중반은 사실주의 문학비평과 진보적인 사상을 가진 자들을 중심으로 정치사회 현상을 비판하는 저널리즘이 활발했던 시기였다. 쌀뜨이꼬프-쉐드린이 익명으로 발표한 최초의 산문 「모순 Противорения」(1847)과 「뒤얽힌 사건 Запутанное дело」(1848)은 사실주의 경향의 진보적인 성격을 띠고 있다. 이 작품이 담고 있는 진보적인 성향으로 인하여 정부 당국은 쌀뜨이꼬프-쉐드린을 1848년 4월 러시아 북동쪽에 위치한 뱌뜨까(Вятка)로 전보 발령하였다. 그는 여기서 7년 동안 행정 관리직책을 수행했다. 1855년에 니꼴라이 I세(Николай I, 1825-1855)가 사망하자 이듬해 쌀뜨이꼬프-쉐드린은 뻬쩨르부르그로 돌아와서, 주지사의 딸 옐리자베따(Елизавета А. Болтина)와 결혼하여 슬하에 두 자녀를 두었으나, 그의 결혼생활은 그리 행복하지 않았다. 1856년에 내무성 관리로 근무하다가 1858년부터 1860년까지 랴잔(Рязань)의 부지사로, 그리고 1860년부터 1862년까지는 뜨베리(Тверь)의 부지사로 근무하였다.

1856년 쌀뜨이꼬프-쉐드린은 자신이 뱌뜨까에서 근무하면서 느낀 것들을 토대로 오체르끄(очерк: 문학 장르의 하나로 작가의 느낌과 감회를 연상하면서 주관적인 요소를 배제하고 객관적으로 당시 세태 풍속을 에세이 혹은 다큐멘트 풍으로 서술한 글)형식의 수필 모음집 『지방 스케치 Губернские очерки』(1856-1857)를 N. 쉐드린(Н. Щедрин)이라는 필명으로 발표하였다. 이 모음집은 쌀뜨이꼬프-쉐드린이 그동안 접촉했던 지방 행정 관료들의 심리와 관료제도의 모순을 다루고 있다. 그는 작품에서 "관료주의는 일반화 내지 정형화된 단일기능으로 다양한 인간들의 행위를 억제 혹은 구속시키려는 규칙을 기본으로 하고 있다."고 지적하고 있다. 이 모음집에 등장하는 주인공 필로베리또프(Филоверитов)는 관리제도의 규정들이 주민들을 위하여 제정되었는지를 확인하는 방법으로 기계적이고 논리적인 증명방식을 택한다. 그가 관리하는 마을에서 범죄가 발생하였을 때, 그는 범죄 자체와 범죄를 행한 사람에게는 관심을 두지 않고, 발생한 사건에 관한 증거에 따라 규정을 적용하여 유죄와 무죄를 결정했다. 『지방 스케치』는 진보적 성향의 비평가들로부터 호평을 받은 작품이다.

1858-1860년에 쌀뜨이꼬프-쉐드린은 랴잔에서 부지사로 근무하였을 때 자신의 곧은 성품 때문에 동료와 상급자들로부터 따돌림을 당하기도 했다. 농노제도 폐지를 준비하던 시기인 1860년부터 1862년까지 쌀뜨이꼬프-쉐드린은 뜨베리로 전근하여 부지사직을 수행하였다. 이 지역의 귀족들은 임박한 개혁에 대하여 마지못해 수용하는 태도를 갖고 있었다. 그러나 급진적인 견해를 가진 쌀뜨이꼬프-쉐드린은 개혁의 필요성을 강조하고 부패척결을 주장하였고, 이런 견해를 작품을 통해 표출하였다.

개혁의 필요성을 인식한 그는 1862년 관리직을 사임하고 저널리즘에만 몰두하였다. 그는 끼예프 러시아(Киевская русь)의 야로슬라브 현제(Ярослав Мудрый, 1019-1054)가 1016년에 편찬한 법령집 『러시아의 진리 Русская правда』의 이름을 딴 《러시아의 진리 Русская правда》라는 문학잡지를 창간하려 계획하였다. 그러나 당국으로부터 잡지를 창간하기 위한 공식적인 허락을 얻지 못하자, 그는 당시 네끄라소프(Николай Алексеевич Некрасов, 1821-1878)가 편집장으로 일하였던 《동시대인》에 참여하여 편집위원으로 활동하였다. 1862년 6월 《동시대인》에서 활동하던 체르느이쉡스끼(Николай Гаврилович Чернышевский, 1828-1889)가 체포되자 쌀뜨이꼬프-쉐드린은 편집진 가운데 가장 지명도가 높은 인물로 간주되었다. 그는 풍자적 경향의 수필, 문학 비평, 사회 비평들을 《동시대인》에 발표하였다. 그의 사회에 대한 비판은

실로 강렬했다. 그는 자신을 사회적 그리고 정치적으로 진정한 허무주의자(нигилист)라고 칭하였다. 그는 자신이 비판을 가하는 러시아 사회에는 보존할 가치가 있는 것이라고는 전무하다고까지 주장하였다. 그러나 러시아 사회가 어떤 방식으로 새롭게 개편되어야 하는 것에 대한 견해는 표출하지 않았고, 체르느이쉡스끼가 『무엇을 할 것인가 Что делать?』에서 주장했던 미래 공동체 사회의 청사진을 비판하였다. 쌀뜨이꼬프-쉐드린에 의하면 미래 사회는 당시 사회 사상가들이나 사실주의 비평가들이 예견하는 방향으로는 나아가지 않을 것이라고 주장했다.

쌀뜨이꼬프-쉐드린은 1863년부터 당시 진보적 사회운동의 역할에 대하여 당시 《동시대인》과 경쟁 관계에 있던 《러시아 말 Русское слово》(1859-1866: 초창기에는 꾸쉐레브이-베즈보로드꼬(Г.А. Кушелевый-Безбородко)백작이 편집장으로 일했던 순수 문학잡지였으나, 1860년대로 접어들면서 블라고스베뜰로브이(Г.Е. Благосветловый)와 급진적 사상가 삐사레프(Дмитрий Иванович Писарев, 1840-1869)가 가세함으로 진보성향의 문학잡지로 바뀌었다) 의 편집진들, 그리고 도스또옙스끼(Фёдор Михайлович Достоевский, 1821-1881)와도 논쟁을 벌였다. 당시 체르느이쉡스끼의 『무엇을 할 것인가?』에 반감을 갖고 있던 쌀뜨이꼬프-쉐드린은 체르느이쉡스끼의 주장에 대한 반박으로 도스또옙스끼가 집필한 『지하 생활자의 수기 Записки из подполья』(1864)를 신랄하게 혹평했다. 그리고 도스또옙스끼의 저널리즘을 추종하는 자들을 '제비들'(стрижи)이라고 폄하하며 풍자적 비평을 쓰기도 하였다. 이러한 쌀뜨이꼬프-쉐드린의 비평에 대해 도스또옙스끼는 강경하게 반박하였다.

쌀뜨이꼬프-쉐드린은 《동시대인》 편집자들과도 사상적인 면에서 갈등과 마찰을 빚었으며, 결국 《동시대인》 편집진에서 탈퇴하고 1864년에 행정부 관리직에 복귀하였다. 관리직으로 복귀한 쌀뜨이꼬프-쉐드린은 뻰자(Пенза), 뚤라(Тула) 그리고 랴잔(Рязань)에서 근무하였다. 1866년에 《동시대인》과 《러시아 말》은 정부당국에 의해 폐간조치 되면서 《조국잡기》만이 유일하게 존속하였다. 랴잔에서 근무하던 쌀뜨이꼬프-쉐드린은 《조국잡기》에 「지방에 관한 서한들 Письма о провинции」(1868-1870)을 기고하였는데, 이 작품은 풍자성이 강하고 진보적 성향을 띠고 있었다. 이 작품의 진보적 성향으로 말미암아 1868년에 상급 관료들로부터 사임을 강요당한 그는 관리직에서 물러나고, 네끄라소프와 함께 《조국잡기》의 상임 편집인으로 일하면서 문학 활동에만 전념하였다.

1869년부터 쌀뜨이꼬프-쉐드린은 자신의 대표작 「어느 도시의 역사 История одного города」(1869-1870)를 집필하기 시작하였다. 이 작품은 글루뽀프(Глупов: '바보'라는 뜻의 형용사 글루쁘이(глупый)에서 따온 명칭이다)라는 마을의 역사적 연대기인데 러시아 역사를 부정적인 시각으로 바라보는 패러디이다. 이 작품에는 1731년부터 1826년까지 한 마을을 다스리던 주지사들의 명부가 상세히 나열되어 있고 그들의 업적이 낱낱이 기술되어 있다. 이들은 당시 러시아의 군주와 고위층 행정 관료의 패러디인 것이다. 이 작품 속에서 쌀뜨이꼬프-쉐드린은 알렉산드르 1세(Александр I, 1801-1825) 통치시기에 최고의 권력가인 아락체예프(А.А. Аракчеев, 1769-1834) 장군에 대한 패러디로 등장하는 주지사 우그륨-부르체예프(Угрюм-Бурчеев)에게 비난의 화살을 퍼붓고 있다.

우그륨-부르체예프는 마을에서 일이 발생할 때, 자신의 관점에서 자신만을 위하여 업무를 추진하고 마을사람들에게 복종만을 강요하는 주지사다. 그는 마을사람들을 군대화 시키기 위하여 평일에 군사훈련을 실시하였고, 휴일에는 평일보다 훨씬 더 엄격한 훈련을 실시했다.

그는 특별한 이유도 없이 마을의 위치를 강둑근처로 옮겼다. 어느 날 강물이 불어 둑이 넘치는 재난이 발생했을 때, 그는 자신이 결정한 우매한 정책에 대한 실수를 인정하는 것이 아니라, 재난 그 자체를 비난하고 반역죄의 대상으로 간주한다. 어느 날 주지사가 갑자기 사망하자 그동안 비참하게 살아가던 글루뽀프 주민들에게 가해졌던 억압과 탄압 역시 사라지게 된다. 「어느 도시의 역사」에서 쌀뜨이꼬프-쉐드린은 과거 제정러시아 시대의 행정 관료들이 행한 어이없는 실수를 비웃을 뿐 아니라, 자신의 동료들 가운데 독선적인 사상을 소유한 일부 급진 사회주의자들이 주장하는 엄격한 사회 통제에 대한 무언의 경고를 던지고 있다.

1870년대 초 쌀뜨이꼬프-쉐드린은 「횡포한 관리들과 그들의 부인들 Помпадуры и помпадурши」(1863-1874), 「시골 사람의 뻬쩨르부르그에서의 일기 Дневник провинциала в Петербурге」(1872-1873), 「따쉬껜뜨의 신사들 Господа Ташкентцы」(1869-1872)을 집필하였다. 후자의 두 작품은 당시 농노제도가 폐지된 후 자유 신분이 된 농노들이 시골을 떠남으로써 지주들이 몰락하게 되는 상황을 묘사하고 있다. 이 작품에서 쌀뜨이꼬프-쉐드린은 새롭게 부상하는 자본주의 기업가와 단순히 이윤만을 추구하는 상인들을 풍자의 대상으로 삼고 있다.

러시아 역사에서 암울한 시기였던 1870년대 후반에 쌀뜨이꼬프는 장편 「골로블료프가 사람들 Господа Головлевы」(1875-1880)을 집필하여 발표했다. 단조롭고 침울한 분위기가 흐르는 이 작품에서 쌀뜨이꼬프-쉐드린은 3대에 걸친 골로블료프 가족 구성원들이 알코올 중독과 미래에 대한 절망으로 인해 몰락하는 과정을 적나라하게 파헤치고 있다. 골로블료프 가족의 가장인 아리나 뻬뜨로브나(Арина Петровна)는 인색하고 독선적인 인물로 수단과 방법을 가리지 않고 부를 축척하는 여인이다. 물질세계를 탐닉하는 그녀의 자손들이 그녀가 축적한 재산을 탕진하며 결국 육체적, 정신적으로 파멸한다는 이야기를 담고 있다. 종교적 위선자의 화신으로 등장하는 아리나의 아들 뽀르피리(Порфирий Владимирыч)는 자기중심적이고 이기적인 인물이며, 철저하게 비인간화된 인물로 등장한다. 그는 자신의 본명 외에 세 가지의 별명을 갖고 있다. '작은 유다'(Идушка), '흡혈귀'(кровопивушка), '독실한 체하는 인간'(откровенный мальчик). 사소한 문제들이 발생하였을 때, 뽀르피리는 이를 순리적으로 해결하지 않고 복잡하고 이상한 예측을 시도한다. 자신이 예견한 상상에 스스로 자극을 받으면서 그는 차츰 알콜 중독자로 전락하고 만다. 결국 그의 가족 모두가 몰락하고, 그는 육체적, 정신적 공황상태에 빠지게 되면서 자살을 택한다. 『골로블료프 사람들은』 당시 가족 제도에 대한 19세기 러시아의 진보적인 성격을 띤 사회고발 작품인데, 자본주의 사유재산 제도의 문제점을 지적하며 이를 비난하는 작품이다.

1878년 초 네끄라소프 사후, 쌀뜨이꼬프-쉐드린은 《조국잡기》의 편집에 전념하였다. 1881년 알렉산드르 II세(Александр II, 1855-1881)가 인민 의지당(Народная воля)의 테러리스트에 의하여 암살되어 즉위한 알렉산드르 III세(Александр III, 1881-1894)는 아버지에 대한 복수로 더욱 철저한 반동정책을 실시하였고, 그 과정에서 언론 탄압이 강화되었다. 결국 당시 진보적 성향의 지식인들의 요람인 《조국잡기》는 1884년 폐간되었다. 《조국잡기》가 폐간되기 이전에 쌀뜨이꼬프-쉐드린은 「골로블료프가 사람들」과 같은 진보적 성향의 풍자작품들 — 「몬레포의 은신처 Убежища Монрепо」(1878-1879), 「현대의 목가 Современная идиллия」(1877-1883), 「국외에서 За рубежом」(1880-1881), 「아주머니에게 쓰는 편지 Письмо к тетеньке」(1881-1882) — 을 발표하였다.

쌀뜨이꼬프-쉐드린의 대부분 작품들은 동시대의 역사적 상황을 기저에 깔고 있기 때문에 시대적 배경에 대한 기본 지식이 없다면 작품이 주는 풍자성을 이해할 수가 없다. 그러나 1882년부터 쓰기 시작한 『동화 Сказки』(1882-1886)는 마치 우화처럼 시대적 상황이 일반화 되어있기 때문에 그의 다른 작품들보다 쉽게 접근할 수 있다. 이 작품집 중 한 작품인 「한 농부가 두 장군을 부양한 이야기 Повесть о том, как один мужик двух генералов прокормил」에는 퇴역한 두 고위층 관리와 게으른 한 농부가 등장인물로 설정되어 있다. 이들은 외딴 섬에서 생활을 영위하게 되는데, 두 관리는 물고기, 동물, 과일들이 풍성한 이 섬에서 단지 그것들을 잡는 방법을 몰라 기아에 직면하게 된다. 그러다가 그들은 게으른 한 농부를 발견한 후, 그를 이용하여 식생활을 해결하게 된다. 그 농부는 마침내 두 관리를 위하여 배를 만들어주어 그들을 뻬쩨르부르그로 돌아갈 수 있도록 한다. 그런데 이 두 관리는 농부에게 고맙다는 대가로 보드까를 마실 수 있는 술잔과 은화를 건네준다는 이야기이다. 이 이야기에서 작가는 현실과 동떨어진 고위층 관리의 생활방식과 사고방식을 풍자하고 있다.

1887년 쌀뜨이꼬프-쉐드린의 건강이 극도로 악화된 상황에서 자전적 소설 「뽀쉐혼의 지난 날 Пошехонская старина」(1887-1889)을 집필하기 시작하였다. 이 작품에서 그는 젊은 시절을 회상하면서 과거 지주였던 부모의 생활을 상세히 묘사하면서 자신의 가족의 생계를 뒷받침 했던 농노제도를 비난하고 있다. 그리고 특히 그의 어머니가 농노를 학대했던 부정적인 면들을 기술하면서 그녀를 악의에 찬 부정적인 형상으로까지 묘사하고 있다. 현실세계의 부정적인 면을 고발했던 쌀뜨이꼬프-쉐드린은 말년에도 자신의 본성을 솔직하게 드러낸 작가였다. 쌀뜨이꼬프-쉐드린은 1889년 5월 10일 뻬쩨르부르그에서 사망하였고, 수도 근교에 위치한 볼꼬프(Волков) 묘지에 매장되었다.

5 레프 똘스또이

(Лев Николаевич Толстой, 1828-1910)

레프 니꼴라예비치 똘스또이는 1828년 9월 9일 모스끄바 남쪽 200km에 위치한 뚤라(Тула)에 있는 부모의 영지인 야스나야 뽈랴나(Ясная Поляна)에서 백작 똘스또이(Николай Ильич Толстой)와 마리야 니꼴라예브나(Мария Николаевна)의 다섯 자녀 중 넷째로 태어났다. 똘스또이가 2살 되던 1830년 8월, 모친 마리야가 세상을 떠났다. 1837년 1월 부친은 자녀들을 데리고 모스끄바로 이주하였는데 그해 6월 21일 부친 니꼴라이도 사망하였다. 졸지에 고아가 된 아이들은 먼 친척 아주머니인 따찌야나 예르골스까야(Татьяна Ерголская)의 가정에서 양육되었다. 똘스또이는 어린 시절 러시아인과 유럽인 가정교사로부터 교육을 받았다. 유년기부터 언어적인 재능을 보였던 그는 동화, 시를 포함한 문학작품에 많은 관심을 가지며 성장하였다.

1841년 가을부터 아이들은 까잔(Казан)에 살고 있는 새로운 후견인으로 선정된 부유한 숙모 필라게야 유시꼬바(Филагея Юсикова)의 집에서 살게 되었다. 학창시절 학업성적이 그리 뛰어나지 못했던 똘스또이는 1844년에 까잔대학 동양어학과에 입학하여 이란어, 아랍어, 터키어를 전공하였으나, 이듬해 법학부로 옮겼다. 그러나 철학과 문학에 관심이 많았던 그는 전공을 게을리 했고, 대신 루소(Jean Jaques Rousseau, 1712-1778), 디킨스(Charles Dickens, 1812-1870), 실러(Friedrich von Schiller, 1759-1805), 로렌스 스턴(Laurence Stern, 1713-1768), 뿌쉬낀(Александр С. Пушкин, 1779-1837), 레르몬또프(Михаил Ю. Лермонтов, 1814-1842), 뚜르게네프(Иван С. Тургенев, 1818-1883)의 작품을 탐독했다. 똘스또이는 자존심과 고집이 세고 거만한 성격의 소유자였다. 선천적으로 강한 성욕을 소유했던 똘스또이는 술과 여자에 탐닉하면서 방탕한 생활을 즐겼으나, 다른 한편으로는 도덕과 철학적 사색에 몰두하기도 하였다. 이처럼 방탕과 윤리라는 양면성을 소유한 똘스또이는 평생 동안 이 문제로 갈등하며 육체적 충동을 억제하려고 노력했다. 까잔대학 시절인 1847년 3월 17일부터 쓰기 시작하는데 일기는 똘스또이의 문학에서 중요한 역할을 하게 되었다. 그는 일기를 통해 글쓰기와 문학적 기교를 연마 발전시켰다. 특히 1850년대에 쓴 일기는 똘스또이의 문학적 스타일의 발달 연구에 가장 풍부한 자료 중 하나로 평가된다.

학업에 깊은 흥미를 느끼지 못한 똘스또이는 1847년에 까잔 대학을 자퇴하고, 부모로부터 물려받은 영지 야스나야 뽈랴나로 떠났다. 그가 영지로 돌아가게 된 까닭은 당시 비참한 상황에서 일하던 농노들의 생활개선을 시도하려는데 있었다. 지주로서 똘스또이는 농노들의 비참한 운명에 일정한 책임이 있다고 생각했다. 그러나 농노들에 대한 그의 인도적인 노력은 실패하고 말았다. 실망한 그는 1848년 말 모스끄바와 뻬쩨르부르그의 사교계로 돌아가 다시 술, 여자, 도박에 빠져 방탕한 생활을 하였고, 1849년 여름 잠시 영지로 돌아왔다가 다시 실망하고 사교계로 떠났다.

똘스또이가 쓴 최초의 문학작품 「어제의 이야기 История вчерашнего дня」(1851)는 주인공의 심리적 자기분석을 다루고 있는 작품이다. 즉, 하루 동안 주인공의 마음속을 스쳐가는 연속적인 사고와 느낌들을 나열한 이야기다. 비록 이 작품이 1851년 3월에 완성되었지만 똘스또이는 당시 이 작품을 출판하지 않았다. 아마도 젊은 작가의 최초의 창작물이 비평가들과 대중으로부터 받게 될지도 모를 비난이 두려웠기 때문일 것이다.

1851년 4월 영지로 다시 돌아온 똘스또이는 까프까즈로부터 휴가를 받아 동생을 방문한 형 니꼴라이를 만났다. 생활에 염증을 느낀 그는 까프까즈에 있는 군대에 입대하기로 결심하고 형과 며칠을 지낸 후 함께 까프까즈로 떠난다. 까프까즈는 뿌쉬낀과 레르몬또프를 포함해 많은 작가들이 낭만적이고 이국적인 공간으로 간주했던 곳이다. 현실로부터의 도피를 시도했던 그는 1852년 1월 까프까즈 포병연대에 소위보로 입대하여 까프까즈 산악 소수민족들과의 전투에 참여하였다. 똘스또이는 군복무 중에도 작품을 쓰면서 자신의 문학경력을 쌓아나갔다. 그는 자전적 3부작 소설 중 1부 「유년시절 Детство」을 1852년 《동시대인 Современник》에 Л. Н. 이라는 필명으로 발표하면서 문단의 주목을 받기 시작했다. 1854년 3월 장교로 승진하여 다뉴브 지역으로 파견되어 근무하다가, 7월 크림지역으로 이동하여 세바스또뽈(Севастополь)에서 얼마 떨어지지 않은 수비대 포병연대에서 근무하게 된다. 당시 러시아는 크림반도를 지배하고 있던 터키의 힘이 약해진 틈을 타서 1853년 터키에 선전포고를 하고 전쟁을 일으켰다. 지중해로 진출하고자 원했던 러시아는 흑해에서 터키의 함대를 격파하고, 발칸반도와 지중해로의 진출을 위한 교두보를 마련했다. 이듬해 러시아의 진출을 원치 않던 영국과 프랑스는 터키 편에 서서 러시아에 선전포고를 하고 대 러시아 전쟁이 발발하였다. 1854년 9월 크림반도에 상륙한 영국, 프랑스, 터키 연합국은 크림반도 남단에 위치한 세바스또뽈에서 일전을 벌였다. 도시의 주민들은 남녀노소 합심하여 연합국에 저항했으나349일 만인 1855년 8월에 세바스또뽈은 함락되었고 러시아는 전쟁에서 패배했다.

이러한 상황에 똘스또이는 1854년 《동시대인》에 자전적 3부작 중 2부 「소년시절 Отрочество」을 발표하였고, 1855년부터 1856년 사이에 크림전쟁에 대한 작품인 「12월의 세바스또뽈 Севастополь в декабре месяце」, 「5월의 세바스또뽈 Севастополь в мае」, 그리고 「1855년 8월의 세바스또뽈 Севастополь в августе 1855 года」을 발표했다. 이 작품들을 통해 그는 국민적 작가라는 명성을 얻었다. 이 작품들은 당시 세바스또뽈 전투에 참여한 병사와 주민 그리고 부상자들에 관한 이야기를 다루는 보고문학 소설이다. 전쟁의 영웅은 사령관이나 장교들이 아니고 말없이 명령에 따르는 무명의 사병들이고 이들이 바로 민중의 힘이라는 것이다. 이 주제는 「전쟁과 평화 Война и мир」에서 다시 다루어진다. 그리고 「5월의 세바스또뽈」에서 똘스또이는 「어제의 이야기」에서 실험했던 자의식의 흐름이라는 서술적 장치를 광범위하게 사용하고 있다. 똘스또이는 이 작품들에서 일반적으로 독자들이 흔히 접하고 쉽게 인식하는 대상과 사건들을 비틀거나 왜곡하여 독자들에게 새롭고 전혀 낯선 대상과 사건으로 만들어버리는 문학장치를 사용하고 있다. 후일 20세기 형식주의 비평가 빅또르 쉬끌롭스끼(Виктор Б. Шкловский, 1893-1984)에 의하여 '낯설게 하기'(остранение) 라는 문학장치로 명명되는데, 똘스또이 문학세계의 주요한 특징으로 간주된다. 낯설게 하기 기법은 「전쟁과 평화」의 오페라 장면에 나오는 나따샤의 이야기, 「부활」에 나타난 감옥 교회에서의 예배장면 묘사, 「예술이란 무엇인가? Что такое искусство?」에서의 바그너 오페라 리허설의 조소 등에 사용되었다.

세바스또뽈이 함락된 1855년 11월 똘스또이는 잠시 뻬쩨르부르그로 파견 나왔다. 그 곳에서 문단과 사교계로부터 대대적인 환영을 받았고, 많은 작가들과 비평가들을 만났다. 그러나 당시 신진작가인 똘스또이는 문단의 흐름에 잘 적응하지도 어울리지도 못하였다. 일부 진보적인 비평가들의 눈에는 반동적 요소를 품고 있는 작가로 비치기도 했다. 반면에 똘스또이의 눈에 비친 그들의 모습은 상당히 부정적이었다. 자만심이 강하고 진정한 사회개혁에 헌신하거나 작품 활동에 진념하기보다는 사교계 활동을 선호하는 속물들로 비추어졌다. 결국 작가들과 잘 어울리지 못했고 사치스런 생활에 회의를 느끼고 그는 1856년 3월 군부대에 전역서를 제출하고 영지 야스나야 뽈랴나로 돌아왔다. 11월 정식으로 군에서 퇴역하고 이듬해 1월 자전적 3부작 중 3부 「청년시절 Юность」을 발표하고, 유럽을 방문하였다.

똘스또이는 원래 자신의 성장과정과 생활상을 담은 자전적 4부작을 계획했으나, 마지막 4부는 쓰지 않았다. 「유년시절」에는 주인공의 가정생활을 소개하면서, 어머니 그리고 자신을 돌보는 농노출신의 늙은 유모 나딸리야 사비쉬나(Наталья Савишна)를 긍정적인 시각으로 다루고 있다. 한편 도박을 즐기며 일부 재산을 탕진하는 부친과 단정한 외모의 형은 어린 주인공의 시각에서 결함투성이의 부정적인 형상으로 비추어지고 있다. 똘스또이는 유년기의 추억을 더듬어 소설이라는 장르 속에 어린 시절의 성장과정을 잘 묘사하고 있다. 2부「소년시절」은 유년시절 이후의 시기를 통하여 나타난 주인공의 발달과정에 대한 이야기인데, 사회를 바라보는 소년의 변화된 가치관을 묘사하고 있다. 3부「청년시절」에서는 주인공이 타락의 길을 걷는 모습을 그리면서, 자기인식이 강한 귀족청년으로 묘사하고 있다. 그는 개인적 욕구와 사회적 요구를 분명히 이해하면서 내면세계와 외부세계의 조화와 결합을 시도하였다.

6개월간의 유럽여행을 통해 돌스또이는 도스또옙스끼처럼 서구에서 만연한 자본주의 문명과 비인간성에 깊은 회의를 품었다. 러시아로 돌아온 그는 자신의 영지에서 농노들에게 관심을 갖고 영지 관리에 힘쓰며 농민과 농노의 자녀들을 위한 교육자로서의 사업을 시작했다.

야스나야 뽈랴나 영지 내에 학교를 설립하고, 1858년부터 1859년까지 농사일에 종사하면서 농민과 농노의 자제들을 위한 교육을 실시했다. 이 시기에 「네흘류도프 공작의 수기로 부터 Из записок князя Д. Нехлюдова. Люцерн」(1857), 「알베르뜨 Альберт」(1858), 「세 죽음 Три смерти」(1859) 그리고 「가정의 행복 Семейное счастие」(1859) 등을 발표했다. 똘스또이는 「네흘류도프 공작의 수기로 부터」에서 유럽사회와 서구문명의 부정적인 면을 폭로하고 있다. 유럽인들과 러시아 농민들과 비교하며 문명화된 유럽인들의 도덕적 윤리적 가치의 결함을 질타하는 작품이다. 천부적인 재능을 가진 한 음악가의 비참한 최후를 묘사하는 「알베르뜨」에는 음악에 빠져 행복을 추구했던 알베르뜨가 알콜 중독자가 되어 어느 겨울 훔친 보드까를 마시고 취한 후 자신이 항상 연주했던 집 앞에서 얼어 죽는다는 이야기를 담고 있다. 이 작품에서 똘스또이는 예술의 진정한 의미를 제시하고 있는데, 예술은 예술 그 자체가 의미와 가치를 가지고 있으며, 예술은 이념적이거나 사회적 관심을 위한 도구로 사용되는 것이 아니라는 점을 밝히고 있다. 「세 죽음」은 세 죽음을 대구법(параллелизм)을 사용하여 비교하는 작품이다. 부유한 귀부인의 죽음에 수반된 고통과 근심에 관한 이야기, 가난하고 소박한 농부가 불평 없이 죽음을 받아들이는 이야기, 그리고 나무의 죽음에 관한 이야기가 그것이다. 부귀영화를 누렸던 귀부인의 죽음은 가장 고통스런 죽음이고, 자신의 육체적인 고통에도 불구하고 자연과 어우러지는 삶을 누렸던 농부의 죽음은 귀부인보다 덜 고뇌하며 수용하는 죽음이다. 그리고 자연의 일부로서 자신이 죽어가는 것조차 인식하지 못하는 나무의 죽음이 가장 고통이 적은 죽음이라는 것이다. 이 작품에서 사용하고 있는 대구법은 똘스또이가 자주 사용하는 문학 장치다.

1859년까지 영지에서 교육에 많은 열정을 쏟아 부었던 똘스또이는 교육에 몰두하기 위해 잠시 문학활동을 보류하고, 이듬해 독일인들의 교육 이론과 실습현장을 시찰하기 위하여 유럽여행을 떠났다. 1861년 영지로 돌아온 그는 지주들과 농민들의 분쟁을 조정하는 치안판사의 직무를 수행하면서, 영지 내에 설립한 학교에서 수행하는 교육 이론과 실습내용을 담은 정기 간행물 《야스나야 뽈랴나》를 발행하였다. 이 간행물에 실린 글 가운데 「누가 누구로부터 쓰는 법을 배워야 하는가, 농민의 아이들이 우리로부터, 아니면 우리가 농민의 아이들로부터? Кому у кого учиться писать, крестьянским ребятам у нас, или нам у крестьянских ребят?」에는 교육자로서 교육에 관한 기본 철학과 피교육자인 농민의 자녀들에 관한 자신의 생각이 잘 반영되어 있다. 이 글에서 똘스또이는 지식인들이 농민들을 교육시키는 것이 아니라, 순수하고 무지한 농민들이 도리어 지식인들을 교육시켜야한다고 주장하고 있다.

영지를 중심으로 교육 사업에 헌신적으로 몰두하면서 명예와 부를 누리고 있던 34세의 똘스또이에게 결혼이라는 인생의 새로운 장이 다가왔다. 1862년 9월 똘스또이는 부유한 모스끄바 귀족출신 의사의 딸인 소피야 안드레예브나(Софья Андреевна)와 혼인을 하였다. 비록 훗날 일부 전기학자들이 소피야를 소크라테스의 악처 크산티페로 비유하곤 하였지만, 그녀는 가정에 충실한 부인으로 영지의 재정과 살림을 도맡아 꾸려나갔으며 13명의 자녀를 출산하였다. 결혼 후 똘스또이는 소피야와 함께 영지관리에 힘쓰고 번성한 시골 지주의 잘 짜여진 생활에 대한 이상을 실현하는데 몰두하였다. 그는 1853년부터 10년 동안 틈틈이 작업한 소설 「까자끄인들 Казаки」(1863)을 출판하였는데, 이를 통해 얻은 수익으로 그 동안 쌓인 적지 않은 노름빚을 청산하고 재정적으로 안정된 상태에서 원만한 결혼생활을 영위하였다.

똘스또이의 창작활동 시기를 1) 문학적 도제시기(1851-1863), 2) 완숙한 창작시기(1863-1877), 3) 「고백 Исповедь」(1878-1882) 집필 이후의 종교적 도덕적 가르침의 시기(1878-1910)로 분류할 때, 「까자끄인들」은 똘스또이의 문학적 도제시기의 말기에 집필되었는데, 이제까지의 교육적 철학적 내용을 주로 담은 에세이 혹은 단편소설에서 벗어나 완숙한 창작문학 시기로 접어드는 발판을 마련한 작품이다. 「까자끄인들」은 총 3부로 예정되었지만 1부만 완성됐다. 작품 명 바로 밑에 「1852년의 까프까즈 산문 Кавказская повесть 1852 года」이라는 부제가 있는데, 1852년은 바로 작가가 까프까즈 포병연대의 소위보로 입대한 연도이다. 이 작품은 똘스또이가 까프까즈에서 근무하면서 겪은 체험담을 소재로 한 작품으로 줄거리는 다음과 같다.

모스끄바 사교계에서 방탕한 생활을 했던 청년 올레닌(Оленин)은 도시의 안락한 생활에서 벗어나 까프까즈의 까자끄인들과 어울리며 자연에 파묻혀 생활한다. 올레닌은 자연의 열린 공간에서 젊음과 자유를 만끽하며 이국적인 환경에서 새로운 인생을 시작하려고 결심한다. 올레닌은 작가 똘스또이처럼 방탕한 젊은이였지만 내면의 본질은 깨끗하고 순수한 청년이었다. 그곳에서 올렌까는 순수하고 아름다운 까자끄 처녀 마리얀까(Марьянка)를 사랑하게 되며, 예로쉬까(Ерошка)를 통해 이교도의 범신론적인 사상을 접한다. 올레닌은 거대한 자연 속에서 자신이 초라한 동물과도 같은 작은 피조물이라는 사실을 깨달으면서 인간이 추구하는 진정한 행복에 대한 의문을 품는다. 인생의 탐구자 혹은 구도자로 변한 올레닌은 자신의 이기주의 성품을 단죄하고, 진정한 행복이란 자신을 위한 삶에서 구하는 것이 아니라 희생하며 타인을 위한 삶을 영위함으로 얻을 수 있다는 결론을 내린다. 그가 사랑했던 마리얀까는 그의 구혼을 뿌리치고 야성적인 까자끄 청년 루까쉬까(Лукашка)를 선택했고, 올렌까는 모스끄바로 복귀하면서 이야기는 끝을 맺는다.

이 작품에는 자신의 초기 작품들 중 다른 어느 것보다도 '개인과 전체'의 관계라는 테마가 잘 드러나 있다. 올레닌이라는 한 개인이 자신에게 적합한 공간을 찾아 도시를 떠나 까프까즈로 향하지만, 그는 소설의 시작부분의 모스끄바 사회뿐 아니라, 소설의 끝부분의 까자끄 마을에도 '전체'에 소속되지 못한 '개인'인 것이다. 이러한 주제는 똘스또이의 「전쟁과 평화」나 「안나 까레니나 Анна Каренина」(1877)에서 다루고 있는 사회집단에서의 개인의 역할 탐구에 관한 사전 시도라고 볼 수 있다.

「까자끄인들」을 발표한 1863년 똘스또이는 곧이어 장편소설 「전쟁과 평화」를 집필하기 시작하여 1869년 완성하여 발표하였다. 완숙한 창작시기(1863-1877)에 집필된 첫 소설로 똘스또이 문학의 예술적 극치를 이루는 작품으로 평가되고 있다. 「전쟁과 평화」는 과거 러시아 소설에서 볼 수 없던 복합적인 형태를 갖춘 소설로 간주되는데, 심리소설, 교양소설, 가정소설, 장편 대서사시, 역사소설 등으로 불려진다. 「전쟁과 평화」는 똘스또이의 이전 작품과는 달리 작가의 주관성에서 탈피한 객관적 시각의 작품이다. 나폴레옹의 프랑스와 알렉산드르 I세의 러시아 사이에서 벌어진 조국전쟁을 배경으로 1805년부터 1812년까지의 역사적 사건을 다루고 있으며, 에필로그는 전쟁이 끝나고 8년이 지난 1820년을 배경으로 설정되었다.

이 작품에 등장하는 인물은 총559명에 이르고 있으며, 이들 가운데 꾸뚜조프(Михаил И. Кутузов, 1745-1813) 사령관, 알렉산드르 I세(Александр I, 1801-1825), 나폴레옹(Napoleon Bonaparte, 1769-1821), 스뻬란스끼(Михаил М. Сперанский, 1772-1839) 수상 등 역사적 인물이 등장하고 있으며, 보로지노(Бородино) 전투의 묘사는 완벽에 가까울 정도로 역사적 사실을 잘 반영하고 있다. 똘스또이는 특히 소설의 후반부와 에필로그 제2장에서 역사를 움직이는 진정한 힘의 근원을 나름대로 밝히고 있다. 역사는 눈에 보이지 않고 포착되지 않는 어떤 힘, 섭리 혹은 '법칙'에 의해 조정된다는 것이다. 그는 작품 내 등장인물들 사이에서 벌어지는 논쟁을 통하여 역사적 인과관계의 '영웅' 이론을 제시하고 있다. 현실세계에서 권력을 가지고 있으며 자신이 그 권세를 쥐어흔든다고 생각하는 사람들은 실제로 이 '법칙' 앞에서 왜소해지고 점차 퇴색해진다는 것이다. 진정한 영웅은 개인적 재능을 드러내는 것이 아니라, 이 법칙을 순순히 받아들이고 순종하며 민중의 소리에 귀를 기울이는 자라는 것이다. 작품에서 나폴레옹은 전자의 부류에 속하고 꾸뚜조프 사령관은 후자에 속하는 인물이다. 자만하고 자신의 힘만을 철저히 신봉하는 주관적인 나폴레옹은 전쟁에서 패배하며, 이에 반해 객관적 시각을 소유한 꾸뚜조프는 자신이 역사를 꾸미거나 창조하기 보다는 단순히 역사의 흐름에 순응하려 애썼기 때문에 승리한다는 것이다. 또한 똘스또이는 나폴레옹을 '악'의 근원으로 간주했고, 이에 대조되는 '선'의 상징으로 농민 쁠라똔 까라따예프(Платон Каратаев)를 대비하고 있다.

주요 등장인물로 안드레이 볼꼰스끼 공작(князь Андрей Болконский)과 삐에르 베주호프(Пьер Безухов)가 설정되었는데, 똘스또이는 자신의 상반된 양면성격을 이 두 인물에게 부여해 구상화한 것이다. 19세기 초 귀족사회가 만들어낸 최고의 산물인 명문 귀족출신 안드레이 공작은 지성적이고, 야심적이며, 합리적이고, 개인주의적이며 회의적인 인물이다. 봉건적 사고방식의 아버지 니꼴라이 볼꼰스끼의 보수적인 가치관과 갈등하는 모습이 진보적 인도주의 사상을 가진 안드레이에게서 잘 나타나고 있다. 감수성이 예민한 안드레이는 민중들에게 상처와 타격을 주는 권력과 힘이 인생에서 겪는 고통과 죽음보다 더 무섭다는 결론을 내린다. 삶과 죽음에 대한 번뇌를 하면서 안드레이는 냉정함과 합리적이고 지성적인 면모를 발전시켜 나간다. 자신이 설정한 이성과 합리를 통해 그는 자신과 주변 인물들의 삶 속에서 속물성을 발견하게 되며, 그 결과 그의 기본적 도덕가치 역시 부정적 시각으로 비춰진다. 그는 똘스또이처럼 자신의 영지에 있는 농노들에게 자유를 부여했는데, 이는 그들을 진정 사랑하기 때문이 아니라, 단지 지성인으로서 의무를 수행하는 지극히 개인주의적인 발상에 의한 것이었다. 그러한 상황에서 안드레이는 마치 1851년도의 똘스또이처럼 군대에 입대하여 새로운 가치관을 형성하고자 한다. 보로지노 전투에서 부상을 입고 후송된 안드레이는 약혼녀 나따샤(Наташа)의 간호를 받으며 숨을 거둔다. 그는 죽기 직전 자신이 그동안 추구했던 애국심과 공명심의 발로였던 개인주의에서 벗어나게 되며, 하나님이 창조한 자연의 질서와 기독교적 사랑을 받아들인다.

권세를 갖춘 부유한 귀족의 서자출신인 삐에르는 순수하며, 지적감수성이 예민하고 새로운 사상과 강한 감정을 소유한 지식계급의 청년으로서 자신의 감정을 통제하는 의지가 다소 약한 인물이다. 많은 재산을 상속받은 후 사회적으로 천대받는 호색한 여인 엘렌 꾸라긴(Елен Курагин)과의 결혼으로 인해 평탄치 못한 생활을 하는 인물이다. 그는 안드레이와는 달리 자신을 치켜세우거나 남을 멸시하거나 거만한 행동을 행하지 않는다. 현실적인 면을 추구하지 않으며, 자신이 품고 있는 이상을 추구하며 진정한 자유와 진리를 깨달으려 애쓰는 인물이다. 비평가들은 그를 똘스또이의 신념과 사상을 가장 많이 드러내는 인물로 평가하고 있다. 본인이 서자라는 사실을 자주 뇌리에 떠올리는 삐에르는 자신의 진정한 정체성을 탐구한다. 자신의 신념과 사상을 쉽게 행동에 옮기는 안드레이와 비교할 때, 삐에르는 우유부단한 성격의 소유자다. 그 역시 농노들을 해방시키고 자유주의 사상인 프리메이슨 운동에도 적극적으로 가담한다. 조국전쟁이 발발하였을 때, 전투에 참여하지 않고 후방에 머물고 있던 자신의 모습에 죄책감을 느낀 삐에르가 보로지노 격전지로 향하는데 참전인이 아니라 참관인으로 전투에 참여한다. 나폴레옹을 암살하겠다는 뜻을 품고 모스끄바에 머물다가 프랑스 군인들에 의해 체포되어 감옥에서 힘든 고통과 까라따예프와의 접촉을 통해 자신의 정체성을 발견하고 진리와 자유를 깨닫게 된다. 과거 사회에서 우유부단하고 나약했던 성품을 강력한 의지를 갖춘 형태로 변모시키고, 자신이 추구했던 정신적 욕구를 충족시키며 인생의 번민과 희노애락을 깨닫게 된다. 아내 옐린이 약물사고로 사망한 후 그는 나따샤와 사랑을 나누고 1813년 결혼하여 행복한 가정을 이룬다.

로스또프가의 철없고 순진한 나따샤는 자신의 감정에 충실한 여인으로 등장한다. 매혹적이며 가식이 없고 천연스런 순수성을 간직한 그녀는 뜨거운 열정과 따스한 자비로운 마음을 소유한 똘스또이의 이상적인 여인상을 구현한 인물이다. 비록 그녀가 호색가 돌로호프의 유혹에 빠져 육체관계를 맺지만, 이는 그녀의 깨끗하고 순수한 열정에 의한 결과였지 육을 탐했던 행동은 아니었다. 똘스또이는 여성을 성의 대상으로 간주하지 않았고, 가정을 이루고 자녀를 양육하면서 조화로운 삶을 영위하는 것을 최고의 의무로 간주했다. 성을 쾌락을 위한 것이 아니라 자식을 번식시키는 수단으로 간주했던 것이다. 남녀관계에서 오는 성적 유혹을 이겨내고 자연이 부여한 여성의 신성한 의무를 수행할 때 그 여인은 진정 아름다운 여인으로 승화된다는 것이다. 에필로그에서 삐에르와 결혼한 나따샤는 많은 자녀를 낳고 한 가정을 지키는 아름다운 어머니상으로 묘사되어 있다.

「전쟁과 평화」에 등장하는 복합적인 인물들과 그들의 대화를 통해 나타나는 다양한 양상은 다양한 전개방법 속에서 통합되어 있다. 똘스또이는 등장인물들의 운명을 섞어놓고 그들 개인의 운명을 역사적 인물들의 운명과 유기체적으로 연결시키고 있다. 그 결과 이 작품은 현실세계의 생기가 가득하다. '낯설게 하기', '대구법', '내면독백' (внутренний монолог) 등 다양한 문학 장치를 통해 다차원적으로 통합된 주요 인물들과 그들의 삶을 복합적으로 묘사하면서 똘스또이가 추구하였던 문학관을 드러내고 있다. 모든 공간에서 다양한 양상들 — '전쟁과 평화', '젊음과 늙음', '정신과 육체', '이성과 직관', '개인과 전체', '삶과 죽음' — 이 표현되고 있다. 등장인물을 통해 상기 의문들을 제기하면서 이들로부터 답변을 제시하고 있다. 등장인물이 대화를 통해 자신의 신념과 사상을 전달할 수 없을 경우, 내면독백을 통해 그들의 사상과 신념을 독자들에게 명확하게 전달한다. 그리고 똘스또이는 자신의 기본적인 사상을 전달하기 위하여 상징을 많이 사용했는데 가장 빈번히 등장하는 상징은 자연이다. 똘스또이에 의하면 자연은 인간들이 거주하는 배경일 뿐 아니라, 동반자라는 것이다. 똘스또이는 등장인물들의 내면세계를 묘사할 때 자연의 이미지를 함께 제공하고 있다.

「전쟁과 평화」에필로그 2장에서는 자유와 필요에 대한 철학적 문제를 다루고 있다. 이 문제는 똘스또이에게 가장 중요한 관심사였다. 따라서 그의 작품에서는 자유와 필요가 중심 테마로 등장한다. '자유'는 양심, 삶, 개인을 통해 나타나며, '필요'는 이성, 죽음, 전체를 통해 드러난다. 「전쟁과 평화」의 역사적 사건에서 개인의 역할은 역사적 집합체인 전체 안에서 의미를 갖는다. 똘스또이는 이 작품에서 역사적 실제인물과 허구인물을 복합적으로 혼합시키면서 개인과 전체를 대비하고 있다. 개인적인 하나의 개체로서 등장인물은 자유를 표방하고 있으나, 전체 속의 개인이기에 제한적이고 나약하다. 양심에 의하여 감지되는 직관적 '자유'는 이성에 의해 확고히 입증된 '필요'와 마찰하게 된다. 다른 배경 속에 은폐되어 있고 다른 차원의 전체에서 발견되는 같은 의문이 똘스또이의 두 번째 소설에서 다시 다루어진다.

「전쟁과 평화」가 완성되어 발표된 이듬해인 1870년에 똘스또이는 창작활동을 잠시 멈추고 이전에 자신이 추구했던 교육 사업에 몰두하였다. 이후 5년간 그는 초등교육 과정을 위한 책을 편찬하였다. 영지에 설립된 학교에서 자신이 집필하고 강의에 사용했던 책에 수정을 가하여 1875년에 「새로운 입문서 Новая азбука」와 「러시아 강독 Русские книги для чтения」이라는 제목으로 출판하였다. 당시 이 책들은 호평을 받았고 러시아의 많은 학교에서 널리 사용되었다.

교육 사업에 몰두하면서 똘스또이는 1873년부터 집필하기 시작하였던 두 번째 장편소설 「안나 까레니나 Анна Каренина」(1877)를 1875년부터 《러시아 통보》에 연재하기 시작하여 1877년 완성하였다. 「안나 까레니나」는 세 부부의 결혼에 관한 이야기를 담고 있다. 브론스끼(Алексей Бронский) 백작과의 간통사건 속에서 다루어지는 안나와 까레닌(Алексей Каренин)의 이야기, 레빈(Константин Левин)과 까쩨리나 쉐르바쯔까야(Катерина Щербацкая)의 구혼과 결혼이야기, 그리고 안나의 오빠 스쩨빤 오블론스끼(Степан Облонский)와 까제리나의 언니 다랴(Дарья)의 결혼 이야기를 다루고 있다. 주요 등장인물들은 당시 러시아 상류귀족층으로 사교계와 관료사회를 무대로 활동하는 인물들이고, 똘스또이의 형상을 일부 반영하고 있는 레빈은 영지에서 농업에 종사하는 지주로 등장한다. 똘스또이는 상류사회를 배경으로 한 귀족들의 생활상과 그들의 개인적 고뇌와 인간적인 갈등을 묘사하고 있다.

안나보다 20살 연상인 남편 까레닌은 정부의 고급관료인데 아내를 지극히 사랑하고 일과 가정밖에 모르는 인물이다. 그는 명예와 전통을 중요시하며 보수적인 사고를 갖고 있지만 안나에게는 관대한 남편이다. 안나가 정부 브론스끼와 관계하여 아이를 낳은 후에도 안나와의 이혼을 거부하며 그녀에게 다시 돌아오라고 요구한다. 안나는 두

가지 성품을 동시에 소유하고 있는 여인이다. 첫째, 자신과 까레닌 사이에 태어난 세료자를 극진히 사랑하는 모성애를 소유한 여인이다. 똘스또이가 주장하는 어머니로서의 여성상을 갖춘 인물이다. 둘째, 자신의 내면세계에서 깔려있는 자유와 열정을 통해 브론스끼를 향한 사랑을 극한상황으로까지 몰아가는 인물이다. 안나는 결코 육욕을 추구했던 것이 아니라, 브론스끼에게서 느낀 진정한 사랑을 전통적 관습과 윤리사상을 파괴하며 행동으로 옮긴 것이다. 그녀는 위선과 기만을 혐오한다. 그녀는 자유와 열정을 통한 '개인'으로서의 모습과 필연적으로 '전체'에 속해야 되는 사회적 자아 사이에서 갈등하는 것이다. 똘스또이는 안나의 입을 통해 "죄는 있으나, 책임은 없다."라고 말하며 그녀가 지은 불륜의 죄를 진정한 죄로 간주하지 않으며, 사회도 그녀를 정죄할 수 없다고 주장한다. 안나를 향한 브론스끼의 사랑이 식어가는 것을 감지한 후 그녀는 죽음을 택한다.

레빈은 성실하며 종교적 성품을 갖춘 인물이다. 그는 개인과 자유를 주장하기 보다는 전체와 집단을 우선으로 하는 인물로 안나와 분명하게 대조된다. 그는 초기에 자신을 독립된 개체로 인식하였으나 점차 가정과 사회의 범주 안으로 들어온다. 레빈도 안나처럼 개인적 이상과 감당하기 어려운 사회 현실의 장애물 사이에서 갈등한다. 그러나 그는 안나와는 달리 자유와 개인주의를 통제하면서 사회적 전체 집단 속의 개인으로서 기능할 수 있는 완충지대를 발견한다. 그가 택한 공간은 전체와의 접촉에 의해 개인성이 속박 당하거나 방해받지 않는 곳이다. 따라서 레빈의 삶은 정적이지 않고 동적으로 살아 움직이는 힘을 갖고 있다. 결혼을 통해 레빈과 까쩨리나는 전체 속에 개인의 삶과 자유를 누리게 된다.

이 작품에서 똘스또이는 대구법을 많이 사용하고 있다. 도시와 시골, 개인과 전체, 열정과 자제, 죽음과 삶, 안나와 레빈. 두 주인공은 견디기 어려운 사회적 현실세계로부터 제제를 당하는 개인인데, 내면의 자아를 표출하면서 좌절을 경험한다. 「전쟁과 평화」에서처럼 똘스또이는 개인이 자신의 야망과 계획을 갖고 역사적 현실을 끌고 갈 수 없는 무력함을 보여주고 있으며, 동시에 개인이 사회와 가정의 범주 내에서 자유로운 이상을 실현할 수 없다는 것을 보여주고 있다. 과연 인간은 어느 공간에서 자유롭고, 어느 공간에서 속박 받는가? 「전쟁과 평화」의 에필로그에서 삐에르와 나따샤가 개인 혹은 가정문제에서 최소한 상대적으로 자유롭다는 메시지는 「안나 까레니나」에서 발전되어 안나와 레빈은 자신들만이 들어갈 수 있는 신성한 공간에서만 자유롭다는 것을 제시한다.

똘스또이는 「전쟁과 평화」와 「안나 까레니나」를 집필하면서 나름대로 '개인과 전체' 그리고 '죽음과 삶' 속에서 진정한 삶의 의미를 탐구하고 있다. 그의 일기장에 그와 관련된 고백들이 많이 드러난다. 그는 「전쟁과 평화」의 에필로그를 집필하는 동안 번뇌와 고통을 느꼈다. 똘스또이는 삶은 무의미하고 죽음으로부터 회피할 수 없다는 쓰라린 진실을 확신하기 시작하였다. 1870년대 중반에 똘스또이는 이 문제 때문에 가끔 자살충동에 빠지곤 했다. 똘스또이는 염세주의 철학자 쇼펜하우어(Arthur Schopenhauer, 1788-1860)를 인류 최고의 사상가라고 간주하며 그를 존경하기도 했었다. 1877년부터 똘스또이는 종교문제에 대해 깊은 관심을 갖게 되었고, 1878년에 예수 그리스도의 가르침에서 문제의 실마리를 찾게 되었다. 그리고 1879년 러시아 정교회에서 탈퇴하였고, 지주생활을 청산하고 종교와 윤리를 강조하는 「참회 Исповедь」(1882)를 집필하기 시작했다. 1882년 정부당국은 「참회」의 출판을 금지시켰고, 이후 발행된 똘스또이의 많은 작품들도 마찬가지 운명에 처하게 되었다. 똘스또이는 「참회」를 인생의 새로운 길을 열어주는 초석이라 단언했다. 이러한 똘스또이 사상의 변화는 그가 이전에 창작했던 문학과의 단절을 의미했다. 즉, 똘스또이의 세 번째 문학시기인 「참회」집필 이후의 종교적 도덕적 가르침의 시기(1878-1910)가 시작된 것이다.

「참회」에서 똘스또이는 자신의 감추어진 과거 행동과 신념을 폭로하고 있다. 어린 시절 러시아 정교를 믿고 추종했으나 알맹이 없는 껍질에 불과했다고 고백한다. 젊은 시절 전쟁터에서 많은 사람들을 살육했고, 살인을 하기위해 결투도 했고, 도박, 술, 여자에 탐닉했다고 폭로한다. 심지어 성적 충동을 억제하지 못해 간음을 행했다며 죄인 중에 죄인이라고 고백한다. 그리고 예술가는 세상 사람들을 교화시키고 교육시키는 것이 주요 임무와 사명이라는 정의를 내린다. 당시 문학계의 비리를 폭로하면서 "인간은 어떻게 살아가야 하는가?" "무엇을 해야 하는가?"를 고민하며 똘스또이는 종교와 윤리의 문제를 다루고 있다.

「참회」는 똘스또이의 종교에 관한 3부작의 전주곡으로 간주할 수 있다. 제1권인 「교리 신학 연구 Исследование догматического богословия」는 기성 교회의 가르침에 대항한 논박을 담고 있다. 제2권인 「네 복음서의 통일과 번역 Соединение и перевод четырёх эвангелии」은 똘스또이의 가장 큰 종교적 성과물이다. 성서 해설에 풍부하게 주석을 단 이 작품은 그가 19세기의 프랑스, 독일, 영국, 러시아, 그리스 신약성서에 통달하고 있음을 보여준다. 그리고 제3권 「내가 믿는 것 В чём моя вера」에서 똘스또이는 소위 '똘스또이즘'(Толстовство)이라고 불리는 자신의 독특한 종교관을 서술하고 있다. 그는 그리스도의 신격화와 삼위일체를 전면 부정하면서 러시아 정교회를 비난하고, 기독교를 포함한 모든 종교의 근원적인 진리에 부합하는 보편적 종교관을 제시하고 있다.

똘스또이즘에 대한 작품을 발표한 이후 그는 개인적인 접촉이나 서신 교환, 그리고 에세이 등을 통해 자신의 종교관을 널리 알리는데 노력했다. 그의 에세이에는 다양한 소재들이 들어있다. 「삶에 관하여 О жизни」(1886-1887)는 육체와 영혼의 이원성에 대한 글이며, 「그때 우리는 무엇을 해야 하는가? Так что же нам делать?」(1886) 는 1882년 모스크바 인구조사에 참여했다가 목격했던 모스크바 빈민가의 빈곤상에 대한 묘사와 화폐사용의 폐지를 다룬다. 그는 이 에세이에서 자선을 '부자가 가난한 자들을 괴롭히는 것을 멈추지 않으면서 가난한 자들을 위해 모든 것을 하려는 척 하는 행동'으로 규정짓고 있다. 「신의 왕국이 당신 안에 있다 Царство Божие внутри вас」(1893)는 사회악에 대한 무저항과 무정부주의를 다루고 있는데, 후일 인도의 간디에게 영향을 준 작품이다.

똘스또이즘의 메시지를 전하기 위해 그는 독자를 일반대중과 지식인으로 구분하였다. 그리고 자신의 친구이자 문하생인 체르뜨꼬프 (Владимир Г. Чертков)와 비영리 출판사 뽀스레드닉(Посредник)을 설립하고, 일반대중과 농민들을 위한 문학작품의 집필에 착수했다. 그는 일반대중이 쉽게 접근할 수 있는 민화, 종교적 전설, 금언 등으로부터 서술 양식과 소재를 개발하기 시작했다. 작품 줄거리의 핵심부분에는 습관적으로 사용되는 평범한 문체를 사용하면서 평이한 어휘를 선택하여 단순화시킨 기본 틀에 민속적이고 성서적인 색채를 가미했다. 작품의 완성도를 높이기 위해 민담 이야기꾼에게 조언도 구했고, 일반대중으로부터 의견을 청취하기도 하였다. 이런 노력의 결과물로 '일반대중을 위한 이야기'라는 새로운 장르가 탄생했다. 「인간은 무엇으로 사는가 Чем люди живы」(1882), 「사랑이 있는 곳에 신이 있다 Где любовь, там и Бог」(1885), 「두 노인 Два старика」(1885), 「인간은 얼마나 많은 땅이 필요할까? Много ли человеку земли нужно?」(1885), 「세 은자들 Три старца」(1886) 등이 바로 이 장르에 속하는 작품이다.

글을 읽지 못하는 일반대중에게 자신의 가르침을 전달하기에는 에세이나 소설보다 연극이 적합하다는 것을 깨닫고 똘스또이는 1886년에 희곡 「어둠의 힘 Власть тьмы」을 집필하였다. 5막으로 구성된 이 작품은 농민의 비극을 다루고 있는데 플롯의 진행, 클라이막스, 대단원이 고전주의 양식으로 평이하게 전개된다. 그런데 아이러닉하게도 이 작품은 일반대중이 아닌 지식인들에게 상연되었다. 이후 「계몽의 열매들 Плоды просвещения」(1889-1890)를 포함한 몇몇 희곡들이 발표되었다.

지식인들을 위한 작품으로 똘스또이는 '죽음'을 다룬 단편 「이반 일리이치의 죽음 Смерть Ивана Ильича」(1886) 과 「주인과 하인 Хозяйн и работник」(1895)을 집필했다. 이 두 작품은 건강하고 존경받는 시민과 그의 죽음 사이의 조우를 그리고 있는데, 이 조우는 주인공들의 견고하고 존경받는 삶이 그들에게 나쁜 것이었다는 것을 폭로하고 있으며 상당히 암시적이고 심오한 상징성을 담고 있다. 「크로이체르 소나타 Крейцерова соната」는 '결혼과 성'을 다루는 작품으로 1889년에 완성되어 1891년에 발표되었다. 이 작품은 열차에 탑승한 화자와 아내를 살해한 주인공 뽀즈드느이쉐프(Позднышев)와의 대화로 이야기가 진행된다. 뽀즈드느이쉐프의 부인과 피아노 가정교사와의 불륜관계라는 모티브는 안나 까레니나의 불륜관계와 유사한 면을 갖고 있지만, 안나가 자살을 택하는 것과는 달리 주인공의 부인은 여성을 하나의 인격체가 아닌 성욕의 충족대상 혹은 쾌락의 도구로 인식하는 남편에 의하여 살해되는 점에서 차이가 있다. 그리고 작가의 초점이 불륜의 아내에게 맞추어지지 않고 동물적 육욕을 소유한 남편에게 맞추어 졌다. 남편은 아내를 살해한 후 그녀를 진정한 인격체로 인식하며 '뒤늦게'(поздно) 통한의 눈물을 흘리며 용서를 빈다. 상기에 언급한 세 작품이 똘스또이의 세 번째 시기에 쓰여 졌지만, 똘스또이가 자신이 주장하는 윤리 종교적 가르침이라는 재료를 이용하여 문학작품으로 승화시켰다는데 의미가 있다.

똘스또이는 1898년에 자신의 문학관을 정의하기 위해 「예술이란 무엇인가? Что такое искусство?」라는 에세이를 발표하였다. 이 작품에서 그는 과거 일반적인 예술론에 대해 저항하면서 자신의 도덕 윤리관을 바탕으로 한 심미적 주장을 펼치고 있다. 그는 예술가들이 주장하는 형이상학적인 관점에서의 신비스런 관념을 부정하면서, 예술은 "형식적인 부호에 의한 인간감정의 표현이 아니다."라고 언급한다. 또한 작가의 마음에 드는 대상의 재현도 아니며, 목적 없이 심심풀이로 쓴 것은 더욱이 아니라는 것을 강조하고 있다. "예술은 인간을 같은 감정아래 서로 결부시킴으로써 인간을 통일하는 수단이며, 개인과 인류의 생활 그리고 그들의 선(добро)으로의 발전을 위해 불가피한 현상"이라는 것이다. 형식적인 부호를 사용하여 작가가 경험한 감정을 다른 사람에게 전달하고, 독자에게 감정이 전달됨과 동시에 똑같이 그것을 체험하는 인간적 행위인 것이다. 그런데 그가 주장하는 감정은 모든 사람들이 느끼는 일반적인 감정이 아니라 인류가 도달할 수 있는 최고의 감정이며 나아가 도덕적인 선의 감정을 가리키는 것이다. 이처럼 똘스또이가 주장하는 '미'의 개념에는 반드시 '선'의 개념이 내포되어 있다. 따라서 똘스또이는 셰익스피어의 작품에 대해 도덕성이 결여되어 있고 언어와 테마가 부자연스러우며, 통치자에 영합하는 태도가 보인다는 점을 지적하며 그의 작품성을 격하시키면서 혹평하였다. 그리고 「참회」를 발표한 해인 1882년 이전에 집필한 자신의 모든 작품의 예술성도 부정하였다. 똘스또이의 예술론은 무지한 일반대중을 위한 교육자로서, 윤리, 도덕 그리고 종교 사상가로서의 면모를 기반으로 한 결과물이라고 할 수 있다.

「예술이란 무엇인가?」를 발표한 직후 똘스또이는 세 번째 장편 「부활 Воскресение」(1899)을 발표하였는데, 사실상 이 작품은 1889년부터 간헐적으로 집필되었었다. 똘스또이는 자신의 기독교관과 어느 정도 부합되는 두호보레쯔(Духоборец: 18세기부터 러시아에서 시작된 독립 교회의 일원으로 그들은 삼위일체의 하나인 성령을 부정한다) 회원들을 캐나다로 이주시키는데 필요한 자금을 모금하기 위하여 「부활」을 예정보다 서둘러 출판하였다. 그 결과 이 작품은 작가가 완전히 만족할만한 상태가 되기 전에 출판된 것이다. 「부활」에서 그는 자신이 주장하는 종교관을 근본으로 하여 당시 러시아 사회의 제반 문제점들과 부패상 — 교회, 정부, 사유재산제도, 사법제도와 형벌제도, 부패한 상류사회의 모습들 — 을 묘사하고 있다.

작품의 주인공 네흘류도프(Нехлюдов)는 과거 젊은 똘스또이의 자화상과도 같은 면모를 갖고 있기 때문에 과거 방탕했던 자신의 삶을 되돌아보면서 쓴 자전적 작품으로도 간주할 수 있다. 네흘류도프 공작은 청년사관 시절 백부의 집에서 더부살이를 하고 있던 하녀 까쮸샤(Катюша)를 유혹하여 강간한 후, 그녀에게 100루블짜리 지폐를 집어주고 떠난다. 몇 달 후 네흘류도프의 아이를 임신한 까쮸샤는 집에서 쫓겨나게 되었고, 자포자기에 빠진 그녀는 생활고에 시달리다 윤락가의 창녀로 전락한다. 몇 년 후 그녀는 살인사건에 말려들게 되어 살인과 절도의 혐의로 법정에 선다. 그녀를 까맣게 잊고 지내던 네흘류도프는 귀족 여인과의 결혼을 앞두고 있던 중 이 사건의 배심원으로 참석하게 된다. 법정에서 그녀를 본 네흘류도프는 자신이 그녀에게 저질렀던 악행을 기억하면서 그녀를 위해 공정한 판단을 내리려 애쓴다. 그는 자신이 그녀가 처한 비참한 인생의 원인제공자라고 자책하면서 그녀로부터 과거의 죄를 용서받고자 마음먹고, 예정된 혼인을 포기하고 까쮸샤를 구원해서 그녀와 결혼하려고 다짐한다. 그러나 그녀의 무죄를 입증하려는 노력은 수포로 돌아가고 결국 그녀는 시베리아 유형지로 떠나게 된다. 네흘류도프는 자신의 영지를 정리하고 그녀를 돕기 위하여 시베리아로 함께 떠난다. 유형지로 가던 도중에 네흘류도프의 노력으로 까쮸샤는 형사범 집단에서 정치범 집단으로 이관된다. 여기서 그녀는 혁명가 출신 시몬손(Симонсон)과 사랑을 나눈다. 또한 혁명가 출신들과의 교제를 통해 자아를 발견한 그녀는 창녀에서 새로운 인물로 변모하게 된다. 얼마 후 네흘류도프는 까쮸샤와의 행복한 미래를 상상하며 그녀가 감형되었다는 소식을 전하러 감옥을 방문한다. 그러나 그녀는 네흘류도프를 진실로 사랑하지만, 그를 자유롭게 해주기 위해 시몬손을 택한다. 그녀는 네흘류도프에게 '안녕'(прощайте)이란 말 대신 '용서'(простите)란 말을 남기고 헤어진다.

이 작품에서 똘스또이는 그리스도의 부활이라는 단어를 인간 까쮸샤와 네흘류도프의 자아발견과 중생의 의미로 사용하고 있다. 인간의 부활은 단순히 마음을 고쳐먹는 것이 아니라, 고통과 희생을 통해서만 이루어진다는 것이다. 네흘류도프에게 부활이란 그가 이제까지 소유했던 물질적 재산과 편안한 삶을 포기하고 고통 받고 천대받는 여인을 구원하기 위해 걷는 고난의 길을 통해서 이루어진다는 것이다. 과거 그가 까쮸샤에게 진 죄를 용서받고자 하는 의무감에서 이루어진 중생이 아니라, 자기희생을 통해 기독교의 사랑으로 승화된 부활인 것이다. 사랑하는 네흘류도프를 위해 까쮸샤는 그와의 결혼을 통해 보장받은 자신의 편안한 삶을 포기하고, 자신의 진정한 부활을 위해 미래가 불확실한 시몬손과의 결혼이라는 삶을 택한다. 이 선택은 그녀에게 일말의 고통이 될지언정 자유의지로 택한 진정한 행복이고 부활로 향하는 첫걸음인 것이다.

이 작품에서 똘스또이는 자유와 필요에 관한 문제를 다시 독자들에게 던지고 있다. 그는 인간의 외부로부터 발생하는 사회현상과 타협하면서 내면에서 요구하는 개인의 가치와 자유를 동시에 누리는 인물로 「안나 까레니나」의 주인공 레빈을 묘사하였다. 그러나 「부활」의 주인공 네흘류도프는 마치 노년 시대 작가 똘스또이처럼 자신의 사회적 위치를 포기하고, 재산을 그의 농민들에게 넘겨주며 완전한 사랑과 부활을 위하여 까쮸샤를 따라 시베리아 유형지로 떠난다. 이러한 면에서 똘스또이는 인간내면의 영적 본질을 단순하게 인식하는 것을 거부하고 있다. 결국 똘스또이는 레빈의 타협과 양보를 내면의 자아와 불협화음을 이루고는 자신의 삶을 포기하고 떠날 결심을 하는 네흘류도프의 결정으로 대치한 것이다. 이 작품을 통해 '자유'는 마침내 똘스또이의 작품 속에서 '필요'와의 오랜 투쟁과정에서 승리한 것처럼 보인다. 「부활」에서 제시된 자유는 '영적인 요구들을 행동으로 옮기는 자유'이고, '인간의 본능적 산물인 두려움과 욕망을 통제하는 자유'인 것이다.

똘스또이는 마지막 10년 동안 위대한 작가, 사상가, 종교가로서 서방세계에 널리 알려졌다. 그 결과 그를 존경하는 '똘스또이 공동체'들이 유럽과 미국에서 생겨났고, 서방세계의 언론들은 그를 '야스나야 뾜랴나의 현인' 혹은 '인간의 양심'이라고 불렀다. 외국의 수많은 사람들과 서신왕래가 이루어졌고, 매년 많은 사람들이 그를 만나기 위해 러시아를 방문하였다. 이에 정부당국은 경계를 하였고, 러시아 내에서 그를 추종하는 자들은 당국으로부터 감시와 탄압을 받았으며 심지어 국외로 추방을 당하기도 하였다. 또한 똘스또이의 새로운 종교관 똘스또이즘은 러시아 정교회에 반감을 불러일으켰고, 그는 1901년 2월 정교회로부터 파문당했다. 70대 고령에도 불구하고 똘스또이는 문학작품과 윤리, 도덕, 종교에 관한 에세이를 지속적으로 발표하였다. 1904년에 발표한 「하지-무라뜨 Хажи-Мурат」는 까자끄들의 투쟁과 삶을 묘사한 작품인데, 그가 주장하고 있는 도덕적, 윤리적인 면이 부재한 작품이다. 똘스또이가 초기에 다루었던 테마로 되돌아가는 인상을 주고 있다. 실제 똘스또이 스스로도 이 작품에 대하여 자신의 초기 집필 양식으로 되돌아갔음을 일기에 고백하고 있다. 그 결과 「예술이란 무엇인가?」에서 주장한 창작 원칙들이 지켜지지 않고 있다. 자신의 예술관과의 불일치가 드러나는 것을 두려워했던 똘스또이는 생전에 「하지-무라뜨」를 발표하지 않았고, 그가 죽은 후에 출판되었다.

죽기 몇 년 전부터 똘스또이는 체르뜨꼬프를 비롯한 문하생들과 아내와의 관계가 원만하지 않았다. 소피야 안드레예브나는 밤마다 은밀히 그의 개인서류들을 뒤졌다. 침대에서 잠들지 않은 채로 누워서 옆방 서재에서 아내가 서류들을 뒤지는 소리를 들어야 하는 고통은 똘스또이로 하여금 야스나야 뽈랴나를 떠나 죽음의 여행을 하도록 만들었다. 마침내 그는 1910년 11월 야스나야 뽈랴나를 떠났다. 영지를 떠나 홀로 여행하던 그는 폐렴에 걸려 11월 20일 향년 82세에 아스따뽀보(Астапово)에 있는 역장 집에서 심장마비로 사망하였다.

6 체홉

(Антон Павлович Чехов, 1860-1904)

안똔 체홉은 1860년 1월 29일 남부 러시아 아조프(Азов)해에 위치한 항구도시 따간로그(Таганрог)에서 농노의 혈통을 소유한 잡계급 출신 평민가계에서 5남 1녀 중 세째로 출생하였다. 그의 조부는 똘스또이와 두터운 친분관계를 가졌던 체르뜨꼬프(Владимир Г. Чертков)의 영지에서 일했던 농노였는데, 지주에게 몸값을 치르고 자유신분이 되었으며, 부단한 노력과 뛰어난 상술로 부를 축척하면서 체홉 가계를 꾸려나갔다. 체홉의 부친은 따간로그에서 잡화상을 경영하고 있었으며 그의 모친 역시 상인계급 출신이었다. 완고하고 보수적 기질을 소유한 부친은 자식들을 엄격하게 다루었으며, 틈나는 대로 자식들에게 상점을 맡기곤 하였다. 그러나 신앙심이 돈독한 체홉 부모의 자식교육열은 대단하였다. 후일 그들의 자녀들은 모두 전문 직종에 종사하였다. 장남 알렉산드르는 저널리스트, 차남 니꼴라이는 화가, 딸 마리야는 박물관 관장, 사남 이반은 교사, 막내 미하일은 작가가 되었다.

체홉은 1868년 따간로그 중등학교(гимназия) 예비과정에 등록하였고 이듬해 정식으로 입학하였다. 1876년 중등학교시절 부친은 빚을 갚지 못하여 파산하였고, 체홉을 제외한 가족들을 이끌고 모스끄바로 이주하였다. 따간로그에 홀로 남아 3년간 가정교사 생활을 하면서 어렵게 생활비를 마련하며 공부한 체홉은 1879년 6월 학교를 졸업하고 모스끄바로 상경하여 그해 9월 모스끄바 의과대학에 입학하였다.

그는 대학재학시절 초부터 자신과 가족들의 생활비를 대기 위하여 유머러스한 소품들을 기고하기 시작하였다. 학창시절 그는 작품을 발표할 때 자신의 본명대신 안또샤 체혼떼(Антоша Чехонте)라는 필명을 사용하였다. 1879년 12월에 불과 4쪽 분량의 소품 「학식있는 이웃에게 보내는 편지 Письмо к учёному соседу」를 주간지 《잠자리 Стрекоза》에 발표하면서 체홉은 작가로서의 첫 출발을 하였다. 그 후 그는 매년 100여 편에 달하는 작품을 발표하였다. 초기작품들은 재정이 궁핍한 상황에서 단지 돈을 필요로 하여 집필되었기에 문학적 깊이가 결여된 것이 대부분이었다. 그는 1879년부터 1884년 6월 대학을 졸업할 때까지 약 5년간 개인 방도 없는 열악한 환경에서 수백 편의 유머러스한 소품들과 단편을 집필하면서 틈틈이 뿌쉬낀(Александр Сергеевич Пушкин, 1799-1837)과 고골(Николай Васильевич Гоголь, 1809-1852)의 작품을 탐독하였다. 대학시절에 쓴 작품들 가운데 일부 작품들 ―「필요없는 승리 Ненужная победа」(1882), 「관리의 죽음 Смерть чиновника」(1883), 「알리비온의 딸 Дочь Альбиона」(1883), 「뚱뚱이와 홀쭉이 Толстой и тонкий」(1883) ― 은 오늘날에도 널리 읽혀지고 있다. 1884년 대학을 졸업하고 의료 활동을 하면서 창작활동도 병행하였던 체홉은 1885년에 의사의 책무와 관련한 「러시아에서 의료 활동 Врачебное дело в России」(1884-1885)을 집필하였다.

1885년부터 그의 작품세계에는 초기작품세계에서 다루었던 유머러스한 특징들이 사라지고 인간의 삶을 깊이 있게 파헤치는, 그러나 작가의 주관성을 배제하고 객관적 시각으로 바라보는 특징이 드러나기 시작한다. 그해 말 모스끄바에서 뻬쩨르부르그를 방문한 체홉은 농노 출신의 작가이자 출판업자인 수보린(Алексей С. Суворин, 1834-1912)과 돈독한 친분관계를 맺었고, 그리고로비치(Дмитрий В. Григорович,

1822-1900)로부터 문학적 재능도 인정받았다. 이 후 그는 궁핍한 대학 시절에 쓴 글과는 다른 종류의 작품을 쓰겠다고 결심한다. 1885년에서 1886년 사이에 발표된 「노년 Старость」(1885), 「슬픔 Горе」(1885), 「우수 Тоска」(1886), 「아뉴따 Анюта」(1886), 「어려운 사람들 Тяжелые люди」(1886), 「아가피아 Агафия」(1886), 「여행 중에 На пути」(1886), 「성스런 밤에 Святою ночью」(1886) 등에는 간결한 문체를 사용하면서 이전 작품들과는 달리 인간 내면세계의 정확한 분석과 정교한 묘사를 하고 있다. 이러한 특징은 그의 직업이 의사라는 점과 무관하지 않다고 볼 수 있다. 이 시기에 주관성보다 객관성, 동적인 면보다 정적인 면을 묘사하는 체홉 문학관이 형성되기 시작했고 1886년부터 필명대신 본명을 사용하기 시작했다.

1886년 발표된 「우수」는 한 도시에서 마부로 일하는 요나(Иона Потапов)의 독백과도 같은 슬픈 이야기를 담고 있는 작품이다. 제목 밑에 "내 슬픔을 누구에게 하소연 하리오? Кому повем печаль мою?" 라는 문구로 시작되는 단편에서 요나는 아들의 죽음에 대한 이야기를 손님들에게 전하려 애쓰나 마차에 탄 첫 번째 손님과 두 번째 손님은 마부의 이야기를 귀담아 듣지 않는다. 요나와 그들의 대화는 겨울밤 도시의 적막 속에 단절된 상태로 남게 된다. 많은 군중들 가운데 요나의 이야기에 귀기울여주는 사람은 존재하지 않았다. 쓸쓸한 적막 속에서 자신의 처소로 돌아온 요나는 음울한 분위기 속에서 자신의 말에게 다가가 아들의 죽음에 대해 이야기를 한다. 불과 몇 쪽 되지 않는 「우수」는 체홉의 문학관이 간결하게 잘 반영된 작품으로 평가된다. 체홉은 사회제도에 대한 고발이라는 차원을 뛰어넘어, 인간의 내면세계를 객관적 시각으로 바라보고 있는데, 이는 마치 의사가 환자의 환부를 정밀하게 해부하듯 정확한 필치로 인간의 삶을 파헤치고 있는 것이다. 이 작품에서 체홉은 요나를 통해 그의 아들이 죽었다는

데서 오는 슬픔이 아니라, 군중들 가운데 대화가 단절되면서 찾아오는 '군중 속의 고독'을 지적하고 있다. 1886년 이후 유머러스한 성향에서 완전히 벗어나면서 체홉은 '대화의 단절', 인생의 '지루함'(скучность)과 '무관심' 등을 주제로 한 작품을 집필하였다.

체홉은 1887년 9월 최초의 희곡 「이바노프 Иванов」를 완성하여 11월 모스끄바의 꼬르샤 극장(Корша театр)에서 상연하여 호평을 받았다. 19세기 중반 이후 암울한 러시아 사회에서 활동하는 잉여인간 형상의 인젤리겐찌야를 묘사하고 있는 이 작품에서 체홉은 주인공의 신념을 행동으로 옮기지 못하는 잉여인간의 모습을 질타하지 않고, 제3자의 객관적 시각으로 바라보는 인간 본연의 모습만을 묘사하고 있다. 체홉의 4대 희곡 — 「갈매기 Чайка」(1896), 「바냐 아저씨 Дядя Ваня」(1897), 「세 자매 Три сестры」(1901), 「벚꽃 동산 Вишнёвый сад」(1904) — 과 비교해 볼 때, 이 작품은 희곡기법 면에서 덜 성숙된 과도기적 작품으로 평가된다. 관객들로부터 긍정적인 호응을 받으면서 고무된 체홉은 「숲의 요정 Леший」(1889)을 집필하여 뻬쩨르부르그 연극위원들에게 보여주었는데 그들로부터 부정적인 반응을 받았다.

1888년에 접어들어 체홉은 「초원 Степь」, 「등불 Огни」, 「명명일 Именины」 등을 발표하였고, 이듬해 8월에는 중편 「지루한 이야기 Скучная история」(1889)를 완성하여 발표하였다. 1888년은 체홉에게 절망과 우수의 한 해였다. 그해 12월 23일 수보린에게 쓴 편지에 체홉의 염세주의적 성향이 잘 드러나고 있다. "나는 때때로 몹시 절망합니다. 도대체 나는 누구를 위하여 그리고 무엇을 위하여 글을 쓰고 있는 것일까요? 일반 대중을 위하여? 그러나 나에겐 일반대중이 보이지 않으며, 그들을 믿지도 않습니다. 돈을 위하여? 그러나 내 수중에는 늘상 돈에 여유가 없으며, 소유하는데 익숙하지 않기에 돈에 대한 집착 또한 없습니다. 돈을 위해 쓴다는 것은 정말 싫증납니다." 이러한 상황에서 맞은 1889년 또한 희망과 미래에 대한 기대보다는 절망과 암담함으로 가득한 한 해였다. 그해 6월 결핵을 앓고 있는 형 니꼴라이가 사망했다. 8월에 발표한 「지루한 이야기」는 체홉의 염세주의적 성향을 다루고 있는 작품으로 지루할 정도의 단조로움과 음울함이 잘 묘사되어 있다. 이 작품은 '죽음'이라는 주제를 다루고 있는데, 노교수 니꼴라이 스쩨빠노비치의 수기형식을 통해 사회와 의학계로부터 완벽한 존경과 인정을 받았던 한 지식인의 과거를 돌이켜 보면서 자신의 현재와 미래에 대한 답변을 주고 있다. 니꼴라이는 단지 성공한 학자로서 그리고 의사로서 자신이 이룩한 업적을 단순히 되돌아보는 것이 아니라, 인간세계에 존재하고 있는 이성과 비이성간의 관계 속에 살아왔던 한 인간의 진실한 내면세계를 파헤치고 있다. 그는 외형적으로는 사회적 명성과 가정의 행복을 누리는 인물이었다. 그러나 그는 자신이 갖고 있는 사상, 감정, 공포, 의구심 등을 공개하면서 자신의 분열된 실체를 드러낸다. 노화가 진행되면서 육체에서 나타나는 현상을 언급하면서 자신이 병들어가고 있으며 얼마 후 죽음을 맞이할 것이라는 사실도 인식한다. 그런데 그의 불행과 슬픔의 원인은 육체적인 노쇠현상이 아니라, 정신적 의지와 욕망의 부재 때문이라는 것이다. 즉, 니꼴라이의 내면적 부재가 불행의 원인이라는 것이다. 그가 반대하는 리자의 결혼을 두려워하는 것이 아니라, 딸에 대한 무관심과 그녀의 결혼에 대한 무관심이 더욱 두렵고 무섭다는 것이다. 작품의 제목에 붙여진 '지루한'이라는 단어를 통해 체홉은 니꼴라이의 현재의 상황과 미래의 절망을 투영하고 있다.

체홉은 1887년에 모스끄바에서 상연했던 「이바노프」를 개작하여 1889년 1월 뻬쩨르부르그 알렉산드르 극장(Александринский театр: 1937년 이후 극장명이 '러시아 아카데미 극장 Российский академический театр драмы им. А.С. Пушкина'으로 변경되었다)에서 공연하여 다시 호평을 받았다. 그러나 그해 12월 비평가들의 만류에도 불구하고 2년 전 부정적 평가를 받았던 「숲의 요정」을 모스끄바 아브라모바(Абрамова театр) 극장에서 초연했는데, 그들의 예상대로 관객들로부터 혹평을 받았다. 그 무렵 체홉은 단막극 「결혼식 Свадьба」(1889-1890)과 소극(водевиль) 「곰 Медведь」(1888), 「청혼 Предложение」(1888-1889), 「마지못한 비극배우 Трагик по неволе」(1889-1890), 「축제 Юбилей」(1891-1892) 등을 발표하였다.

관객의 반응에 낙담한 체홉은 이듬해 1월에 사할린 여행을 계획하고 4월에 마차와 배를 이용하여 시베리아를 횡단하여 7월에 사할린에 도착한 후 기행문 「시베리아로부터 Из Сибири」를 집필하여 《새 시대 Новое время》지에 기고하였다. 그는 3개월 동안 사할린 섬에 머물면서 원주민들의 삶을 돌아보면서 열악한 경제, 사회 및 의료상황 등을 상세히 관찰하고 군함을 타고 사할린을 떠나 인도양, 홍해, 흑해를 거쳐 오데사를 통해 12월 모스끄바로 귀환했다. 이듬해 3월 최초의 유럽여행(이탈리아와 프랑스)을 떠난 체홉은 5월 귀국하여 「사할린 섬 Остров Сахалин」(1891-1895)을 집필하기 시작하였다. 1890년과 1891년 두 차례의 여행을 통해 사회와 인간에 대한 견문을 넓힌 체홉은 자신의 문학세계에서 사용했던 일상적인 테마에서 벗어나 사회적 테마로의 접근을 시도했다. 1891년 러시아는 흉작으로 인한 기근이 만연했고, 이듬해 러시아 전역에 콜레라가 창궐하였다. 이러한 상황에서 체홉은 의사로서 빈민구제활동과 의료봉사활동에 적극적으로 참여하였다. 그는 1892년 3월부터 모스끄바 근교의 쎄르뿌홉스끄(Серпуховск)현에 소재한 멜리호보(Мелихово) 영지를 구입하여 그 곳을 근거지로 하여 사회활동과 창작활동을 전개하였다.

1891년부터 1895년까지 5년 동안 체홉의 문학세계는 일대 전환기를 맞이하게 된다. 1891년 발표한 「결투 Дуэль」는 무기력한 잉여인간,

사회진화론을 주장하는 인물, 그리고 보수적 기독교 사상을 소유한 인물 들 사이의 갈등과 논쟁을 통해 다양한 사회 철학적 견해를 폭넓게 다루고 있다. 1891년 발생한 러시아 기근을 배경으로 한 「아내 Жена」(1982)는 사회의 광범위한 문제점들과 빈곤, 그리고 귀족사회의 무관심을 다루고 있는 작품이다. 이 시기에 쓴 주요 작품으로 1892년 11월 《러시아 사상 Русская мысль》에 기고한 중편 「6호실 Палата № 6」을 꼽을 수 있다. 사회적 테마를 다루고 있는 이 작품에는 인간의 사실적인 삶이 잘 조명되어 있으며, 체홉은 당시 러시아인들의 내면세계를 솔직하고 객관적으로 묘사하고 있다. 「6호실」은 사회의 악에 짓눌린 시골 자선병원 의사 안드레이(Андрей Рагин)가 현실생활로부터 괴리되고 단절되면서 병원에서 쫓겨난 후, 광인으로 취급되어 정신병동 6호실에서 비참하게 죽어가는 모습을 그리고 있다. 모순으로 가득한 현실세계에서 희생당하는 두 명의 인쩰리겐찌아(의사 안드레이와 피해망상증 환자 이반)의 무기력한 모습과 이들의 대화를 통해 희망과 출구가 없는 절망적인 사회상을 묘사하고 있다. 안드레이의 자아상실은 차츰 외부세계에 대한 '무관심'으로 확장된다. 그는 마치 「지루한 이야기」의 니꼴라이처럼 불행과 슬픔의 늪에 빠지면서 정신적 고뇌를 경험하면서 미래의 삶에 대한 희망이 결여된 채 정신병 환자 니끼따(Никита)에게 폭행을 당하고 이튿날 뇌일혈로 사망한다. 이 작품은 19세기 말 러시아의 암울한 현실을 상징적으로 묘사한 작품이다.

1893년에 발표된 「익명인의 이야기 Рассказ неизвестного человека」는 당시 러시아사회의 급진개혁을 주장하는 과격주의자들의 혁명적 테러에 대한 문제점을 제시하고 있으며, 「여인 왕국 Бабье царство」(1894)에서는 19세기 후반 산업의 급속한 발달로 야기된 빈부의 차와 이에 관한 갈등을 묘사하고 있다. 중편 「3년 Три года」(1895)은 과거 러시아의 낡은 생활상과 동시대의 것을 비교하면서 19세기 말 새롭게 등장하는 부유한 상인계급의 새로운 삶의 방식을 소개하고 있다. 새로운 삶을 바탕으로 한 남녀 간의 사랑에 대한 체홉의 비관적이고 염세주의적인 시각이 드러난 작품이다. 체홉은 1891년부터 집필하기 시작하였던 「사할린 섬」을 1893년 10월부터 《러시아 사상 Русская мысль》에 연재하였다. 그리고 1895년에 단행본으로 출간하였다. 약 330쪽에 달하는 이 작품에서 체홉은 세밀한 통계자료와 수치를 제시하면서 사할린에 거주하는 주민들의 생활상과 유배당해온 죄수들의 삶도 상세히 기록하였다. 감옥의 열악한 상황과 간수들로부터 당하는 죄수들의 비참한 삶이 사실적으로 묘사되었다.

1889년 「숲의 요정」이 실패한 후 1895년부터 체홉은 다시 희곡에 관심을 갖기 시작하였다. 그해 8월 똘스또이의 영지 야스나야 뽈랴나를 방문하고 11월 「갈매기」원본을 탈고하고 수정을 가한 후 1896년 10월 알렉산드르 극장에서 상연하였다. 재기하겠다고 다짐했던 체홉에게 러시아 연극사상 최대의 실패작라는 평가가 내려졌다. 당시 비평가들과 관객은 이 작품에 대하여 "연극이 아니다.", "너무나 지루한 이야기다."라는 혹평을 했다. 그러나 스따니슬랍스끼(Константин С. Станиславский, 1863-1938)와 네미로비치-단첸꼬(Владимир И. Немирович-Данченко, 1858-1943)는 「갈매기」를 가능성 있는 창의적 작품으로 평가했다.

1897년 초 지병인 결핵으로 건강상태가 좋지 않은 상태에서 체홉은 4월 중편 「농부들 Мужики」를 《러시아 사상》에 발표하였다. 검열당국은 러시아 농민의 상황을 너무 비극적이고 암울하게 묘사한다는 이유로 일부 내용을 수정하도록 명령했다. 농촌과 도시의 삶을 대비하면서 당시 농민의 일상을 사실적으로 묘사하고 있는 이 작품은 절망적인 19세기 말 러시아 사회를 잘 표현하고 있다. 이 작품에는 특별히 부각되는 주인공이 설정되지 않았으며, 등장인물 모두가 공통적인 언어를 사용함으로 인물의 개성이 결여되어 있다. 이런 특징이 체홉 문학세계의 무사상성과 무경향성인 것이다. 무미건조하고 무기력한 언어를 통해 작품 에 흐르는 분위기는 마냥 지루하다. 또한 등장인물 사이의 단절된 대화를 통해 드러나는 상호 소외감은 인간관계에서 서로가 서로를 자신처럼 이해할 수 없다는 것을 의미한다. 그리고 체홉은 자연과 인간을 하나의 유기적 조화물로 간주하고 있다. 즉, 그의 작품에 묘사된 자연은 인간과 조화로운 동반자로서의 역할을 제공하고 있는 것이다.

1898년 여름 그는 단편 「상자 속의 사나이 Человек в футляре」, 「구스베리 Крыжовник」, 「사랑에 대하여 О любви」를 발표했다. 단일한 주제를 갖고 있기 때문에 일부 비평가들은 이 작품들을 3부작이라고 부른다. 체홉은 인간이 스스로 설정한 규칙과 틀 속에서 자유가 구속당하고 있다는 메시지를 전달하고 있다. 「상자 속의 사나이」의 보수적이고 편협한 고전과목을 가르치는 교사 벨리꼬프(Беликов)는 마을사람들을 자신의 철학과 신념 속에 가두어 놓고자 한다. 「구스베리」의 주인공인 몰락한 지주의 아들 니꼴라이(Николай)는 자연 속의 아름다운 저택과 구스베리를 심고 가꿀 수 있는 영지를 꿈꾼다. 수단과 방법을 가리지 않고 마침내 목적을 달성하지만 인간의 아름답고 귀중한 삶을 희생한다. 마지막으로 「사랑에 대하여」의 주인공 알료힌(Алёхин)은 소심하고 모험심이 없는 인물로 친구의 아내와 사랑에 빠지게 되는데 자신이 설정한 한계를 극복하지 못하여 아름답고 소중한 사랑을 포기한다. 세 작품 중에 「상자 속의 사나이」에서 새로운 변화와 자유사상에 민감한 반응을 보이며 이를 거부하는 벨리꼬프는 자신이 가르치는 교과목이 상징하듯 현실과 미래와는 동떨어진 과거에 안주하면서 자신을 외부세계로부터 철저히 차단하려는 인물이다. 주변 환경으로부터 도전받고 있다고 생각하는 벨리꼬프는 자신의 방어막인 틀을 지키기 위해 죽음을 택하였고, 갇힌 공간에 누워 편안한 미소를 짓는 그에게 관은 영원한 안식처인 것이다. 마지막 부분에서 체홉은 불낀(Булкин)을 통해 이 작품의 핵심을 독자들에게 제시하고 있다. "우리는 지금 벨리꼬프라는 한 사람의 장례식을 치르는 것은 사실이나, 사회에는 아직도 그와 같이 상자 속에 든 사람들이 얼마나 많습니까. 그리고 앞으로도 이런 종류의 사람들이 얼마나 많이 나타날까요."

1898년 12월에 체홉은 2년 전 혹평을 받았던 「갈매기」를 연출가 네미로비치-단첸꼬의 도움을 받아 스따니슬랍스끼가 1898년에 설립한 모스끄바 예술극장(Московский художественный театр)에서 재공연하여 커다란 성공을 거두었다. 그리고 이듬해 10월 모스끄바 예술극장에서 「숲의 요정」에 수정을 가해 개작한 「바냐 아저씨」를 공연하여 역시 호평을 받았다. 「갈매기」는 드라마 작가 뜨리고린(Борис Тригорин)과 젊은 작가 지망생 뜨레쁠레프(Константин Треплев), 지방연극배우 이리나(Ирина Аркадина)와 배우 지망생 니나(Нина Заречная)라는 등장인물을 통해 문학과 예술에 관한 주제를 다루는 작품이다. 등장인물의 복합적이고도 일방적인 사랑관계를 다루면서, 동시에 자신들의 생각과 신념을 행동으로 실천하지 못하는 인물들의 상호대화를 통해 그것들을 표현하고 있다. 이 작품에서 중학교 교사 메드베젠꼬(Семен Медведенко)는 영지 관리인 샤므라예프(Илья Шамраев)의 딸 마샤(Маша)를 사랑하지만 그녀는 이리나의 아들 뜨레쁠레프를 사랑한다. 그런데 뜨레쁠레프는 니나를 사랑하고, 니나는 이리나의 정부인 작가 뜨리고린을 사랑한다. 그리고 영지관리인 샤므라예프의 아내 뽈리나(Полина Андревна)는 영지를 방문한 의사 도른(Евгений Дорн)을 사랑한다. 이들의 사랑은 마치 체홉의 문학세계의 특징인 상호 커뮤니케이션의 단절처럼, 서로 주고받는 형태가 아니라 '일방적인' 형태인 것이다.

자신을 천부적으로 뛰어난 여배우라고 믿는 이리나는 스스로를 기만하는 속물이다. 평범한 지방 연극배우에 불과한 그녀는 자신이 설정한 목적과 야망을 이루기 위해 이기주의적인 행동을 일삼는다. 독선적 성격을 수유한 그녀는 뜨레쁠레프의 희망을 무참히 꺾어버리고, 자신의 정부 뜨리고린도 마음대로 주무른다. 새로운 형태의 연극을 제작하겠다는 뜻을 품고 있는 뜨레쁠레프는 자신의 실험작에 대한 어머니의 혹평으로 인해 자책하며 좌절과 절망하게 된다. 예술적 재능이 부재하고 감수성이 예민한 그는 자신이 일방적으로 사랑했던 니나로부터의 무관심을 확인하고 자살한다. 젊고 매력적인 니나는 유명 여배우가 되겠다는 일념으로 불타는 야심찬 인물이다. 천부적 재능을 갖춘 작가 뜨리고린이 이룩한 명성과 성공을 흠모하면서 그에게 접근하면서 사랑에 빠진다. 그들의 관계가 깊어질수록 니나는 상처와 고통을 받게 되나, 이 고통이 그녀를 절망의 늪으로 몰아넣거나 파괴시키지는 못한다. 뜨레쁠레프와는 달리 니나는 이를 극복하고 미래에 대한 희망과 자유를 품고 새롭게 태어난다. 이리나의 정부인 뜨리고린은 자신이 이룩한 문학과 스스로에 대하여 가식을 더하지 않는 정직한 인물이다. 자신이 이루어놓은 삶 속에 형성된 선입관 때문에 주변사건들을 무관심한 시각으로 바라본다. 그는 이리나의 간섭을 받아들여 니나와의 관계를 청산한다.

이 작품에서 체홉은 자신의 단편처럼 일상적 사건과 평범한 대화를 통해 인간의 내면세계를 표현하였다. 박진감 넘치는 획기적인 사건이 부재할 뿐 아니라 전반적으로 흐르는 차분한 분위기는 다소 지루한 감을 주고 있으나, 관객들에게 자신의 인생을 곱씹어 보게 만드는 계기를 제공한다. 체홉은 자신의 희곡에서 일상적이고 평범한 것을 주로 다루는 이유를 다음과 같이 설명하고 있다. “많은 사람들이 특별한 일 보다는 먹고, 마시고, 평범한 대화를 하는데 대부분 시간을 보낸다. 이것이 인생의 가장 기본적이며 가장 사실적인 것이다. 문학작품이 다루어야할 것은 바로 있는 그대로를 진솔하게 표현하는 것이다. 나는 이런 것들을 무대에서 표현하고자 한다." 그 결과 기존의 희곡과는 달리 체홉의 희곡에서는 중요한 사건들이 무대 밖에서 발생하거나 등장인물들의 대화 속에 간결하게 표현된다. 갈매기의 죽음과 뜨레쁠레프의 자살이 무대 밖에서 일어났고, 뜨리고린과 니나의 육체적 관계와 마샤의 결혼식 등은 짧은 대화 속에 잠깐 비추어진다. 그리고 작품에 흐르는 지루한 분위기는 긴장과 심리적 갈등과 자연스럽게 어우러진다. 등장인물의 도착과 떠남은 '운명'(судьба)에서 '우연'(случайность)이라는 필연적인 요소를 반영하고 있으며, 배경으로 설정된 자연은 인간의 삶의 일부분으로 표현되고 있다.

이 작품에서 갈매기는 등장인물들에게 다양한 상징을 부여하고 있다. 갈매기는 진실한 '미'(красота)와 기존의 형식과 틀에서 벗어난 '자유'(свобода)를 의미한다. 뜨레쁠레프에 의한 갈매기의 죽음은 인간들의 속물적이고 이기적인 사고와 행동들로부터 기인된 것이다. 등장인물들이 자신들의 삶에서 갈매기의 상징성을 추구하고 찾아 나서지만, 니나를 제외한 인물들은 자신이 설정한 삶의 틀과 주변상황 속에서 이를 스스로 파괴한다. 뜨리고린에게 미와 자유는 자신의 허구적 소설작품 속에 존재하는 것에 불과하고, 자신의 실제 삶에는 추상적인 의미일 뿐이다. 제2막에서 뜨레쁠레프의 총에 맞아 죽은 갈매기는 속물적이고 이기적인 행위에 의해 파괴된 자유이고, 죽은 갈매기는 자살을 예고하는 뜨레쁠레프의 형상과 분신인 것이다. 이 작품에서 유일한 긍정적 인물인 니나는 "나는 갈매기다."라는 말을 수차례 언급함으로 절망 속에서 기지개를 펴는 자유의지와 미래에 대한 희망을 표출하고 있다.

「갈매기」의 성공으로 인해 체홉은 19세기 말 러시아의 위대한 단편작가와 드라마작가라는 명성을 얻었다. 1900년 1월 러시아 과학 아카데미 예술부문 명예회원으로 선출된 체홉은 《생활 Жизнь》지에 중편 「골짜기에서 В овраге」(1900)를 발표하였다. 그해 10월 「세 자매 Три сестры」를 탈고하고 이탈리아를 여행하고 돌아온 후, 1901년 모스끄바 예술극장에서 이 작품을 상연했다. 「세 자매」에 등장하는 올가(Ольга), 마샤(Маша), 이리나(Ирина)는 모스끄바에서 멀리 떨어진 한 소도시에서 함께 생활하고 있다. 그들은 현실에 대한 불만과 이로부터 벗어나려는 꿈을 갖고 있으나, 어느 누구도 주위에 널려있는 위선과 멸시로부터 과감한 저항을 하지 못하고 무기력하고 지루한 삶을 영위하며 생활한다. 이 작품에는 「갈매기」에서 보여준 일방적인 사랑과 두 가정의 불행한 결혼 — 마샤와 우둔하고 속물적인 중학교 교사 꾸르이긴(Фёдор Курыгин)의 불행한 결혼, 오빠 안드레이(Андрей Прозороф)와 사악하고 이기적인 나딸리야(Наталья Иванова)의 불행한 결혼 — 이 묘사되어 있다. 아름답고 고귀한 성품의 이리나를 사이에 두고 갈등하는 뚜젠바흐(Николай Туденбах) 중위와 솔료느이(Василий Солёны) 대위, 그리고 육군중령 베르쉬닌(Александр Вершинин)과 마샤의 불행한 사랑이 극적으로 묘사되어 있다. 마샤는 항상 검은색 옷을 입고 등장하여 우울하고 우수에 젖어있는 모습을 상징적으로 드러내고 있다. 그녀가 사랑하는 베르쉬닌 중령은 나이에 걸맞지 않은 로맨틱한 인물로 과거 불행했던 결혼을 대화중에 표현하고 있으며, 미래에 대한 기대와 희망을 걸고 있는 인물이다. 그러나 이기주의를 극복하지 못한 그는 사랑하는 마샤를 남겨두고 홀로 모스끄바로 떠난다. 이리나를 흠모하는 뚜젠바흐 중위는 귀족계급의 전형으로 인생의 고뇌와 노동을 경험하지 못한 인물이다. 반면에 솔료느이 대위는 레르몬또프(Михаил Юриевич Лермонтов, 1814-1842)의 「현대의 영웅

Герой нашего времени」 주인공 뻬쵸린(Печорин)처럼 열정과 자유를 소유한 비사교적이고 비타협적인 인물이다. 그는 제4막에서 이리나를 사랑하는 뚜젠바흐와 의미 없는 결투를 하여 그를 살해하고 그곳을 떠난다. 작품의 전반적인 분위기는 현실에 대한 불만, 무기력, 지루함, 절망감이 지배적이나, 대부분 체홉 작품이 그러하듯 말미에 미래에 대한 희망의 빛 — 「갈매기」에서의 니나, 「세 자매」에서의 안드레이의 어린 자녀, 「벚꽃 동산 Вишневый сад」에서의 로빠힌 — 을 제시하고 있다.

이 작품에서는 세 자매의 동경의 대상인 '모스끄바'가 '갈매기'처럼 자유와 희망의 상징으로 설정되었다. 체홉은 이 작품을 보드빌적 요소가 풍부한 희극으로 간주하였는데, 실제 작품이 상연되었을 때 배우들은 비극으로 간주하고 공연에 임했다. 이런 해석의 차이에도 불구하고 공연은 대 성공을 거두었고, 모스끄바 예술극장의 주요 레퍼토리가 되었다. 이 작품에서도 다른 희곡과 마찬가지로 독백과 동문서답식 커뮤니케이션이 많이 다루어지고 있는데, 이는 현실세계에서의 '대화의 단절'을 드러내는 문학장치로 사용된 것이다.

체홉은 이 작품에서 둘째 딸 마샤역을 맡았던 여배우 올가(Ольга Книвер)와 5월에 결혼식을 올렸다. 신혼여행에서 돌아온 체홉은 9월 「세 자매」를 개작하였으며, 1902년 체홉은 마지막 단편 「약혼녀 Невеста」와 마지막 희곡 「벚꽃 동산」을 집필하기 시작하여 1903년에 완성하여 발표하였다. 1904년 1월 「벚꽃 동산」은 모스끄바 예술극장에서 초연되었다. 그 해 7월 15일 요양 차 방문한 남부독일 바덴바일러(Badenweiler)에서 결핵으로 사망하였고, 7월 22일 모스끄바의 노보제비치예(Новодевичье) 묘지에 안장되었다.

마지막 작품 「벚꽃 동산」에는 농노해방 이후 봉건지주계급의 몰락과 평민출신 신흥지주계급의 등장을 다루고 있다. 이전 작품들과 비교할 때, 이 작품은 과거에 대한 애정과 향수가 감소되면서 밝고 긍정적인 미래에 대한 기대와 희망이 강하게 부각되는 작품이다. 무기력하고 지루한 생활을 하고 있는 여지주 라넵스까야(Любовь Андреевна Раневская)와 그녀의 오빠 가예프(Леонид Андреевич Гаев)는 과거에 안주하며, 잉여인간처럼 이상을 현실에 적용하지 못하는 인물이다. 반면에 라넵스까야의 딸 아냐(Аня)는 미래에 대한 희망의 완벽한 상징은 아니지만 미래에 대한 기대와 이상을 품고 있는 인물로 그려지고 있다. 그녀가 사랑하는 대학생 뜨로피모프(Пётр Трофимов) 역시 미래를 지향하고 설계하는 희망찬 인물이다. 하지만 그들의 이상을 실행하는데 한계에 봉착하게 되며, 로빠힌(Ермолай Лопахин)처럼 이를 과감하게 실천으로 옮기지 못한다. 로빠힌의 조부는 과거 가예프의 영지에서 일했던 농노였다. 적극적이고 활동적인 신세대로 등장하는 로빠힌은 체홉이 특별한 애정을 갖고 설정한 미래의 긍정적인 인물이다. 라넵스까야로 부터 벚꽃 동산을 매입하여 새로운 소유주가 된 그는 과거의 상징인 벚나무를 아무런 의미를 부여하지 않고 과감히 도끼로 찍어버린다. 무대 밖에서 들려오는 '나무 찍는 소리'는 갈매기의 상징성에서 일보 전진한 미래에 대한 '희망의 실천'이고 '형식과 틀에서 벗어난 진정한 자유'를 상징하고 있다.

전반적으로 체홉의 작품세계에는 염세주의적 성향 속에 그려지고 있는 암울함, 우수, 절망감 등이 존재하지만, 그 이면에는 잔잔한 미소와 희망, 그리고 미래에 대한 기대가 서려있다. 체홉은 간결하고 함축적인 어휘를 통해 일상생활의 세밀한 부분을 확대하여 표출한다. "인물과 자연의 묘사가 객관적이면 객관적일수록 주는 인상은 더욱 강렬해진다."고 주장했던 체홉은 '객관성'을 가장 중요하게 간주했던 작가다. 풍부한 서정성을 바탕으로 묘사한 자연은 인간과의 유기체적 공동체를 구성하고 있으며 삶의 한 부분인 것이다. 체홉은 대화가 단절되고 스스로 엮어놓은 틀에 얽매인 인간들의 모습을 제시하면서 자유와 희망을 노래했다. “나는 자유로운 예술가가 되고 싶다. 나는 목적도 없이 삶의 있는 그대로를 진실하게 묘사하고자 노력하였다.” 그는 고골(Николай В. Гоголь, 1809-1852)이나 도스또옙스끼(Фёдор М. Достоевский, 1821-1881)처럼 인간의 내면세계에 침투하여 이를 분석하기보다는 인간과 인간사이의 상호관계를 통해 문제점을 제시하였다. 체홉은 똘스또이(Лев Н. Толстой, 1828-1910)처럼 문제와 해답을 제시하는 것이 아니라, 단지 문제점을 제시하고 이에 대한 해답을 독자의 몫으로 남겨놓았다.

참고문헌

(in Russian)

Баевский, В.С. *История русской поэзии: 1730-1980*. Москва: Новая школа, 1996.

Берков, П.Н. *История русской комедии XVIII века.* Ленинград, 1977.

Бургов, Б.С.и М.М. Голубков. *Русская литература XIX-XX веков.* Москва: МГУ, 1998.

Бялый, Г.А. *Русский реализм конца XIX века.* Leningrad: 1973.

Вацуро, В.Э. *Лирика пушкинской поры: Элегическая школа.* Санкт Петербург: 1993.

Берковский, Н.Я. *О мировом значении русской литературы.* Ленинград: 1975.

Гинзбург, Л.Я. *О психологической прозе.* Ленинград: 1971.

_____, *О лирике.* Ленинград: 1974.

Гуковский, Г.А. *Русская литература XVIII века.* Москва, 1939.

_____, *Пушкин и русские романтики.* Москва: 1965.

Гуревич, А.М. *Романтизм в русской литературе.* Москва: 1980.

Дынник, Александр. *Русская литература первой половины XIX века: Образ и анализы.* New York: Russkaia Kniga, 1982.

Егоров, Б.Ф. *Русская критика.* Ленинград: 1973.

Есин, Б.И. *Русская журналистика XVIII-XIX веков.* Москва: МГУ, 1986.

_____, *Психологизм русской классической литературы.* Молдава: Просвещение, 1988.

Зельдович, М.Г. и Л.Я. Ливишиц сост. *Русская литература XIX века, Хрестоматия критических материалов.* Москва: Высшая школа, 1975.

Кожевникова, В.М. и П.А. Николаева ред. *Литературый энциклопедический словарь*. Москва: Советская энциклопедия, 1987.

Кочеткова, Н.Д. *Литература русского сентиментализма*. Санкт Петербург: 1994.

Кулешев, В.И. *История русской литературы X-XX века: для студентов-иностранцев*. Москва: Русский язык, 1989.

_____, *История русской критики*. Москва: Русский язык, 1972.

_____, *Натуральная школа в русской литературе XIX века*. Москва: Русский язык, 1982.

Купреянова, Е.Н. ред. *История русской литературы том второй, От сентиментализма к роматизму и реализму*. Ленинград: Наука, 1981.

Курилов, А.С. *Литературоведение в россии XVIII века*. Москва: Наука, 1981.

Лаврецкий, А. *Белинский, Чернышевский, Добролюбов в борьбе за реализм*. Москва: Художественная литература, 1968.

Лебедев-Полянский, П.И., ред. *История русской литератуы*. Том I и II. Москва: Издательство академии наук СССР, 1946, 1948.

Майман, Е.А. *О русском романтизме*. Москва: 1975.

Манн, Ю.М. *Поэтика русского романтизма*. Москва: 1976.

Москвичёва, Г.В. *Русский классицизм*. Москва: 1987.

Недзвезкий, В.А. *От Пушкина к Чехову*. Москва: Издательство московского университета, 1997.

Никулин, С.К. *Русская драматургия XIX века*. Москва: Современник, 1988.

Осоргина, А.М. *История русской литературы: с древнейших времен до Пушкина*. Париж: YMCA Press, 1955.

Орлов, О.В. и Фёдоров, В.И. *Русская литература XVIII века.* Москва: Просвещение, 1973.

Орлов, П.А. *Русский сентиментализм.* Москва: Просвещение, 1977.

Переверзев, В.Ф. *У истоков русского реализма.* Москва: Современник, 1989.

Петров, С.М. ред. *История русской литературы XIX века.* Москва: Издательство просвещение, 1970.

Пруцков, Н.И. ред. *История русской литературы в четырех томах.* Ленинград : наука, 1980.

Руднева, Е.Г. *Романтика в русском критическом реализме.* Москва: МГУ, 1988.

Серман, И.З. *Русский классицизм: Паэзия, драма, сатира.* Ленинград: 1973.

Смирнов, А.А. *Литература теория русского классицизма.* Москва: 1981.

Соколов, А.Н. *История русской литературы XIX века.* Москва: Издательство Московского университета, 1965.

Стенник, Ю.В. *Жанр трагедии в русской литературе: Эпоха классицизма.* Ленинград: 1981.

_____, *Русская сатира XVIII века.* Ленинград: 1985.

Сурков, А.А. ред. *Краткая литературая энциклопедия.* Москва: Государственное научное издательство, 1962-1975.

Федоров, В.И. *Литературные направления в русской литературе XVIII века.* Москва: 1979.

Фридлендер, Г.М. *Поэтика русского реализма: Очерки о русской литературе XIX Века.* Ленинград: 1971.

Фризман, Л.Г. *Жизнь лирического жанра: Русская элегия от Сумарокова до Некрасова.* Москва: 1973.

Щеблыкин, И.П. *История русской литературы: XI-XIX вв.* Москва: Высшая школа, 1985.

Щербина, В.Р. *Мировое значение русской литературы XIX века.* Москва: Наука, 1987.

(In English)

Andrew, Joe. *Russian Writers and Society in the Second Half of the Nineteenth Century.* New York: Macmillan, 1982.

Auty, Robert and Dmitri Obolensky edited. *A Introduction to Russian Language and Literature.* Cambridge: Cambridge University Press, 1977.

Bristol, Evelyn. *A History of Russian Poetry.* New York: Oxford University Press, 1991.

Brown, William Edward. *A History of 18th Century Russian Literature.* Ann Arbor: Ardis, 1980.

_____, *A History of Russian Literature of the Romantic Period.* Ann Arbor: Ardis, 1986.

Chizhevskij, Dmitrij. *History of Russian Literature.* Hague: Mouton & Co, 1960.

_____, *History of Nineteenth-Century Russian Literature.* Nashville, Tenn.: Vanderbilt University Press, 1974.

_____, *Russian Intellectual History.* Ann Arbor, Michigan: Ardis, 1978.

Cornwell, Neil, edited. *Reference Guide to Russian Literature.* London: Fitzroy Dearborn Publishers, 1998.

_____, edited, *The Routledge Companion to Russian Literature.* London: Routledge, 2001.

Cross, Anthony G. edited. *Russian Literature in the Age of Catherine the Great.* Oxford: Meews, 1976.

Drage, C.L. *Russian Literature in the Eighteenth Century.* London: Published by the author, 1978.

Fennel John and A. Stokes. *History of Nineteenth Century Russian Literature.* Faber & Faber, 1972.

Freeborn, Richard Harry. *The Rise of the Russian Novel.* New York and Cambridge: Cambridge University Press, 1973.

_____, *The Russian Revolutionary Novel from Turgenev to Pasternak.* Cambridge: Cambridge University Press, 1982.

Gutsche, George J. *New Perspectives on Nineteenth Century Russian Prose.* Ohio, Columbus: Slavica, 1981.

Gifford, Henry. *The Novel in Russia.* London: Hutchinson, 1964.

Harkins, William E. *Dictionary of Russian Literature.* New York: Philosophical Library, 1956.

Hingley, Ronald. *Russian Writers and Society in the Nineteenth Century.* London: Weidenfeld & Nicolson, 1977.

Karlinsky, Simon. *Russian Drama from Its Beginnings to the Age of Pushkin.* Berkeley and Los Angeles: University of California Press, 1985.

Lavrin, Janko. *A Panorama of Russian Literature.* London: University of London Press, 1973.

Lindstrom, Thais S. *A Concise History of Russian Literature : from the Beginnings to Chekhov.* New York : New York University Press, 1966.

Mersereau, John Jr. *Russian Romantic Fiction.* Ann Arbor, Michigan: Ardis, 1983.

Mirsky, Dmitry Svyatopolk. *A History of Russian Literature.* New York : Alfred A. Knopf, 1964.

Moser, Charles A., edited. *The Cambridge History of Russian Literature.* Cambridge : Cambridge University Press, 1989.

_____, *The Russian Short Story: A Critical History.* Boston: Twayne Publishers, 1986.

O'Toole, L. Michael. *Structure, Style and Interpretation in the Russian Short Story.* New Haven, Conn.: Yale University Press, 1982.

Slonim, M. *The Epic of Russian Literature, from Its Origin Through Tolstoy.* London: Oxford University Press, 1969.

Stacy, Robert H. *Russian Literary Criticism: A Short History.* New York: Syracuse University Press, 1974.

Terras, Victor. *A History of Russian Literature.* New Haven, Mass. : Yale University Press, 1991.

_____, edited. *Handbook of Russian Literature.* New Haven, Mass. : Yale University Press, 1985.

_____, *Belinskij and Russian Literary Criticism.* Madison, Wisconsin: University of Wisconsin Press, 1974.

Todd, William Mills, *Fiction and Society in the Age of Pushkin.* Cambridge, Mass.: Harvard University Press, 1986.

Varneke, Boris V. *History of the Russian Theater, Seventeenth through Nineteenth Century.* New York: Macmillan, 1951.

Vernadsky, George, and Michael Karpovich. *A History of Russia.* New Haven, Mass.: Yale University Press, 1943.

Wallicki, Andrzej. *A History of Russian Thought from the Enlightenment to Marxism.* Stanford, California: Stanford University Press, 1979.

근대 러시아 문학사

저　　자 : 김문황
발 행 처 : 도서출판 개신 (충북대학교 출판부)
발 행 인 : 임동철
주　　소 : (361-763) 충북 청주시 흥덕구 성봉로 410
전　　화 : (043) 261-2952, 3014
팩　　스 : (043) 274-1256
이 메 일 : presscbu@chungbuk.ac.kr
등　　록 : 제1983-2001-7호
초판1쇄 : 2008.08.31
인 쇄 처 : 삼성디자인기획　042)221-3111

* 이 저서는 2005학년도 충북대학교 학술연구지원사업에 의하여 발행되었음.

ISBN 978-89-7295-148-3 93890

값 19,000원